FRAGMENTS

Collection dirigée

par

Michel Casevitz

EXHORTATION
À LA PHILOSOPHIE

DANS LA MÊME COLLECTION

Historiens d'Alexandre

Denys d'Halicarnasse,
Rome et la conquête de l'Italie
aux IVe et IIIe s. avant J.-C.

Fronton, *Correspondance*

Chrysippe, *Œuvre philosophique*, 2 tomes

Callimaque, *Fragments poétiques. Origines, iambes, hécalè, fragments de poèmes épiques et élégiaques, fragments de place incertaine*

Scholies anciennes
aux Grenouilles *et au* Ploutos *d'Aristophane*

Lettres croisées de Jérôme et Augustin

Poème judéo-hellénistique attribué à Orphée. Production juive et réception chrétienne

Scholies à Apollonios de Rhodes

Correspondance de Nicolas Cabasilas

EXHORTATION
À LA PHILOSOPHIE

LE DOSSIER GREC
ARISTOTE

Introduction, traduction et commentaire

par

Sophie Van der Meeren

PARIS
LES BELLES LETTRES
2011

www.lesbelleslettres.com

Pour consulter notre catalogue
et être informé de nos nouveautés
par courrier électronique

ISBN : 978-2-251-74210-6

REMERCIEMENTS

Ἄγγελε κλυτὰ
ἔαρος ἁδυόδμου
κυανέα χελιδοῖ

(Simonide de Céos)

Fruit de longues années de travail, cet ouvrage, qui comme l'indique son titre, porte sur un mode de discours pratiqué par Aristote et d'autres philosophes de l'Antiquité, l'exhortation, ou protreptique, à la philosophie, et qui tente d'éclairer en quel sens la philosophie est nécessaire, est en même temps un livre sur la *paideia*, sur la transmission de celle-ci et *le désir de transmettre*.

Au moment d'en prendre congé, je tiens donc à dire qu'il n'aurait jamais vu le jour sans les enseignants qui ont marqué mon propre itinéraire et ont su éveiller en moi le goût d'étudier et de transmettre aux autres ce qu'ils m'avaient appris : à commencer par J.-F. Ballorain et B. Michaux. Parmi ces *passeurs*, dont je ne saurais établir ici une liste exhaustive, je tiens à mentionner J.-L. Chrétien, C. Imbert, F. Wolff, P. Hoffmann, A. Carlini, A. Laks, et C. Lévy. Certains sont aujourd'hui disparus : J. Brunschwig, qui avait à cœur d'allumer chez ses étudiants les « étincelles de raison et de sagesse » dont parle Jamblique, ne pourra, malheureusement, être remercié de vive voix.

Plusieurs institutions, grâce aux trésors de leurs bibliothèques, ont apporté une aide précieuse à son élaboration : l'École Normale Supérieure de Paris et la Scuola Normale Superiore di Pisa, ainsi que la Fondation Hardt. L'Institut d'Études Augustiniennes représente depuis des années un merveilleux *refugium studiorum* : je remercie chaleureusement son directeur V. Zarini pour son accueil.

Mais ce livre n'existerait pas non plus sans le soutien fidèle d'autres formes de communication, de toute ma famille : des petites manifestations *sui generis*, encore silencieuses, ou non langagières, d'A. et de B., à celles, autrement loquaces, mais incommensurables, de mon époux Luigi.

LA NÉCESSITÉ DE PHILOSOPHER

« Il faut philosopher »

L'adjectif verbal φιλοσοφητέον[1] (« il faut philosopher ») scande les argumentations du *Protreptique à la philosophie* du néoplatonicien Jamblique, en particulier les chapitres V à XII, dans

1. Il s'agit en l'occurrence de l'adjectif verbal avec le sens d'*obligation*. Le modèle pourrait bien être l'*Euthydème*, 288 d : φιλοσοφητέον ὡμολογήσαμεν τελευτῶντες ; et 282 d : ἀναγκαῖον φιλοσοφεῖν εἶναι (*cf.* Düring (*a*), p. 25). Mais l'adjectif se retrouve également dans l'*Antidosis* (285), sorte de défense de la philosophie isocratéenne, dont nous rappellerons plus loin les liens supposés avec le *Protreptique* d'Aristote ; de même au début de la *Lettre à Ménécée* d'Épicure (122, 1). Il figure aussi chez Clément d'Alexandrie (*Stromates* VI, 18, p. 162, 5), et dans le *Quod optimus medicus sit quoque philosophus* de Galien (IV, 4 = Kühn I, 62), qui a une fonction exhortative. Nous avons retenu uniquement les occurrences de la formule dans les textes où elle s'inscrivait dans une démarche protreptique – on la rencontre en effet en d'autres textes, où elle est moins significative –. Toujours en contexte protreptique, nous citerons Grégoire de Nazianze, chez qui elle apparaît plusieurs fois, en particulier dans le discours 25, *Sur le philosophe Héron*, 1 : « Il faut, à mon avis, ou bien philosopher (φιλοσοφητέον) ou bien honorer la philosophie (τιμητέον φιλοσοφίαν), si nous ne voulons pas tomber en dehors du bien, et être accusés de sottise, alors que nous avons été créés raisonnables, et que nous nous hâtons d'aller au Verbe par le verbe ». Il est intéressant de remarquer que ce texte est cité par Maxime le Confesseur dans les *Loci communes*, peu avant la citation d'un long passage aristotélicien retenu depuis les premières éditions parmi les extraits authentiques du *Protreptique* d'Aristote (classé par Düring (*a*) comme fragments B 2, 3, 4 et 5). Sur le ton de la parodie de discours protreptique – signe de l'existence, sinon d'un genre, du moins d'une pratique bien établie –, l'expression figure plusieurs fois chez Lucien, par ex. *Hermotime*, 45 ; 52.

lesquels I. Bywater a pensé reconnaître de longues citations de l'ouvrage homonyme d'Aristote, aujourd'hui perdu[2] : le chercheur publia sa « découverte » en 1869, suscitant grand enthousiasme chez les historiens de la philosophie et les philologues, et inaugurant une ère nouvelle dans les études consacrées au protreptique aristotélicien. Dans le monde latin, se fait entendre, tel un écho lointain, l'équivalent de φιλοσοφητέον, c'est-à-dire *philosophandum*, dans l'un des rares fragments qui soient arrivés jusqu'à nous du protreptique (ou *exhortation*) à la philosophie de Cicéron, l'*Hortensius*[3].

S'il faut philosopher, c'est d'abord au nom d'une nécessité universelle, qui tient à la nature de la philosophie, et à la nature de l'homme. Ce que s'emploient à démontrer les vingt-et-un chapitres de l'ouvrage de Jamblique, et plusieurs fragments de l'*Hortensius*, en affirmant que la philosophie est *le plus grand bien*, qu'elle conduit au *bonheur*, ou, encore, qu'elle nous permet d'accomplir notre finalité d'être humain. La « valeur absolue » accordée à la philosophie invite donc à rapprocher ces deux « naufrages philosophiques »[4] que sont le *Protreptique* d'Aristote et l'*Hortensius* de Cicéron, d'autant plus qu'un certain nombre de motifs communs laisse penser que le second s'est inspiré du premier en composant sa propre exhortation à la philosophie. Mais il y a un intérêt supplémentaire à étudier, en parallèle, ces deux textes naufragés, et désormais fortement lacunaires : ils ont représenté en effet, pour les auteurs de l'Antiquité classique et tardive, deux sources privilégiées de réflexion sur *ce qu'est* la philosophie, et *ce pourquoi*

2. I. Bywater, I., « On a lost dialogue of Aristotle ».

3. Lactance, *Div. Inst.*, III, 16, 9 = Cicéron, *Hortensius*, fr. 12 Müller : *Ciceronis Hortensius contra philosophiam disserens... cum diceret philosophandum non esse* ; Martianus Capella, V, 441 = *Hortensius*, fr. 7 Müller : *Infinita illa (quaestio) est, quae generaliter quaerit, utrum sit aliquid appetendum, ut, an philosophandum sit, in Hortensio disputatur* ; *cf. Tusc.*, III, 3, 6 = *Hortensius*, fr. 4 Müller : *De universa philosophia, quanto opere et expetenda esset et colenda, satis, ut arbitror, dictum est in Hortensio*. La formule se retrouve aussi chez Quintilien, *Inst. or.*, V, 10, 70, et, de façon plus significative, dans la *Lettre* 72 de Sénèque. Notons que, grammaticalement, l'adjectif verbal (ou *gerundivum*) latin en —*ndum* n'est le correspondant de la forme grecque en —τέον, que sous certains aspects : notamment lorsqu'il marque l'obligation, comme ici, où les deux adjectifs recouvrent exactement le même sens et le même emploi.

4. En nous inspirant du titre de l'ouvrage de J. Bidez, *Un Singulier Naufrage Littéraire dans l'Antiquité. À la recherche des Épaves de l'Aristote perdu*, Bruxelles, 1943.

il faut s'y adonner. Ainsi qu'il apparaît clairement pour l'*Hortensius*, en particulier, dont nous publierons ultérieurement les fragments, le protreptique à la philosophie occupe une place liminaire et privilégiée par rapport à l'ensemble constitué par les doctrines d'une philosophie donnée : il revêt les fonctions d'un manifeste, dans lequel un philosophe s'interroge sur le sens de sa pratique, et tente de convaincre un lecteur ou un auditeur de franchir le seuil d'un enseignement philosophique en lui montrant en quoi celui-ci consiste. Les lecteurs grecs et latins d'Aristote et de Cicéron puisèrent, ainsi, à ces deux ouvrages, maints éléments qui leur servirent à définir la nature et les enjeux de la philosophie.

Du point de vue de l'Histoire de la littérature ou des modes de discours, les deux textes furent de surcroît deux modèles littéraires et deux jalons essentiels du « genre » du protreptique à la philosophie.

Le protreptique à la philosophie : quelques repères

Si nous nous risquons à parler de « genre » protreptique, c'est avec toutes les précautions requises pour l'emploi de ce terme, puisque les Anciens eux-mêmes ne raisonnaient pas en termes de « genres », et que notre conception générique actuelle est un héritage des théoriciens des XVIIe et XVIIIe siècles. Il conviendra notamment de distinguer deux types de corpus. D'un côté, nous rangerons les ouvrages ou les discours « canoniques » désignés explicitement comme *protreptiques*. Les premiers ouvrages intitulés comme tels remontent aux disciples de Socrate (on rapporte qu'Aristippe et Antisthène ont écrit des protreptiques), tandis que les plus tardifs sont les discours de Themistius[5]. Parmi ces protreptiques « canoniques », les plus célèbres sont les discours de Socrate dans l'*Euthydème* de Platon, le *Protreptique* perdu d'Aristote, puis ceux de Cicéron et de Jamblique, qui représentent des références fondamentales, sans oublier les *Exhortationes* de Sénèque, dont il ne reste malheureusement presque rien[6]. D'un autre côté, nous pouvons attribuer une

5. Discours IX : *Exhortation (προτρεπτικός) à Valentinien le jeune*, et Discours XXIV : *Aux habitants de Nicomédie, Exhortation (προτρεπτικός) à la philosophie*.

6. Diogène Laërce mentionne également des protreptiques dans les listes d'ouvrages attribués à différents Stoïciens.

fonction protreptique à un ensemble de textes qui invitent expressément un public à embrasser la philosophie : certains dialogues platoniciens par exemple (on pensera au *Premier Alcibiade,* ou au *Phédon*), la *Lettre à Ménécée* d'Epicure, telle ou telle des *Lettres à Lucilius*, voire des dialogues (par exemple le *De brevitate vitae*) de Sénèque, sans oublier les dialogues de Cassiciacum d'Augustin, riches en réminiscences de l'*Hortensius*, ou, encore, les discours de Philosophie personnifiée dans la *Consolation* de Boèce. Il s'agit d'une classe ouverte, bien entendu. Qu'ils portent, ou non, le titre de protreptique, la caractéristique commune, immédiate, de tous ces textes, est leur intention *pragmatique*, admirablement illustrée par les *effets* de la lecture de l'*Hortensius* sur le jeune Augustin[7], lecture à la fois enthousiasmante et animée de tensions.

Une enquête précise sur la tradition des protreptiques à la philosophie nous a permis, d'autre part, d'identifier un nombre important de caractéristiques formelles, et d'arguments topiques, qui nous autorise à parler d'un « genre » par commodité de langage[8]. Ce qui favorise enfin l'impression de genre, ce sont les phénomènes d'intertextualité qui unissent étroitement plusieurs de ces textes. Trebellius Pollion nous apprend ainsi que Cicéron écrivit l'*Hortensius ad exemplum protreptici*[9], ce qui signifie sans doute qu'il suivit un *modèle* littéraire – pour d'autres, l'expression désignerait expressément le *Protreptique* d'Aristote. Ces traits du genre, entendu en un sens très large, apparaîtront au fur et à mesure du commentaire de passages précis des chapitres de Jamblique communément attribués à Aristote, et, par la suite, de l'exhortation de Cicéron. Mais disons tout de suite que trois grandes *fonctions* du discours réapparaissent fréquemment, qui représenteraient, dans une perspective générique, comme trois *marques* ou caractéristiques d'un

7. Augustin relate cette expérience fondamentale de ses 19 ans aussi bien dans ses premières œuvres (*De beata vita*, I, 4 ; *Soliloques*, I, 10, 17), que bien plus tard, dans les *Confessions* (III, 4, 7 ; III, 4, 8).

8. Nous avons mené une telle enquête dans notre thèse de doctorat, « Protreptique et philosophie : étude sur la constitution d'un genre », soutenue à l'Université Lille 3, en 1999 ; nous en avons résumé certains points dans l'article « Le protreptique en philosophie : essai de définition d'un genre », *Revue des Études Grecques*, 115, Juillet-Décembre 2002, p. 591-621. Sur le « genre » du protreptique, il n'existe à l'heure actuelle qu'une seule monographie, qui reste indispensable : P. Hartlich, *De exhortationum a Graecis Romanisque scriptarum historia et indole*.

9. Treb., *Gall.* 20,1 = fr. 8 Müller.

« genre » protreptique. Ces trois *fonctions* correspondent, aussi, à différentes *perspectives* au regard desquelles se justifie la nécessité de philosopher[10].

10. Pour des approfondissements et l'examen des sources, nous nous permettons de renvoyer à notre article « Le protreptique en philosophie : essai de définition d'un genre », *art. cit.* Depuis la parution de cet article, nous avons pris connaissance de plusieurs études sur le sujet. On trouvera des développements sur le « genre » du protreptique et sur un certain nombre de *topoi* (l'opposition biens extérieurs/biens intérieurs, et la hiérarchie des arts), dans l'Introduction à Galien, *Exhortation à l'étude de la médecine ; Art médical*, texte établi et traduit par V. Boudon, C.U.F., Paris, 2002, p. 3-35. De même, A. van den Hoek, « Apologetic and Protreptic Discourse in Clement of Alexandria », dans *L'apologétique chrétienne gréco-latine à l'époque prénicénienne*, Entretiens sur l'Antiquité classique, 51, Vandœuvres-Genève, 2005, p. 69-93, résume les caractéristiques du « genre » protreptique, en reprenant la bibliographie de référence. À propos de Clément d'Alexandrie, l'auteur introduit une différence entre l'apologétique, qui relèverait des thématiques (le message chrétien), et le protreptique, qui serait une catégorie de style ou de mode d'expression, adaptable à des contenus variés. Mais deux autres publications doivent surtout attirer l'attention. Tout d'abord l'étude de David E. Aune, parue bien avant notre propre article, mais à laquelle nous n'avions pas eu accès, « Romans as a Logos Protreptikos in the Context of Ancient Religious and Philosophical Propaganda », dans *Paulus und das Antike Judentum*, hrsg. von M. Hengel und U. Heckel, Tübingen, 1991, p. 91-124. Les p. 91-106, consacrées à la définition et à l'histoire du « genre », contiennent des réflexions très pertinentes sur la nécessité de distinguer entre les catégories rhétoriques (qui renvoient aux « genres » traditionnels de la rhétorique), ou encore les « styles de discours » philosophiques (Epictète, III, 23, 33-35, parle de προτρεπτικὸς χαρακτήρ), d'une part, et le « genre littéraire » de l'autre, qui, selon Aune, doit être appréhendé essentiellement par ses *fonctions* (en l'occurrence, la fonction de convertir). À propos des catégories rhétoriques qui font intervenir un style ou un mode de discours protreptique, Aune souligne, avec justesse, un point sur lequel nous reviendrons dans la deuxième partie de l'Introduction aux *Exhortations aristotéliciennes* : l'appartenance du discours protreptique à plusieurs « genres » rhétoriques. Il n'est pas sûr, cependant, qu'il faille considérer aussi indépendamment l'un de l'autre le rôle du *discours* protreptique dans les classifications de la rhétorique, et la tradition du protreptique comme *genre* littéraire et philosophique, ni, non plus, que les classifications rhétoriques « *reveal little about the form, content or function of philosophical protreptic* » (p. 94). Ce sont, en fait, deux facettes d'une même question, ce que montre bien le texte de Philon de Larissa dont nous reparlerons plus loin, puisque la présentation du protreptique philosophique par Philon s'ancre, certes, dans les catégories et les genres de la rhétorique, mais ceux-ci sont directement liés à la fonction, ou, plus justement, aux fonctions plurielles du discours, lesquelles ne sont pas autre chose, à leur tour, que les fonctions mêmes du protreptique comme œuvre littéraire : on en aurait une preuve dans le fait que Cicéron se serait inspiré de Philon pour l'*Hortensius*. L'Introduction aux *Exhortations aristotéliciennes* cherchera précisément à rétablir les ponts entre rhétorique et philosophie. Enfin, l'étude de Diana M. Swancutt : « Paraenesis in light of Protrepsis : troubling the typical dichotomy », dans J. Starr and T. Engberg-Pedersen (ed.), *Early Christian Paraenesis in Context*, Berlin-New York, 2004, p. 113-153. Comme l'indique le titre, l'article s'emploie essentiellement à réfuter la « dichotomie » introduite par

Conversion, Propagande, Introduction

Dans une perspective anthropologique et existentielle, le protreptique a pour fonction de présenter la finalité de la philosophie, qui correspond à la finalité de la vie humaine – le bien ultime –, d'encourager le public, et de provoquer une conversion à la philosophie, c'est-à-dire un engagement dans un véritable *mode de vie*[11]. Cette intention « pragmatique », extrêmement forte, guide pareillement les protreptiques non philosophiques, ceux qui exhortent, par exemple, à la religion chrétienne : la philosophie n'est pas, en effet, le seul choix d'ordre existentiel ou culturel qui permette de donner sens à la vie humaine. C'est pourquoi le protreptique sert aussi à défendre la *spécificité* de telle pratique, voire la *supériorité* de celle-ci par rapport à d'autres.

Hartlich (*De exhortationum*) entre le protreptique, dont la fonction spécifique serait de convertir, et la parénèse, qui guiderait pas à pas la conduite de ceux qui adhèrent à un mode de vie donné. Selon l'auteur, protreptique et parénèse représentaient l'un et l'autre une exhortation à la vertu (en particulier dans le cadre du débat sur la παιδεία au IVe s. av. J.-C. à Athènes), mais ils renvoyaient à deux formes de culture différentes, et, partant, à deux groupes sociaux différents et concurrents : ainsi les tenants de la philosophie théorétique utilisaient le protreptique comme leur *signature speech* (p. 114), tandis que l'élite athénienne, Isocrate en tête, définissait la parénèse, socialement et formellement, comme la marque stylistique de l'exhortation traditionnelle à la philosophie pratique. L'usage du protreptique serait donc moins lié, selon l'auteur, à la tentative de convertir des adeptes qu'à la nécessité émanant de groupes particuliers de se donner une définition et de se distinguer d'autres groupes : or il nous semble que le protreptique remplit, en réalité, l'une et l'autre fonctions. Par ailleurs, si l'auteur a parfaitement raison de considérer que l'opposition protreptique/parénèse a été rendue artificiellement rigide par la philologie moderne, et, aussi, de replacer la question sur un terrain historico-culturel concret, elle sous-évalue toutefois la portée de certains textes, par exemple la distinction très nette, dans l'analogie de Philon, entre le protreptique et la parénèse, laquelle arrive *après* le protreptique ; de même, la succession *Protreptique*, puis *Pédagogue* chez Clément d'Alexandrie (à ce propos, A. van den Hoek, « Apologetic and Protreptic Discourse », art. cit., émet un certain nombre d'objections contre les thèses de Swancutt). Nous donnerons nous-même progressivement, au fil de cet ouvrage, un contenu plus précis aux fonctions plurielles du protreptique, en particulier dans l'Introduction aux *Exhortations aristotéliciennes*.

11. Pour reprendre les mots de Pierre Hadot, dont les travaux ont marqué un tournant très important dans l'étude et la compréhension de ce qu'était la philosophie antique ; voir, par exemple, *Exercices spirituels et philosophie antique*, Nouv. éd. revue et augmentée, Paris, 2002 ; *Qu'est-ce que la philosophie antique ?*, Paris, 1995.

Dans cette deuxième perspective, concurrentielle et professionnelle, le protreptique assure la défense et l'illustration de la philosophie : il est le lieu où celle-ci revendique son existence, et son statut scientifique et social, à côté d'autres sciences ou d'autres métiers. On rapprochera sur ce point le protreptique d'un discours de propagande, qui, tout comme l'invitation à la conversion, n'est nullement réservé à la pratique philosophique.

Dans une perspective pédagogique ou isagogique[12], enfin, ces textes ou ces ouvrages introduisent à un enseignement, parfois, plus précisément, à un corpus de doctrines, dont le protreptique diffère par son statut non technique, et, pour ainsi dire, « exotérique »[13].

La philosophie, les philosophies

Dans la perspective anthropologique et téléologique, qui lie étroitement finalité de la philosophie et finalité de la vie humaine, la *nécessité de philosopher* tire sa légitimité d'une raison essentielle et vitale : « il faut philosopher », parce que la philosophie amène l'homme, nous l'avons dit, au plein accomplissement de sa nature, et même philosopher sans tarder, jeunes et vieux, comme le dit Épicure[14]. À cette urgence philosophique répond la nécessité d'exhorter ses semblables : le modèle qui vient à

12. Par *isagogique*, nous désignons tout procédé ou tout type d'ouvrage qui introduit méthodiquement au contenu d'un enseignement, et qui est soucieux des ressorts *psychologiques* impliqués dans la progression intellectuelle et spirituelle de l'initié.

13. Nous entendons l'adjectif, ici, en son acception moderne, sans forcément lui donner le même sens que le terme grec ἐξωτερικός par lequel Aristote désigne certains de ses écrits, et qui représente aussi une nomenclature dans des listes anciennes des ouvrages du Stagirite : dans ce contexte spécifiquement aristotélicien, l'adjectif grec revêtait visiblement une signification très précise, bien qu'obscure pour nous aujourd'hui, et fort débattue chez les spécialistes ; selon certains chercheurs, le *Protreptique* lui-même serait classé parmi les œuvres « exotériques » au sens technique et aristotélicien du terme : nous en parlons *infra*, p. XXIV-XXV, note 38.

14. *Lettre à Ménécée*, 122, l. 6 : ὥστε φιλοσοφητέον καὶ νέῳ καὶ γέροντι. Pour une lecture de la *Lettre* en termes de protreptique, voir, par exemple, notre traduction et commentaire parus sous le titre *Lettres d'Épicure, avec le texte intégral de la* Lettre à Ménécée, Paris, 2003, en part. les p. 34-48. Quant aux liens, supposés, entre ce texte et le *Protreptique* d'Aristote, ils ont été mis en lumière (sur la base d'hypothèses parfois contestables) par E. Bignone, dans la célèbre « somme » qu'est *L'Aristotele perduto*, notamment aux p. 101-111.

l'esprit est le mythe de la caverne de la *République*, qui assigne au philosophe la double tâche d'éclairer et de libérer les prisonniers ; c'est une forme de salut de l'âme très proche de celle-ci que promet Jamblique à ses lecteurs, en de nombreux passages du *Protreptique*. Nous proposons de voir dans cette promesse téléologique une sorte d'*invariant* ; ce qui n'empêche nullement que l'accomplissement philosophique puisse emprunter autant de voies différentes qu'il y a de philosophies : autre est le bonheur platonicien, autre le bonheur péripatéticien, autre, encore, le bonheur épicurien. Il y aura ainsi autant de formes de protreptique que de formes de philosophie : l'intérêt du présent ouvrage et de notre étude à venir sur l'*Hortensius* est précisément de montrer comment, à partir du noyau argumentatif commun « il faut philosopher », Aristote et Cicéron ont présenté, dans leur protreptique respectif, des formes de philosophie différentes, inscrites dans des contextes historiques et culturels très éloignés, dont nous rendrons compte progressivement.

La *nécessité de philosopher* représente donc aussi l'engagement dans telle ou telle philosophie *particulière*, à telle époque et dans tel contexte culturel. Mais si la spécificité philosophique revêt certes souvent, dans le protreptique, des tournures de manifeste, au moyen de l'auto-définition par exemple, ou de la déclaration d'utilité, elle s'exprimera aussi à travers des aspects différents de ce « genre » ; le protreptique, en effet, en tant que texte *liminaire*, est chaque fois porteur d'un certain *modèle pédagogique* et épistémologique attaché aux doctrines spécifiques de telle ou telle école[15].

Ainsi, bien qu'ils soient extérieurs, ou presque, à la philosophie en question, les protreptiques n'en esquissent pas moins un programme, et livrent les éléments permettant de dessiner une sorte de courbe des *modèles d'enseignement* philosophique, qui part de configurations fortement aporétiques (comme les discours socratiques de l'*Euthydème*, qui ne débouchent sur aucune proposition dogmatique et didactique). À l'autre extrémité, nous situerons des

15. Ainsi les formes directes de propagande, correspondant à la deuxième fonction du protreptique que nous avons distinguée, ne sont pas les seuls chemins qu'emprunte le discours de la spécificité philosophique, qui se sert aussi, de façon plus détournée, de la troisième fonction, la fonction introductive.

enseignements organisés en systèmes, comme chez Jamblique, où le *Protreptique* représente la première pierre d'un édifice dogmatique savamment orchestré, ce qui était peut-être le cas chez Aristote ; entre les deux, l'*Hortensius* occupe une place problématique : certes, il est présenté par Cicéron comme une œuvre programmatique, qui pose les bases d'une sorte de système. Mais l'orientation de l'ensemble est marquée par l'antidogmatisme de la Nouvelle Académie qui en fait un programme résolument ouvert. Le contenu de la promesse philosophique, et tout l'enjeu de tel ou tel mode de vie préconisé, sont donc déjà présents dans le protreptique, qui donne les *conditions* de leur réalisation, sans assurer pour autant à l'apprenti philosophe la réussite du parcours encore à faire. Ce dispositif est particulièrement perceptible dans l'*Alcibiade* de Platon, souvent classé par les commentateurs néoplatoniciens comme un dialogue protreptique[16]. La discussion entre Socrate et Alcibiade produit un effet réel sur le jeune homme, qui, d'abord mis en état d'aporie, révise ses positions. Pourtant, les deux interlocuteurs ont bien conscience de l'effort, presque entier, qui reste à accomplir ; pire, les dernières répliques du dialogue, bien connues, jettent une lumière dramatique sur leur rencontre et leurs espoirs de progrès, en évoquant un futur incertain, voire en préfigurant un échec :

> – Alcibiade : « En tout cas, c'est décidé : je vais commencer dès à présent à m'appliquer à la justice ».
>
> – Socrate : « Je souhaite que tu y persévères. Mais j'ai grand peur. Non que je me défie de ta nature, mais je vois la puissance de notre peuple et je redoute qu'elle ne l'emporte sur moi et sur toi »[17].

Conversion, propagande, introduction, dans le modèle de Philon de Larissa

Dans la vaste *Anthologie* compilée par Stobée au ve siècle après notre ère, est rapportée une sorte de système du « discours

16. Voir, par exemple, Albinus, *Isagoge*, 4-5, p. 149, 17-37 H.

17. Platon, *Alcibiade,* 135 e (trad. Maurice Croiset, C.U.F., Paris) ; Proclus, dans le *Commentaire au Premier* Alcibiade, a parfaitement perçu les phénomènes d'écart entre le moment de l'exhortation et la mise en pratique de la philosophie. Nous en reparlerons *infra*, p. 12, note 45.

philosophique » attribuée à Philon de Larissa, dernier scolarque de l'Académie[18]. Le texte repose sur une analogie entre la philosophie et la médecine : il éclaire considérablement la rhétorique du protreptique, ainsi que certains concepts fondamentaux liés à la représentation de la philosophie, aussi bien chez Jamblique-Aristote que chez Cicéron, dont Philon fut précisément le maître, et le modèle avoué[19].

Le texte s'inscrit dans la représentation de la philosophie comme médecine de l'âme, fréquente dans la pensée hellénistique, mais déjà présente dans le *Gorgias* de Platon[20] ; on la retrouve chez Aristote[21], et chez Jamblique lui-même, aux chapitres VI et X[22]. Philon retrace les unes après les autres les différentes étapes de la pratique philosophique, qui sont autant de « discours philosophiques », en les comparant aux différentes étapes de la pratique médicale. Le philosophe, comme le médecin, fait précéder ses « soins »[23] d'un discours protreptique. Il est difficile – même impossible – de savoir sur la base de quels ouvrages et quels auteurs a travaillé Philon (ou, peut-être, l'auteur qui a schématisé par cette analogie les enseignements plus complexes de Philon)[24], quoi qu'il en soit, il a saisi avec beaucoup de pertinence qu'un philosophe pouvait donner à son protreptique au moins deux orientations rhétoriques différentes, auxquelles correspondent deux types d'argumentaires distincts. Étant donné l'état fragmentaire de nos sources en ce qui concerne le corpus des

18. Stobée, *Eclogae* livre II, p. 39, 19-41, 25 Wachsmuth. Les vicissitudes de la tradition manuscrite de Stobée font que le texte que nous lisons a forcément été très remanié par rapport à l'original.

19. Nous avons donné une traduction complète de ce texte ainsi qu'une analyse détaillée, en le replaçant, en particulier, dans la perspective du genre du protreptique à la philosophie dans l'article « Sens et fonction du « discours éthique » chez Stobée : du livre II, chapitre 7, à une lecture d'ensemble de l'*Anthologie* », à paraître dans *Thinking Through Excerpts : Studies on Stobaeus*, Turnhout, p. 457-509.

20. 464 a-466 a ; 500 e sq.

21. Par exemple dans l'*Éthique à Nicomaque*, VI, 12, 1144 a 3-5 ; VI, 13, 1145 a 6-10 ; *cf.* l'article de W. Jaeger, « Aristotle's Use of Medicine as Model of Method in his Ethics », *Journal of Hellenic Studies*, 26, I, 1957, p. 54-61, qui donne de multiples références aristotéliciennes et éclaire les fondements de l'analogie médicale chez le Stagirite.

22. Sans compter les évocations de la τέχνη médicale aux chap. VII et IX.

23. Pour le premier, les soins du corps, pour le second, les soins de l'âme.

24. On se demandera, notamment, si Philon se réfère à de véritables *ouvrages* protreptiques à la philosophie, ou seulement à une pratique orale du discours, telle qu'on la trouve par exemple dans l'*Euthydème*.

protreptiques à la philosophie, on ne saurait dire si la *double fonction*[25] attribuée ici par Philon à *tout* protreptique (à la philosophie) reflète effectivement un modèle constant, ou si elle représente, au contraire, la condensation de *deux formes distinctes* de protreptique, que l'auteur a rencontrées ici ou là, puis agglomérées.

L'analogie commence ainsi :

> « Il (s. e. Philon) dit que le philosophe est comparable à un médecin : de même en effet que la tâche du médecin est d'abord (a) de persuader le malade de recevoir les soins puis (b) de réfuter les discours de ceux qui donnent des conseils contraires (τῶν ἀντισυμβουλευόντων λόγους), de même pour le philosophe. De fait l'une et l'autre tâches sont comprises dans le discours appelé protreptique ; le discours protreptique est en effet celui qui incite à la vertu : une première section (a) montre qu'elle est de grande utilité (τὸ μεγαλωφελὲς αὐτῆς)[26], une autre (b) réfute ceux qui démolissent la philosophie, la condamnent ou la décrient d'une façon ou d'une autre ».

Après le discours protreptique vient le discours thérapeutique, qui soigne les jugements de l'âme, avant le troisième discours, sur les « fins de la vie » (περὶ τελῶν), qui permet à l'âme de conserver, dans la durée, sa santé retrouvée, c'est-à-dire, par analogie avec le bon état du corps, le bonheur (εὐδαιμονία).

L'exhortation se caractérise d'emblée par sa *place introductive* – c'est la première étape d'une concaténation de discours – mais elle suit, en outre, deux orientations différentes, selon le public auquel elle s'adresse :

– Le protreptique est chargé de l'éloge et de la publicité de la philosophie, comme le serait un discours de *propagande* ; il s'inscrit dans un contexte de concurrence entre différentes pratiques qui sont en même temps des *modes de vie*, et parmi lesquelles figure la

25. Il n'est pas question d'*approches* dans le texte de Philon (sur cette notion, voir *infra*, p. 9 sq), mais plutôt de *fonctions*.

26. Dans l'expression τὸ μεγαλωφελὲς αὐτῆς, il est permis d'hésiter sur le référent du démonstratif féminin : renvoie-t-il à la philosophie ou à la vertu ? Nous avons posé les termes du problème dans l'article « Exhorter à la philosophie ou à la sagesse ? Une ambiguïté manifeste dans les protreptiques à la philosophie », *Les jeux et les ruses de l'ambiguïté volontaire dans les textes grecs et latins*, sous la direction de L. Basset et F. Biville, Lyon, 2005, p. 147-170 (en part. p. 156-160).

philosophie. Le philosophe cherche, par exemple, à emporter l'adhésion du public pour une école philosophique particulière face à d'autres écoles philosophiques, mais son discours peut aussi être dirigé contre la pratique d'un art différent, comme la rhétorique. Cet aspect de l'argumentation correspond à ce que nous proposons d'appeler la « fonction externe » du protreptique, fonction orientée vers le terrain « extérieur » que représentent les concurrents ou les critiques de la philosophie[27].

– D'un autre côté, l'argumentation protreptique revêt une fonction « interne », tournée vers le *patient*, et spécifiquement *médicale*. C'est pour le patient que le philosophe vante la *valeur* de la philosophie (τὸ μεγαλωφελὲς αὐτῆς) au regard de sa santé morale et de son bonheur (une valeur à la fois thérapeutique et téléologique)[28]. En ce deuxième sens, ou selon cette deuxième fonction, le protreptique n'est autre que le discours appelant à une forme de *conversion*. Nous verrons plus loin, en abordant le *Protreptique* de Jamblique, que ces orientations rhétoriques reflètent des conceptions de la philosophie elles-mêmes variées.

Les *Exhortations aristotéliciennes* et leur contexte

Dans ce volume, nous prendrons en considération trois types de matériaux, présentés dans l'ordre suivant : une série de témoignages sur le *Protreptique* d'Aristote, les quelques rares citations de cet ouvrage aujourd'hui perdu, enfin un ensemble bien plus ample, constitué de larges extraits du *Protreptique à la philosophie* de Jamblique, considérés depuis l'article d'I. Bywater, comme de longues citations du *Protreptique* d'Aristote[29]. Mais on omet trop

27. La première fonction distinguée par Philon se rapproche des passages où Jamblique fait l'éloge de la philosophie comme d'un art, et où il utilise une argumentation comparative.

28. Cette deuxième fonction rejoint bien sûr l'approche téléologique à l'œuvre dans toute une partie du *Protreptique* de Jamblique.

29. Sur l'histoire de la reconstruction, voir l'Appendice à la fin de l'Introduction aux *Exhortations aristotéliciennes*. Nous ajoutons à l'ensemble des chapitres du *Protreptique* de Jamblique des Textes complémentaires : la fin du chap. V du *Protreptique*, un extrait du *De communi mathematica scientia* de Jamblique, et un extrait de l'*In Euclidem* de Proclus, généralement intégrés, en tout ou partie, dans les éditions du *Protreptique* aristotélicien.

souvent de rappeler qu'à aucun moment Jamblique ne mentionne ses sources – et donc ni le nom Aristote, ni un ouvrage qui s'intitulerait *Protreptique* –. Dès lors, les « éditions » modernes du *Protreptique* aristotélicien à partir de Jamblique ne demeurent rien d'autre que des reconstructions reposant sur des hypothèses assez subjectives. C'est pourquoi, pour désigner l'ensemble de notre matériel – dont nous reconnaissons le ton indéniablement aristotélicien – nous avons préféré au titre de *Protreptique* d'Aristote celui d'*Exhortations aristotéliciennes*, qui exprime notre scepticisme sur la possibilité d'identifier avec certitude – et encore moins de reconstruire – l'ouvrage d'Aristote à partir de Jamblique. Nous n'avons pas non plus adopté l'ordre de présentation de l'édition de référence du *Protreptique* d'Aristote, celle de Düring[30], qui a sectionné les chapitres de Jamblique en différents fragments, bouleversant parfois l'ordre original du texte ; nous avons laissé les chapitres dans leur intégralité, car chacun d'eux présente une argumentation parfaitement cohérente.

Trois types d'arguments, partiellement étrangers les uns aux autres, ont convaincu depuis longtemps bon nombre de chercheurs que le *Protreptique* remonte à la jeunesse d'Aristote, ou, si l'on préfère adopter une fourchette un peu plus large, à l'époque où il était encore élève de Platon à l'Académie.

Le premier argument regarde le statut des écrits aristotéliciens.

– Parmi les œuvres d'Aristote, les historiens modernes de la philosophie, à partir des travaux de Zeller[31], ont pris l'habitude d'opérer une première distinction, entre les œuvres qui furent publiées par Aristote lui-même[32], et qui sont aujourd'hui perdues, ou dont il ne reste que des fragments, d'une part, et, de l'autre, les traités destinés à l'usage interne de l'école, qui ne connurent qu'une forme de diffusion restreinte, et ne furent publiés qu'après la mort d'Aristote. Certains chercheurs, s'appuyant sur un témoignage célèbre, et en

30. Düring (*a*), 1961.

31. Zeller, *Die Philosophie der Griechen*, II, 2, p. 109-138 ; ainsi que le rappelle E. Berti, *Aristotele : dalla dialettica alla filosofia prima*, p. 46, Zeller reprend une opinion qui avait commencé à se répandre chez les historiens de la philosophie du XIXe. Sur le statut et la chronologie des œuvres aristotéliciennes, les p. 45-94 de cet ouvrage de Berti demeurent la référence fondamentale.

32. Que celui-ci désignerait par le terme ἐκδεδομένοι λόγοι.

même temps fort discuté, de Strabon[33], repris par Plutarque, pensent que ces traités scolaires disparurent pratiquement de la circulation après la mort de Théophraste, et, qu'au terme d'une série de vicissitudes, ils furent définitivement publiés au Ier s av. J.-C., grâce à Andronicus[34] ; seules les œuvres publiées par Aristote lui-même auraient été connues dans les deux ou trois premiers siècles après la mort du Stagirite. Or le plus ancien témoignage sur le *Protreptique*, qui proviendrait de Zénon et qui met en scène le philosophe Cratès, presque contemporain d'Aristote, lisant à haute voix le livre de celuici, prouve qu'il figurait parmi les ouvrages publiés par Aristote luimême, dès son vivant[35]. Contrairement aux traités édités plus tard par Andronicus, les œuvres publiées par Aristote, ou qui n'étaient pas destinées à l'enseignement, finirent alors, peu à peu, par tomber dans l'oubli.

Par ailleurs, la division entre ces deux groupes d'œuvres, qui connurent deux destins de publication opposés, en recouvre peut-être une autre. Aristote se réfère dans ses traités à des écrits « exotériques », nomenclature reprise dans des catalogues des œuvres aristotéliciennes, qui parlent aussi de « dialogues », pour les distinguer parfois des œuvres dites « acroamatiques ». La portée de ces adjectifs[36], ainsi que la relation qu'il faut supposer entre « exotérique » et « acroamatique » est très débattue[37] ; si l'on s'en tient à la question du *Protreptique*, l'essentiel est de savoir que bon nombre de chercheurs ont donné à « exotérique » le sens de « largement diffusé », ou « diffusé en dehors de l'école », et assimilé, aussi, les œuvres perdues soit aux écrits « exotériques », soit, encore, aux « dialogues », soit aux uns et aux autres[38]. L'un des traits distinctifs des œuvres exotériques,

33. Strabon, *Géographie*, XIII, 1, 54.

34. *Cf.* Berti, *Aristotele : dalla dialettica alla filosofia prima*, p. 53-55.

35. Et non parmi les traités à usage interne de l'école.

36. Et d'autres encore, dans les listes des ouvrages d'Aristote.

37. Non seulement par les historiens modernes, mais, aussi, par les exégètes anciens de la philosophie aristotélicienne, ou encore par les auteurs de catalogue, dont les classifications ne concordent pas entre elles.

38. Nous nous contenterons de renvoyer à Zanatta, *Aristotele, I dialoghi*, p. 5-75, qui pose clairement et en détail la question des relations entre différentes catégories sous lesquelles les anciens ont rangé les œuvres d'Aristote, c'est-à-dire : les écrits « exotériques », les « dialogues », mais aussi les œuvres « dialectiques », les œuvres écrites « à la première personne », etc. Avec Berti (*Aristotele : dalla dialettica alla filosofia prima*), Zanatta conclut que la marque de ce que l'on appelle les « dialogues » est leur méthode, c'est-à-dire la dialectique (ce qui explique qu'on ait pu

et des dialogues, serait le recours à un style littéraire, métaphorique et poétique (influencé par les dialogues platoniciens), ce dont nous aurions des illustrations au chap. VIII de Jamblique en particulier.

À côté de cette première identification : œuvres publiées par Aristote = œuvres exotériques et/ou dialogues[39], intervient la question de la chronologie, laquelle a conduit de nombreux interprètes à placer systématiquement ces ouvrages dans la période où Aristote était encore à l'Académie[40], voire parmi les écrits de « jeunesse »[41] : l'équation est d'importance, puisqu'elle engage la relation de ces écrits avec le platonisme.

– Outre le classement des œuvres d'Aristote, sont aussi invoqués des critères internes, reposant sur les doctrines contenues dans les chapitres jamblichéens[42] : c'est un point sur lequel nous nous arrêtons dans le commentaire à différentes reprises. Certains passages montrent en effet un Aristote proche du platonisme, encore attaché, en particulier, à la doctrine des idées ; se fondant sur de tels écarts doctrinaux entre les fragments attribués au *Protreptique*, notamment, et les « traités », W. Jaeger a développé sa célèbre théorie de l'évolution de la pensée aristotélicienne, qui, partie d'une adhésion forte au platonisme[43], se serait progressivement constituée en système autonome : les critiques qu'ont suscitées les thèses de Jaeger sont aussi connues

classer parmi eux le *Protreptique*, sans qu'il faille supposer qu'il soit écrit sous forme de dialogue proprement dit) ; d'autre part, que les dialogues sont inclus dans la classe plus large représentée par les ἐξωτερικοὶ λόγοι qui traitaient sans doute de questions philosophiques générales. Cependant, selon Zanatta, les écrits exotériques ne seraient pas pour autant synonymes d'œuvres publiées, ni, donc, d'œuvres de la période académicienne, mais ils comprendraient aussi un matériel utilisé pour l'enseignement. Dans trois passages au moins où Aristote évoque des œuvres « exotériques », on a vu des références au *Protreptique* : il s'agit de la *Politique*, VII, 1, 1323 a 21-23 ; l'*Éthique à Nicomaque*, I, 13, 1102 a 26-28 ; l'*Éthique à Eudème*, II, 1, 1218 b 32-34.

39. L'attention accordée par Andronicus aux seuls traités scolaires, au détriment des œuvres « exotériques », qui, on l'a dit, se perdirent peu à peu, tient peut-être au fait que le contenu moins scientifique de celles-ci les rendait moins intéressantes pour la publication.

40. Sans doute parce qu'après le départ de l'Académie et la fondation du Lycée, Aristote se serait consacré à ses *autres* œuvres, ses traités scolaires.

41. C'est précisément l'idée qui sous-tend les travaux d'E. Berti sur le « *primo* » *Aristotele*.

42. Ce qui présuppose, bien sûr, l'authenticité aristotélicienne de ces extraits.

43. On trouvera un résumé des thèses platoniciennes supposées par Jaeger dans le *Protreptique*, dans Schneeweiß (*b*), p. 22-24.

que celles-ci, et ce n'est pas le lieu, ici, d'approfondir ce point[44]. Dans l'interprétation de Jaeger, la chronologie joue un rôle fondamental, mais aussi l'argument stylistique précédemment évoqué, consistant à classer les œuvres réputées « littéraires » d'Aristote (comme le serait le *Protreptique*) dans une période de jeunesse[45].

– Un troisième élément, totalement indépendant, cette fois, de l'authenticité aristotélicienne des extraits jamblichéens, intervient dans le débat : plusieurs chercheurs ont pensé pouvoir restituer le contexte dans lequel Aristote écrivit son *Protreptique* à partir de certains recoupements historiques et littéraires. Le témoignage de Zénon, toujours, nous apprend qu'Aristote aurait écrit le *Protreptique* à l'intention d'un certain Thémison, roi de Chypre. Nous ne disposons malheureusement d'aucune information précise concernant ce personnage. Quels pouvaient être ses rapports avec Aristote ? Selon certaines hypothèses, les deux hommes se seraient connus par l'intermédiaire d'Eudème de Chypre, ami personnel d'Aristote. Leurs relations s'inscriraient peut-être, d'autre part, sur le fond de la polémique ou de la rivalité avec Isocrate, qui avait lui-même adressé une sorte de protreptique à un autre prince de Chypre, Nicoclès, et qui avait composé un éloge du père de celui-ci, Evagoras Ier, ainsi qu'un discours protreptique fictif prononcé par Nicoclès devant un public chypriote[46]. D'après Düring, Aristote aurait probablement cherché à exercer une influence sur la situation politique et culturelle de Chypre, en proclamant ses propres idéaux intellectuels en face de ceux d'Isocrate, quelque temps avant les années 351/350 où l'île se retrouva en guerre contre Artaxerxès. Mais un élément supplémentaire, précisément lié à la polémique entre Isocrate et Aristote, nous conduirait vers la même datation : l'*Antidosis*, sorte de manifeste d'Isocrate pour son idéal d'éducation, a été publié

44. Nous y reviendrons dans les Notes complémentaires au chap. X.

45. C'est-à-dire qu'à deux stades chronologiquement différents de la pensée aristotélicienne correspondraient deux styles d'écriture différents, le « premier » style, plus littéraire, se ressentant fortement des dialogues platoniciens, comme le laisserait aussi penser l'emprunt par Aristote de certains des titres de ses propres dialogues à ceux de son maître (*Politique*, *Sophiste*, *Ménéxène*, *Banquet*).

46. Ces rapprochements ont été faits notamment par Düring (*a*), p. 173-175 et Berti, *La filosofia*², p. 14-15, p. 403-408, et, surtout, p. 448-452, où il tente de reconstruire la chronologie de cette polémique.

autour de 353 ; or plusieurs chercheurs, à commencer par Einarson[47], Bignone[48], puis Von der Mühll[49], ont attiré l'attention sur des parallèles entre des passages de ce discours et des extraits jamblichéens, qui laisseraient penser qu'en adressant à Thémison le *Protreptique*, Aristote accomplissait un geste de publicité en faveur de son idéal de culture, comme Isocrate l'avait fait de son côté, de manière tout aussi ostensible. Cette reconstruction, habile certes, mais qui reste hypothétique, avec la datation qui en découle, est devenue une sorte de vulgate[50], contre laquelle s'est dressé Schneeweiß dans l'édition du *Protreptique* en allemand publiée en 2005 : s'appuyant sur des éléments historiques et archéologiques originaux, il propose d'identifier le Thémison dont parle Zénon avec des personnages beaucoup plus tardifs, et il avance ainsi considérablement la date du *Protreptique*, en en faisant, au rebours de Jaeger, une œuvre de la fin de l'activité philosophique d'Aristote[51].

Bien qu'il éloigne de beaucoup, dans le temps, le *Protreptique* de l'*Antidosis*, Schneeweiß continue toutefois d'éclairer l'ouvrage aristotélicien à partir du débat extrêmement important sur la παιδεία, reflété, chez Platon, dans l'*Euthydème* notamment.

Si l'*Euthydème* oppose frontalement Socrate et les sophistes, il met peut-être aussi en scène, à la fin du dialogue, pensent certains, la figure d'Isocrate, comme troisième protagoniste, et troisième promoteur de culture ou de formation de l'individu[52]. Quoi qu'il en soit, et en l'état actuel des sources, ce qui permet de supposer une telle polémique entre l'idéal d'éducation préconisé par Platon, puis par le Stagirite lui-même, avec l'école d'Isocrate n'est, il faut le souligner, qu'un vaste réseau d'allusions, sans que l'adversaire

47. « Aristotle's *Protrepticus* and the Structure of the *Epinomis* », *Transactions and Proceedings ot the American Philological Association*, 67, 1936, p. 261-285.

48. *L'Aristotele perduto*, p. 89-97.

49. P. Von der Mühll, « Isokrates und der *Protreptikos* des Aristoteles », *Philologus*, 94, 1949, p. 259-265.

50. Zanatta, p. 8, déclare ainsi : « *La difesa ufficiale dell'Accademia assunta da Aristotele nel* Protreptico, *databile con certezza del 353* ».

51. Schneeweiß (*b*), « Die neue Datierung des *Protreptikos* », p. 51-53. Schneeweiß refuse donc l'équation : écrits exotériques = écrits de jeunesse.

52. C'est du moins l'hypothèse formulée depuis L. Spengel, « Isokrates und Platon », *Abhandl. d. philosoph.-philolog. Cl. d. K. bayer. Ak. d. Wiss.*, VII/3, 1855, p. 729-769.

des uns et des autres soit jamais explicitement nommé. Toutefois, les rapprochements entre les textes à partir desquels on a tenté de reconstruire les enjeux de cette rivalité entre idéaux éducatifs sont très convaincants. Il s'agit d'un ample dossier, bien connu, et déjà très bien traité en d'importants travaux, et qu'il n'y a pas lieu de rouvrir ici en détail[53].

Rappelons seulement, tout d'abord, que les uns et les autres s'affrontaient sur un même terrain, ou autour de revendications identiques, puisque Isocrate donnait lui aussi à la culture qu'il préconisait le nom de φιλοσοφία. Mais dans les faits, celle-ci prenait deux formes bien différentes, entre lesquelles se jouait la question de leur *utilité* respective, qui semble avoir été au cœur du débat, et qui est, aussi, nous l'avons vu, au fondement de l'un des deux grands volets de l'argumentation protreptique selon Philon de Larissa[54]. De plusieurs discours d'Isocrate, à commencer par *Contre les sophistes*, *Busiris* et *L'éloge d'Hélène*[55], émerge un idéal de formation essentiellement fondé sur la rhétorique, et orienté vers une utilité immédiate et pratique[56]. En face, l'Académie engageait ses recrues dans des recherches scientifiques approfondies, de mathématique, de géométrie, et d'astronomie, et tendait vers un idéal de type théorétique n'apportant, apparemment, aucun avantage, sinon

53. Citons quelques travaux de référence : l'article de L. Spengel, « Isokrates und Platon », *Philologus*, 19, 1863, p. 593-598 (qui approfondit le premier article « Isokrates und Platon » cité à la note précédente) ; P. Wendland, *Anaximenes von Lampsakos* : les p. 81-101 portent sur l'*Ad Demonicum* et mentionnent des parallèles importants avec des passages aristotéliciens du *Protreptique* de Jamblique ; A. Burk, *Die Pädagogik des Isokrates,* Würzburg, 1923 ; E. Bignone, *L'Aristotele perduto*, p. 53-59, p. 89-97, p. 113-118, p. 129 ; Ch. Eucken, *Isokrates. Seine Positionen in der Auseinandersetzung mit den zeitgenössischen Philosophen*, Berlin-New York, 1983 ; D. M. Swancutt, « Paraenesis in Light of Protrepsis », art. cit., en part. p. 131-143. Sur les rapports supposés entre Isocrate et le *Protreptique* aristotélicien, on consultera, outre la bibliographie mentionnée *supra*, p. XXVI-XXVII, aux notes 46, 47, 48, 49, 50 et 52, Düring (*a*), p. 20-23 et 33-35, qui reprend les différents dialogues d'Isocrate, mais aussi de nombreux travaux d'E. Berti. Récemment, D. S. Hutchinson et Monte Ransome Johnson ont publié en ligne un dossier très bien documenté sur la question, qui rend compte de la bibliographie essentielle (« *Protrepticus* and *Antidosis* », que l'on trouvera sur la page personnelle de Monte R. Johnson).

54. « Le discours protreptique est en effet celui qui incite à la vertu : une première section montre qu'elle est *de grande utilité* (τὸ μεγαλωφελὲς αὐτῆς). »

55. § 5.

56. Sur la question de l'utilité, voir en part. Burk, *Die Pädagogik des Isokrates, op. cit.*, *passim*, et Eucken, *Isokrates*, *op. cit.*, p. 56-63 : ces travaux mentionnent les différents passages d'Isocrate concernés.

matériel, du moins social. À cela il faut ajouter un deuxième aspect : les modes de discours en lesquels étaient proclamés les programmes philosophiques des uns et des autres seraient devenus, eux aussi, un enjeu de polémique. Nous avons déjà évoqué les discours chypriotes d'Isocrate, auxquels on a suggéré que faisait contrepoids le *Protreptique*, autre miroir des princes ; par ailleurs, certains textes d'Isocrate (ou de son école) donnent à penser que celui-ci revendiquait, en face du « genre » même du protreptique, adopté par Platon et Aristote, des formes littéraires d'exhortation concurrentes. C'est le cas, en particulier, du célèbre passage de l'*Ad Demonicum*, 3-5[57], qui semble faire correspondre à l'opposition entre deux modes de philosopher, une opposition entre deux formes d'exhortation à la vertu, la première, représentée par les προτρεπτικοὶ λόγοι, attribuée aux adversaires, et rejetée, la seconde, la παραίνεσις, qui est revendiquée par l'auteur[58].

Plusieurs passages d'Isocrate suggèrent donc qu'il critiquait l'idéal de l'Académie, dépourvu, en apparence, de retombées utiles : le thème était abordé par Platon lui-même, qu'on pense au *Théétète* (173 c-177 b) et au portrait du philosophe, qui, scrutant les astres et les profondeurs de la nature, et oublieux de tout ce qui est proche (ὁ γείτων λέληθεν), se montre gauche et ridicule ; or ce portrait du *Théétète* est largement cité par Jamblique non sans raison au chap. XIV du *Protreptique*, qui « à partir de la vie philosophique et de toute l'existence du philosophe », montre, justement, « *par contraste*[59], combien une telle activité l'emporte sur les autres vies d'apparence honorable ». Mais la philosophie n'est pas seulement critiquée pour son inutilité *dans l'absolu*, elle l'est aussi pour son

57. Plusieurs chercheurs s'accordent pour dire que l'auteur du discours ne serait pas Isocrate lui-même, mais un membre de son école. Ce point est abordé dans la plupart des études sur Isocrate que nous mentionnons.

58. Swancutt, « Paraenesis in Light of Protrepsis », art. cit., étudie en détail cette question, qui était déjà abordée par Wendland, *Anaximenes* et Bignone, *L'Aristotele perduto*.

59. C'est le titre du chap. IX, p. 4, 27-5, 3 P (ce P que nous indiquons, dans toute la suite de cet ouvrage, à côté des numéros de pages du *Protreptique* de Jamblique renvoie à l'édition Pistelli). Il figure dans la liste des Κεφάλαια précédant le texte du *Protreptique*, considérée comme authentique. L'expression ἐξ ἀντιπαραθέσεως se rattache au thème de l'opposition des modes de vie ou des professions, typique de l'éloge de l'art et de ce que l'on appelle, peut-être à tort, le « genre » de la *synkrisis* : voir *infra*, p. XXXI, note 63.

inutilité *par comparaison avec* d'autres arts, d'autres disciplines, etc. L'*Euthydème*[60], référence fondamentale sur ce thème, le montre bien, comme le chapitre VI de Jamblique, que l'on peut lire dans l'optique de la polémique avec Isocrate, telle qu'on a pensé la reconstruire à partir, entre autres, de l'*Antidosis*[61] : nous en reparlerons dans la seconde partie de l'Introduction aux *Exhortations aristotéliciennes*. Attaquée en ses principes, la philosophie de type spéculatif doit donc se défendre, et, face à des modèles concurrents, chercher à emporter l'adhésion : c'est dans un tel cadre que doit se comprendre l'argument de la nécessité de philosopher. Mais, comme I. Hadot l'a bien montré pour l'époque impériale notamment, l'enjeu ne concernait pas uniquement les idéaux de culture et les formes d'existence ; ce type de rivalités s'enracinait aussi dans des problèmes juridiques, sociaux, financiers et en somme *matériels*, problèmes souvent complexes et trop négligés par les commentateurs, mais dont il serait essentiel, en revanche, de tenir compte[62].

Bien évidemment, le contexte historique dans lequel Aristote rédigea ses œuvres n'est pas le même que celui de Jamblique, il est très différent, aussi, de celui de Cicéron, pour lequel le rapprochement avec le texte de Philon est d'autant plus intéressant, rappelons-le à nouveau, que celui-ci fut l'un des maîtres de l'Arpinate. Le cas de l'*Hortensius* est à cet égard complexe : la nécessité de philosopher qui s'y exprime repose, certes, sur des invariants de la nature humaine et de la tâche philosophique, communs aux autres

60. 304 d.

61. Notamment *Antidosis* 262-269, *cf.* Düring (*a*), p. 33-35, Berti, *La filosofia*², p. 448-458.

62. I. Hadot évoque la question de « l'utilité respective des trois grandes sciences : médecine, rhétorique et philosophie, pour l'État et l'humanité » dans les développements qu'elle consacre à « La législation impériale concernant les professeurs et les médecins », *Arts libéraux et philosophie antique dans la pensée antique*, Paris, 2005, p. 221-226. Cette étude est particulièrement précieuse parce qu'elle est l'une des seules, et la plus complète, à traiter du thème de l'utilité des disciplines en le replaçant dans un contexte concret, historique et juridique (en abordant notamment les privilèges accordés par l'empereur à certaines de ces professions, ou les interventions de fonctionnaires à propos des litiges de salaire). Mais ce type d'antagonisme ne se limite pas au cas des professions, il met aussi aux prises les options philosophico-religieuses, comme le christianisme en face du néoplatonisme par exemple, ou en face du « paganisme » plus généralement, ce qui explique l'apparition de protreptiques chrétiens, inspirés des modèles philosophiques.

protreptiques, mais elle est liée, également, au contexte de la crise de la République romaine, qui rend nécessaire, aux yeux de Cicéron, de répandre, chez ses contemporains, des normes théoriques et éthiques. Or la tâche n'était pas facile, car en proposant, pour la première fois, un vaste corpus philosophique en langue latine inspiré de la philosophie grecque, Cicéron se heurtait à un milieu romain peu préparé à accueillir cette nouveauté : pour combattre de telles résistances, le protreptique fut donc également chargé de démontrer l'utilité et la nécessité de la philosophie, en adoptant la forme spécifique, si l'on interprète en ce sens un groupe de fragments que les éditeurs placent généralement au début de l'*Hortensius*, d'une *comparaison* entre la philosophie et les autres disciplines alors pratiquées à Rome[63]. Mais notre connaissance certaine de la situation dans laquelle se trouvait Cicéron au moment où il écrivit l'*Hortensius*, contrairement à la situation du *Protreptique* d'Aristote, donne une épaisseur troublante à la nécessité de philosopher pour l'Arpinate. Telle qu'il la décrit, en effet, son activité philosophique représente en cette période une sorte d'échappatoire ou de refuge ultime à ses maux : une *levatio*, dit-il en conclusion des *Tusculanes*[64]. Le protreptique cicéronien devra donc se lire aussi sur le fond d'une sorte d'expérimentation *personnelle*, radicale, de la nécessité humaine de faire et d'enseigner la philosophie.

Intention de cette édition

Pas plus que pour le *Protreptique* d'Aristote nous ne rechercherons, dans l'étude consacrée ultérieurement à l'*Hortensius*, à « reconstruire » le texte désormais perdu du protreptique de Cicéron :

63. Ce sont, en gros, les fragments 48, 89, 11, 26, 27, 25 Müller, qui correspondent aux fragments 8, 9, 11, 13, 14, 15 chez Grilli, qui en ajoute deux (10 et 12) par rapport à son prédécesseur ; ils illustrent ce qui était sans doute la fonction de « propagande » de l'*Hortensius*. Faut-il pour autant faire intervenir le « genre littéraire » de la *synkrisis* qui, comme d'autres « genres » que l'on croit identifier sous certains textes de l'Antiquité sont, on le sait, des sortes de reconstructions des philologues modernes ?

64. Le terme est le dernier de l'ouvrage : « ce qui est sûr, c'est que, en ce qui me concerne, les souffrances cruelles, les peines de toute nature qui m'assaillent de toutes parts ne m'auraient pas permis de trouver ailleurs un soulagement (*levatio*) » (trad. J. Humbert, C.U.F., Paris, 1931).

malgré les immenses qualités de sa dissertation sur le protreptique cicéronien, Plasberg, en se risquant à combler les lacunes du dialogue par un récit pour « reconstituer » le texte, s'était lancé dans une entreprise forcément hasardeuse[65]. Mais la tentative de M. Ruch, dernier éditeur du texte en français, pour « reconnaître l'ordre des fragments »[66], n'est pas non plus convaincante, et, surtout, elle n'éclaire pas suffisamment l'intention de l'ouvrage cicéronien.

Si nous considérons illusoire de retrouver l'ordre authentique des fragments des deux ouvrages, nous ne renonçons pas pour autant à un classement. Celui-ci prétend refléter non pas la forme originale des protreptiques, mais, au moins partiellement, la logique de l'argumentation[67]. Bien sûr, la réorganisation argumentative du texte que nous proposons est déjà une interprétation de notre part, c'est pourquoi nous avons conçu l'Introduction aux chapitres aristotéliciens du *Protreptique* de Jamblique comme un guide à la lecture des fragments, et comme une justification des regroupements argumentatifs. L'Introduction se compose ainsi de deux parties, qui éclairent, sous deux angles différents, l'argumentation des chapitres de Jamblique attribués à Aristote. Des notes à la traduction viendront expliquer au fur et à mesure certains problèmes philologiques, historiques, et conceptuels. Pour certains passages, particulièrement difficiles, nous avons ajouté des Notes complémentaires.

65. *De M. T. Ciceronis Hortensio dialogo*, Leipzig, 1892.

66. M. Ruch, *L'*Hortensius *de Cicéron. Histoire et reconstitution*, Paris, 1958 : le programme est annoncé p. 9 : « Au seuil de cette recherche, trois tâches précises et distinctes s'imposaient : a) l'établissement et la traduction du texte, b) la restitution du contexte, c) la reconnaissance de l'ordre ».

67. La situation de l'*Hortensius* est en quelque inverse de celle du *Protreptique* d'Aristote : les extraits qui entrent dans la reconstitution du protreptique cicéronien sont, en effet, dans leur très grande majorité, des citations *explicitement* rapportées par des auteurs postérieurs à cet ouvrage : rien de tel pour Aristote. Mais, à la différence des longs extraits de Jamblique, ces citations sont très minces, détachées de leur contexte, ce qui rend la reconstruction de lignes argumentatives particulièrement difficile. À cela s'ajoute que l'*Hortensius* est un dialogue : les courts passages transmis, voire les simples phrases, appartenaient donc à des répliques, dont nous ne savons pas auquel des interlocuteurs elles doivent être attribuées.

INTRODUCTION

La philosophie des *Exhortations aristotéliciennes* et ses modèles conceptuels : entre τέχνη et φύσις

Né autour de 250 à Chalcis (Syrie méridionale), Jamblique, qui a vraisemblablement étudié auprès de Porphyre[1], est l'auteur d'œuvres appartenant à des genres très variés[2] : certaines – qui portent en particulier sur la théologie – ne sont que mentionnées ici ou là, d'autres nous sont parvenues, en tout ou partie. Parmi celles-ci figurent des traités d'éthique (comme le *De anima*, dont Stobée a rapporté quelques fragments), une défense de la théurgie (le *De mysteriis*, conservé dans son entier), des traités exégétiques

1. La biographie de Jamblique ne nous est pas très bien connue : qu'il ait été l'élève de Proclus est une hypothèse généralement acceptée ; sur ce point, nous renvoyons à la bibliographie mentionnée à la note suivante.

2. Nous disposons d'au moins deux excellentes introductions à la vie et à l'œuvre de Jamblique : B. D. Larsen, *Jamblique de Chalcis*, p. 33-65 ; J. M. Dillon, *Iamblichus of Chalcis*, dans *Aufstieg und Niedergang der römischen Welt*, II, 36/2, Berlin-New York, 1988, p. 862-909 (version révisée de l'Introduction à *Iamblichi Chalcidensis In Platonis Dialogos Commentariorum Fragmenta*, Philosophia Antiqua 23, Leiden, 1973). Par la suite, Dillon a corrigé ou développé certains points de cette introduction, notamment dans *On the Pythagorean Way of Life*, J. M. Dillon et P. Hershbell, ed. and trans., SBLTT 29, Graeco-Roman Religion 11, Atlanta, 1991. Pour la date de naissance de Jamblique, nous avons adopté la proposition de Bidez (« Le philosophe Jamblique et son école », *Revue des Études Grecques*, 32, 1919, p. 29-40) ; la date de mort se situerait autour de 325. Sur la Συναγωγή, la meilleure introduction est celle de D. J. O'Meara, *Pythagoras Revived*, p. 30-105.

(comprenant des commentaires aux œuvres de Platon et d'Aristote[3]), des lettres[4], mais, aussi, un vaste *rassemblement* de matériaux (que l'on appelle communément la *Synagôgè*[5]) destiné à présenter la philosophie pythagoricienne.

De la *Synagôgè*, il reste quatre livres sur un ensemble de neuf ou dix : le *De vita pythagorica*[6], le *Protreptique*, auxquels succédaient les ouvrages plus spécifiques d'enseignement des mathématiques, parmi lesquels ne sont conservés que les livres III (*De communi mathematica scientia*) et IV (*Commentaire sur l'introduction arithmétique de Nicomaque*). Le dernier livre abordait sans doute l'étude de l'être et du divin. À l'intérieur de ce programme, le *Protreptique* sert d'exhortation et d'introduction à la philosophie pythagoricienne ; l'ouvrage procède lentement, de l'invitation à la philosophie en général, aux traits particuliers de la secte pythagoricienne[7]. Mais, comme l'a bien montré D. J. O'Meara[8], les livres qui suivaient le *Protreptique* s'échelonnaient, eux aussi, du moins technique au plus technique, selon une méthodologie rigoureuse. Ce vaste programme, où se mêlaient – tout comme à l'échelle restreinte du *Protreptique* – éléments platoniciens et éléments aristotéliciens, représentait sans doute une tentative pour donner à la philosophie néoplatonicienne une allure pythagoricienne[9].

La « découverte philologique » de Bywater qui, à la fin du XIXe, pensa avoir retrouvé dans le *Protreptique* de Jamblique un large ensemble de citations de l'ouvrage perdu d'Aristote, représente un moment important des études aristotéliciennes : celles-ci ont démontré, de façon difficilement contestable, la provenance péripatéticienne de la plupart des extraits jamblichéens pris en considération. Parmi ces doctrines typiques de l'aristotélisme, on

3. Nous n'en avons que quelques fragments.

4. Stobée transmet des extraits d'une vingtaine de celles-ci.

5. Le titre Συναγωγὴ τῶν Πυθαγορείων δογμάτων est mentionné deux fois par Syrianus dans le commentaire de la *Métaphysique*, mais ce n'est pas le seul utilisé pour désigner ce vaste ouvrage : cf Larsen, *Jamblique de Chalcis*, p. 43-44.

6. Qui est plus une *Vie pythagoricienne*, c'est-à-dire un modèle de vie à suivre, qu'une *Vie de Pythagore*.

7. Cette méthode progressive est décrite très précisément par Jamblique tout au long du premier chapitre.

8. *Pythagoras Revived*, p. 87-88.

9. *Pythagoras Revived*, p. 91.

mentionnera, en particulier : (a) la théorie de la connaissance, qui accorde une large place à la perception visuelle ; (b) la philosophie de la nature, marquée par la téléologie ; (c) la métaphysique, et le classement des différents types de savoir qui assigne pour objet à la philosophie la contemplation de la vérité ; (d) les réflexions sur l'activité humaine, guidée par la sagesse (la φρόνησις), et sur l'être humain en général, dont la tâche propre (ἔργον) est, précisément, de contempler la vérité : l'accomplissement de cette tâche nous mènera à la vie accomplie (εὐδαιμονία)[10].

Cela ne signifie pas que la question de l'authenticité aristotélicienne ne puisse être soulevée à nouveau pour tel ou tel passage, ou être précisée davantage à la lumière des travaux plus récents menés sur Aristote et sur Jamblique, dont nous allons donner un bref aperçu.

Si certaines éditions ou traductions du *Protreptique* se contentent d'emprunter à Düring l'ordre des « fragments » établis, et les présupposés de la reconstruction elle-même, de façon acritique[11], l'ouvrage de Schneeweiß (2005), en revanche, marque la volonté de renouveler la question : quarante ans après la première, la nouvelle édition du *Protreptique* avec traduction en allemand, comprend, certes, les mêmes fragments que la précédente – plus nombreux que ceux de l'édition Düring[12] – et elle est arrangée suivant le même

10. Ce résumé très succinct s'inspire de C. J. de Vogel, « Did Aristotle ever accept Plato's theory ? » : le lecteur trouvera aux p. 280-288 de cet article des informations plus développées.

11. C'est le cas de la traduction de J. Follon (Paris, 2000) et de celle de C. M. Rodriguez (Madrid, 2006). L'édition de M. Casaglia (Florence, 2001) revient à la numérotation de Ross, mais l'introduction n'apporte aucun élément vraiment nouveau par rapport à Düring ou Berti. La nouvelle édition de Berti (Berti[4], Turin, 2000) comprend, par rapport aux premières, le texte grec, dont la traduction est menée à partir de l'édition des fragments par Düring (alors que les précédentes suivaient l'édition de Ross) ; d'autre part, selon les mots mêmes de l'auteur, les notes de cette dernière édition sont plus « scientifiques » et moins « pédagogiques » que dans les premières éditions ; enfin, l'introduction est nouvelle, et tient compte de la bibliographie récente. Nous n'avons pu malheureusement avoir accès aux trois éditions suivantes : A. Buela, *El Protréptico de Aristóteles* (Texto bilingüe griego-castellano, traducción, notas y comentarios), Buenos Aires, 1984 ; 2e éd. 1993 ; B. Minca, et C. Partenie, *Aristotel, Protrepticul*, Bucarest, 2005 ; C. Verhoeven, *Aristoteles, Lof van de wijsbegeerte*, Groningen, 1998.

12. Ces fragments ne sont pas toutefois de véritables « découvertes », mais des extraits d'œuvres déjà connues, aristotéliciennes le plus souvent (parmi les rares « fragments » non aristotéliciens, mentionnons, pour exemple, fr. 89 = Plutarque, *De l'éducation des enfants*, VIII, 5 D ; fr. 95 = Galien, *Exhortation à la médecine*, VIII, 6 = Kühn, I, 16 – cité par Schneeweiß comme VIII, 13-14, selon l'édition

plan rhétorique – et dialectique – qui, selon Schneeweiß, structurait la majeure partie des discours d'exhortation de l'Antiquité[13] ; elle comprend toutefois des notes mises à jour, et se distingue, surtout, comme nous l'avons dit plus haut, par une proposition de datation originale, fondée sur des critères non pris en compte jusqu'à présent. Du côté anglo-saxon, nous devons à D. S. Hutchinson et Monte Ransome Johnson des travaux très importants, dont certains sont *in fieri*[14]. Leur article d'une centaine de pages, paru en 2005[15], prend position en faveur de l'authenticité aristotélicienne, sur la base d'un examen minutieux de la façon dont Jamblique cite ses sources, en commençant par les dialogues platoniciens ; il représente, selon l'expression des auteurs eux-mêmes, « *the first complete study of the Plato excerpts in Iamblichus, and the first complete analysis of the Aristotle section in the light of such a study* »[16]. Au terme de cette analyse rigoureuse, les auteurs sont en mesure d'affirmer que les modifications de Jamblique sur le texte platonicien se réduisent à une sélection et un réarrangement de l'original en un ordre un peu différent : la version de Platon transmise par le *Protreptique* est donc

Marquardt, 1884 –). La nouvelle édition de Schneeweiß présente cependant un défaut, car elle accroît le nombre de fragments en les morcelant plus encore que ne l'avait fait Düring : le lecteur peut difficilement se faire une idée d'ensemble de la reconstruction.

13. Ce plan est le suivant : I. Partie épidictique (démonstration), comprenant 8 sous-parties selon Schneeweiß. II. Partie réfutative (objections et réfutations), qui donnait la parole d'abord à l'adversaire de la philosophie, puis à Aristote lui-même. III. Partie épidictique supplémentaire, avec deux sous-parties. Schneeweiß explique les principes de sa reconstruction aux p. 32-36 ; il s'appuie notamment sur Gerhäußer, *Der* Protreptikos *des Poseidonios*, p. 14 et suivantes : nous en reparlons plus loin ; et sur Gaiser, *Protreptik und Paränese bei Platon : Untersuchungen zur Form des Platonischen Dialogs*, Stuttgart, 1959, p. 219-220. Pour des détails supplémentaires concernant ce plan, voir Schneeweiß (*a*), p. 233-239 et bibliographie *ad loc*. Remarquons que cette double orientation rhétorique du protreptique correspond exactement aux deux parties distinguées par Philon de Larissa.

14. Une partie de ces travaux est publiée sur internet : nous avons eu accès, de cette manière, à l'article « *Protrepticus* and *Antidosis* », et à la traduction des fragments du *Protreptique* aristotélicien : *ARISTOTELOUS Invitation to Philosophy PROTREPTIKOS FILOSOFIAS,* Edited and translated by D. S. Hutchinson & Monte Ransome Johnson, 2002 (on la trouve sur le site *www.chass.utoronto.ca*) ; mais il faut mentionner aussi l'importante bibliographie sur le *Protreptique* (« Provisional Bibliography for a new edition of Aristotle's *Protrepticus* ») très utile, que les auteurs remettent à jour chaque année, et qui figure sur un site internet d'où l'on retirera encore bien d'autres renseignements : *www.protreptic.info*.

15. « Authenticating Aristotle's *Protrepticus* ».

16. « Authenticating Aristotle's *Protrepticus* », p. 201.

fidèle, et, en somme, on peut considérer le manuscrit de Jamblique (là où il n'intervient pas) au même titre qu'une copie de manuscrit de Platon, ou même, qu'un manuscrit de Platon. Si l'on suppose que le néoplatonicien a travaillé de manière semblable pour les chapitres VI à XII, alors il faudrait considérer la version de Jamblique, elle aussi, comme un manuscrit de l'ouvrage perdu d'Aristote, sinon dans son ensemble, du moins sous la forme de « blocs de textes »[17]. Une fois débarrassés des raccords dus à Jamblique, ces blocs apparaissent, et, au nombre de 14, ils se succèdent dans l'ordre des chapitres VI à XII du *Protreptique* de Jamblique. Un tableau synoptique et un résumé des grandes lignes argumentatives qui relient certains chapitres les uns aux autres concluent l'article[18]. L'édition des *Dialogues* d'Aristote par M. Zanatta (2008)[19], qui revient, quant à elle, à la numérotation de Ross, est accompagnée d'une bonne introduction exposant de manière claire et approfondie, textes à l'appui, toutes les questions liées au classement des œuvres d'Aristote : on y trouvera ainsi des développements sur la place du *Protreptique* parmi les « dialogues », d'une part, et parmi les « discours exotériques », de l'autre[20].

À côté des ces études d'ensemble, que nous ne pouvons mentionner, bien sûr, avec exhaustivité, certains chercheurs ont aussi publié de véritables « découvertes » philologiques concernant le *Protreptique*. Citons, en particulier, celle de G. W. Most, « Somme New Fragments of Aristotle's *Protrepticus* ? »[21], selon lequel deux colonnes du *P. Vindob.* G 26008 auraient préservé deux extraits de l'ouvrage perdu, la première comprenant des considérations sur l'esthétique[22], et la seconde des réflexions sur les méthodes des sciences naturelles[23]. En faveur de l'attribution de ces textes

17. Nous résumons les conclusions plus développées des p. 240-242.

18. P. 281-291 : les auteurs distinguent essentiellement cinq grandes lignes argumentatives : l'argument des « trois vies » ; les bienfaits de la philosophie sur le plan pratique ; le φιλοσοφητέον ; la perception et la vision intellectuelle ; la téléologie et l'argument de l'ἔργον. Ce découpage, bien que différent du nôtre, le recoupe en partie.

19. La section consacrée au *Protreptique* occupe les p. 209-321.

20. Zanatta propose souvent des traductions originales de tel ou tel passage, à propos desquelles nous avons parfois fait des remarques en notes.

21. *Studi su codici e papiri filosofici*, Florence, 1992, p. 189-216.

22. Colonne A.

23. Colonne B.

au *Protreptique*, Most recourt aux arguments suivants : le lexique aristotélicien ; la disparité (apparente) de contenu entre les colonnes, qui s'explique si elles appartiennent à un traité donnant une présentation générale de la philosophie : en l'occurrence un protreptique ; enfin, les rapprochements avec certains chapitres de Jamblique[24]. Il faut aussi mentionner plusieurs études, convaincantes, de M. Rashed, parues ces dernières années[25].

Tous ces travaux représentent des « compléments » par rapport aux précédents, et, en particulier, par rapport à l'édition de Düring : une nouvelle « édition » proprement dite du *Protreptique* devrait forcément en tenir compte[26]. Mais les chercheurs qui se sont intéressés au *Protreptique* ces dernières années ne semblent pas, en revanche, avoir fondamentalement remis en cause l'idée selon laquelle Jamblique aurait puisé à un *unique* ouvrage d'Aristote, de type exhortatif, alors que ce point, nous semble-t-il, ne devrait pas être considéré comme allant de soi.

L'authenticité aristotélicienne ne fera cependant pas l'objet de notre recherche, qui portera au premier chef sur un aspect jusqu'alors plutôt négligé, peut-être précisément parce que les efforts se sont concentrés sur la reconstruction de l'ouvrage d'Aristote. À côté de ce volet de l'enquête, il aurait fallu étudier avec plus d'attention le *Protreptique* de Jamblique *pour lui-même*, c'est-à-dire s'intéresser au sens et à la cohérence de l'argumentation que le néoplatonicien déploie pour exhorter son lecteur à la philosophie. En présentant ces extraits, nous n'entendons donc nullement confirmer, ou infirmer, l'authenticité aristotélicienne, mais plutôt éclairer l'argumentation de cette partie centrale de l'ouvrage de Jamblique. Une grande importance sera ainsi accordée à la rhétorique, car nous sommes convaincue qu'une analyse approfondie des modalités

24. Most compare la colonne A avec le chap. X, et la colonne B avec le chap. VI, mais ces rapprochements nous semblent trop vagues pour être convaincants.

25. « Textes inédits transmis par l'*Ambr.* Q 74 sup. Alexandre d'Aphrodise et Olympiodore d'Alexandrie », *Revue des Sciences philosophiques et religieuses*, 81, 1997, p. 219-238 : nous rendons compte en partie de cet article dans les notes au chapitre V ; et « Alexandre d'Aphrodise lecteur du *Protreptique* », dans *Les Prologues Médiévaux*, éd. J. Hamesse, Turnhout, 2000 : nous en discutons plus loin dans la deuxième partie de cette Introduction, à propos du thème de l'« utilité de la philosophie » (voir *infra*, p. 67, note 210).

26. C'est en particulier le cas pour les deux articles mentionnés de M. Rashed.

discursives liées à la fonction exhortative de l'ouvrage fera apparaître des problématiques philosophiques fondamentales, de façon parfois plus efficace que le recours systématique aux doctrines aristotéliciennes[27]. L'approche de type rhétorique que nous proposons se justifie d'autant plus que Jamblique ponctue fréquemment son texte de remarques métadiscursives, comme s'il était particulièrement soucieux de souligner les étapes de son discours et d'indiquer à l'avance au lecteur *comment* il va exhorter à la philosophie et quelle sera la *perspective* de ses démonstrations. L'ouvrage donne ainsi l'impression d'une structure à la fois complexe et résolument didactique[28].

L'architecture formelle du discours est le premier phénomène rhétorique que nous analyserons : elle se déploie sur différents niveaux.

Au niveau large – la « macrostructure » de l'argumentation – le *Protreptique* de Jamblique reflète l'influence de différents « patrons » rhétoriques ou de modèles littéraires, qui préexistent, bien sûr, à l'ouvrage lui-même, et appartiennent à l'origine aux textes que Jamblique « coud » ensemble, tout simplement, telles les « divisions des pythagoriciens » du chapitre V[29] ; en d'autres cas, Jamblique ne mentionne pas les formes littéraires ou rhétoriques auxquelles il recourt, ce qui les rend moins immédiatement identifiables[30]. Pour étudier ce niveau de l'argumentation il faut

27. Nous ne négligerons pas pour autant les rapprochements aristotéliciens, que nous indiquerons fréquemment dans les notes.

28. Avec des articulations très marquées.

29. En fait de « divisions pythagoriciennes », il s'agit d'un patchwork de passages platoniciens qui contiennent, pour l'essentiel, des réflexions de type anthropologique, présentées selon différentes rubriques et différentes lignes d'opposition que l'on peut appeler, effectivement, des « divisions ». P. Moraux, *Der Aristotelismus bei den Griechen von Andronikos*, 3 vol, Berlin-New York, 1973-1984, I. p. 120-132 ; II, p. 449-453, et p. 678-683, insiste sur les origines multiples, à la fois académiciennes et péripatéticiennes, des processus de définitions et divisions, et sur les liens de ceux-ci avec la dialectique ; il rappelle, d'autre part, la prédilection des écrits pseudo-pythagoriciens pour les divisions, qui ne sont ni expliquées, ni justifiées, mais exposées comme des connaissances déjà consolidées. Les différents auteurs pseudo-pythagoriciens pourraient avoir puisé, suggère Moraux, à un recueil de « divisions » soi-disant pythagoriciennes, mais, en réalité, d'origine éclectique, à la fois platonicienne et péripatéticienne : ce qu'aurait fait en particulier Jamblique, pour le *Protreptique* (*cf. Der Aristotelismus*, II, p. 682-683).

30. On aurait ainsi espéré qu'il dise, à tel ou tel endroit, qu'il empruntait sa matière au *Protreptique* d'Aristote !

recherchér les sources auxquelles emprunte Jamblique, œuvres singulières (tel ou tel dialogue platonicien), ou schémas rhétoriques traditionnels, comme le serait le « genre » de la division en philosophie par exemple[31], les « sentences », les « symboles » pythagoriciens, ou bien les topiques de la littérature isagogique, les formes de discours épidictique, parmi lesquelles l'éloge de l'art, ou, encore, la rhétorique délibérative. L'analyse des formes littéraires et rhétoriques dont s'inspire Jamblique nous entraînant sur le vaste terrain des genres et de l'histoire des genres, nous l'abordons dans une deuxième partie de cette Introduction.

Différentes modalités rhétoriques caractérisent à leur tour le niveau de la « microstructure » de l'argumentation : nous en traiterons directement ici, puisqu'elles semblent correspondre à des formes d'organisation de l'argumentation authentiquement jamblichéennes.

Comme Jamblique le dit très bien lui-même, les modes d'argumentation mis en œuvre dans le *Protreptique*, quel que soit le niveau architectural dont ils dépendent, reposent eux-mêmes sur différents critères de définition implicites de la philosophie, et recourent à différents champs sémantiques, représentant autant de *variables* grâce auxquelles est démontrée, de chapitre en chapitre, la nécessité de philosopher[32]. Si celle-ci est une et indéfectible[33], en revanche, les modèles de représentation, ou,

31. Dans le cas du chapitre V, les deux types de sources se mêlent, c'est-à-dire œuvre singulière (surtout l'*Euthydème* de Platon) et schémas rhétoriques (les divisions platoniciennes).

32. Les exemples abondent. Nous n'en donnons que deux, tirés du chapitre III. Jamblique entame une nouvelle argumentation ainsi : « la sentence (γνώμη) suivante dirige son invitation (τὴν παράκλησιν) *vers la physiologie* (εἰς φυσιολογίαν) et toute la contemplation du ciel ». On distingue parfaitement trois niveaux : *l'intention* rhétorique du discours (l'invitation ou l'exhortation) ; *la forme* du discours (la sentence) ; *le domaine* conceptuel sous lequel sera abordée la nécessité de philosopher (en l'occurrence la physiologie). Le domaine *conceptuel* est une *variable*, ce qui amène Jamblique à déclarer, un peu plus loin : « les sentences (γνῶμαι) qui viennent ensuite fondent l'invitation (παράκλησιν) sur la vie de décision qui est en nous (ἀπὸ τῆς προαιρετικῆς ἐν ἡμῖν ζωῆς) », passant ainsi de la physique à l'éthique. Nous reviendrons sur le rôle de la préposition ἀπό en tant que cheville de l'argumentation. Ici et par la suite, les traductions du *Protreptique* de Jamblique (en dehors des chap. V à XII) sont empruntées à des Places, parfois légèrement modifiées.

33. C'est donc, au même titre que la promesse du bonheur, un *invariant*.

encore, les conceptions de la philosophie qui leur sont liées, sont multiformes. Notre tâche consistera, en ces pages, à décrypter les différents modèles rhétoriques et argumentatifs, pour, à partir de là, faire apparaître les multiples facettes de la philosophie[34] à laquelle invite le *Protreptique*. Ces distinctions serviront aussi de lignes directrices à notre réorganisation de l'argumentation dans les chapitres VI à XII de l'ouvrage.

Les structures formelles de l'argumentation jamblichéenne

Les approches (ἔφοδοι)

L'un des traits les plus saillants du métadiscours sous-jacent dans le *Protreptique* de Jamblique est la mention et la caractérisation de différentes *approches* (ἔφοδοι) – terme dont se sert Aristote lui-même pour décrire la méthode du raisonnement[35] –. Par cette expression, récurrente dans l'ensemble de l'ouvrage, Jamblique désigne différents « angles de vue » sous lesquels il présente une réalité unique, la philosophie. Autrement dit, il s'agit de « variations descriptives » autour d'un même objet, auxquelles Jamblique consacre tel ou tel chapitre en son entier, ou telle partie de chapitre, et qui correspondent aussi, fréquemment, à différentes façons de définir la philosophie. Pour décrire ce mode d'exposition, qu'il considère comme une caractéristique de la méthode aristotélicienne, bien qu'il fût déjà à l'œuvre dans les dialogues socratiques[36], on a parlé à juste titre d'« approximations successives »[37] : l'expression convient tout à fait pour décrire le style de Jamblique.

Le terme ἔφοδος apparaît dès la liste des chapitres sur laquelle s'ouvre le livre. Celle-ci donne un aperçu très cohérent de l'argumentation des vingt-et-un chapitres, présentés comme autant de modes d'exhortation à la philosophie, du plus clair au plus obscur.

34. Parfois, comme nous le verrons plus loin, elles s'accordent mal entre elles.

35. *Topiques*, I, 12, 105 a 14 : « L'induction (ἐπαγωγή) est l'approche (ἔφοδος) qui part des cas particuliers pour aller aux énoncés universels ».

36. *Cf.* Düring (*a*), p. 19 : « *the method is a typically Aristotelian systematization of the Socratic method used in Plato's dialogues* ».

37. L'expression est citée par Düring (*a*), p. 18, qui l'attribue à A. Mansion mais sans la référence exacte à l'ouvrage ou l'article dans laquelle elle se trouve et que nous ne sommes pas parvenue à identifier.

Parmi les genres ou les modèles auxquels recourt Jamblique, l'influence de la littérature isagogique est primordiale : l'introduction à la philosophie pythagoricienne, représentée par l'ouvrage protreptique, s'ouvre elle-même sur une introduction à la philosophie en général, occupant les premiers chapitres, ce qui donne au lecteur l'impression d'une progression soigneusement étagée. Au fil du protreptique, nous noterons, en particulier, à côté d'ἔφοδος, les termes ἀγωγή, τρόπος et μέθοδος (p. 7-8 Pistelli), ou encore τύπος (p. 10 P). Dans la liste des chapitres comme dans le protreptique proprement dit, chacune de ces « approches » méthodiques est suivie de la préposition ἀπό, qui désigne le point de vue *à partir duquel* sera chaque fois envisagée l'argumentation[38]. Parfois le point de départ est simplement un répertoire d'arguments (par exemple les sentences et les proverbes), parfois c'est un procédé argumentatif précis ; ailleurs, il s'agira de contenus doctrinaux ou d'aspects signifiants de l'existence humaine, qui justifient la nécessité de philosopher et donnent une orientation spécifique à l'exhortation. Ce phénomène est clairement illustré par le titre du chapitre IX : Ἀπο τοῦ βουλήματος τῆς φύσεως ἔφοδος εἰς προτροπὴν κατὰ τὴν Πυθαγόρου ἀπόκρισιν, « *Approche de l'exhortation* à partir de l'intention de la nature en fonction de la réponse de Pythagore » : en d'autres termes, la nature constitue *l'angle de vue* sous lequel est abordée la nécessité de philosopher.

Ἔφοδος et ses équivalents relèvent donc du métadiscours de Jamblique, qui se sert de telles expressions pour signaler le passage d'un mode exhortatif à un autre, en particulier (mais pas systématiquement) le passage du plus évident au moins évident, ou du plus général au plus spécifique. Le chapitre I en offre un très bon exemple, lorsque Jamblique annonce la structure générale du programme protreptique : « (…) l'exhortation (τὴν προτροπήν) doit procéder méthodiquement à partir de l'ordinaire (…). Après quoi on usera d'une méthode intermédiaire (μέσῃ τινὶ μεθόδῳ), ni entièrement populaire ni non plus strictement pythagoricienne (…). Nous y rangerons les incitations communes (κοινάς τε πάσης φιλοσοφίας… παρορμήσεις) à toute philosophie (…) de

38. Voir *supra*, p. 8, note 32.

là, insensiblement, comme c'est normal, nous nous détacherons des pensées exotériques (...). Finalement, nous réunirons les exhortations propres (τὰ ἴδια προτρεπτικά) à la secte pythagoricienne, différentes de celles des autres écoles et en quelque façon mystérieuse »[39]. On distingue deux niveaux : le premier, qui est celui de l'*intention* de l'ouvrage dans son ensemble, exprimée par le terme « exhortation », et le second, celui des *modalités* ou des *approches*, correspondant à la « méthode » et aux « incitations », lesquelles seront à leur tour remplies par des contenus adéquats suivant le degré d'avancement du public. Nous rencontrons le même phénomène de variations des approches au chapitre IV, sur lequel nous reviendrons.

Quel est le but des approches et de leur variation ? Le chapitre IV se termine par cette phrase :

> « C'est ainsi qu'en passant par tout ce qui est en nous, tout ce qui est dans la nature, en un mot par tous les êtres, l'exhortation a récapitulé *toutes les approches en une montée qui aboutit au dieu* (πάσας τὰς ἐφόδους εἰς μίαν τὴν ἐπὶ τὸν θεὸν ἀνήκουσαν ἀναγωγήν) »[40].

À la fin du *Protreptique*, Jamblique considère donc avoir parcouru toutes les voies d'accès à la philosophie :

> « C'est par tous ces arguments que le modèle protreptique (προτρεπτικὸς τύπος), par l'intermédiaire des symboles, a révélé sa richesse en sagesse antique et en pythagorisme. Mais puisque *nous avons fait le tour des modes protreptiques* (διὰ πάντων διεξεληλύθαμεν τῶν προτρεπτικῶν τρόπων) nous arrêtons ici les discours tournés vers l'exhortation »[41].

La variation des approches (ἔφοδοι) n'est pas sans rapport avec la méthode d'exégèse fixée par Jamblique dans ses commentaires aux ouvrages de Platon et d'Aristote. Elle consiste, d'une part, à présenter les textes de ces deux auteurs au moyen de multiples divisions[42], et, de l'autre, à rechercher *l'intention ultime* qui guide la rédaction de

39. *Protreptique*, p. 7, 11-8, 9 P.
40. *Protreptique*, p. 24, 9-13 P.
41. *Protreptique*, p. 126, 1-6 P. Ce sont les dernières lignes de l'ouvrage.
42. Sur les méthodes de Jamblique commentateur, on consultera Larsen, *Jamblique de Chalcis*, ch. 7, p. 429-462, « L'exégèse et l'herméneutique de Jamblique ».

chaque texte – ce qu'il appelle leur σκοπός[43] –. Sur le même modèle, il divise également la matière du *Protreptique* en de nombreuses approches convergeant vers une même intention ou finalité (« il faut philosopher »)[44]. Un tel procédé de convergence des modes protreptiques vers un but unique est à la fois isagogique et stimulant, car, en multipliant et en variant les approches, Jamblique *retarde* l'exposé des dogmes pythagoriciens (réservés pour les derniers chapitres)[45], tout en préparant pas à pas le lecteur à les recevoir. Il commence ainsi par creuser un écart entre les considérations générales et *exotériques* sur la philosophie, qui sont préparatoires, et l'exposé de la matière philosophique *ésotérique* (c'est-à-dire proprement pythagoricienne), mais, lorsque nous abordons les dogmes, nous ne pouvons que constater que les deux niveaux argumentatifs se rejoignent, évidemment, sur le contenu. Ce mode d'exposition crée un effet permanent d'explicitation de ce que les premiers chapitres contenaient déjà *in nuce* : tout ce que nous avons lu depuis le début prend sens, peu à peu, dans un projet qui s'enrichit et s'éclaire progressivement.

43. Sur l'importance du σκοπός (*scopus*) dans la méthode exégétique de Jamblique, et sur son apport fondamental dans l'histoire de l'exégèse, nous renvoyons en particulier aux p. 435-446 de Larsen, *Jamblique de Chalcis* ; l'application du principe par Jamblique est explicitée par exemple aux p. 347-348 de l'ouvrage, à propos du *Gorgias*, et aux p. 367-372, pour le *Phèdre*. La conception organique des dialogues, dans le *Phèdre* précisément, dont la conséquence est que ceux-ci ne peuvent avoir qu'*un seul but*, est sans doute, explique l'auteur, une première origine de la notion exégétique de σκοπός. Mais Larsen a raison de faire remonter aussi la tradition exégétique du σκοπός à l'école péripatéticienne, à la doctrine des causes et à la connaissance de la cause finale appliquée à l'interprétation des œuvres d'Aristote, notamment par Alexandre d'Aphrodise (il renvoie sur ce point aux *Indices* des *CAG* I-III).

44. De même que chaque dialogue ne porte que sur un seul sujet.

45. En disant que l'argumentation jamblichéenne crée un effet de « retard », nous avons à l'esprit les termes μέλλησις et ἀναβολή qu'emploie Proclus pour décrire les ressorts psychologiques de l'exhortation socratique, dans le *Commentaire au* Premier Alcibiade, 128 : « Socrate, *en retardant et en remettant* son discours (διὰ τῆς μελλήσεως καὶ τῆς ἀναβολῆς τοῦ λόγου) fait du jeune homme un auditeur infatigable et accroît son amour pour les discussions », et, un peu plus loin (129) : « tout le reste du prologue qui fait suite retarde (ἀναβολὴν παρέχεται) longuement les réponses, enflammant ainsi le jeune homme à écouter ce qui va être dit ». Tout un « dossier » de textes hétérogènes, parmi lesquels entrent plusieurs passages du *Commentaire* de Proclus, témoigne d'une importante réflexion des Anciens sur la rhétorique de l'exhortation et ses effets. Ce dossier ne nous semble pas avoir été jusqu'à présent exploré.

La variation des approches revêt donc, visiblement, une double fonction : c'est un procédé isagogique[46], mais c'est aussi un puissant ressort de persuasion, puisqu'elle crée un effet d'accumulation, presque lancinant, des raisons qui justifient la nécessité de philosopher[47].

Le développement de l'argumentation à partir de « noyaux » précédemment énoncés

Un autre procédé facilement repérable est la mention, dans les cinq premiers chapitres, d'arguments, ou de listes d'arguments de natures différentes[48] qui seront développés dans le reste du *Protreptique*. Cet effet d'annonce est bien le signe que Jamblique recourt de façon tout à fait délibérée et organisée à différentes lignes argumentatives ou de voies[49] pour procéder à l'exhortation à la philosophie : nous venons d'en esquisser brièvement quelques unes.

Si les différentes voies conduisent unanimement à la nécessité de philosopher, diverses peuvent être, cependant, les représentations de la philosophie qui leur sont sous-jacentes. Or les contradictions provoquées par les croisements des « approches » n'ont pas suscité, jusqu'à présent, l'intérêt qu'elles méritaient. Aussi commencerons-nous par identifier les différents modes de présentation de la philosophie et les différentes caractéristiques attribuées à celle-ci – ils peuvent, au premier abord, paraître inconciliables –. Nous verrons alors que les croisements et les variations dans l'argumentation soulèvent des problématiques qui sont liées à l'usage d'un protreptique à la philosophie, ou qui, surtout, mettent en jeu la ou plutôt *les* significations essentielles que revêt, dans cet ouvrage, la « philosophie ». Une analyse précise montre que les *domaines*

46. Sur l'emploi que nous faisons de ce terme, *cf. supra*, p. XVII, note 12.

47. Le chapitre XII offre un exemple typique : quelle que soit la perspective sous laquelle on aborde la philosophie, et quels que soient les bénéfices que l'on compte en tirer, tous les raisonnements conduisent à la nécessité de philosopher. L'effet d'exhaustivité peut se décrire selon la terminologie spatiale de la διαίρεσις et de la συναγωγή, provenant du *Phèdre*, 265 d-266 c.

48. Dans la mesure où ils recourent, notamment, à des champs sémantiques différents.

49. Nous employons ici ces termes (« lignes », « voies argumentatives ») exactement dans le même sens que les « approches » jamblichéennes.

conceptuels selon lesquels l'exhortation jamblichéenne envisage la philosophie et la nécessité de philosopher se ramènent à deux idées fondamentales, ou deux grands champs sémantiques, sous lesquels nous pouvons regrouper, comme en deux colonnes, presque tous les arguments.

Les deux perspectives fondamentales des premiers chapitres du *Protreptique* : la philosophie entre τέχνη et φύσις

Après un premier chapitre, dans lequel Jamblique expose brièvement sa méthode protreptique partant du plus familier pour aller vers le plus ésotérique, le deuxième contient une exhortation très générale à la vertu, fondée sur une série de proverbes sans doute bien connus des lecteurs ; le troisième puise, quant à lui, à des textes pythagoriciens et platoniciens, auxquels Jamblique donne valeur de sentences (γνῶμαι), et qui fournissent les bases d'un discours plus philosophique et anthropologique que dans les deux premiers chapitres[50]. L'auteur précise alors quelle finalité il assigne à la philosophie : conduire l'homme à une vie purement intellectuelle, détachée des nécessités corporelles, et qualifiée de vie « divine ». À la suite de cette première invitation, les chapitres IV et V condensent les thématiques essentielles du reste de l'ouvrage, mentionnées sous la forme d'approches spécifiques ou de noyaux argumentatifs brièvement esquissés. Le chapitre IV s'ouvre ainsi sur l'annonce d'« exhortations ésotériques et scientifiques », et recourt à des textes attribués par Jamblique à Archytas, dont Jamblique tire différentes « approches » structurant, à leur tour, le *Protreptique* : c'est l'occasion pour lui de se livrer aux remarques de type métadiscursif dont il été question plus haut. Les deux « approches » principales, mentionnées dès le chapitre IV, sont les suivantes.

50. C'est un bon exemple de « patchwork » jamblichéen.

La philosophie et les autres activités humaines (τέχναι, ἐπιστῆμαι[51])

La première, qui repose sur « la supériorité de la sagesse sur les autres activités », occupe les pages 16, 18-18, 18 P. Elle prend son point de départ dans l'analogie de l'intellect et de la vue attribuée à Archytas, en ouverture chapitre IV[52]. Jamblique se sert de l'analogie pour éclairer la nature de la sagesse (l'analogie avec la vue fait d'elle une sagesse spéculative) et justifier le primat absolu qu'on doit lui accorder (elle est, comme la vue et la lumière du soleil, ce que l'on aime plus que tout)[53].

Plusieurs assertions de Jamblique marquent l'orientation de ce premier mode d'argumentation :

– « Très scientifiquement, Archytas révèle ici *la nature et l'activité de la sagesse ; c'est à partir de son extrême utilité* et de sa valeur impérative qu'il fait son exhortation à l'intellect et à la contemplation » (p. 17, 4-7 P).

– « Il[54] insinue *la supériorité de la sagesse* sur toutes les choses humaines » (p. 17, 15-17 P).

On retiendra surtout la phrase qui sert de transition entre ce premier mode argumentatif et le second : « Voilà donc quelle est l'approche qui, *à partir de la valeur de la sagesse*, procède à l'exhortation ».

La suite de cette phrase annonce sans ambiguïté une nouvelle approche :

51. Nous nous expliquerons plus loin sur le rapport entre τέχνη et ἐπιστήμη dans les *Exhortations aristotéliciennes*.

52. « Or Archytas commence d'emblée son traité *De la sagesse* par cette exhortation : “La sagesse se distingue parmi toutes les choses humaines autant que la vue se distingue des sens corporels, l'intellect de l'âme, le soleil des étoiles. Car la vue est de tous les sens celui qui atteint le plus loin et revêt le plus de formes (…)” » ; l'analogie se poursuit jusqu'à la p. 18, 18 P.

53. L'argument réapparaîtra au chap. VIII.

54. « Il » représente ici comme ailleurs dans ce chapitre le philosophe Archytas. Jamblique attribue à celui-ci des modes d'argumentation – ou « approches » – qui sont en fait le résultat d'une réélaboration ou d'une interprétation personnelle du texte d'Archytas, pour lui donner une « allure » protreptique.

« l'autre, *à partir de l'homme véritable*, en lui rappelant l'exhortation aux mêmes devoirs, s'exprime par le passage suivant »[55].

« À partir de l'homme véritable » : la sagesse accomplit la nature et la finalité humaines

Ce deuxième mode d'argumentation[56] est lui aussi scandé par des commentaires de Jamblique :

« Telle est l'approche vers l'exhortation *qui provient de la nature de l'homme*. Si en effet il est éminemment sage et capable de contempler les êtres, il doit prétendre à la sagesse théorétique et théologique ». (p. 19, 11-14 P).

L'approche « naturaliste », qui met en valeur l'adéquation de l'homme (en tant qu'il consiste essentiellement en son intellect) avec l'activité spéculative, se clôt sur ces mots : « C'est ainsi que toute la philosophie est l'objet de l'exhortation qui part de la nature humaine » (p. 20, 12-14 P).

Après l'exposé de ces deux approches, Jamblique déclare qu'Archytas recourt à une « approche mixte » (σύμμικτος), sorte de couronnement de l'approche naturaliste, introduite en ces termes :

« L'homme est fait et constitué pour contempler la raison de la nature de l'univers ; c'est donc la fonction de la sagesse de contempler l'idée des êtres »[57].

Puis il explique ce qu'il entend par « mixte » :

« Archytas a mélangé (συνεκέρασεν) la nature commune et l'individuelle, comme s'accordant entre elles. Si, en effet, la raison de l'homme est contemplative à propos de la raison de la nature de l'univers et si la sagesse de l'homme acquiert et contemple l'idée des êtres, voilà tout ensemble démontré qu'il existe un accord entre la nature divisée de la raison et la nature intellective du tout, et devenue plus parfaite l'exhortation »[58].

55. P. 18, 20-23 P.
56. P. 18, 20-20, 14 P.
57. P. 20, 16-19 P.
58. P. 20, 20-21, 1 P.

Puisque la sagesse correspond à la nature de l'homme, et qu'elle a pour fonction d'enquêter sur la nature du Tout, l'homme vit dans un monde qu'il *peut* connaître, mais, surtout, qu'il *doit* connaître, s'il veut accomplir sa nature propre. C'est en ce sens que la nature du sujet, l'homme (être *intellectif*) *s'accorde* à la nature de l'objet, le Tout (être *intelligible*).

Les arguments complémentaires

Enfin, deux autres modes argumentatifs illustrent deux caractéristiques supplémentaires de la sagesse :

– La sagesse est à la fois théorique et pratique :

Après avoir donné une exégèse du passage d'Archytas où figure l'« approche mixte », Jamblique emprunte une voie nouvelle, caractérisée ainsi :

> « On concevra donc d'après ce texte un second mélange (σύμμιξις) que voici : simultanément, il tente de s'élancer vers la philosophie pratique et vers la philosophie théorétique. En effet, acquérir la sagesse, c'est l'affaire d'une vertu effective et pratique, dont le but n'est pas seulement d'entrevoir le bien, mais de le saisir par son action, alors que la contemplation est, comme on le sait, l'œuvre de l'intellect théorétique. C'est donc à ces deux fins que l'exhortation a dû être faite »[59].

Le terme « mélange » (σύμμιξις) fait certainement écho à la nature « mixte » (σύμμικτος) de l'approche précédemment évoquée ; il signifie, sans doute, que l'exhortation peut emprunter deux voies différentes[60] finissant par se rejoindre dans une conception omnicompréhensive de la philosophie : elle satisfait tous les aspects de l'existence humaine[61].

– La sagesse porte sur tous les êtres et sur les principes communs du Tout :

59. P. 21, 5-13 P.

60. Dans ce cas précis, nous dirions même *divergentes*.

61. La double valeur – théorétique et pratique – de la sagesse est un acquis extrêmement important, dont nous verrons qu'il joue un rôle essentiel dans la réorganisation de l'argumentation telle que nous la proposons.

Cet argument correspond, en somme, à la dernière partie du chapitre IV[62]. La philosophie n'est pas une sagesse particulière, mais elle a pour objet tous les êtres, et les principes qui leur sont communs ; elle s'en rend capable grâce à une faculté particulière, consistant à diviser et à rassembler les objets du savoir, puis à en extraire les principes communs. Dans la fin du chapitre, Jamblique exalte cette faculté de réduction de tous les principes à un seul, et il en fait aussi, de façon remarquable, le principe *général* présidant au protreptique lui-même : pour que l'exhortation soit efficace, il faut en effet qu'elle soit exhaustive, et qu'en elle convergent toutes les approches vers la nécessité de philosopher. Identiques sont donc le principe de la sagesse et celui du discours. En entrelaçant ces différentes approches, l'argumentation de Jamblique tend, nous l'avons, dit, à l'exhaustivité : quel que soit l'aspect sous lequel on considère la philosophie (par rapport aux autres activités, par rapport à notre être propre, par rapport au monde), de toute manière il faut philosopher.

Τέχνη et φύσις dans les chapitres traditionnellement attribués à Aristote

Au terme de ce parcours du chapitre IV, deux lignes de force se dégagent sans peine, qui fourniront les matrices de l'argumentation de la partie centrale du *Protreptique* de Jamblique, et qui engagent deux types d'argumentaires bien distincts, dont nous donnons ici brièvement les grandes lignes.

Approche scientifique et technique : la philosophie est l'activité suprême[63]

La présentation de la philosophie comme activité suprême va de pair avec la description de la philosophie comme une science[64] ou une τέχνη, c'est-à-dire un art, une activité (professionnelle) régie

62. P. 21, 14-24, 13 P.

63. Dans le développement correspondant, on notera, par exemple : « l'intellect est supérieur au discours et à la pensée » ; « la supériorité de la sagesse sur les choses humaines ».

64. Elle est définie science architectonique dès le chapitre IV.

par des règles précises : évidemment, cette acception de τέχνη, qui sous-tend l'analogie de la philosophie et de la médecine, et qui est celle que nous adopterons nous-même dans les pages suivantes, doit être distinguée des τέχναι de type productif ; elle est très proche, en revanche, de l'ἐπιστήμη[65].

Dans l'ensemble des chapitres de Jamblique traditionnellement attribués à Aristote, cette approche régit de toute évidence les chapitres VI et X. Lorsqu'il décrit la philosophie comme une science, à côté d'autres sciences et activités humaines, l'auteur[66] recourt systématiquement à une argumentation de type évaluatif, à l'usage du comparatif (la philosophie *en regard* d'autres pratiques), et du superlatif sur l'échelle de l'exactitude théorique, d'une part, et de l'efficacité pratique, de l'autre. À l'efficacité pratique se rattache le critère de l'utilité, qui engage la relation du sage, de celui qui pense, avec le monde extérieur : dans un modèle pratique et utilitaire, le monde cesse d'être seulement objet de la *theoria*, pour devenir matière transformable, et champ d'action des êtres humains. Parce qu'elle est tout autant théorétique que pratique[67], la philosophie sera alors plus complète que toutes les autres activités humaines, et supérieure à elles.

Approche téléologique et naturaliste

Dans cette seconde perspective, l'auteur fait appel évidemment aux concepts de finalité, de nature, de facultés naturelles, etc. Par ailleurs, la hiérarchie dans le domaine de la compétence, très présente dans l'approche précédente, laisse ici la place à une échelle du *désirable*, qui culmine en la revendication d'un bien en soi, absolu, n'admettant plus la comparaison – lequel s'acquiert grâce à la philosophie –. La délimitation entre les deux modes d'argumentation apparaît très nettement si l'on compare les chapitres VI et VII. Au chapitre VI, la démonstration de la supériorité et de la nécessité de la philosophie s'inscrit en effet dans le cadre comparatif des

65. Nous reviendrons sur ce point dans la suite de l'Introduction.

66. En parlant, ici et par la suite, de l'« auteur » des *Exhortations aristotéliciennes*, nous marquons notre volonté de ne pas intervenir systématiquement dans le débat de l'authenticité aristotélicienne.

67. Ce qui correspond aussi à l'une des grandes « tensions » de l'argumentation dont nous rendrons compte plus loin.

sciences et des arts, tandis que le chapitre VII envisage la philosophie par rapport à nous lecteurs, en démontrant qu'elle correspond à l'accomplissement de nos facultés suprêmes. Il commence par une phrase qui est sans doute une récapitulation de Jamblique, dans laquelle on distingue les deux lignes argumentatives :

« La sagesse et la connaissance doivent être choisies pour elles-mêmes par les hommes (car sans elles, il n'est pas possible de vivre en hommes), mais elles sont également utiles pour l'existence ; rien de bon en effet ne nous vient, qui ne soit le résultat d'un raisonnement et d'une activité conforme à la sagesse ».

Cette seconde approche se déploie dans les chapitres VII ; VIII ; IX ; XI et XII, avec une réserve, toutefois, pour le chapitre VII, qui, parce qu'il opère une sorte de « croisement » entre les deux approches, occupe une place singulière[68] : certains passages de ce chapitre s'intègreraient mieux, en effet, dans le premier groupe. S'il est vrai, par exemple, que la distinction entre sciences productives et sciences théorétiques, qui entre dans le premier mode d'argumentation[69], est formulée au chapitre VII, cette distinction est cependant fondée sur un discours que l'on peut appeler anthropologique, et une théorie de l'ἔργον, qui relèvent, à leur tour, de la deuxième approche, et non de l'analyse des sciences telle qu'on la trouve exposée aux chapitres VI et X. Perspective de la τέχνη et perspective du τέλος sont donc ici entrecroisées. De même, le chapitre IX, dont l'argumentation repose sur le finalisme de la nature, prend son point de départ dans la comparaison entre la nature et l'art, qui remet en question, on va le voir, la définition même de la philosophie comme un art (ou une science).

Approches rhétoriques et conceptions philosophiques

Rares sont les études des chapitres aristotéliciens chez Jamblique qui se sont donné pour objet d'analyse l'argumentation ; bien qu'il ne porte pas spécifiquement sur Jamblique-Aristote, le travail de W.

68. Ce phénomène de « croisements » dans les chapitres aristotéliciens n'est pas relevé comme tel par Jamblique, mais il se ramène en fait, très précisément, à ce qu'il nomme « mélange » (σύμμιξις) des approches ; or cette notion fait l'objet de commentaires métadiscursifs, ainsi que nous l'avons dit plus haut.

69. Qui considère la philosophie comme une τέχνη et une science.

Gerhaüßer[70] demeure incontournable. Tentant, en effet, de reconstruire le patron rhétorique du « genre » protreptique à la philosophie à partir de la division du discours en deux parties[71], empruntée à Hartlich[72] – qui la déduit lui-même du schéma philonien[73] –, Gerhaüßer résume, dans la partie positive, tout ce que les différents auteurs de protreptique disent sur la philosophie[74] :

1) Seule la philosophie conduit au bonheur ; comparaison avec les autres biens.
2) La définition de la philosophie et ses parties.
3) *Sa relation avec les autres activités et les autres arts.*
4) *La philosophie se déduit de la véritable nature de l'homme, ce qui la rend supérieure à toute autre activité.*
5) La perspective eschatologique.

Les deux approches que nous distinguons ne font donc que reprendre, en réalité, les points 3) et 4) que Gerhaüßer avait placés lui-même au cœur de son analyse de la structure formelle du *genre* ; mais nous en soulignons l'importance dans le cas spécifique des chapitres jamblichéens, et nous montrerons, d'autre part, qu'elles revêtent des enjeux philosophiques dont l'importance apparaît si on les met en relation avec l'analogie de Philon de Larissa dans une perspective que Gerhaüßer n'avait pas exploitée. Au modèle philonien le chercheur allemand emprunte essentiellement, nous l'avons dit, la structure formelle (la bipartition du discours), sans voir que le contenu de l'analogie, c'est-à-dire *l'assimilation de la philosophie à la médecine*, est un élément de liaison essentiel entre la représentation de la philosophie comme art et sa représentation comme nature de l'homme.

70. *Der* Protreptikos *des Poseidonios*.

71. La première partie expose les doutes que des adversaires émettent quant à la possibilité, l'utilité, etc., de la philosophie, et répondent à des accusations portées contre elle ; la deuxième partie est un exposé des fondements de la philosophie.

72. *De exhortationum*, p. 293.

73. Selon Hartlich, Cicéron aurait composé l'*Hortensius* sur le modèle bipartite de Philon (comprenant λόγος ἀπελεγκτικός et λόγος ἐνδεικτικός), que Gerhaüßer étend au « genre » dans son ensemble.

74. *Der* Protreptikos *des Poseidonios*, p. 14 (nous reproduisons le plan de Gerhäußer, que lui-même développe dans la suite de l'ouvrage).

Nous signalons aussi un article fondamental de S. Mansion, convaincue, pour sa part, de l'authenticité aristotélicienne de ces passages[75]. *Comment* Aristote parle-t-il de la philosophie, quelles sont les *représentations*, et les *qualités*[76] que lui attribue le protreptique aristotélicien ? Voilà donc les questions, très pertinentes, qui orientent l'étude de S. Mansion. Elle classe ainsi les « arguments » étayant la nécessité de philosopher en deux groupes : le premier concerne les arguments qui sont « à la surface » et secondaires[77], et qui font appel à l'avantage et à l'utilité de la philosophie, ou au fait qu'elle procure du plaisir, afin d'obtenir une adhésion immédiate ; viennent, ensuite, les arguments qui vont « au cœur du sujet »[78] et qui fondent la nécessité de la philosophie sur son essence et sur la valeur absolue qu'elle revêt en tant qu'activité théorétique[79]. Ce découpage, particulièrement astucieux et éclairant, ne rejoint que partiellement le nôtre, il s'en différencie surtout en ce qu'il hiérarchise les argumentaires, et suppose que certaines représentations de la philosophie seraient moins *essentielles* que d'autres. On pourrait rendre compte, aussi, de l'éclairage que S. Mansion jette sur ces textes, en disant qu'elle dissocie la *définition* de la philosophie (qui exprime la substance de celle-ci), des *qualités* – attractives – qui lui sont attribuées et qui, pour leur part, se situent sur un plan uniquement rhétorique. Notre perspective est différente car il ne nous semble pas que l'un des argumentaires employés par Jamblique reflète plus que d'autres la nature exacte de la philosophie préconisée ; au contraire, c'est le mélange même des argumentaires, tous pris également « au sérieux », et avec toutes les contradictions provoquées, qui nous apprend, sans doute, ce qu'il y a de plus intéressant sur la philosophie des *Exhortations aristotéliciennes*.

75. S. Mansion, « Contemplation and Action ». L'intention de l'article est de retracer « *in a logical order, the main lines of argument developed in the* Protrepticus ».

76. Ce que S. Mansion nomme *values*.

77. « Contemplation and Action », p. 57 : « *these are but secondary appeals deriving as consequences from what constitutes the proper value of philosophy. It seems clear that it was in order to demonstrate this that the* Protrepticus *was written* ». Ces arguments correspondent aux fragments 2, 3, 4, 5 a, 9 Walzer.

78. « *To the heart of the matter* », p. 60. Ce sont les fragments 6, 7, 10, 11, 12, 13, 14, 15 Walzer.

79. Ces arguments plus « fondamentaux » consistent notamment à identifier la φρόνησις avec la perfection suprême et l'excellence ontologique.

Il n'en reste pas moins que S. Mansion a perçu avec une grande acuité à quel point les « chapitres aristotéliciens » du *Protreptique* de Jamblique sont tissés d'argumentaires philosophiques différents[80], dont nombre d'éléments, ajouterons-nous, préexistent à la pensée aristotélicienne, ou existent en dehors d'elle, ce qui explique notre parti pris de ne pas faire intervenir systématiquement, dans notre présentation de cet ensemble de chapitres, la question de leur authenticité aristotélicienne, ou, plus largement, de leur provenance. En particulier, le lecteur reconnaîtra sans peine, dans cet entrelacs argumentatif, l'écho de débats intellectuels qui ont jalonné l'histoire de la pensée des Grecs, autour des conceptions de la τέχνη, d'une part, de la φύσις, de l'autre, et des relations qu'entretiennent ces deux modes de « devenir » de l'être. Loin de nous l'ambition de vouloir rouvrir entièrement le dossier ; sur chacune de ces deux notions, le nombre des publications est impressionnant, et nous nous contenterons de quelques repères bibliographiques[81]. Certains de ces travaux se sont particulièrement intéressés aux aspects historiques du problème : H. Patzer, *Physis. Grundlegung zu einer Geschichte des Wortes*[82] ; F. Heinimann, *Nomos und Physis, Herkunft und Bedeutung einer Antithese im griechischen Denken des 5. Jahrhunderts*, qui situe dans le contexte de la sophistique l'origine d'une « antithèse » conceptuelle entre νόμος et φύσις[83] ; c'est au dernier quart du ve siècle que se serait élaborée l'autre grande opposition (*Gegensatz*), qui sépare φύσις et τέχνη, dont Heinimann fait remarquer, sans doute avec raison, qu'elle s'est développée elle aussi en tant que *topos* de la littérature sophistique. De façon très significative pour

80. Se pose, bien sûr, la question de la part d'intervention de Jamblique lui-même dans ce mélange argumentatif.

81. On trouvera de très nombreuses indications bibliographiques dans l'article de María Teresa Gallego Pérez, « *Physis* dans la Collection hippocratique », dans *Medizin der Antike*, Band 1, *Hippokratische Medizin und antike Philosophie*, hrsg. von Renate Wittern und Pierre Pellegrin, Hildesheim, 1996, p. 419-436 (en part. p. 419-420).

82. Habil.-Schr., Marburg, 1939, *Sitzungsberichte der Wissenschaftlichen Gesellschaft*, Bd. 30, Nr. 6, Stuttgart, 1993, p. 217-280. Après des développements étymologiques et lexicaux, Patzer examine différents sens de φύσις, parmi lesquels l'ἀρχή, mais sans établir de comparaison avec cet autre type d'ἀρχή qu'est la τέχνη.

83. Paru à Bâle, 1945.

la suite de nos réflexions, c'est précisément dans le traité hippocratique Περὶ τέχνης que l'on pourrait déceler, selon Heinimann, l'une des plus anciennes occurrences de cette antithèse[84].

Parmi les études dont l'approche est résolument philosophique, les plus pertinentes nous semblent être celle de P. Joos, *ΤΥΧΗ, ΦΥΣΙΣ, ΤΕΧΝΗ*, qui replace ces questions dans le cadre du débat sur la *paideia*, et celle de J. Kube, *ΤΕΧΝΗ und ΑΡΕΤΗ. Sophistisches und platonisches Tugendwissen*[85] ; sans compter deux ouvrages dans lesquels on trouvera des développements en rapport étroit avec les passages aristotéliciens du *Protreptique* de Jamblique : le livre de M. Isnardi Parente, *Techne. Momenti del pensiero greco da Platone a Epicuro*, qui reste un ouvrage de référence, et celui, moins connu, mais particulièrement stimulant, d'A. Jori, *Medicina e medici nell'antica Grecia, Saggio sul* Perì Téchnes *ippocratico*[86].

À propos de l'opposition φύσις/τέχνη, Heinimann s'en était tenu à quelques points de repères liés à la sophistique ; M. Isnardi Parente, montre, quant à elle, en partant de références platoniciennes essentielles[87], les multiples facettes du problème, qui ne saurait se réduire à un auteur ou un courant de pensée ; surtout, elle consacre une vingtaine de pages de grande importance aux chapitres aristotéliciens du *Protreptique* de Jamblique, dans lesquelles elle passe en revue les différents sens de φύσις[88]. Quant au commentaire foisonnant de Jori au traité hippocratique, il montre fort bien que celui-ci constitue un témoignage essentiel du « tournant crucial opéré par la réflexion logico-scientifique grecque »[89] à la fin du ve siècle av.

84. Voir, en particulier, *Nomos und Physis*, *op. cit.*, p. 105. Il s'agit de Περὶ τέχνης, XII, 3, où il est dit que, lorsque la nature est incapable d'accomplir seule certaines choses, l'art vient à son aide, voire la rectifie – on retrouvera exactement la même idée au chap. IX de Jamblique –. Heinimann mentionne aussi (p. 155) un passage du Περὶ διαίτης, I, 11, où l'antithèse φύσις et τέχνη intervient à côté de celle qui oppose νόμος et φύσις.

85. Berlin, 1969. Kube traite des rapports entre φύσις et τέχνη en de multiples endroits de son livre, en part. p. 44-47 ; p. 86-88.

86. Voir, aussi, le récent ouvrage de P. Hadot, *Le voile d'Isis, Essai sur l'histoire de l'idée de Nature*, Paris, 2004, qui passe en revue les différentes conceptions de la nature, en part. II, 2 : « De la phusis à la nature », p. 36-45.

87. Comme l'identification de φύσις et τέχνη dans le cas précis de la cosmologie du *Timée*.

88. « La natura e l'arte », p. 76-96.

89. P. XII.

J.-C.[90], qui a entraîné des débats importants autour des notions de τέχνη et φύσις[91]. De ces différentes études il ressort clairement que les questions posées par les deux approches jamblichéennes de la philosophie se situent dans un contexte culturel et épistémologique à la fois complexe et immense, qui les dépasse, et que nous ne saurions, bien entendu, résumer ici : G. E. R. Llyod lui a consacré des travaux fondamentaux[92].

À la lecture de l'ouvrage de Joos[93], surtout, et des textes cités et choisis par lui avec grande pertinence, il apparaît indéniablement que les réflexions sur τέχνη et φύσις ont pour enjeu fondamental l'éducation – la παιδεία –, dont nous avons rappelé l'importance dans la polémique présumée entre les écoles de Platon et d'Aristote, d'une part, et celle d'Isocrate, de l'autre. Plus précisément, les notions de τέχνη et φύσις regardent la question des présupposés, des possibilités, et des limites de l'éducation. On connaît bien les termes de ce débat très important dans l'Antiquité grecque, grâce au *Protagoras* : la vertu s'enseigne-t-elle, ou est-elle, au contraire, un donné naturel[94] ? L'enseignement et la pratique de la philosophie, qui est recherche de la sagesse, et de la vertu, posent exactement les mêmes questions, et les même enjeux : la philosophie fait-elle l'objet d'un apprentissage, comme une τέχνη, ou bien dépend-elle uniquement de la φύσις d'un individu ? Bien évidemment, la réponse n'est pas forcément unilatérale, et il peut y avoir une certaine perméabilité entre les deux facteurs (ce sera, nous le verrons plus loin, le cas chez Jamblique). Il apparaît évident, aussi, que s'il y eut une polémique entre Aristote et Isocrate autour des formes de l'éducation, ce thème entrait dans le débat comme un point essentiel : plusieurs passages montrent que c'était le cas chez Isocrate[95], et, parmi les fragments

90. Pour la datation du traité, voir Jori, *Medicina e medici*, p. 48.

91. Abordés par l'auteur en particulier au chapitre IX, *La "dynamis" della "iatriké"*.

92. Pour n'en citer que deux : *The Revolutions of Wisdom*, 1987 ; *Demystifying Mentalities*, Cambridge 1990 (trad. fr. *Pour en finir avec les mentalités*, Paris, 1996).

93. *ΤΥΧΗ, ΦΥΣΙΣ, ΤΕΧΝΗ*.

94. Voir, en particulier, les p. 63-72 de *ΤΥΧΗ, ΦΥΣΙΣ, ΤΕΧΝΗ* où Joos reconstruit le débat et ses origines.

95. Par exemple *Antidosis*, 209-214 ; *Contre les Sophistes*, 21 : voir sur ce point A. Burk, *Die Pädagogik des Isokrates, op. cit.*, p. 94-98 : « Bildungsmöglichkeiten ».

traditionnellement attribués à Aristote, deux textes, au moins, vont en ce sens : un passage du chapitre V, et l'extrait rapporté à la fois par Stobée et le *papyrus d'Oxyrhynchus* IV, 666, véritable manifeste pour l'*éducation*[96]. Rien d'étonnant, bien sûr, que ces thèmes figurent dans un discours protreptique, qui, avons-nous dit, sert d'introduction à un enseignement.

Dans les pages suivantes, nous nous donnons pour perspective, limitée, de montrer comment les argumentaires qui sillonnent les chapitres de Jamblique en question se réorganisent principalement autour des deux notions de τέχνη et φύσις ; et de comprendre, aussi, ce que cette double orientation ou double définition nous apprend au sujet de la philosophie, envisagée tantôt comme un métier, une pratique, une τέχνη dans un cadre concurrentiel, lequel justifie le discours de propagande, tantôt comme le processus naturel qui conduit l'homme à son τέλος, et qui nécessite la persuasion préalable et l'étagement des discours philosophiques dont parle Philon de Larissa.

Les termes τέχνη et φύσις nous serviront à repenser, à présent, cette analogie entre la médecine et la philosophie, qui nous a précédemment fourni un accès immédiat aux questions rhétoriques et discursives liées au protreptique[97] : celles-ci *disent* en effet quelque chose de fondamental sur la conception de la philosophie dans l'Antiquité – et non seulement sur Aristote –.

Philosophie et médecine dans les termes de *Physique* II

C'est le modèle médical lui-même, colonne vertébrale du texte philonien, qui éclairera, en effet, la double appartenance de la philosophie, à la fois τέχνη et φύσις, et sa spécificité par rapport aux autres τέχναι.

96. La nécessité de l'éducation est affirmée par le terme πεπαιδευμένη et le rejet de l'ἀπαιδευσία ; mais, rappelle l'auteur du texte, il est fondamental, aussi, que la nature de l'individu soit bonne.

97. Par la distinction précise de deux fonctions et de deux publics du protreptique.

Intéressons-nous à la médecine en son sens non figuré, la médecine du corps : dans les termes aristotéliciens de *Physique* II[98], qui sont aussi ceux des chapitres VII et IX[99] de Jamblique, τέχνη et φύσις se rapprochent et se distinguent en ce qu'elles représentent deux *principes* (ἀρχαί) qui président à la naissance et à la croissance des êtres[100] : la τέχνη est généralement le principe d'artefacts, à l'égard desquels elle reste extérieure, tandis que la φύσις est principe du mouvement de l'être, qui opère en lui-même et *par lui-même* (καθ' αὑτό), et non, précise Aristote, comme s'il intervenait *par accident* (κατὰ συμβεβηκός) ; pour préciser cette distinction, il recourt alors à l'exemple d'un médecin qui se soigne et se guérit lui-même[101].

Le commentaire de M. Heidegger à ces quelques pages de la *Physique* d'Aristote[102] articule de façon lumineuse les concepts

98. *Physique* II, 1, 192 b 20-27 : ce passage et les suivants – ou des textes aristotéliciens similaires – ont visiblement inspiré une grande partie du chapitre IX de Jamblique, ainsi que nous le verrons dans le commentaire de ce chapitre, à propos de la différence entre la cause en soi et la cause par accident. Parmi tous les textes aristotéliciens dont on a pu rapprocher les extraits jamblichéens, le plus important nous semble être, de fait, le livre II de la *Physique*. Aristote y développe des réflexions à propos des différents types de causalité, que nous proposons de réemployer, dans les pages suivantes, dans une perspective métadiscursive, car elles éclairent les présupposés mêmes de la philosophie considérée dans le *Protreptique* de Jamblique, et, partant, la dynamique même de l'exhortation : c'est un point peu exploité par les recherches qui nous ont précédée.

99. Ces deux chapitres ont aussi en commun avec *Physique* II l'exemple de la médecine, qui apparaît au chap. VII, p. 42, 19-29 P, et au chap. IX, p. 49, 18-19 P.

100. Ce qu'Isnardi Parente, *Techne*, p. 78-79, et note 72, appelle la conception de la φύσις comme *natura creatrix*, très répandue, rappelle-t-elle, chez les philosophes présocratiques et préplatoniciens ; elle se distingue d'une autre signification de la φύσις tout aussi présente dans les chapitres de Jamblique, c'est-à-dire un ordre universel intelligible de la réalité, structuré téléologiquement (*Techne*, p. 81).

101. Comme le remarque Jori, *Medicina e medici*, p. 20, si la médecine est souvent utilisée comme paradigme de la τέχνη, c'est parce qu'elle représente une τέχνη « parfaitement constituée, et solidement garantie dans les structures qui la constitue », et un modèle de méthodologie. On doit à Jaeger les réflexions les plus approfondies sur cette question : *Paideia. Die Formung des griechischen Menschen*, Berlin-Leipzig, 1936-1947, III/1, « Die griechische Medizin als Paideia », p. 11-58.

102. Les analyses de Heidegger se trouvent dans *Vom Wesen und Begriff der Φύσις. Aristoteles' Physik B, 1 (1939)*, contenu dans *Wegmarken*, Gesamtausgabe 9, Frankfurt am Main, 1976, p. 239-301. Nous n'en proposons ici bien sûr qu'un très bref aperçu, schématique ; ce rapprochement nous a été suggéré par la lecture, elle-même extrêmement fructueuse pour nos propres recherches, de l'ouvrage d'A. Jori, *Medicina e medici*.

de τέχνη, φύσις et τέλος ; il nous a semblé le guide le plus efficace pour comprendre ce que représente la philosophie dans le *Protreptique* de Jamblique ; du moins il nous fournit les formulations les plus pertinentes. Voici ce que dit, donc, Aristote : « Je dis « et non par accident » parce que quelqu'un, étant médecin, pourrait en effet devenir lui-même et pour lui-même la cause de sa propre santé ; cependant ce n'est pas en tant qu'il guérit qu'il est médecin ; mais, par accident, le même homme est médecin et reçoit la guérison ; ce sont donc là deux qualités *séparables* ».

Heidegger commente ainsi[103] : deux mouvements se rencontrent, pour rétablir la santé de l'individu : la ἰάτρευσις, l'acte médical, qui opère grâce à la τέχνη ἰατρική, et l'ὑγίασις, c'est-à-dire le processus de guérison comme φύσις. Dans le cas du médecin qui se guérit lui-même, les deux mouvements résident dans un même être, qui, en l'occurrence, est un « homme » ; mais ce n'est pas le fait qu'il soit médecin qui fournit à cet homme le *principe* (ἀρχή) de guérison qu'il possède *par lui-même* (καθ' αὑτόν). Ce n'est en effet qu'en tant qu'*être vivant* (ζῷον) qu'il a en lui ce principe, qui correspond à la φύσις, « nature saine et résistante » (*gesunde, widerstandsfähige Natur*) ; sans celle-ci, dit Heidegger, toute médecine est vaine. En tant que médecin, en revanche, il possède l'ἀρχή de la médecine, qui est τέχνη, et qui repose sur des connaissances, des doctrines, un apprentissage, et qui s'ajoute à la φύσις pour rétablir et conserver la φύσις, sans jamais, toutefois, se substituer à elle.

Il semble, maintenant, que la même distinction s'applique à l'analogie de Philon de Larissa : pour rétablir la santé de l'âme (qui s'identifie au bonheur) collaborent la thérapie du *philosophe*, c'est-à-dire la ἰάτρευσις dont le principe est la τέχνη, et l'ὑγίασις (φύσις) du *patient* qui passe, notamment, par la restauration des critères de la pensée. Dans ce modèle médical, la philosophie est présentée comme une τέχνη, une thérapie, qui ne fait que stimuler la tendance naturelle de l'organisme à la guérison[104] : c'est ce qui

103. Nous résumons une partie du raisonnement qui se trouve aux pages 255-259 de *Wegmarken*, *op. cit.* Sur les analogies entre médecine et philosophie chez Aristote, nous renvoyons à l'article de W. Jaeger, « Aristotle's Use of Medicine », *art. cit.*

104. Voir le développement de Jori, *Medicina e medici*, chap. IX, *La "dynamis" della "iatriké"*, en part. p. 207-211.

ressort, d'ailleurs, de la fin de l'analogie philonienne, car il arrive un moment où la guérison et le bien-être du patient ne dépendent plus de la thérapie appliquée, mais de l'évolution du patient en elle-même, dans un cadre temporel qui va au-delà de la rencontre entre celui-ci et le praticien, grâce, notamment, à des préceptes, qu'il a intériorisés.

Mais cette lecture du texte, qui fait de la philosophie une τέχνη, appliquée par un expert à un patient, épuise-t-elle le sens du texte de Philon ? L'analogie médicale, formulée dans les termes couplés de la ἰάτρευσις et de l'ὑγίασις, est en réalité le cadre conceptuel parfaitement adéquat pour saisir l'*identité ambiguë* de la philosophie. Comment ne pas voir, en effet, que, dans le cas singulier de la philosophie, le thérapeute et le patient finissent pourtant – à un moment qu'on ne peut identifier ni facilement, ni systématiquement – par se rejoindre en un même philosopher ? Ce n'est pas au sens – jamais envisagé dans l'analogie – où celui dont l'âme est malade deviendrait lui-même un « philosophe-thérapeute » (c'est-à-dire un professionnel ou un technicien de la philosophie), mais parce que le processus d'ὑγίασις *lui-même* correspond, du côté du patient, à une « pratique philosophique » : en la philosophie, τέχνη et φύσις ne font donc plus qu'un. Vers un tel modèle, caractérisé par l'indistinction des rôles, tend souvent, d'ailleurs, en certains cas, et sous une forme idéale, le *genre* ou la *forme* de discours qu'est le dialogue philosophique.

Il faut encore aller plus loin, car le cas de la philosophie est en réalité plus complexe, et l'ambiguïté se redouble : à côté de cette convergence entre processus (ὁδός) médical (lequel correspond à une τέχνη) et processus de guérison (dépendant de la φύσις du patient), il faudrait aussi souligner l'homogénéité, également caractéristique de la philosophie, entre la guérison, qui mène au bonheur, et le bonheur lui-même : car la philosophie peut signifier l'une et l'autre chose. Dans un modèle théorétique comme l'est celui de Jamblique, il est clair, en effet, que la philosophie décrite en termes d'ὑγίασις, c'est-à-dire en tant que mise en œuvre de processus intellectifs conduisant à la santé de l'âme, n'est pas autre chose que le bonheur de l'âme qui vit de la vie contemplative, c'est-à-dire le τέλος même du processus : par la philosophie, on arrive à la philosophie. La singularité du phénomène se comprend mieux, si l'on suit une nouvelle fois le commentaire de Heidegger à la suite de *Physique* II, où Aristote dit (193 b 12-18) que la φύσις elle-même est « cheminement » (ὁδός) vers la φύσις.

La ἰατρική – la médecine –, commente Heidegger, « a pour τέλος la ὑγίεια, c'est-à-dire un état naturel, conforme à la φύσις ; la ἰατρική est ὁδὸς εἰς φύσιν. Si ce n'est que, dans le moment même où semble se dessiner une correspondance entre φύσις et ἰατρική, on voit se révéler l'hétérogénéité essentielle entre les deux modes de faire naître un φύσει ὄν. En effet, la ἰατρική comme ὁδὸς εἰς φύσιν reste un être-en-chemin vers quelque chose qui n'est pas ἰατρική, qui n'est pas elle-même, c'est-à-dire qui n'est pas une τέχνη. Pour correspondre à la φύσις, la ἰατρική devrait être ὁδὸς εἰς ἰατρικήν. Mais si elle l'était, elle ne serait plus ἰατρική, parce que la médecine a sa fin dans l'être-sain et seulement en cela »[105].

Or la philosophie, contrairement à la médecine du corps, et bien qu'elle soit, elle aussi, une forme de ἰατρική, parce qu'elle est *en même temps* φύσις de l'homme, ne conduit à rien d'autre qu'elle-même : en de nombreux passages des *Exhortations aristotéliciennes*, φύσις n'a pas seulement le sens d'ἀρχή, mais représente l'accomplissement d'un ordre téléologique, qui, pour l'homme, est la φρόνησις[106]. Cette approche naturaliste de la philosophie atteint son sommet au chapitre VII de Jamblique, qui identifie l'activité philosophique purement intellective avec *la vie* elle-même, comme si φρόνησις et vie étaient devenues d'exacts équivalents sémantiques[107]. Envisagée dans la perspective de l'analyse de l'action, la

105. *Wegmarken*, *op. cit.*, p. 292.

106. La distinction est déjà faite par Isnardi Parente, *Techne*, p. 78-96, voir *supra*, p. 27, note 100. Nous verrons qu'au chapitre IX, si l'art imite la nature, c'est précisément parce qu'il en imite le processus téléologique, qui entre ici au premier chef dans la définition de la φύσις.

107. On citera, en particulier, la fin d'un long raisonnement protreptique du chap. VII (aux p. 44-45 P) : « c'est pourquoi tous les hommes aspirent par-dessus tout à pratiquer la sagesse. Car en aimant la vie, c'est pratiquer la sagesse et connaître qu'ils aiment ». Comme nous le verrons dans le commentaire au chap. VII, l'identification de la sagesse et de la vie passe par l'identification de la sagesse à la perception la plus claire. L'article de S. Mansion, « Deux définitions », éclaire ce qu'elle appelle une « théorie de la vie », théorie « perceptionniste » (p. 437), qui tranche avec la définition « biologique » de la vie dans le *De anima* (p. 445).

coïncidence entre le processus philosophique et sa finalité trouvera une expression supplémentaire, quand il sera dit, au chapitre XI (qui se fonde sur la théorie de la puissance et de l'acte), que dans la φρόνησις coïncident activité et œuvre, c'est-à-dire ἐνέργεια et ἔργον[108].

Qu'est-ce, alors, que la philosophie dans les chapitres VI à XII du *Protreptique* de Jamblique ?

Tantôt la philosophie est représentée comme une τέχνη qui vole au secours des hommes, tantôt elle correspond au processus par lequel chaque individu se rapproche de sa φύσις et de son bien propre (la santé de l'âme). Dans le premier cas, elle prend la forme d'un corps de doctrines dont se dotent des « experts » qui peuvent l'appliquer à différents contextes de la vie humaine, comme l'homme politique par exemple, tandis qu'en d'autres passages, la philosophie représente la vie de l'âme au sens propre. Parce qu'elles sont, peut-être, le résultat d'une compilation, les *Exhortations aristotéliciennes* chez Jamblique assignent la pratique de la philosophie aussi bien au philosophe de métier (comme Pythagore, ou Jamblique lui-même), qu'au lecteur anonyme, qui, grâce à la philosophie, accomplira sa nature d'être humain et atteindra le bonheur. La philosophie est alors, peut-être, le seul cas où les frontières de *Physique* II, si clairement redessinées par Heidegger, finissent par se brouiller, puisque, d'une part, la philosophie existe en l'homme lui-même et en tant qu'homme, sous la double forme du principe d'une τέχνη particulière, et d'une *faculté naturelle*, et que, d'autre part, une telle faculté représente *à la fois* l'ἀρχή d'un mouvement d'accomplissement (ou, dans le modèle philonien, de guérison) et son τέλος[109]. Ce qui a pour ultime conséquence de pouvoir abolir – nous l'avons évoqué – une distinction des rôles rigide dans le modèle thérapeutique du corps : en poursuivant cette idée jusqu'à ses limites, on aboutit à la proposition, non envisagée par Philon, mais par son élève Cicéron, d'une thérapie philosophique qui s'exerce par soi-

108. Ces passages seront commentés dans les notes à la traduction.

109. Les remarques que nous avons faites un peu plus haut sur le chapitre VII allaient dans le même sens.

même sur soi-même. Dans un passage du livre III des *Tusculanes*, l'auteur donne une célèbre définition de la philosophie, qu'il met étroitement en relation avec la présentation générale de celle-ci, telle qu'il l'a précédemment donnée dans l'*Hortensius*: la philosophie, affirme Cicéron, est une médecine de l'âme (*animi medicina*) capable de soigner les douleurs morales. On y verra volontiers un signe supplémentaire de la dépendance de Cicéron à l'égard de la « division » de Philon, comme l'avait fait remarquer Hirzel dès la fin du XIXe siècle[110]. Mais Cicéron se détache de celle-ci, car il pense que nous devons mettre tous nos soins « à nous soigner par nous-mêmes » (*ut nosmet ipsi nobis mederi possimus*)[111]. À cette fin, l'Académie offre un certain nombre de moyens intellectuels et discursifs: l'examen précis des positions variées des philosophes, la suspension du jugement, ou encore la pratique de la réfutation, de l'argumentation *in utramque partem*, ou, en un sens très large, du dialogue, qui, nous l'avons dit, prévoit une répartition des rôles plus équilibrée que dans le modèle philonien[112].

En fonction de ces deux approches majeures de la philosophie, nous voyons se réorganiser clairement toute la série des chapitres attribués à Aristote[113]. Ce qui suggère une remarque immédiate, dont on pourrait tirer diverses conséquences que nous ne développerons pas. Grâce à cette double orientation, annoncée dès les premiers chapitres du *Protreptique* de Jamblique, les passages « aristotéliciens » s'intègrent parfaitement au reste de l'ouvrage du néoplatonicien: celui-ci les a-t-il choisis, alors, parce qu'ils illustraient un propos de départ qu'il aurait formulé à partir d'un matériel plutôt pythagoricien ? Serait-il, au contraire, parti du matériel aristotélicien,

110. Hirzel, *Untersuchungen zu Cicero's Philosophischen Schriften*, Leipzig, 1883, tome 3, note 1, p. 490.

111. *Tusculanes*, III, 3, 6.

112. La conception de la philosophie comme thérapie suppose en effet que le discours (λόγος) du philosophe *agisse* réellement sur l'âme du patient: dans ce modèle, le choix de tel ou tel mode de discours philosophique est donc tout sauf aléatoire (nous développons ce point dans « Sens et fonction du « discours éthique » chez Stobée », art. cit., qui comprend la bibliographie essentielle sur ce thème).

113. Comme certains éditeurs, en plus des chapitres traditionnellement attribués à Aristote, nous donnons la traduction de la dernière partie du chapitre V, dans laquelle on voit s'annoncer (ou se résumer) assez maladroitement la diversité des lignes argumentatives qui structureront les chapitres suivants.

en concevant les chapitres qui précèdent dans le protreptique comme une sorte d'annonce ? Ou bien avons-nous affaire ici et là à des interrogations tellement rebattues sur la philosophie, ou à des *topoi* protreptiques tellement diffus, qu'il n'est nullement étonnant de les retrouver en des endroits de l'ouvrage de Jamblique qui n'ont apparemment aucune liaison les uns avec les autres ?[114]

Pour plus de clarté, nous donnons la répartition des deux argumentaires en un tableau qui guidera notre présentation des chapitres VI à XII suivant deux orientations essentielles[115], d'un côté le statut scientifique et technique de la philosophie, de l'autre, des thématiques téléologiques. Plutôt que reconstruire le *Protreptique* d'Aristote, nous mettons ici en valeur les problématiques que soulève l'expression multiforme d'un protreptique à la philosophie – en l'occurrence un protreptique rédigé avec un matériau de type aristotélicien[116] –.

Dans le présent ouvrage, nous placerons donc en premier les chapitres VI et X de Jamblique qui représentent une exhortation à la philosophie sur le modèle du protreptique aux arts ; puis le chapitre IX, qui articule le passage de la philosophie en tant que science à la philosophie en tant que finalité naturelle de l'homme. Les présupposés et les conséquences de cette deuxième conception de la philosophie sont développés dans les chapitres VII, XI et XII que nous mettons ensuite, avant le chapitre VIII, qui est un appel, de ton plus populaire, à la vie théorétique.

114. Avec ces quelques questions, nous ne prétendons nullement avoir épuisé les termes du débat ; nous avons seulement voulu attirer l'attention du lecteur sur la nécessité de replacer *aussi* les *Exhortations aristotéliciennes* dans la perspective de l'ouvrage de Jamblique. Ce que nous avons proposé en ces pages n'est qu'une ébauche, qui devrait être approfondie.

115. Ce tableau est schématique, sans présomption d'exhaustivité : le commentaire plus précis des textes apportera des compléments.

116. Par rapport à S. Mansion ou à Schneeweiß, nous proposons donc une analyse de l'argumentation plus élargie et qui découle des conceptions de la philosophie.

La philosophie comme τέχνη
Dans l'analogie de Philon : le discours de propagande

Chapitres et passages concernés
Chapitres VI et X : Exhortation à la philosophie sur le modèle de l'éloge de l'art.
Chapitre VII : La troisième partie du chapitre (p. 42, 23-43, 20 P) définit la philosophie com science théorétique (par opposition aux sciences productives).
Premiers paragraphes du chapitre IX : Comparaison de l'art et de la nature (p. 49, 1-50, P) ; puis identification de la philosophie avec la finalité naturelle de l'homme (p. 51, 4-15 la philosophie ne serait donc pas un « art » ?

Argumentaires correspondants
Chapitre VI :
Le chapitre est construit sur des « patrons » rhétoriques aisément repérables :
– Le schème d'argumentation rhétorique : possibilité, utilité, facilité (qui provient du ge de l'éloge de l'art ?).
– La *synkrisis* (éloge de l'art ?) ; la hiérarchie des sciences, et la notion de scie architectonique.
Chapitre VII : La distinction entre sciences productives/sciences contemplatives, qui s'intè à la perspective de la philosophie comme *τέχνη* ; cette distinction ne repose pas directem toutefois, sur un examen approfondi des sciences, mais sur une anthropologie (l'argument relève donc, en dernière analyse, de l'autre colonne).
Chapitre X :
– La hiérarchie des sciences ; la démonstration de la supériorité de la philosophie sur les au sciences : seule la philosophie emprunte ses critères à la nature ; et elle fournit aux au sciences et arts leurs critères.
– La philosophie – en tant que norme – est aussi bien théorique que pratique ; rapprochem de la philosophie avec la vue : *cf.* chap. VII, VIII, IX.
– La question de l'utilité de la philosophie, essentielle pour gagner la conviction de nouve adeptes[1].

1. Dans les deux chapitres VI et X, la supériorité de la philosophie est fondée à la fois sur son exactitude rétique et sur son efficacité pratique ; c'est cette supériorité scientifique qui justifie la nécessité de philosop

philosophie comme φύσις et τέλος *ns l'analogie de Philon : l'exhortation au patient*
apitres et passages concernés *apitre VII* : La philosophie est la fonction propre et le bien suprême de l'être humain. *apitre IX* : Philosopher est la finalité naturelle de l'homme. *apitre VIII* : Nous sommes, par essence, notre intellect : appel à retrouver notre vraie ure. *apitre XI* : La philosophie est la vie en acte, et représente le plaisir même de la vie. *apitre XII* : La philosophie représente le bonheur sous toutes ses formes.
gumentaires correspondants *apitre VII* : .a *scala naturae* .es fondements anthropologiques et la hiérarchie des parties du corps. .a notion de désirable (désirable en soi/désirable pour autre chose). .es notions d'excellence propre (ἀρετή) ; de fonction propre (ἔργον), que l'on retrouve au .p. XI. : ces notions reposent : .a distinction entre sciences productives et sciences spéculatives. .'identification de la philosophie avec la vie, d'une part, avec la vue, de l'autre. .'affirmation de la valeur absolue de la philosophie. *apitre VIII* : . partir d'une dialectique des opposés (ce qui est à fuir/ce qui est à rechercher), et d'un el aux évidences, démonstration que la philosophie est ce qui est le plus désirable : chap. VII. .a philosophie nous fait voir la réalité en pleine lumière ; rapprochement de la pensée et la vue. Ious détournant des faux semblants, le protreptique nous appelle à retrouver notre nature itable. 'anthropologie : la séparation de l'âme et du corps. *apitre IX* : 'intention de la nature ; les différents modes d'engendrement. es notions de finalité et d'intentionnalité. a distinction entre la fin et les moyens. a philosophie comme fin en soi : axiologie et hiérarchie des désirables. *apitre XI* : a distinction de la vie en acte et de la vie en puissance (grâce à la sensation) ; rapproche-nt de la pensée et de la vue. .a notion de « plus » (appliquée à l'acte), qui semble refléter une axiologie fondée sur tologie. Exercer » ou « mettre en acte » sa puissance propre est la « fonction propre » de quelque se (ἔργον). lentification de la philosophie et de la vie, qui donne à la philosophie une valeur absolue. ien intrinsèque de la philosophie et du plaisir. *pitre XII* : aisonnement fondé sur les parties du bonheur. a hiérarchie des désirables : *cf.* chap. VII, VIII, XI[2]. n ces chapitres, c'est donc l'identification de la philosophie avec un bien absolu et suprêmement désirable ustifie la nécessité de philosopher.

Les problématiques philosophiques soulevées par le croisement des deux argumentaires

Si la juxtaposition des approches tend, nous l'avons dit, à un effet rhétorique de convergence, une étude attentive de leur mélange fait apparaître des tensions, voire des incompatibilités : or, du point de vue de l'authenticité aristotélicienne des passages, qui engage aussi l'interprétation des doctrines aristotéliciennes dans l'histoire de la philosophie, de telles tensions ont servi d'arguments à certains commentateurs (S. Mansion par exemple) pour soutenir que le protreptique aristotélicien serait une œuvre de transition, oscillant encore entre des systèmes théoriques appartenant à des stades chronologiquement distincts de la pensée du Stagirite.

La tension fondamentale : la philosophie entre τέχνη et φύσις et la question de la παιδεία

La différence fondamentale entre les deux représentations de la philosophie est d'ordre *métaphysique*, mais chacune d'elles fait intervenir des notions spécifiques (illustrées dans le tableau) qui nous entraînent sur d'autres plans. Ainsi, la définition de la philosophie comme science met en jeu, notamment, les notions épistémologiques de critères et de règles, ainsi que la question de la compétence et de l'efficacité pratique. L'identification de la philosophie à une faculté naturelle repose, en revanche, sur des cadres anthropologiques, naturalistes, et plus généralement, éthiques et métaphysiques (l'acte et la puissance).

La tension est clairement formulée au chapitre IX par exemple, qui part, en effet, d'une distinction forte entre « le dessein de la nature » et « le dessein de l'art » en ce qui concerne les générations ; l'auteur souligne plusieurs fois la différence entre « nature » et « art », et rappelle que l'activité philosophique, qui consiste à *penser*, est l'activité pour nous la plus « naturelle »[117] :

117. Le chapitre VIII suivait déjà la même orientation, en fondant l'exhortation à la philosophie sur une assimilation immédiate de celle-ci avec l'acte de penser et de raisonner.

– « Ce qui provient de la nature se produit dans un but et il est toujours constitué pour une fin meilleure que le produit de l'art ».

– « Ce n'est pas la nature qui imite l'art mais l'art qui imite la nature ».

–« L'homme a été engendré par nature et conformément à la nature » en vue de « contempler le ciel ».

– « Notre fin selon la nature est une certaine sagesse ».

En quoi consiste la « tension »[118]?

Si la philosophie est une τέχνη, alors elle peut s'apprendre, par l'acquisition de règles, etc. Mais si elle correspond à l'accomplissement de notre τέλος, sa relation avec un enseignement est moins directe : il semblerait que la condition principale pour philosopher soit, d'après certains passages, une *attention* accrue de notre part à ce que nous sommes réellement, c'est-à-dire à notre nature intellective, et une *actualisation* de nos facultés naturelles qui nous mènera au bonheur de la vie contemplative[119].

Pourtant, il serait faux de voir en ces deux représentations simplement deux systèmes argumentatifs plus ou moins artificiellement juxtaposés, car le *Protreptique* donne lui-même les conditions de leur conciliation. Certains éléments de réponse nous sont donnés par le chapitre VII, qui oscille, nous l'avons dit, d'une représentation à une autre. L'âme, déclare en effet l'auteur, « s'acquitte *de cette fonction* en acquérant *la science*. Et davantage celle qui est davantage science »[120]. L'identification de la philosophie à une *science*, et, plus précisément, à une science *théorétique*, est donc le moyen par lequel l'exhortation passe de la représentation de la philosophie en termes de fonction ou faculté, à la représentation de la philosophie en tant qu'activité, ou forme de vie humaine, voire en tant que métier.

118. La tension apparaît notamment au chap. X, dans lequel la philosophie est d'abord décrite comme une τέχνη, avant d'être isolée, en raison de ses caractéristiques exceptionnelles, par rapport à l'ensemble des τέχναι. À la fin du chapitre, le lecteur se demandera, à bon droit, si l'on peut même encore parler de τέχνη.

119. Nous renvoyons une nouvelle fois à l'étude de Joos, *ΤΥΧΗ, ΦΥΣΙΣ, ΤΕΧΝΗ*, en part. les p. 63-72, qui a montré de façon éclairante comment le débat sur la παιδεία s'articulait autour des termes, considérés parfois antithétiques par la sophistique, de φύσις et τέχνη. C'est un débat qui, remarquons-le, resurgit au chapitre XX du *Protreptique*, c'est-à-dire dans ce long texte que l'on appelle communément l'*Anonyme de Jamblique*.

120. P. 42, 23-24 P.

On soulignera sinon une autre tension, du moins une autre divergence dans la présentation : la philosophie-τέχνη existe au regard d'autres pratiques, τέχναι ou sciences, évaluées en fonction de leur action sur le monde qui nous entoure. Lorsque la philosophie est envisagée sous son aspect de faculté naturelle, en revanche, son lieu propre est l'âme de l'homme, qu'elle nourrit et porte à son accomplissement ; le monde représente alors un objet intelligible, lié par une sorte d'harmonie naturelle à l'intellect[121].

Τέχνη et ἐπιστήμη

Le point de conciliation se place donc sur un plan épistémologique : la science théorétique est ainsi ce en quoi se *spécifie*, comme activité parmi d'autres, notre nature véritable, notre faculté de penser. Définie ainsi, la philosophie se voit alors dotée de tout ce qui fait une science : appareil de règles, domaine de compétence, statut, etc. Dans nos chapitres, l'auteur utilise régulièrement τέχνη et ἐπιστήμη comme des quasi synonymes : le chapitre VI fixe, dès le début, une hiérarchie des ἐπιστῆμαι, dont les unes utilisent les autres tels des instruments ; parmi les premières, la science la plus haute est celle qui s'occupe des premiers principes, et elle est identifiée à la τέχνη περὶ ψυχήν, puis, un peu plus loin, à l'ἐπιστήμη περὶ ψυχήν, expression employée sans doute comme un synonyme. On observe un semblable glissement au chapitre X, lorsqu'au vocabulaire de la τέχνη, servant à établir, à nouveau, une hiérarchie des professions, se substitue, à la fin, celui de l'ἐπιστήμη. Dans le *Protreptique*, les sciences se partagent donc en ἐπιστῆμαι ou τέχναι ποιοῦσαι (ou ποιητικαί) d'un côté, et ἐπιστῆμαι ou τέχναι θεωρητικαί, de l'autre. Parmi ces dernières, qui sont « plus sciences » que les premières (voir chapitre VI), se situe, au sommet de l'échelle, la philosophie, dont la valeur superlative et la position souveraine sont le correspondant, dans l'ordre épistémologique, du caractère « excellent » de la faculté naturelle et de la singularité du τέλος dans l'ordre téléologique.

Mais cette partition des sciences ne va pas sans ambiguïté dans notre texte, puisque certains développements montrent que

121. Ce qui représentait « l'approche mixte » d'Archytas, énoncée par Jamblique, p. 20, 15-16 P.

la philosophie *en tant que* science théorique a *pourtant* des retombées pratiques : la sagesse sera donc à la fois théorique et pratique, et c'était déjà le cas avec l'approche « mixte » d'Archytas, selon Jamblique[122] ; dans le commentaire, nous aurons l'occasion de nous interroger, à la suite, notamment, de Düring[123] et J. Donald Monan[124], sur la façon dont s'articulent les deux aspects de la science, qui correspondent, aussi, à deux idéaux de vie, l'un tourné vers la contemplation, l'autre vers la pratique.

Au classement des sciences et des activités est directement liée la question du τέλος, car ce qui les différencie, est que les unes sont des fins en soi, tandis que les autres servent à autre chose. Pour reprendre les expressions de M. Isnardi Parente[125], on voit donc se fixer au moins deux points essentiels – qui nourriront, précise-t-elle, la pensée aristotélicienne – : d'une part la distinction radicale de φύσις et τέχνη, de l'autre, la distinction entre une science productive qui a son objet en dehors d'elle-même, et une science théorétique, autotélique, ce qui est directement lié à la question du *bien*.

122. P. 21 P.

123. Düring (*a*), p. 276-281, pose clairement le problème.

124. « La connaissance morale dans le *Protreptique* d'Aristote ». Les réflexions de Monan partent de l'« écart », constaté par tous les commentateurs, entre deux psychologies, mais aussi deux modes de vie (intellectualiste/pratique) et deux formes de connaissance correspondantes dans les extraits jamblichéens ; réfutant la thèse de Jaeger qui assimilait la méthode en morale préconisée par ces textes à un *mos geometricus*, mais aussi celle de Düring, qui donnait une importance exagérée à la norme individuelle et autonome fournie par le σπουδαῖος ἀνήρ, il aboutit à des conclusions qui nous semblent fort justes, sans chercher à résoudre coûte que coûte les apories posées par le texte, lorsqu'il dit, p. 206 : « Les textes cités, et nombre d'autres semblables, permettent d'affirmer une identité, au moins partielle, entre la connaissance philosophique et spéculative et la connaissance morale. Car, dès qu'Aristote fait de la « nature », objet de la contemplation philosophique, une norme effective d'action, il transforme l'opération cognitive elle-même en connaissance directrice de la conduite », et, plus loin, p. 216 : « Aristote n'a donc pas entièrement réussi à combler la lacune entre les connaissances théorique et morale. De même qu'il ne pouvait pas réduire à une unité parfaite les deux psychologies, ni les deux idéaux de la vie, de même ne pouvait-il pas simplement transformer une pensée spéculative en guide adéquat de la conduite sans la modifier substantiellement. Il y a ajouté une étape cognitive qui agit en médiateur entre les principes spéculatifs et les exigences des situations concrètes ».

125. En résumant les p. 95-96 de *Techne*.

La signification de bien *dans l'un et l'autre cas*

Sous son aspect de τέχνη, ce qui fait de la philosophie un « bien » est, avant tout, qu'elle est efficace et utile (en produisant des résultats). D'une manière différente, dans l'ordre de la réalisation de la nature humaine, le *bien* de la philosophie correspond à une perfection (naturelle), c'est-à-dire à la fin en soi (qui récuse, même, le critère de l'utilité)[126]. La question du *bien* parcourt effectivement tous les chapitres aristotéliciens du *Protreptique* de Jamblique, qu'elle revête la forme de la détermination du bien suprême, celle de la hiérarchie des biens, ou, encore, celle de la distinction entre les différents sens de *bien* évoquée au chapitre XI, dans le passage qui porte sur l'homonymie, et auquel nous avons consacré un appendice : S. Mansion, « Les critères du meilleur dans le *Protreptique* d'Aristote », a parfaitement vu qu'il y avait là un enjeu très important[127]. Qu'il soit *utile* ou *fin en soi*, le *bien* apporté par la philosophie reçoit en outre des qualifications plus subjectives, comme en témoignent le vocabulaire du *désirable*, très présent dans le texte, notamment dans les chapitres VII, VIII et XII, et l'échelle des *préférables*, avec la comparaison des différentes activités. Parmi ces qualités, le bien promis par la philosophie, parce qu'il correspond à l'aboutissement de notre nature, est également *nécessaire*, c'est-à-dire qu'il demande un choix *radical*. Mais de telles interrogations, ainsi que nous le rappellerons dans la seconde partie de cette Introduction, ont

126. Deux qualités sont donc attribuées chez Jamblique à la philosophie : tantôt elle est bonne absolument, tantôt elle est utile. L'oscillation se rencontre notamment au chapitre VI, p. 39 P et au chapitre IX, p. 52 P, et elle aboutit, dans le deuxième cas, à une exclusion réciproque. Nous rejoignons totalement sur ce point la distinction des argumentaires proposée par S. Mansion, « Contemplation and Action », en particulier la remarque pertinente de la p. 68 : « *there is thus a necessary connexion between the theoretical character of perfect thought and its supreme value. Thought cannot be supreme unless it is theoretical* ». Mais dans notre interprétation, l'un des argumentaires n'est pas moins fondamental que l'autre, et ne lui est pas, non plus, subordonné.

127. Les critères du « meilleur » dans les extraits de Jamblique attribués à Aristote seraient les suivants : (a) le meilleur est ce qui commande par nature par rapport à ce à quoi il commande ; (b) l'excellence propre et l'accomplissement de cette excellence sont aussi ce qu'il y a de meilleur ; (c) tout comme est meilleure la fin par rapport à ce qui mène à cette fin. Nous reviendrons sur ces questions, notamment dans les notes de commentaire aux chap. VII et XI.

ceci de particulier qu'elles se situent au croisement de la réflexion philosophique et de la pragmatique rhétorique.

La signification de l'« utilisation »

Cette nouvelle distinction est intimement liée aux précédentes : dans l'ordre de la τέχνη, qui est aussi celui de l'ouverture de la philosophie vers l'extérieur ou vers le monde de la πρᾶξις, la notion d'utilisation concerne tant le plan horizontal des règles ou des instruments appartenant en propre à telle ou telle science, que le plan vertical de la hiérarchie des sciences (dans un système architectonique). Dans l'ordre anthropologique et éthique, qui voit dans la philosophie une *faculté* de l'homme, utiliser signifie aussi mettre en acte ce dont nous avons la capacité. Il y a un cas, pourtant, où les deux sens cohabitent : dans l'exemple du jeu de la flûte, dont il est question au chapitre XI. En effet, la flûte revêt à cet endroit comme, d'ailleurs, en plusieurs textes du corpus aristotélicien, la valeur d'un exemple type de l'*utilisation d'un instrument*, au sens le plus concret ; mais, dans le contexte de ce chapitre particulier, elle sert aussi à illustrer ce qu'est *exercer une faculté*, c'est-à-dire en faire le *meilleur* usage (en l'occurrence bien utiliser la flûte consiste à en *jouer*) : elle représente alors, en quelque sorte, la version *technique* de l'âme humaine, dont le meilleur usage consistera à penser.

Vie (ζωή) et mode de vie (βίος)

De nombreux extraits des chapitres de Jamblique rapportés à Aristote sont parcourus de réflexions sur le concept de « vie », que la langue grecque désigne, on le sait, par deux mots différents : nous dirions – en simplifiant beaucoup les choses – que ζωή représente, le plus souvent, et en tout cas dans les chapitres aristotéliciens de Jamblique, la faculté de vivre, dont disposent dès leur naissance tous les êtres vivants ; tandis que βίος consiste à *donner la forme* d'un *mode de vie* spécifique à la ζωή, au moyen d'habitudes, ou de l'insertion de l'individu dans une communauté, grâce à des engagements divers ou à la pratique d'un métier, etc[128]. Le chapitre XI, par

128. À notre connaissance, les relations entre les termes grecs ζωή et βίος n'ont pas fait l'objet d'une étude systématique ; mentionnons cependant les pages pertinentes de G. Agamben, dans l'introduction d'*Homo sacer I. Le Pouvoir souverain et*

exemple, contient des développements[129] autour du plaisir de la vie et de l'intensité de la vie : le terme employé est dans ce cas ζωή. Or cette vie agréable, est-il dit, dès le début du chapitre, est la prérogative de « ceux qui vivent de la vie intellectuelle » (τὸν κατὰ νοῦν βίον) : pas de n'importe quelle vie, donc, mais d'une vie *choisie* et *qualifiée*.

Or le contenu des *Exhortations aristotéliciennes* brouille une nouvelle fois des frontières qui semblaient nettement établies : parce qu'il permet à l'homme d'accomplir ses plus hautes capacités et d'atteindre son τέλος, le βίος philosophique se révèle, progressivement, coïncider avec la ζωή elle-même (chapitres VII et XI[130]), qu'il porte à sa pleine réalisation ; par un processus similaire, la philosophie est la science ou la pratique réglée et spécifique (τέχνη), en laquelle s'incarne et se développe notre faculté de penser (notre φύσις). C'est bien ce que semble montrer une sorte de parcours qui traverse les chapitres de Jamblique : le chapitre IX établit en effet, à partir d'une étude « zoologique » et « anthropologique », que l'homme est *né* pour philosopher ; le chapitre VII, que la philosophie représente la fonction propre de l'homme, et sa finalité (τέλος) dans l'ordre des activités humaines ; grâce au concept d'ἐνέργεια, le chap. XI démontre, enfin, que ce τέλος correspond à la *forme de vie* la plus haute et la plus satisfaisante. Il y a donc une différence fondamentale entre la perspective de la *Politique* d'Aristote, qui, par une *délimitation*, associe le bien vivre à un βίος qualifié (le βίος πολιτικός), et la perspective du *Protreptique* (surtout le chap. XI) qui pense le bonheur dans sa liaison radicale avec la simple ζωή[131], indiscernable, en fin de compte, de la philosophie : la différence

la vie nue, trad. M. Raiola, Paris, 1997, p. 9-20. Agamben part de la distinction entre les genres de vie (βίοι) posée dans l'*Ethique à Nicomaque*, et des développements de la *Politique* (1278 b 23-31), qui réservent à la *polis* et, donc, au βίος πολιτικός, la réalisation de la vie bonne (ce que l'on retrouvera au chap. X de Jamblique) : en quelque sorte, explique Agamben, la « simple » ζωή (qu'il appelle aussi « simple vie naturelle », ou « vie nue ») est exclue du monde de la *polis*. L'auteur voit dans la politisation de la « vie nue », c'est-à-dire l'entrée de la ζωή dans la sphère de la *polis*, provoquant une transformation des catégories de la pensée classique, l'événement décisif de la modernité : mais c'est une autre question.

129. Sur certains points problématiques.

130. Par l'identification de la pensée et de la vie, dont nous avons parlé plus haut, p. 30, note 107, et selon l'argumentaire des chap. VII et XI dans le tableau.

131. Bonheur que nous avons appelé l'acquiescement heureux de l'homme à son essence.

tient, en particulier, à ce que le mode de vie philosophique ne résulte pas d'une spécification de la vie ou d'une réduction de la vie à un seul de ses aspects. Bien au contraire, le rapport entre philosophie et vie s'exprime ici dans les termes, étrangement quantitatifs, de *surplus* de vie ou de vie *maximale*[132].

La possibilité d'accomplir la ζωή véritable en adoptant un certain βίος est précisément ce qui donne sens au discours protreptique, invitation à exploiter dans la durée, par la pratique de la philosophie, des qualités naturelles : ce que nous appellerions volontiers un potentiel. De fait, le moyen de vivre la vie philosophique repose, en fin de compte, sur la théorie de la puissance et de l'acte (exposée au chapitre XI[133]). Et si quelques paragraphes de l'ouvrage de Jamblique, en particulier au chapitre X, nous donnent l'impression que le philosophe est une figure d'exception – « il est le seul à vivre les yeux fixés sur la nature et sur le divin »[134] – le reste des chapitres aristotéliciens présuppose, en revanche, une conception optimiste de l'être humain, qui prévoit que n'importe quel individu, du moment qu'il est doté de pensée, possède la φύσις d'un philosophe[135].

132. Termes sur lesquels nous reviendrons au chap. XI.

133. Le protreptique n'est donc pas seulement le discours qui cherche à provoquer l'option philosophique, il est aussi un discours théorique, qui explique les conditions de la vie philosophique.

134. P. 55, 26-27 P.

135. C'est une autre des contradictions ou des tensions multiples qui traversent le *Protreptique* de Jamblique ; dans le même ordre d'idée, il est bien difficile, aussi, de concilier la première partie du chap. X, qui associe étroitement philosophie et *polis*, au point que le philosophe en question semble coïncider avec le législateur, avec la fin du chapitre, qui fait du philosophe une sorte de marin solitaire, traversant les flots de l'existence, solidement arrimé aux principes éternels, et totalement indépendant du reste. Si les raisons pour lesquelles le βίος philosophique accomplit la ζωή sont données – ce sont les raisons mêmes qui rendent la philosophie nécessaire – il ne nous est jamais dit, en revanche, ce que devrait représenter effectivement l'existence philosophique, dans son épaisseur et sa durée, et comment elle se situe par rapport à la vie dans la *polis* : l'actualisation parfaite (ou permanente) de la faculté de pensée demeure un point de fuite idéal du discours (voir, en particulier, les réflexions de Monan, « La connaissance morale »).

La nécessité de philosopher et ses arguments : au croisement des modèles rhétoriques et littéraires

Si la nécessité de philosopher s'ancre, nous l'avons vu, dans une conception téléologique de la philosophie, elle se trouve aussi *justifiée* dans les *Exhortations aristotéliciennes* par un certain nombre d'arguments. Ce qui apparaît clairement pour une grande partie du chapitre VI du *Protreptique*[136] :

Les prédicats de la philosophie : Existence, Possibilité, Utilité, Facilité

> « Si, alors, seule la science qui possède la rectitude du jugement, qui utilise la raison et qui contemple le bien dans son entier – c'est précisément la philosophie – est *capable* de tout utiliser et de tout diriger conformément à la nature, il faut philosopher par tous les moyens (…). De plus, puisque nous choisissons tous ce qui est *possible* et *utile*, il faut montrer que ces deux caractéristiques appartiennent à la philosophie, et que la difficulté de son acquisition est inférieure à la grandeur de son *utilité* ; en effet, nous nous appliquons tous plus volontiers à ce qui est plus *facile*. »

Et, plus loin :

> « Sur l'*existence* d'une science de la vérité et de la vertu de l'âme, et sur notre *capacité* à la comprendre, voilà ce qu'il fallait dire. Mais que c'est aussi le plus grand des biens, et de tous, le plus *utile*, voici ce qui le rend évident. »

Enfin :

> « Sur l'*utilité* et l'importance de cette entreprise, je pense que la démonstration est suffisante ; mais que la sagesse soit aussi, de tous les biens, le plus *facile* à acquérir, on s'en persuadera par ce qui suit. »

L'argumentation est donc agencée autour de quatre *qualités* – existence, possibilité, utilité et facilité – attribuées à la philosophie qui, d'un point de vue rhétorique, sont autant d'*arguments* qui

136. Nous l'avons signalé à la fois dans la présentation du chapitre et dans les notes à celui-ci.

justifient la nécessité de philosopher et aboutissent à l'invitation pressante à « embrasser avec ardeur la philosophie » concluant le chapitre VI[137]. À partir d'une réflexion menée sur ces prédicats, nous essaierons de remonter aux origines plurielles d'une telle présentation de la philosophie. Avec l'enquête rhétorique ira bien sûr de pair une enquête philosophique, consistant à retracer les enjeux fondamentaux qui sous-tendent la revendication de chacun de ces prédicats. Nous verserons au dossier différents textes – philosophiques ou non – offrant de multiples points de comparaison avec Jamblique mais aussi avec Cicéron[138]: en particulier, la première partie du chapitre 26 du *De communi mathematica scientia*[139] de Jamblique, et un extrait du *Commentaire au premier livre des Éléments d'Euclide* de Proclus – que nous désignerons par la suite sous le titre d'*In Euclidem*[140] – présentant des parallèles très étroits avec le chapitre VI du *Protreptique* de Jamblique, au point d'être intégrés parfois dans les éditions du *Protreptique* d'Aristote. Tous ces textes – dont ni les finalités, ni les contextes historiques et littéraires ne peuvent être ramenés à un unique modèle – relèvent toutefois dans leur ensemble de ce que nous pourrions appeler, selon une terminologie résolument ouverte, la *défense* et l'*illustration* d'un art ou d'une science.

Les *enjeux* philosophiques à l'horizon des *lieux* rhétoriques : premiers repères

S'il faut défendre la philosophie, en proclamant son existence, sa possibilité, sa facilité, et surtout son utilité, c'est qu'elle a des détracteurs, qui cherchent, dans les termes de Philon de Larissa, à la *renverser*[141].

137. Ὥστε πάντων ἕνεκα προθύμως αὐτῆς ἀντιλαμβάνεσθαι ἄξιον.

138. Les différents prédicats sont liés, et il est en réalité difficile de les séparer dans l'analyse.

139. Chapitre 26, p. 79,1-83, 22 (Festa).

140. *Prologi pars prior*, début du chap. 9, p. 25, 12-28, 22, Friedlein. Cet ouvrage est sans doute une version écrite de conférences que Proclus a présentées à des étudiants et des collègues à Athènes. Proclus a utilisé des sources variées : l'œuvre se présente comme le rappel d'une tradition pédagogique et intellectuelle, et bien qu'il ne cite pas Jamblique, il apparaît évident qu'il s'est servi du *De comm. math. sc.* Ce texte et le chap. 26 du *De communi mathematica scientia* mentionné à la note précédente sont intégralement cités et traduits dans les Textes complémentaires.

141. Οἱ ἀνασκευάζοντες ἢ κατηγοροῦντες ἢ πως ἄλλως κακοηθιζόμενοι <εἰς> τὴν φιλοσοφίαν.

Que la philosophie soit taxée de *difficile*, à cause de l'abstraction et de l'obscurité de ses matières, on le comprend sans peine, et sans qu'il soit besoin de le commenter. La réponse de Jamblique à ce reproche est comprise dans la dernière partie du chapitre VI, commentée en notes. On remarquera que les arguments employés par Jamblique dans le *Protreptique* pour démontrer que la philosophie est *possible* rejoignent la question de la difficulté : la philosophie est *possible* parce que nous sommes *capables* de l'acquérir, ce qui suppose qu'elle soit *accessible*.

Mais – c'est là un aspect différent du problème – elle est aussi *possible* parce qu'elle *existe*, c'est-à-dire parce que les objets qu'elle soumet à son examen *existent* : si la philosophie doit se défendre contre un reproche de non-existence, c'est sans doute parce que les matières sur lesquelles elle porte sont comme « invisibles » et « impalpables »[142]. La réponse de Jamblique sur ce point est tout à fait intéressante : il contre-attaque, en effet, en déclarant que ces matières non seulement existent, mais *existent même davantage* que les objets des autres arts ou sciences, puisque ce sont les principes « premiers », constitutifs de la nature des êtres[143]. L'argumentation rappelle[144] la démonstration de l'existence de la philosophie esquissée par Aristote dans la *Métaphysique*, I, 2[145], où elle se rattache à une question gnoséologique et ontologique ; plus précisément, la démonstration reflète une gnoséologie fondée sur l'ontologie, dans la mesure où, dans ce passage de la *Métaphysique*, comme au chapitre VI de Jamblique, il est dit que la science portant sur les premiers principes et les causes est *davantage science* que celles relatives aux effets. Par rapport aux trois autres, la topique de l'*existence* de la philosophie paraît toutefois assez marginale dans le cas de Jamblique.

142. Ces caractéristiques sont celles que Claude Ptolémée, dans le prologue à la *Syntaxis*, applique aux « choses divines » (dont il dit qu'elles sont « éthérées », « invisibles », et moins l'objet d'une compréhension (κατάληψις) que d'une représentation : εἰκασία), par opposition aux objets mathématiques que l'on peut saisir (δύνασθαι νοεῖσθαι), aussi bien par le moyen des sens que sans le secours des sens (ces considérations se trouvent aux p. 4-6 H). Nous reparlerons plus loin de ce texte ; *cf.* David *Prolegomena*, 59 Busse, qui dit que les objets de la théologie sont ἀόρατα καὶ ἀκατάληπτα.

143. *Cf.* notes au chap. VI.

144. Ainsi que nous le signalons dans le commentaire du chapitre VI.

145. Voir, en particulier, 982 a 14-983 b 11.

Quant à la question de l'*utilité*, nous l'avons abordée plus haut dans « La nécessité de philosopher », à propos d'Isocrate. Rappelons que l'accusation d'inutilité[146] est dirigée principalement contre la philosophie théorétique, qui revendique sa séparation d'avec la pratique. C'est ce troisième aspect de la défense de la philosophie qui nous intéressera surtout, car il est de loin le plus développé dans les textes parallèles de Jamblique et Proclus ; il a sans doute partie liée avec une certaine conception grecque de la τέχνη, bien connue, qui lie intimement celle-ci à l'utilité et à l'efficacité, et qui s'est exprimée, en particulier, en milieu stoïcien[147] : bien évidemment, étant donné la variété des contextes historiques, les argumentaires développés autour de ces différents prédicats prendront, dans les textes versés au dossier, des formes différentes.

À côté de ces parallèles littéraires, il faut ajouter que les différents arguments, qui, dans les *Exhortations aristotéliciennes*, justifient la nécessité de philosopher, et que nous avons repérés en plusieurs autres ouvrages, existent *aussi* en tant que patrons *rhétoriques*, notamment dans les classifications des grands genres de la rhétorique, où ils correspondent à des objectifs du discours. Il y a donc tout intérêt, nous semble-t-il, à faire intervenir ici les *catégories rhétoriques*, et à les mettre en relation avec les *genres littéraires* eux-mêmes. Genres de la rhétorique et tradition littéraire et philosophique du protreptique ne sont pas, en effet, aussi cloisonnés que ne le suggère D. E. Aune, par exemple[148], mais ils se rejoignent dans l'attribution au discours de telle ou telle *fonction*. Le protreptique, discours ou texte à visée pragmatique, s'il en est, offre, nous le verrons, un parfait exemple d'une telle fusion entre perspective rhétorique et perspective philosophico-littéraire. Le dossier de textes examinés apportera la confirmation que les protreptiques remplissent essentiellement les trois grandes

146. Telle qu'a pu la formuler Isocrate.

147. Sextus Empiricus, *Adv. Math.*, II, 10 (= Zenon *SVF*, I, 73) : Πᾶσα τοίνυν τέχνη σύστημά ἐστιν ἐκ καταλήψεων συγγεγυμνασμένων καὶ ἐπὶ τέλος εὔχρηστον τῶν ἐν τῷ βίῳ λαμβανουσῶν τὴν ἀναφοράν ; *cf.* Quintilien, *Inst. or.*, II, 17, 41 : (…) *artem constare ex perceptionibus consentientibus et coexercitatis ad finem utilem vitae*. Nous développerons ce point plus loin.

148. « Romans as a Logos Protreptikos », art. cit., p. 93-95 : comme nous l'avons dit *supra*, p. XV, note 10.

fonctions déjà distinguées : conversion, propagande, introduction. Nous y voyons le signe, d'une part, que ces fonctions caractérisent fortement sinon le « genre », du moins l'usage des protreptiques, et, d'autre part, que si tant est que l'on puisse parler de « genre », celui-ci est une catégorie *poreuse*, traversée d'autres genres littéraires qui ont en commun avec lui telle ou telle fonction.

Le protreptique au croisement des catégories et des fonctions de la rhétorique

Parmi les réflexions des auteurs de l'Antiquité sur la rhétorique, plusieurs font appel au système bien connu des « genres oratoires »[149] et des « lieux » rattachés spécifiquement à chacun de ces « genres ». Ces arguments ne représentent pas tant des « réservoirs » de topiques déjà constitués auxquels puiserait l'orateur, que, pour employer l'expression de L. Pernot, une « grille d'analyse qui permet d'explorer tous les aspects d'un sujet »[150].

Les τόποι dans le genre délibératif et la perspective de la conversion

Comme l'ont fait remarquer plusieurs chercheurs à propos du chapitre VI du *Protreptique* de Jamblique, le patron rhétorique que nous avons mis en évidence se retrouve dans différentes descriptions normatives du *genus deliberativum*, ce qui n'est pas étonnant, puisque ces mêmes théories classent le protreptique (ou le discours exhortatif) parmi les discours de *conseils* ; or, la fonction rhétorique consistant à conseiller rend parfaitement compte de l'intention du protreptique dans le domaine philosophique en général, et chez Jamblique en particulier, puisque le discours de celui-ci *invite* inlassablement à une forme de conversion.

De la *Rhétorique* d'Aristote, nous rappellerons seulement ce qui concerne le discours protreptique, classé dans le délibératif.

> « Chacun de ces genres a une fin (τέλος) différente, et, comme il y a trois genres, il y a aussi trois fins : pour qui conseille (τῷ συμβουλεύοντι),

149. Délibératif, judiciaire, épidictique.

150. L. Pernot, *La rhétorique de l'éloge dans le monde gréco-romain*, Paris 1993, vol. 1, *Histoire et technique*, p.129.

l'utile et le nuisible (τὸ συμφέρον καὶ βλαβερόν) car celui qui exhorte (ὁ προτρέπων) présente ce qu'il recommande comme *meilleur*; celui qui dissuade (ὁ ἀποτρέπων), ce dont il dissuade comme pire ; toutes les autres considérations y sont ramenées, juste ou injuste, beau ou laid »[151].

Le τέλος du discours, dont parle Aristote, est l'*objectif* de celui-ci. Comme il l'a dit peu avant, l'objectif ultime est toujours tendu vers la persuasion de l'auditoire ; mais chaque τέλος peut en même temps prendre la forme d'un lieu spécifique du discours, c'est-à-dire d'un argumentaire spécifique. La *Rhétorique à Alexandre* (1421 b 22-30)[152] détaille davantage que la *Rhétorique* d'Aristote l'argumentaire propre au délibératif :

« Tout d'abord nous parlerons des exhortations et des dissuasions (προτροπὰς καὶ ἀποτροπάς), puisque leur usage est primordial aussi bien dans les réunions privées que dans les débats parlementaires. En règle générale, l'exhortation (προτροπή) invite à accomplir choix, discours ou actions (ἐπὶ προαιρέσεις ἢ λόγους ἢ πράξεις παράκλησις) tandis que la dissuasion empêche ces choix, discours ou actions. Cela posé, celui qui exhorte doit montrer que l'objet auquel il invite est *juste, légitime, utile* (συμφέροντα) *, beau, agréable* (ἡδέα) *et facile à réaliser* (ῥᾴδια πραχθῆναι). À défaut, il doit démontrer que l'entreprise est *réalisable* (δυνατά) – dans les cas où il invite à accomplir des choses difficiles – et qu'il est nécessaire de l'accomplir (ἀναγκαῖα). À l'inverse, la dissuasion doit exprimer l'interdiction à partir des notions contraires : à savoir que l'objet n'est ni juste, ni légitime, ni utile, ni beau, ni agréable ni réalisable ».

Quintilien, reprenant – parfois pour les critiquer – les théorisations rhétoriques l'ayant précédé, place, lui aussi, les topiques du δυνατόν[153] et de l'utilité au centre de la suasoire, et ajoute :

« Une action, d'autre part, est-elle facile, importante, agréable, sans danger ? Cela ressortit à la question d'utilité »[154].

151. Aristote, *Rhétorique*, I, 3, 1358 b 20-25.

152. Attribuée parfois à Anaximène.

153. Quintilien, *Inst. or.*, III, 7, 25, traduction, J. Cousin, C.U.F., Paris, 1978 : Quintilien est sans doute le premier à employer l'équivalent latin *possibile*.

154. *Inst. or.*, III, 7, 28. Nous avons donné trois exemples de codifications rhétoriques, mais pour d'autres références, nous renvoyons aux ouvrages cités à la note suivante.

À partir de l'époque impériale, les topiques du délibératif seront organisées en rubriques systématiques, et souvent désignées par l'expression τελικὰ κεφάλαια, c'est-à-dire les arguments subordonnés au bien, ou qui « recensent les critères permettant d'évaluer le bien-fondé d'une action »[155].

Si le système théorique des τελικὰ κεφάλαια paraît à première vue enfermer le discours de conseil dans un carcan, dans la pratique, ces listes d'arguments n'appartiennent jamais exclusivement à un seul genre. Quintilien soulignera ainsi à plusieurs reprises la porosité des genres rhétoriques, en faisant remarquer qu'il n'est pas d'avis « avec ceux qui font de l'honnête la matière du genre laudatif, de l'utile celle du genre délibératif, du juste celle du genre judiciaire, ce qui serait recourir à une division rapidement et rondement faite plutôt que vraie. Tous ces genres, en effet, se prêtent en quelque sorte un *mutuel secours* (*mutuis auxiliis*) ; car, dans l'éloge, on traite de justice et d'utilité, dans une délibération d'honorabilité, et l'on trouverait rarement une cause judiciaire, où ne figure à quelque degré l'un des éléments que nous venons de mentionner »[156].

155. Nous empruntons l'expression à L. Pernot, *La Rhétorique dans l'Antiquité*, Paris, 2000, p. 292, qui dresse la liste de ces topiques, et mentionne plusieurs références dans la littérature de l'Antiquité. L'équivalent latin est *finalia capitula*. Pour une étude plus approfondie, nous renvoyons à H. Lausberg, *Handbuch der Literarischen Rhetorik. Eine Grundlegung der Literaturwissenschaft*, Munich, 1960, § 375, p. 204, qui explique que ces rubriques sont en rapport avec les ἀγαθὰ τελικά et qui rappelle aussi les textes les plus connus où ces séries apparaissent. Essentielles sont aussi les réflexions de L. Spengel, *Anaximenis Ars rhetorica (quae vulgo fertur Aristotelis ad Alexandrum)* (1847), qui donne, p. 104-109, d'autres références très importantes, notamment pour illustrer les *topoi* de l'« utilité », de la « facilité », et des motifs « justes », dans des scholies à Thucydide, les discours d'Isocrate, d'Isée, de Démosthène. Une partie des exemples est enfin reprise par P. Chiron, Pseudo-Aristote, *Rhétorique à Alexandre*, Texte établi et traduit par P. Chiron, C.U.F., Paris, 2002, note 57, p. 122.

156. *Inst. or.*, III, 4, 16 ; *cf.* III, 7, 28 : « aussi ne suis-je pas d'accord que le genre de l'éloge concerne seulement l'honnête ; j'estime qu'il relève essentiellement de la qualification (…). Mais, dans son ensemble, l'éloge a quelque analogie avec la suasoire, parce que, la plupart du temps, ce que l'on conseille là, on le loue ici ».

On observe ainsi fréquemment une translation des topiques du délibératif à l'épidictique et vice-versa[157]. Bien plus, le protreptique est une illustration particulièrement frappante des phénomènes de croisements d'argumentaires, ce qui avait déjà été relevé par Burgess, qui voyait dans le « *protreptikos logos, a union of the sumbouleutikon, and the epideiktikon eidos* »[158]. À propos du protreptique, l'idée a fait l'objet de développements détaillés et fondamentaux dans l'ouvrage aujourd'hui injustement délaissé de H. Kesters sur le « message socratique »[159] ; elle a été reprise plus récemment par D. E. Aune[160], et par L. Pernot[161], lequel a clairement

157. C'était déjà le cas dans le *Phèdre*, lorsque Socrate propose les règles d'un discours délibératif, dans lequel vient interférer la rhétorique épidictique : comme Socrate le reconnaît lui-même, la partie consacrée à démontrer quelle utilité ou quel profit l'aimé doit attendre de la fréquentation de l'amant se transforme rapidement en tableau féroce de la jalousie, qui n'est autre qu'un blâme, revers de l'éloge.

158. T. Burgess, *Epideictic Literature*, Chicago, 1902, p. 212.

159. *Kérygmes de Socrate, Essai sur la Formation du message socratique*, Louvain-Paris, 1965 : cet ouvrage a fortement pâti de la thèse – difficilement défendable – sur laquelle il est entièrement bâti, à savoir que le XXVIe discours de Thémistius aurait été faussement attribué à cet auteur, et serait en réalité l'œuvre d'un contemporain de Platon, un exemple d'éloquence socratique que Platon critiquerait à son tour dans le *Clitophon*. Il n'en reste qu'il contient des analyses très pertinentes sur la rhétorique des discours protreptiques de Socrate, et des réflexions stimulantes sur le genre même du protreptique. Comme l'auteur fait de la théorie de la « conversion des genres » la « clef de l'énigme » et le « critère de l'authenticité » du discours erronément attribué à Thémistius, cette théorie est constamment abordée dans l'ouvrage, et plus particulièrement aux p. 9-30. Malgré ses défauts, *Kérygmes de Socrate* devrait toutefois rester une référence indispensable sur le genre du protreptique.

160. « Romans as a Logos Protreptikos », art. cit., p. 94, qui évoque, à la suite de Burgess, la façon dont Ménandre le Rhéteur, II, 393, unissait déjà dans une description générique de ce qu'il appelle λαλία, l'épidictique et les éléments propres aux encouragements et aux dissuasions (προτρέπειν καὶ ἀποτρέπειν).

161. Sur les « passages » entre les modèles, *cf.* Pernot, *La rhétorique de l'éloge*, *op. cit.*, vol. 1, p. 243 : « il est vrai que la thesis appartient en principe au genre délibératif ; mais précisément la frontière s'estompe entre éloge et conseil, dès lors que la topique encomiastique se réduit au critère, originellement délibératif, de l'utilité », et note 651, p. 243 : « il y a naturellement des ponts entre l'éloge d'un art et le protreptique à cet art ». On se reportera aussi à la théorie des *telê*, discutée p. 35. Nous renvoyons surtout au vol. 2, *Les valeurs*, p. 710-724, « La fonction parénétique et idéologique », en part. p. 710 : après avoir déroulé les « arguments encomiastiques », Pernot remarque : « si le discours épidictique utilise un pareil arsenal de preuves, c'est que la persuasion a un enjeu. Par-delà le plaisir et la gloire, cet enjeu doit être recherché dans l'exhortation, dans le conseil, qui rapprochent l'éloge du genre délibératif ». Outre les textes de Quintilien que nous avons cités, Pernot évoque Cicéron, *Inv.*, 12, 156 ; *De or.*, II, 334.

rappelé que les argumentaires ne se cantonnent pas à l'un des genres de la rhétorique. Cette porosité des modèles est bien visible dans la description du protreptique à la philosophie proposée par Philon de Larissa, qui assigne au discours une *double fonction* : d'un côté, exhorter l'individu à prendre soin de son âme – ce qui relève bien sûr du conseil – et, de l'autre, faire l'éloge de la philosophie.

Les τόποι dans le genre épidictique et la perspective de la propagande

De fait, le *topos* de l'utilité est très présent, également, dans le genre épidictique, car il appartient, tout d'abord, à l'éloge des *pragmata* : parmi les lieux auxquels ce type d'éloge recourt fréquemment nous trouvons le τερπνόν[162] et le χρήσιμον[163] : or toute la seconde partie du chapitre XI de Jamblique s'emploiera justement à démontrer que la philosophie est ce qu'il y a de plus *agréable*. D. J. O'Meara a fait remarquer, quant à lui, la façon dont le reste de la rubrique propre au délibératif est récupéré dans le chapitre VI de Jamblique et dans les textes parallèles du *De com. math. sc.* et de l'*In Euclidem* de Proclus, qu'il analyse, avec raison, comme de véritables *éloges de l'art* (c'est-à-dire des discours typiquement épidictiques)[164]. Mais il faudrait ajouter à cela que, si le chapitre VI fait indéniablement l'éloge de la philosophie comme *objet*, cet éloge rejaillit aussi, par moments, sur ceux qui pratiquent celle-ci. Ainsi, lorsque l'auteur fait remarquer qu'on *acquiert facilement* la philosophie[165], il nous invite ici à louer ce que Pernot appelle les « modalités de l'action », qui comprennent donc, la facilité, mais aussi l'utilité, la rapidité, etc[166].

162. Correspondant à l'ἡδύ que nous trouvons par exemple dans la liste de la *Rhétorique à Alexandre* citée plus haut.

163. *Cf.* Pernot, *La rhétorique de l'éloge*, *op. cit.*, vol. 1, p. 243-245 : selon l'auteur, agrément et utilité sont des topiques de substitution.

164. Notre propre réflexion a été stimulée par le compte rendu qui nous a été fait d'une conférence extrêmement intéressante de D. J. O'Meara à Lille, en octobre 2006, lors de Journées d'études consacrées à l'*In Euclidem* de Proclus, et qui vient tout juste d'être publiée sous le titre « L'éloge des sciences mathématiques dans la philosophie de l'Antiquité tardive », dans *Études sur le Commentaire de Proclus au premier livre des* Éléments *d'Euclide*, A. Lernoud (éd.), Lille, 2010, p. 57-65.

165. L'argument est développé p. 40, 13-41, 2 P.

166. L. Pernot, *La rhétorique de l'éloge*, *op. cit.*, vol. 2, p. 709-710 : « est louable l'action accomplie avec facilité », ce qu'il illustre à l'aide d'une série d'exemples ;

Sans nous étendre sur ce point qui mériterait des approfondissements, remarquons simplement ceci : les progrès accomplis par la philosophie sont rapides, et la facilité évoquée n'exclut pas que la philosophie soit aussi difficile et réclame un πόνος, ce qui ne rend que plus dignes d'éloge ceux-là mêmes qui s'y adonnent avec ardeur. L'existence est, encore une fois, un point à part.

De nombreux éléments laissent donc penser que derrière le chapitre VI de Jamblique se situent des argumentaires rhétoriques topiques, devenus par la suite les τελικὰ κεφάλαια, et qui empruntent sans doute à la fois à la rhétorique délibérative et à la rhétorique épidictique. Mais ces τελικὰ κεφάλαια, présents à l'horizon d'une partie des *Exhortations aristotéliciennes*, ne servent pas seulement, bien sûr, à *montrer* les différentes facettes d'un objet (en l'occurrence, la philosophie). Puisque le protreptique a pour objectif de persuader un auditoire ou des lecteurs d'entreprendre un certain parcours, ils ont aussi et surtout une *fonction pragmatique* : P. Chiron les désigne très justement comme les « moteurs du choix »[167], dans une perspective qui doit guider toute enquête sur le protreptique, et qui est celle de la *psychologie de l'action*. Il faudrait donc dire que, dans la visée rhétorique et pragmatique du protreptique, la philosophie n'est pas – ou pas seulement – un objet d'examen ; en d'autres termes, il n'y a pas de philosophie qui ne soit une *pratique* de la philosophie, précédée d'une *décision* de philosopher.

Intéressons-nous à présent aux textes et aux ouvrages dans lesquels figurent ces arguments – existence, possibilité, utilité et facilité de la philosophie, auxquelles il faut ajouter l'agrément traité au chapitre XI –, et qui éclaireront cette fois dans la perspective de la *tradition littéraire* le chapitre jamblichéen.

mais, si l'on considère d'autres topiques mentionnées par Pernot, on voit qu'elles s'appliquent aussi parfaitement à la philosophie des *Exhortations aristotéliciennes* : la pratique philosophique est en effet louable pour sa « durée » et la « permanence des effets bénéfiques ».

167. Pseudo-Aristote, *Rhétorique à Alexandre*, *op. cit.*, Introduction, p. XVI-XVII.

Le protreptique au croisement des genres littéraires

La littérature isagogique

Nos premiers parallèles porteront sur des textes que nous qualifierons par commodité d'« isagogiques », et qui ont donc une intention à la fois introductive et méthodologique. Parmi ceux-ci, nous distinguerons deux types de matériel. D'un côté des textes isagogiques en même temps *exégétiques*, c'est-à-dire un matériel de nature introductive se situant dans le cadre d'un *commentaire*. Cette première classe se subdivise elle-même en deux, puisque nous y trouverons aussi bien des introductions à des commentaires portant sur un ouvrage *particulier*, et qui occupent une place précise dans un cursus d'enseignement, que des introductions *générales* à tel ou tel auteur[168].

La deuxième catégorie comprendra à l'inverse un matériel isagogique de « premier niveau », sans intention exégétique, représenté par les introductions à une discipline ou à un art[169].

La littérature de type exégétique

Dans ces *schemata isagogica* de l'Antiquité tardive, bien étudiés par J. Mansfeld[170], et, en particulier, dans les introductions aux

168. Ces introductions relèvent aussi du genre exégétique, dans la mesure où elles donnent des clefs d'interprétation de l'œuvre de cet auteur.

169. On pourra comparer la distinction que nous proposons avec celle que M. Plezia, *De commentariis isagogicis*, Cracovie, 1949, p. 8, établit entre les commentaires de nature isagogique introduisant *ad lectionis cuiusdam cursum*, et les introductions *ad artem quandam vel disciplinam proprie dictam*.

170. Nous reprenons la terminologie de Mansfeld, qui a consacré deux monographies très importantes à ce type de textes : *Prolegomena. Questions to be Settled Before the Study of an Author, or a Text*, Leiden-New York-Köln, 1994 ; *Prolegomena mathematica. From Apollonius of Perga to Late Platonism*, Leiden-Boston-Köln, 1998. La formule *schemata isagogica* est illustrée dans *Prolegomena* 1994, p. 7, par un certain nombre de thématiques introductives topiques. « *In the scholarly literature such a pattern is called a schema isagogicum, or 'introductory scheme'* ». Les textes étudiés par Mansfeld dans le premier volume appartiennent donc à des commentaires exégétiques à des œuvres ou à des auteurs, même si, comme il le signale p. 9, il s'est aventuré *ultra crepidam* en considérant par exemple le genre du *bios* d'un philosophe. Avec *Prolegomena mathematica* 1998, paru quelques années après, l'auteur entend réparer des oublis, en incluant dans son étude des questions « isagogiques » des textes relevant des mathématiques.

commentaires néoplatoniciens des œuvres de Platon et d'Aristote, les « thèmes » de l'existence, de la possibilité ou de l'utilité sont fréquemment présents, et utilisés dans un but *didactique*. Pour des informations plus complètes sur ces introductions aux commentaires néoplatoniciens, nous renvoyons à la présentation très claire et synthétique qu'en a donnée I. Hadot[171]. Celle-ci a bien montré, d'un côté, que ces différentes introductions s'inscrivent dans des cursus structurés de façon complexe, et, de l'autre, qu'à l'intérieur des introductions elles-mêmes, les « topiques » de l'existence, de l'utilité, etc., répondent d'abord à une stratégie de *captatio benevolentiae*: il faut convaincre des auditeurs d'entrer dans des matières réputées difficiles. Rappelons ce que dit Simplicius à propos de l'utilité *en tant qu'argument*:

> « Quant à l'utilité, elle nous rend plus concentrés (συντονωτέρους) et plus zélés (προθυμοτέρους) ». De même Philopon: « l'utilité inspire à l'auditeur (ou au lecteur) de l'empressement et du zèle »[172].

Que ces arguments entrent dans une stratégie de *captatio benevolentiae* est manifeste, et cela a été relevé par S. Mansion à propos

Mais bien des textes compris dans ce deuxième volume n'ont en fait aucun rapport avec un cursus exégétique (alors que le premier volume ne prend en considération que ce type de textes, qui font aussi l'objet, exclusivement, du livre de M. Plezia). Ces textes représentent plutôt des « introductions » à une discipline: il nous semble que les analyses de Mansfeld auraient gagné à suivre une répartition plus claire, du genre de celle qu'avait justement proposée M. Plezia. En fin de compte, Mansfeld présente un matériel très vaste, qui a pour dénominateur commun d'être « préliminaire », et dans lequel on peut regretter qu'il n'ait pas inclus la littérature protreptique (nous y reviendrons). Sur le même sujet, on consultera aussi très utilement l'Introduction de L. G. Westerink aux *Prolégomènes à la philosophie de Platon*, C.U.F. Paris, 1990 (en particulier les pp. XLIII-LI); l'ouvrage de P. Mueller-Jourdan, *Une initiation à la philosophie de l'Antiquité tardive. Les leçons du Pseudo-Elias*, Fribourg-Paris, 2007; ainsi que *Anonymous Prolegomena to Platonic Philosophy*, Introduction, text, translation and indices by L. G. Westerink, Amsterdam 1962.

171. Dans *Simplicius, Commentaire sur les Catégories*, Fascicule I, Introduction, première partie, Leiden-New York-København-Köln, 1990. Voir, notamment, le « Plan exhaustif des introductions aux commentaires platoniciens des œuvres de Platon et d'Aristote », p. 44-47. Les points que nous mettons en relief n'étaient pas tous traités par chacun des commentateurs; d'autre part, ces schémas ont subi des évolutions, *cf.* L. G. Westerink, *Prolégomènes*, *op. cit.*, p. XLIX-LV.

172. Ces références sont discutées par I. Hadot, qui en ajoute d'autres, dans *Simplicius, Commentaire sur les Catégories*, *op. cit.*, p. 141-142.

des chapitres aristotéliciens[173], mais le contenu et la disposition des arguments peuvent changer d'un texte à l'autre.

Dans le cursus aristotélicien, on distingue ainsi deux classes de textes « préliminaires »[174] : (1) des introductions à la philosophie en général suivies d'introductions à l'*Isagoge* de Porphyre, d'une part, (2) des introductions à Aristote, suivies d'introductions aux *Catégories*, de l'autre. Selon I. Hadot, qui a tenté de reconstruire l'ensemble de ce cursus, la deuxième série d'introductions était placée systématiquement après la première.

(1) Dans les introductions à la philosophie *en général*, le premier point devait être : *la philosophie existe-t-elle* (εἰ ἔστι) *?* Suivait une introduction spécifique à l'*Isagoge*, dont le deuxième point, après « le but du livre » (σκοπός) était *l'utilité du livre* (τὸ χρήσιμον).

(2) Le deuxième groupe s'ouvrait sur une introduction à Aristote qui comprenait éventuellement une biographie de celui-ci[175], avant de développer dix points, qui remontent vraisemblablement à une codification de Proclus[176], lesquels seront suivis d'une introduction spécifique aux *Catégories* en six ou sept points, dont le deuxième point (après le but) était à nouveau *l'utilité du livre*. Le même schéma (en six ou sept points) structurait les introductions aux autres traités d'Aristote. Le cursus platonicien commençait

173. Ce sont les arguments que S. Mansion appelle « préliminaires » et « superficiels », et dont elle donne la liste dans « Contemplation and Action », p. 68-61, *cf. supra*, p. 22, notes 77 et 78.

174. On trouvera la plupart des textes en question dans les *Commentaria in Aristotelem Graeca* (*CAG*).

175. C'est, en tout cas, une hypothèse, développée par I. Hadot, *Simplicius, Commentaire sur les Catégories*, *op. cit.*, p. 27.

176. Concernant les « dix points » traditionnels des introductions à Aristote, nous avons le témoignage d'Elias, *In cat.*, 107, 24-26 Busse, qui affirme que Proclus les avait fixés dans un ouvrage intitulé Συναναγνωσις ; en plusieurs endroits du *Commentaire de l'Alcibiade*, Proclus lui-même évoque un ouvrage semblable, écrit de sa main, pour la philosophie platonicienne. Mansfeld (*cf. Prolegomena* 1994, *op. cit.*, p. 28, note 40), pense que Proclus avait en fait rédigé deux introductions différentes, l'une à Platon, l'autre à Aristote. Mais une codification systématique des introductions existait bien avant Proclus, notamment dans les introductions aux commentaires de poètes et d'écrivains (sur ce point voir Mansfeld, *Prolegomena* 1994, *op. cit.*, p. 55-57).

sans doute[177] lui aussi par une biographie de Platon, suivie d'une introduction à la philosophie de Platon en dix points (fixés aussi par Proclus), avant l'introduction à chacun des douze dialogues du cursus, menée elle aussi en huit points, dont le cinquième traitait de *l'utilité du dialogue*.

L'interrogation sur l'existence, la facilité, l'utilité, etc., de la philosophie revêt donc, dans la littérature exégétique, une *fonction rhétorique* (la *captatio benevolentiae*) ; mais elle correspond aussi, nous le constatons, à un *modèle méthodologique* consistant à examiner toutes les facettes d'un objet : or la même impression de forte *systématicité*[178] se retrouve dans les *Exhortations aristotéliciennes*, et c'était sans doute le cas pour de nombreux protreptiques de l'Antiquité.

Examinons plus en détail le contenu de l'argumentation sur deux points : l'existence, et l'utilité.

La question de l'existence de la philosophie dans le cursus aristotélicien

Dans la reconstruction schématique qu'elle propose, I. Hadot mentionne comme premier point de l'introduction générale à la philosophie, qui ouvrait le cursus aristotélicien, la question : *la philosophie existe-t-elle* (εἰ ἔστι) *?* En réalité, le seul texte subsistant dans lequel elle figure explicitement est le *Commentaire aux Catégories* de David, point de comparaison essentiel pour le chapitre VI de Jamblique. Ce commentaire est, certes, de beaucoup postérieur à Jamblique, mais rien n'empêche de penser qu'il reprenait un modèle antérieur que nous n'avons plus ; or la première question que pose David, comme les trois suivantes, est directement

177. À la différence de ce qui se passe pour Aristote, nous n'avons malheureusement qu'un seul document pour tenter de reconstruire cette introduction, les *Prolégomènes* anonymes à la philosophie de Platon, que Westerink date de la deuxième moitié du VIe s (*Prolégomènes*, *op. cit.*, p. LXXXIX).

178. Pour paraphraser M. Fuhrmann qui, dans *Das systematische Lehrbuch. Ein Beitrag zur Geschichte der Wissenschaften in der Antike*, Göttingen, 1960, analyse, dans différents domaines, les schémas méthodologiques au moyen desquels les Anciens traitaient d'une discipline : il est clair qu'avec leurs recours fréquents à la définition, à la distinction, aux divisions, etc., les protreptiques entraient aussi, sous certains aspects, dans cette catégorie d'ouvrages.

issue des *Seconds Analytiques*, II, 1, 89 b 23, où Aristote distingue quatre types de questions et leurs objets : « la question du fait, la question de la cause, la question de l'existence et la question de l'essence »[179]. À la question de l'essence, David répond par des arguments anti-sceptiques[180]. Il se pourrait bien que le texte des *Analytiques* ait fourni un véritable « patron » argumentatif, qui aurait inspiré, aussi, le traitement systématique des mêmes questions dans les introductions des commentaires tardifs aux traités de rhétorique, dans un contexte qui est cette fois clairement celui de la *défense* et de l'*éloge* de l'art[181] – nous y reviendrons. C'est en tout cas une hypothèse séduisante. Mais le rapprochement entre ce texte de David et le *Protreptique* de Jamblique devient encore plus intéressant, si l'on suppose, comme le fait Westerink[182], que la *consequentia mirabilis* rapportée par David au *Protreptique* aristotélicien[183] était précisément une réponse à la question de l'*existence* de la philosophie : une réponse aristotélicienne, donc, et tirée, très précisément, du *Protreptique*. Selon David, que l'on pratique, ou que l'on critique la philosophie, dans les deux cas on philosophe, car critiquer la philosophie consiste à argumenter contre elle, ce qui est encore de la philosophie, puisque celle-ci est « mère des démonstrations » ; un tel raisonnement prouve, en quelque sorte, qu'il n'y a pas d'activité intellectuelle en dehors de la philosophie. Tous ces points mériteraient, bien entendu, d'être approfondis : nous ne traitons ici de ces questions que dans leurs grandes lignes.

La question de l'utilité dans les cursus aristotélicien et platonicien

Si l'on suit les schémas, la question de l'« utilité » était posée par les commentateurs néoplatoniciens pour un traité particulier d'Aristote, ou un dialogue particulier de Platon. Nous avons évoqué les *Seconds Analytiques*, mais il est fort possible que le début des *Topiques* ait aussi influencé certaines questions isagogiques, notamment *Topiques*, I, 1, 100 a 18 sur le propos que l'on se fixe en écrivant

179. Ζητοῦμεν δὲ τέτταρα, τὸ ὅτι, τὸ διότι, εἰ ἔστι, τί ἐστιν.

180. Les sceptiques sont de possibles négateurs de la philosophie.

181. *Cf.* H. Rabe, *Prolegomenon Sylloge*, Leipzig, 1935, p. IV.

182. *Prolégomènes*, *op. cit.*, p. XXXIII et LI-LII.

183. Et qui, comme nous le verrons, constitue l'un des très rares témoignages sur cet ouvrage.

un livre[184], et I, 1, 101 a 25 sur l'utilité[185]. Dans cette perspective, qui est une perspective *exégétique*, de *second* niveau, l'utilité dont on discute est celle du *livre* commenté et non celle de la philosophie comme telle, mais on voit bien que discuter de l'utilité d'un traité comme les *Catégories* revient, en grande partie, à discuter de l'utilité d'un aspect, ou d'une branche, de la philosophie *elle-même* (en l'occurrence la logique)[186]. La destination de l'utilité peut être à son tour multiple : un livre sera utile soit pour la lecture d'un autre livre (c'est le cas de l'*Isagoge* de Porphyre à l'égard des *Catégories*), soit pour le cursus philosophique dans son ensemble (les *Catégories* à l'égard du tout de la philosophie), soit, dans une optique différente, moins exégétique que psychagogique et éthique, pour l'existence de l'individu : cette troisième possibilité est surtout exploitée dans le cursus platonicien, dans lequel les dialogues doivent être lus suivant un ordre précis pour que l'âme se purifie petit à petit, et dont le modèle provient de la progression scalaire des disciplines exposée au livre VII de la *République*. Il n'est donc pas étonnant de retrouver ces topiques chez Jamblique, qui est lui-même un commentateur de Platon.

Autres exemples exégétiques

À côté des schémas propres aux cursus aristotélicien et platonicien, il faut bien sûr prendre en compte le cursus néopythagoricien de Jamblique, qui comprend le *Commentaire sur l'Introduction arithmétique de Nicomaque* ; ou encore l'*In Euclidem* de Proclus, qui offre des parallèles avec Jamblique et dont nous donnons un extrait après les chapitres jamblichéens, dans les Textes complémentaires.

La littérature d'introduction à une discipline ou à un art

Certaines topiques du chapitre VI sont aussi abordées dans ce que l'on désigne souvent sous le terme de *prooemia*, c'est-à-dire dans les *prologues* placés par un auteur en ouverture d'une œuvre

184. Πρόθεσις τῆς πραγματείας.

185. Πρὸς πόσα καὶ τίνα χρήσιμός ἐστι ἡ πραγματεία : voir, en particulier, Mansfeld, *Prolegomena* 1994, *op. cit.*, note complémentaire 65 p. 195-196.

186. Ce phénomène de perméabilité entre le livre et son contenu se comprend bien, il correspond à une synecdoque semblable à celle qui amène à désigner sous le même terme τέχνη aussi bien le traité lui-même que le corps de doctrines.

personnelle : il s'agit d'une littérature de « premier niveau », sans aucune intention exégétique. Ces prologues ont fait l'objet des travaux de M. Ruch par exemple, à commencer par les prologues des historiens grecs (Thucydide, Xénophon), qui jouent le rôle d'introduction à une discipline[187]. Or il est clair que les *prooemia* recherchent eux aussi en premier la *captatio benevolentiae*[188] : c'est pourquoi ils recourent à l'argument de l'*utilité* (de l'objet dont ils vont traiter). Ce point a été très bien traité par E. Herkommer en particulier[189].

Pour l'Antiquité plus tardive, nous renvoyons au corpus très étendu analysé par J. Mansfeld, qui couvre les champs de la philosophie, des mathématiques, de la rhétorique et de la religion. Mais, en réalité, la frontière entre l'introduction proprement dite à une discipline (l'*Introduction arithmétique* de Nicomaque de Gérase), l'introduction d'un auteur à l'un de ses propres traités (comme c'est le cas pour Ptolémée), et l'introduction exégétique (comme l'*In Euclidem* de Proclus) est particulièrement poreuse, car toutes les trois servent aussi, en définitive, d'introduction à une discipline[190]. De même, nous avons vu que le cursus aristotélicien prévoyait, avant l'exégèse des traités, une introduction *générale* à la philosophie : il est donc bien naturel de retrouver les mêmes arguments dans tous les « genres » de la littérature introductive.

C'est pourquoi nous regrettons que J. Mansfeld n'ait pas intégré les protreptiques dans son étude des *prolegomena*, particulièrement dans le cas de Galien et dans celui de Jamblique, alors qu'il prend en compte, pour leur fonction « paradigmatique »[191], plusieurs *bioi*

187. *Le préambule dans les œuvres philosophiques de Cicéron. Essai sur la genèse et l'art du dialogue*, Paris, 1958, chap. IX : « Le prooemium dans les genres littéraires », p. 93-102.

188. Cette fonction est bien soulignée par Ruch, *Le préambule*, *op. cit.*, p. 96-98. *Cf.* Thucydide, *Histoires*, I, 22, 4. Nous ne nous étendrons pas sur ce point. Mansfeld, *Prolegomena* 1994, *op. cit.*, consacre à ce thème une partie de la note complémentaire 65, p. 195-197, en renvoyant à l'étude très importante d'E. Herkommer, *Die Topoi in den Proömien der Römischen Geschichtswerke*, diss. Tübingen, 1968. On consultera aussi Lausberg, *Handbuch der Literarischen Rhetorik*, *op. cit.*, § 263-288, qui énumère les *loci* des *proemia*.

189. *Die Topoi in den Proömien*, *op. cit.* : la question de l'utilité fait l'objet des p. 128-136.

190. L'arithmétique pour Nicomaque, l'astronomie pour Ptolémée, la géométrie pour Proclus.

191. *Cf. Prolegomena* 1994, *op. cit.*, p. 93 ; p. 110 ; p. 183.

placés en ouverture d'un cursus, la *Vie de Pythagore* par exemple pour la *Synagôgè*. Il est en effet évident que le *Protreptique* fait *encore* partie de l'introduction à la *Synagôgè*[192].

S'il est vrai que les questions issues des *Seconds Analytiques* ou des *Topiques* permettent de rendre compte de certains aspects de l'organisation textuelle des commentaires néoplatoniciens, elles se révèlent insuffisantes dans la perspective de l'introduction à une discipline ou un art ; il faut faire intervenir un autre modèle, celui de l'éloge de l'art, dans lequel la question de l'utilité joue un rôle central. Son importance nous conduit à le traiter à part, sans, pourtant, supposer que les *prolegomena*, l'éloge de l'art, et le protreptique soient trois « genres » codifiés, dont l'un serait le détenteur originaire de cette topique, et la source des autres. Nous avons affaire, bien plutôt, à des « formes » ou des « modes » de discours parfaitement perméables, que nous inscrivons sous des « étiquettes » qui n'ont rien de rigide. Car, évidemment, la présentation d'un art se situe à la frontière entre le discours méthodologique et l'éloge.

La réflexion sur l'art, et le rôle de la rhétorique épidictique : la philosophie et les autres sciences

Dans les remarques qui suivent, nous donnons des exemples des prédicats topiques dans la rhétorique épidictique, tantôt séparés, tantôt réunis, comme c'est le cas dans le chap. VI du *Protreptique* ; or leur association même fournit un argument important à l'éloge, qui « se plaît à souligner le caractère total, complet, de la puissance ou des mérites de l'objet »[193].

« L'existence de la philosophie » dans l'éloge de l'art

Comme nous l'avons dit, les questions soulevées par Aristote dans les *Seconds Analytiques* ont orienté les introductions tardives

192. Cet « oubli » de Mansfeld est lié au seul aspect sans doute critiquable dans un travail par ailleurs admirable : l'imprécision dans la délimitation du corpus étudié, ou la délimitation quelque peu arbitraire du corpus.

193. *La rhétorique de l'éloge, op. cit.*, vol. 2, p. 707. À côté du caractère « globalisant » de la philosophie que nous soulignons à plusieurs reprises dans le commentaire, il faut signaler encore d'autres topiques épidictiques, évidentes, comme l'*excellence* de la philosophie, et sa *singularité*.

aux commentaires de la rhétorique : on en trouve de très nombreux exemples dans les différents textes de la *Prolegomenon Sylloge*[194]. Les auteurs s'appuient chaque fois sur ces topiques pour répondre à des « détracteurs » de la rhétorique. Or les *prolegomena* rhétoriques comme les *prolegomena* scientifiques ou philosophiques paraissent fortement influencés par les réflexions sur la notion de τέχνη. Pour remonter à l'origine de ce questionnement, il convient d'évoquer le bref traité hippocratique Περὶ τέχνης – datant sans doute du dernier quart du ve av. J.-C. –, dont nous avons déjà souligné l'importance, mais qui est malheureusement négligé par les commentateurs des passages « aristotéliciens » de Jamblique. Dès la première phrase, l'auteur évoque les adversaires auxquels il va répondre : ce sont ceux qui ont érigé en « art » la « critique des arts » (τὸ τὰ τέχνα αἰσχροεπεῖν). Qui sont ces détracteurs, qui ne sont pas forcément les mêmes que ceux de la philosophie spécifiquement ? Des diffamateurs professionnels, mais aussi, comme le rappelle J. Jouanna[195], des personnages mus par des raisons philosophiques et plus précisément ontologiques, comme Gorgias, ou encore Protagoras (et leurs imitateurs). À ceux-là l'auteur répond, au chapitre 2, que les arts « existent » : « il n'y a aucun art qui soit inexistant (τέχνη οὐδεμία οὐκ ἐοῦσα) ; il est en effet absurde que n'existe pas une des choses qui existent ». Replaçons la démonstration de l'existence des arts (qui apparaît aussi dans le traité de l'*Ancienne Médecine*, bien que sur un ton différent) dans le contexte de la deuxième moitié du ve s., « marquée par la naissance de nombreux arts dont on essaie de codifier les règles dans les traités »[196]. Comme l'ont montré différents éditeurs du traité, l'argumentation du Περὶ τέχνης repose sur une discussion très abstraite, qui approfondit de façon remarquable ce que sont les « fondements ontologiques » des τέχναι et leurs signes visibles[197], et qui fait vraisemblablement référence aux discussions philosophiques de l'époque

194. Voir *supra*, p. 58, note 181 : pour ne donner qu'exemple, citons les *Prolegomena in Aphtonii Progymnasmata*, p. 73.

195. Hippocrate, Tome 5/1, *Des vents, De l'art*, Texte établi et traduit par J. Jouanna, C.U.F. Paris, 1988, p. 174.

196. *Cf.* Jouanna, *Des vents, De l'art*, *op. cit.*, p. 184 et bibliographie note 1.

197. Or l'existence des arts *en général* (bien que le discours porte à partir du chap. 3 sur la médecine spécifiquement, en montrant d'abord (en 3. 2), ce qu'*est* la médecine) est prouvée, dans notre traité, par le fait qu'ils sont enracinés dans les εἴδη, lesquels, à la différence des ὀνόματα, sont des êtres naturels et non de pures conventions. J. Jouanna et A. Jori s'accordent pour dire que les εἴδη ne représentent pas les

sur l'être et le non-être, et, en particulier, aux doctrines éléatiques. L'auteur complète sa réponse aux critiques en démontrant, dans la dernière partie du traité (chap. 8-12), la « puissance » ou « efficacité » (δύναμις) de la médecine. Une série d'éléments conduit à replacer le traité à l'intérieur du « mouvement sophistique », donc dans un contexte historique et épistémologique bien différent de la plupart des textes que nous avons versés au dossier (qui sont plus tardifs) ; mais il éclaire efficacement ce qui est sans doute *l'origine* de la topique de l'« existence » d'une pratique, topique qui apparaît très ancienne, et qui s'ancre certainement dans le contexte de l'apparition et de la constitution des différents arts. Toujours à un niveau formel, il fournit aussi un « modèle » d'articulation entre la question de l'existence (de l'art) et celle de l'efficacité, que nous pouvons comparer avec la façon dont Jamblique lui-même, au chap. VI, mais aussi ailleurs dans le *Protreptique*, démontre la supériorité de la philosophie à partir de l'existence et de la nature de ses principes (les réalités premières).

Entre les deux ouvrages, la perspective ontologique diffère toutefois considérablement : si l'existence de la médecine se fonde sur des signes immédiatement visibles, qui sont *aussi* le gage de son *efficacité*, en revanche Jamblique, ou l'auteur qu'il cite, s'emploie, dans la lignée du platonisme, à distinguer le monde sensible du monde intelligible et à insister sur la nature théorétique de la philosophie recherchée, dont les objets ne sont visibles que par le regard de l'intellect. La preuve de l'existence des objets de la philosophie, et, partant, de la philosophie elle-même, n'est donc pas immédiate, pas plus que n'est linéaire le rapport entre son existence et son efficacité : l'une des difficultés du texte de Jamblique tient précisément à ce que celui-ci (ou sa source) sépare de fait (en leur consacrant des chapitres différents), la question de l'existence des premiers principes et de la possibilité de les apprendre, de celle de l'efficacité de la philosophie. Si la philosophie est utile et efficace, c'est, semble-t-il, dans un « second temps », par rebond, comme si l'utilité de la philosophie n'était pas un attribut intrinsèque de celle-ci[198].

« idées platoniciennes », mais les caractéristiques concrètes et visibles révélatrices de la réalité. Voir, en particulier, Jori, *Medicina e medici*, p. 110-115.

198. Les éditeurs des fragments aristotéliciens sont ainsi souvent embarrassés par le hiatus entre le chap. IX de Jamblique, qui proclame que la philosophie ne doit être recherchée que pour elle-même, et le chap. X, qui démontre qu'elle est utile.

La place de la philosophie théorétique dans la discussion sur l'utilité est donc à part, et elle fera même, en certains cas, comme nous le verrons à la fin de cette Introduction, l'objet d'une réponse paradoxale.

L'utilité dans l'éloge de l'art

Comme nous l'avons rappelé plus haut, le *topos* de l'utilité est prégnant dans la rhétorique épidictique, que ce soit sous la forme de *l'éloge des pragmata* ou de *l'éloge des modalités de l'action*. Mais, nous l'avons déjà dit, l'utilité est aussi au fondement même d'une certaine conception philosophique de l'art, en particulier en milieu stoïcien. La question occupe enfin une place centrale dans les discours protreptiques de Socrate de l'*Euthydème*, où elle sert de véritable matrice à l'enquête sur l'existence et la nature de la science qui procurera sagesse et bonheur. Tout montre donc qu'elle joue un rôle essentiel, à la fois dans la revendication du statut de leur art par tels ou tels professionnels, et dans le débat sur les formes d'éducation.

La question de l'utilité est illustrée dans de très nombreux textes[199] préliminaires à l'exposition d'un art ou d'une science – textes isagogiques, méthodologiques, protreptiques, etc. –, sous l'influence certaine de la rhétorique de l'éloge de l'art. Philon de Larissa, rappelons-le, intégrait une telle pratique dans le genre même du protreptique[200]. L'*Exhortation à la médecine* de Galien en est un très bon exemple, puisqu'elle mêle rhétorique épidictique, *synkrisis*, et protreptique : reprenant la fameuse définition stoïcienne, l'auteur déclare que « les occupations dont la fin n'est pas utile à la vie (οὐκ ἔστι τὸ τέλος βιωφελές) ne sont pas des arts proprement dits », mais des arts « vains » (ματαιοτεχνίαι) ou « nocifs » (κακοτεχνίαι)[201]. Nous n'avons que le début du traité qui, après

199. Parmi les textes cités par Mansfeld, auxquels nous empruntons une grande partie de nos exemples, nous avons retenu surtout ceux qui traitent de l'utilité de la science, et non de l'utilité du traité lui-même. La distinction est ténue, nous l'avons dit, et parfois les deux types d'utilité se recouvrent (voir *supra*, p. 59, note 186), mais il faudrait les distinguer plus précisément que ne le fait Mansfeld.

200. Voir plus haut.

201. *Exhortation à la médecine*, 9.

l'introduction générale sur les arts, vilipende les « mauvaises techniques du corps » tel l'athlétisme ; très vraisemblablement, une deuxième partie, aujourd'hui perdue, faisait l'éloge de la bonne τέχνη, c'est-à-dire la médecine.

Les marques de la défense ou de l'éloge de l'art sont sensibles aussi dans l'*Introduction arithmétique* de Nicomaque de Gérase, texte très important pour notre propos dans la mesure où Jamblique s'en inspire directement en divers passages de ses traités, et pas seulement dans le commentaire qu'il en a donné. Citons également les différents prologues que le mathématicien Héron d'Alexandrie[202] a placés en ouverture de ses propres ouvrages, et qui exploitent constamment le champ sémantique de l'utilité[203]. Mais le texte qui traite ce thème de la façon la plus systématique reste toutefois le *De utilitate mathematicae* de Théon de Smyrne[204], qui prend appui sur des extraits des dialogues platoniciens pour montrer l'utilité des mathématiques, tant en vue de l'acquisition des autres sciences, que de l'éthique. Dans la perspective de notre étude sur le protreptique, il est intéressant de remarquer la façon dont Théon introduit le premier dialogue platonicien cité à l'appui de sa démonstration : il s'agit de l'*Epinomis*, dans lequel, dit Théon, Platon a vanté l'utilité des mathématiques « par une exhortation » (προτρέπων ἐπὶ τὰ μαθήματα).

202. La date de Héron est très discutée ; on tendrait aujourd'hui à le placer au Ier siècle de notre ère.

203. En particulier le prologue au premier livre des *Metrica*, qui retrace l'origine de la géométrie dans la technique consistant à mesurer les terrains, une technique utile (χρειώδης). Parce que cette discipline est indispensable (ἀναγκαίας… ὑπαρχούσης τῆς… πραγματείας), Héron a décidé de réunir les questions *utiles* traitées par ses prédécesseurs (ὅσα τοῖς πρὸ ἡμῶν εὔχρηστα ἀναγέγραπται), en ajoutant ses propres découvertes. De même, dans le prologue du troisième et dernier livre, il rappelle que la division des terrains est utile et indispensable (εὔχρηστον καὶ ἀναγκαῖον). Le premier prologue aux *Geometrica* représente enfin à lui seul un « condensé » de la question : contre ceux qui pensent que la géométrie « n'est d'aucune aide pour l'existence » (εἰς οὐδέν… συντελεῖν τῷ βίῳ), l'auteur rétorque qu'il ne faut pas envisager une science pour « elle-même » (καθ' ἑαυτήν) mais pour ses « réalisations » (τὰ δι' αὐτῆς περαιούμενα) ; on verra alors la « contribution » (εὐεργεσία) que la géométrie apporte à l'astronomie par exemple.

204. La date de Théon est elle aussi objet d'hypothèse ; il appartient au courant du médioplatonisme, et pourrait avoir vécu au IIe siècle de notre ère.

Les textes évoqués sont, certes, des introductions à des ouvrages mathématiques, mais il est évident que le reproche d'inutilité et de difficulté touche la philosophie de la même façon. Comme ceux des mathématiques, ses objets sont en effet abstraits (donc à la fois insaisissables et éloignés de la pratique) ; d'un autre côté, certains philosophes étaient en même temps des mathématiciens, et il est parfois impossible de distinguer « mathématiques » et « philosophie »[205] : le cas de Jamblique est emblématique, puisque, dans le projet spécifique qui est le sien et qui consiste à « mathématiser » le platonisme à l'aide de la philosophie pythagoricienne, l'étude des mathématiques représente le couronnement de la philosophie. Les arguments qu'il emploie en faveur des mathématiques portent donc en même temps sur la philosophie.

Deux autres témoignages du schéma rhétorique : « existence, possibilité, utilité »

Pour finir, nous mentionnerons deux textes dans lesquels le schéma qui structure le chap. VI de Jamblique se retrouve à l'identique.

Il s'agit de la première page du *Prologue* d'Albinus[206] et du début du *Tetrabiblos* de Ptolémée[207].

Selon Albinus, qui reprend *Phèdre*, 237 c-d[208] « le philosophe (*i. e.* Platon) demande que, quel que soit l'objet de la recherche entreprise, on examine l'essence de la chose (τὴν οὐσίαν τοῦ πράγματος), puis ce qu'elle peut (τι τοῦτο δύναται) et ce qu'elle ne peut pas, à quoi elle est utile (πρὸς ὅ τί τε χρήσιμον), à quoi non ».

Déjà, dans la préface de la *Syntaxis* (appelée aussi *Almageste*) Ptolémée avait proclamé que les mathématiques sont utiles non

205. Mais on se gardera bien de considérer que c'est toujours le cas, et Mansfeld a raison de rappeler les cas où untel se revendique mathématicien et non philosophe.

206. 1, p. 147, 7-10 H.

207. Mansfeld, *Prolegomena* 1998, *op. cit.*, note 250 p. 72, a parfaitement identifié une argumentation tripartite dans ces deux textes, qu'il nomme « definition/possibility/utility » mais la référence à Jamblique lui a échappé puisque, comme nous l'avons dit, il n'a pas tenu compte de la littérature « protreptique », et qu'il n'a que peu utilisé, d'autre part, les écrits jamblichéens.

208. Passage qui est marqué par les croisements des genres, comme nous l'avons noté plus haut.

seulement dans le domaine de la connaissance, mais aussi dans celui de l'éthique (καλοκαγαθία)[209] – c'est une partition déjà observée –. Quant à l'argument de l'existence de la discipline, il apparaît aussi chez Ptolémée : les objets des mathématiques existent plus que ceux des autres disciplines, car ils sont plus stables[210]. Mais les premiers développements du *Tetrabiblos* sont plus intéressants pour notre propos. Au début de l'ouvrage, Ptolémée distingue deux méthodes en astronomie ; la première a été traitée dans la *Syntaxis*, la seconde, qui sera exposée ici, étudie les conséquences des mouvements des astres sur la matière. Cette méthode est plus complexe, et « tout ce qui est, pour la multitude, d'une nature difficile à comprendre (δυσέφικτον) prête aisément le flanc à la calomnie (εὐδιάβλητον) » ; ainsi elle « pourrait alimenter les accusations faciles : soit parce que les problèmes complexes qu'elle pose en plusieurs endroits donnent une impression d'incompréhension totale (ἀκαταληψίας τελείας δόξαν), soit parce que la difficulté que nous avons à nous prémunir

209. P. 7, H. Ce point a été très bien exploré par D. J. O'Meara, dans la conférence donnée à Lille mentionnée *supra*, p. 52, note 164 : dans la version publiée (« L'éloge des sciences mathématiques dans la philosophie de l'Antiquité tardive », p. 64), O'Meara avance l'hypothèse selon laquelle « il <lui> semble probable que le texte de Ptolémée figure aussi dans l'arrière-fond rhétorique de la rédaction du *Dcms* ». M. Rashed, « Alexandre d'Aphrodise lecteur du *Protreptique* », art. cit., a d'autre part montré les enjeux philosophiques de ce prologue, à la lumière, notamment, du proème du commentaire d'Alexandre d'Aphrodise à la *Physique*, ce qui est d'autant plus intéressant que, selon l'auteur, Alexandre se référerait en ce texte au *Protreptique* aristotélicien.

210. On remarquera que Ptolémée engage une polémique avec les objets de la théologie, plus obscurs, plus insaisissables, etc ; M. Rashed, « Alexandre d'Aphrodise lecteur du *Protreptique* », art. cit., a certainement raison de mettre ce texte en relation avec Alexandre ; il a raison également de montrer qu'Alexandre a en vue une philosophie spéculative « abolissant la frontière entre physique, astronomie mathématique et théologie » ; et raison, enfin, d'étudier les traces du *Protreptique* d'Aristote dans la perspective de la réception de la philosophie aristotélicienne. Mais il conviendrait, selon nous, de mettre le texte de Ptolémée étudié dans l'article, et la question de l'utilité, en relation avec un ensemble de textes plus large. M. Rashed affirme ainsi que « toute l'école d'Ammonius interprète le deuxième point du second schéma introductif, l'utilité, dans une direction protreptisante » et que la source commune à tous ces auteurs « a été sensible aux potentialités exhortatives du point capital de l'utilité » (p. 35-36) : nous nous demandons si, au vu des textes que nous avons évoqués en ces pages, la topique de l'utilité et son usage protreptique peuvent se ramener avec certitude au *Protreptique* aristotélicien, et s'ils ne sont pas antérieurs à celui-ci, et présents, aussi, dans des contextes bien étrangers à cet ouvrage et plus anciens (comme dans les prologues de Thucydide ou le Περὶ τέχνης : voir aussi *supra*, p. 56, note 176).

contre les événements connus à l'avance a discrédité la finalité (τὸ τέλος)[211] de cette étude, en la faisant considérer comme inutile (ἄχρηστον) »[212].

Ptolémée reprend alors des reproches topiques, communs aux mathématiques et à la philosophie, selon lesquels elles seraient obscures et superflues. C'est pourquoi, avant d'entrer dans l'exposé détaillé des problèmes, il envisagera si le pronostic (astronomique) est possible (δυνατός) et utile (χρήσιμος).

Les formes d'existence, d'utilité et de nécessité de la philosophie théorétique et leurs paradoxes

Pour résumer, il ressort de cette enquête que le schéma argumentatif à partir duquel Jamblique organise le chapitre VI – et qui était présent, peut-être, dans le texte original – reflète les classifications de la rhétorique antique ; il offre, d'autre part, de nombreux parallèles avec des textes et des ouvrages de nature *introductive*, dans lesquels ces prédicats topiques contribuent soit, dans une perspective qu'on rattachera plutôt au délibératif, à la *captatio benevolentiae* ou à l'appel à la conversion, soit, dans une perspective épidictique, à l'éloge de l'art. S'il existe des « fonctions » protreptiques, alors celles-ci participent de différents genres du discours, et s'il existe un « genre » protreptique, celui-ci, de même, est aux confins de genres littéraires multiples[213] : c'est très net, en tout cas, pour ce qui nous reste des *Exhortations aristotéliciennes*, lesquelles se rapprochent tantôt de l'éloge de l'art, tantôt du discours méthodologique, tantôt de l'exhortation populaire à la vertu, etc.

Du point de vue philosophique, cette fois, les enjeux de la revendication de l'existence de la philosophie sont les suivants.

211. Τὸ τέλος : c'est aussi un point extrêmement important dans les protreptiques à la philosophie.

212. Nous citons dans la traduction de P. Charvet, *Le Livre unique de l'astrologie. Le Tétrabible de Ptolémée, Astrologie universelle et thèmes individuels*, Paris, 2000.

213. C'est l'idée que nous avions mise en évidence, dès le début, en donnant au protreptique la triple fonction : introduction, propagande, conversion.

Premièrement, l'existence de la philosophie tient à la prééminence ontologique de ses objets, ce que dit Jamblique notamment dans le texte du *Protreptique*, chap. VI, dont nous étions partie. C'est toutefois une existence paradoxale, puisque les objets de la philosophie se soustraient parfois aux sens, semblant, de fait, ne pas « exister du tout », alors qu'en étant les principes constitutifs des êtres, il existent cependant « plus » que le reste.

La philosophie existe, aussi, sous un deuxième aspect, *par rapport à nous*, puisqu'elle est l'expression la plus haute de nos potentialités (ce qui sera surtout développé aux chap. VII, IX et XI de Jamblique). Bien plus, de cette activité, l'homme ne saurait jamais se défaire. C'est ce que semblent dire les commentateurs tardifs d'Aristote, David en particulier, dans le texte évoqué plus haut[214] : même celui qui tente de nier l'existence de la philosophie manifeste, s'il argumente, qu'il est *déjà* installé dans la philosophie. Quant à Alexandre d'Aphrodise, reprenant aussi le *Protreptique*, il déclare que l'interrogation préalable sur l'existence et la nécessité de la philosophie participe *déjà* de la philosophie.

En un troisième sens, les protreptiques, mais, aussi, tous ces textes qui exposent ce qu'est la philosophie, se donnent pour tâche de *faire exister* celle-ci, en revendiquant sa spécificité, son excellence, son utilité, etc. Or cet aspect prend un relief bien particulier pour Cicéron, qui justifie son œuvre philosophique dans plusieurs prologues de ses livres. Dans le contexte romain du Ier siècle av. J.-C., que fait Cicéron, en écrivant ses œuvres philosophiques, si ce n'est *faire exister* quelque chose qui n'existe pas auparavant, et donner un espace et un statut à une pratique neuve ? Cette dimension de propagande, sur laquelle nous avons insisté plusieurs fois, transforme la question ontologique et gnoséologique de l'existence de la philosophie, en question programmatique, voire politique.

Quant à l'utilité de la philosophie, elle est elle-même multiple. La plupart de ces textes, et bien d'autres recensés par Mansfeld notamment, démontrent l'utilité de la philosophie ou des mathématiques à l'aide d'arguments subtilement articulés : c'est le signe

214. Et que nous classons parmi les fragments authentiques du *Protreptique* aristotélicien.

d'une réflexion approfondie sur la notion même d'utilité, qui fait précisément l'objet du *De utilitate* de Théon de Smyrne évoqué plus haut. Dans cet ouvrage, la démonstration comprend en effet deux volets bien distincts – déjà mentionnés à propos des commentaires à Platon et Aristote – : les mathématiques sont non seulement *utiles* mais aussi *nécessaires* pour les autres sciences, auxquelles elles fournissent des principes[215] : il s'agit donc d'une utilité gnoséologique et épistémologique.

Mais elles sont aussi utiles parce que, sans elles, il n'est pas possible d'être heureux[216] : il s'agit en ce cas d'une utilité bien différente, une utilité éthique[217]. Ces deux aspects proviennent une nouvelle fois de la *République*, où le cursus progressif, qui prend appui sur les mathématiques, mène à la purification de l'âme et à la contemplation de l'être : en cela se rejoignent utilité scientifique et utilité éthique[218]. On retrouve une idée très proche dans le chapitre VI du *Protreptique* de Jamblique, qui assimile les principes de la philosophie aux « nombres » : les nombres sont les principes des êtres, et les sciences qui s'y appliquent (les mathématiques) permettent donc, à la fois, de comprendre le monde, et de comprendre l'âme, mais aussi, de rétablir, par la rationalité, l'ordre en celle-ci.

215. P. 3, 16-4, 2 H : c'est le thème de la « collaboration » entre sciences : en s'appuyant sur la *République*, 522 c, Théon affirme que « tous les arts, toutes les réflexions et toutes les sciences, même celle de la guerre », ont besoin de l'arithmétique.

216. Il s'agit de la « purification de l'œil de l'âme » : *De utilitate*, p. 3, 11-13 H.

217. Ces deux formes différentes d'utilité ont été très bien mises en évidence par Herkommer, *Die Topoi*, *op. cit.*, en part. p. 128 et note 2 (qui mentionne plusieurs références bibliographiques). Nous ferons aussi remarquer que l'utilité touche deux types de bénéficiaires : dans le cas des éloges de l'art, c'est dans l'intérêt de l'humanité, souvent, que l'art en question est utile (on en trouve un exemple lorsque Jamblique-Aristote, au chap. VI, replace la philosophie dans l'Histoire de l'apparition des différentes sciences qui ont concouru au progrès de l'humanité) ; mais quand le protreptique s'oriente dans le sens du délibératif, c'est-à-dire quand il a en vue, concrètement, la conversion de l'individu, alors les arguments de l'utilité sont tournés vers celui-ci, et vers la félicité qu'il acquerra personnellement.

218. Mais on fera remarquer le cas intéressant que constitue l'*Exhortation à la médecine* de Galien : bien qu'elle soit assurément un éloge de l'art, elle ne proclame l'utilité de la science médicale que dans une perspective éthique ; c'est, en fait, plutôt un éloge de *l'apprentissage* de l'art, apprentissage essentiel parce qu'il contribue à la formation générale d'un individu.

Dans le texte de l'*In Euclidem* cité et traduit dans les Textes complémentaires, Proclus, avec des accents certes plus platoniciens qu'aristotéliciens – même s'il se réclame du Stagirite, et peut-être, du *Protreptique*[219] – vantera à son tour la beauté que la rationalité des théorèmes confère à notre âme, mais il n'en vante pas moins la beauté résidant dans les mathématiques elles-mêmes : c'est que, bien sûr, celles-ci, comme la philosophie théorétique, sont *une fin en soi*, indépendamment des avantages qu'elles peuvent apporter aux hommes. Les *Exhortations aristotéliciennes* le répètent aussi tant et plus, sur le ton, presque, de la provocation, comme si, en définitive, la défense de la philosophie passait aussi par la revendication de son inutilité.

L'authenticité aristotélicienne du chapitre VI

Le schéma argumentatif du chapitre VI confère à celui-ci un aspect plus « construit » que d'autres passages de Jamblique, preuve, selon certains, qu'il y aurait derrière le texte du néoplatonicien une « matrice » empruntée à un ouvrage exhortatif lui-même bien agencé : le *Protreptique* d'Aristote[220]. Il nous semble que notre enquête, qui a montré les codifications d'un tel schéma et ses récurrences en dehors de Jamblique, laisse apparaître la *dispersion* de ces modèles argumentatifs. À l'évidence, l'exhortation à la philosophie développée par Jamblique au chapitre VI ne reproduit pas un « patron » unique, qui serait lui-même une caractéristique du protreptique comme « genre littéraire » ; pas plus, d'ailleurs, qu'elle ne renvoie à un modèle spécifiquement aristotélicien. Nous serions plutôt tentée de penser que le schéma jamblichéen reflète un arsenal varié de « modes » rhétoriques et littéraires, auquel pouvait puiser tout philosophe de l'Antiquité désireux d'inviter à la philosophie.

Ainsi, dans le cas du *Protreptique* de Jamblique, et de ce chapitre en particulier, il convient absolument de distinguer les types de sources, c'est-à-dire distinguer une *argumentation* de type protreptique – qui peut emprunter à des ressources rhétoriques diverses – et un *ouvrage* protreptique ; il nous semble même que c'est sur cette

219. Voir Textes complémentaires, et *infra*, p. 251, notes 1 et 2.
220. C'est la position, entre autres, d'E. Berti.

différence que se joue l'histoire de la reconstruction du texte d'Aristote[221] : le chapitre VI de Jamblique est indéniablement parcouru de lieux communs exhortatifs, mais une *argumentation* protreptique doit-elle forcément provenir d'un *ouvrage* protreptique ?

Appendice.
L'histoire de la reconstruction du *Protreptique* d'Aristote[222]

Les tentatives de reconstruction du *Protreptique* d'Aristote commencèrent en 1863, avec la parution de l'ouvrage de J. Bernays, *Die Dialoge des Aristoteles in ihrem Verhältnis zu seinen übringen Werken*, définissant le *Protreptique* d'Aristote comme une série d'incitations à la philosophie, de ton populaire, peut-être sous forme dialoguée, en tout cas polémique, et ayant pour intention de réfuter ceux qui s'opposaient à l'idéal philosophique d'Aristote. Le premier, il suggéra que le *Papyrus Oxy.* IV, 666 représentait sans doute une partie du *Protreptique* d'Aristote. Ce résultat était le fruit de l'analyse des fragments appartenant de façon certaine au *Protreptique* d'Aristote, et s'appuyait sur un parallèle avec un fragment prétendu de l'*Hortensius*[223] et un passage de la *Métaphysique*[224]. La même année parut l'ouvrage de Rose, *Aristoteles Pseudoepigraphus*, qui se contentait de regrouper les fragments de Stobée et des commentateurs sans entrer dans leur interprétation, et déclarait que le *Protreptique fortasse dialogus fuit.* Dans l'édition révisée de 1870, Rose apporta deux nouveaux fragments, extraits du *De Finibus* (II, 40) et de la *Consolation de Philosophie* de Boèce (III, 8).

221. À moins, bien sûr, de penser que le *Protreptique* d'Aristote, avec l'armature du chap. VI, soit au fondement des autres textes liminaires que nous avons cités, ce qui serait (du moins pour les textes des commentateurs néoplatoniciens d'Aristote) la position de M. Rashed : voir *supra*, p. 67, note 210. La question de la filiation à partir du *Protreptique* aristotélicien se pose toutefois en termes différents, et plus convaincants, nous semble-t-il, pour un passage très précis du chap. VI, pour lequel nous avons des parallèles dans les textes de Jamblique et Proclus cités en complément des chapitres jamblichéens, et sur lesquels nous reviendrons.

222. Nous ne donnons ici qu'un résumé de la question : pour plus de détails, voir Berti, *La filosofia*², p. 395-403, Rabinowitz, *Aristotle's* Protrepticus et Chroust, « A Brief Account of the Reconstruction of the *Protrepticus* ».

223. Augustin, *De Trinitate*, XIV, 9, 12 = *Hort*. fr. 50 Müller.

224. *Métaphysique*, I, 2, 982 b 4-6, 11-983 a 5. Il ajoute aussi *Eth. Nic.*, X, 8, 1178 b 7.

Un pas fut franchi en 1869 avec I. Bywater, qui a reconnu dans le *Protreptique à la philosophie* de Jamblique un certain nombre de fragments du *Protreptique* d'Aristote[225] ; il publia ses résultats dans un article du *Journal of Philology*, « On a lost dialogue of Aristotle ». Le milieu intellectuel dans lequel Bywater mûrit son travail n'est pas sans importance : professeur de grec à Oxford, il était aussi le fondateur de la Société d'études aristotéliciennes, à une époque où prévalait le courant analytique dans les travaux de recherche sur Aristote. À la suite de Bywater, Usener ajouta un fragment en 1873, au terme de rapprochements assez peu convaincants, puis en 1876 Hirzel publia un article dans *Hermes*, « Über den *Protreptikos* des Aristoteles », qui prenait en considération le contenu du *Protreptique* tel qu'il était désormais établi par ses prédécesseurs, si ne c'est que, selon lui, l'œuvre était non pas un dialogue, mais un discours, sur le modèle des discours protreptiques des sophistes[226]. En outre, Hirzel rectifiait l'attribution au *Protreptique* aristotélicien d'un certain nombre de fragments issus de l'ouvrage de Jamblique. Il récusait ainsi l'hypothèse de Bywater selon laquelle les fragments du *Protreptique* s'étendraient des chapitres V à XII de l'œuvre de Jamblique pour considérer uniquement les chapitres VI à VIII. Le lien étroit établi en ces chapitres entre politique et philosophie laissait penser à Bywater que le *Protreptique* était une œuvre de jeunesse, dans laquelle Aristote se serait montré désireux de jouer auprès du prince Thémison le même rôle que Platon auprès de Denys le jeune. Par la suite, Diels, dans l'article « Zu Aristoteles' *Protreptikos* und Cicero's *Hortensius* », affirma que le *Protreptique* était un dialogue, de structure bipartite, comportant une première partie dialectique[227] en défense de la philo-

225. Les « fragments » reconnus par Bywater s'étendent du chapitre V, p. 24, 22-34, 5 P, au chapitre XII, p. 61, 4 P.

226. Sur la question de la forme, les avis s'opposent comme suit : E. Heitz, R. Hirzel, E. Zeller, O. Hamelin, W. Jaeger, E. Bignone, P. Moraux, I. Düring, A.-H. Chroust et d'autres encore pensent que l'œuvre était un discours et que sa forme littéraire avait été influencée par les discours à l'Assemblée, en particulier par les essais protreptiques d'Isocrate, les « discours chypriotes ». Au contraire I. Bywater, V. Rose, P. Hartlich, H. Diels, H. Usener, W. D. Ross, D. J. Allan, H. Langerbeck (entre autres) maintiennent que la forme originale du *Protreptique* était le dialogue : voir Chroust, « A Brief Account of the Reconstruction of the *Protrepticus* », p. 97.

227. Selon Diels, on retrouve la partie dialectique du *Protreptique* d'Aristote dans une lettre de Jamblique à Sopater (Stobée, II, 2,6 = II, p. 19 Wachsmuth), selon laquelle la dialectique serait innée chez tous les hommes.

sophie et une *oratio continua* dans laquelle était développée la valeur de la philosophie dans la sphère de l'éthique. Puis Rose, en 1886, dans la troisième édition des fragments aristotéliciens, considéra six passages des chapitres V à XII comme des fragments d'Aristote et ajouta de nouveaux textes, issus notamment du *De communi mathematica scientia*, de l'*In Euclidem* de Proclus, et des *Tusculanes* de Cicéron.

Une nouvelle période de recherches sur le *Protreptique* fut inaugurée par Jaeger, dans son magistral *Aristoteles. Grundlegung einer Geschichte seiner Entwicklung* paru en 1923, dans lequel il affirmait la présence d'autres fragments du *Protreptique* aristotélicien dans les chapitres VI à XII de Jamblique, en insistant sur la teneur aristotélicienne de ces textes, qui tranchait nettement avec la série des citations platoniciennes. Selon lui, la fin du chapitre V, que Bywater avait attribuée à Aristote, serait de Porphyre ; on remarquera que Jaeger a travaillé dans des conditions intellectuelles assez proches de celles de Bywater, c'est-à-dire qu'il se fixait une méthode d'exégèse très rigoureuse, et semblait particulièrement attiré par les textes posant des difficultés ou se prêtant à des découvertes philologiques[228]. À partir de là furent acceptés au rang de fragments des passages de Jamblique, des passages de traités aristotéliciens, de Cicéron, d'Augustin, de Proclus, de Boèce et d'autres encore.

Durant toutes ces années et celles qui suivirent, de nombreuses publications firent appel à divers auteurs anciens pour éclairer le contenu de ces « fragments », ou chercher des parallèles philosophiques, par exemple chez Platon et l'Académie, chez Isocrate, chez Cicéron, avec l'*Hortensius* perdu, sans compter les Epicuriens, les Stoïciens et les auteurs chrétiens que font entrer en scène Bignone[229]

228. Sa reconstruction est l'aboutissement de trois considérations :

1. Il y a de nombreuses ressemblances significatives entre certains passages des chapitres VI à XII de Jamblique et d'autres textes ou fragments qui sont résolument aristotéliciens.

2. Le style en général, le langage, les expressions de ces textes sont aristotéliciens.

3. On trouvera de multiples points communs entre le contenu doctrinal de ces passages et les enseignements philosophiques exprimés dans les traités « ésotériques » d'Aristote. Dans la suite, cet ouvrage est cité avec le titre (*Aristote*) et la pagination de l'édition française.

229. *L'Aristotele perduto*.

et son école. Ces études apportèrent au *Protreptique* de nouveaux fragments, acceptés par Walzer, dans la nouvelle édition des fragments en 1934[230] : aussi bien l'édition de Rose en 1886, que celle de Walzer en 1934, ou, encore, celle de Ross, en 1955, sont presque entièrement fondées sur le *Protreptique* de Jamblique. D'autre part, pour une série de raisons, dont la principale est que les extraits jamblichéens paraissaient proches de certaines doctrines platoniciennes, le *Protreptique* d'Aristote fut généralement considéré, en ces années, comme une œuvre de jeunesse, ou du moins une œuvre écrite à un moment où Aristote ne s'était pas encore totalement détaché des enseignements de son maître.

C'est une deuxième période de la reconstitution qui s'achève à ce moment-là.

L'année 1957 apporta un tournant décisif au débat sur la reconstruction du *Protreptique* et sa légitimité même, avec l'ouvrage de W. G. Rabinowitz, *Aristotle's* Protrepticus *and the Sources of its Reconstruction*, qui vint démolir les résultats obtenus depuis plus d'un demi-siècle. Bien qu'il n'ait étudié que six fragments dont 4 et 5 Walzer et Ross[231], l'auteur a contraint les défenseurs de la thèse traditionnelle à reconnaître que l'attribution à Aristote de larges extraits du *Protreptique* de Jamblique ne repose nullement sur des preuves, mais seulement sur des « convergences de probabilités »[232]. Le point de départ de Rabinowitz est le suivant : « *it is not justifiable to accept the fragments or the interpretations of Jaeger and Bignone (...) without question, for these scholars have overlooked arguments advanced by Hirzel, Rose, and Hartlich, and have accepted Bywater's hypothesis as actuality* ». Après avoir retracé soigneusement l'histoire de la question il affirme que « *it is clear that little positive evidence for an accurate reconstruction of the work is available, if by positive evidence is meant the citations of authorities in wich both the title of the* Protrepticus *and*

230. Voir Bibliographie.

231. Le premier, selon Rabinowitz, serait une compilation effectuée par Jamblique lui-même sur la base de divers textes platoniciens ; quant au deuxième, il est attribué par une citation de Proclus à Aristote, mais non au *Protreptique* explicitement : il pourrait donc provenir d'une autre œuvre perdue.

232. *Cf.* S. Mansion, Compte rendu de Rabinowitz, *Revue Philosophique de Louvain*, 56, 1958, p. 316-320.

Aristotle's name are mentioned expressly ». Rabinowitz a refusé en effet des critères jusqu'alors admis tel que le « ton aristotélicien » de certains passages de Jamblique.

L'hypercriticisme de Rabinowitz n'empêcha pourtant pas Düring de publier une reconstruction du *Protreptique* d'Aristote quelques années plus tard, en 1961, presque entièrement fondée sur l'ouvrage de Jamblique ; Düring pensa pouvoir identifier les phrases de transition du néoplatonicien qui viendraient relier les extraits aristotéliciens, et les supprima, pour ne plus laisser subsister que le texte « proprement aristotélicien ». Ce chercheur a mis en effet en valeur l'aspect le plus faible de la démonstration de Rabinowitz, qui soutenait qu'on ne pouvait se fonder sur le « ton aristotélicien » des extraits jamblichéens : selon Düring, Jamblique ferait preuve d'un *complete lack of originality*, et ne serait en rien le compilateur habile que Rabinowitz voyait en lui, si bien que les passages de « ton aristotélicien » ne pourraient être *que* de pures citations aristotéliciennes. D'autre part, en opposition avec Jaeger et d'autres, Düring a nié la teneur platonicienne des doctrines exprimées dans les « fragments », et il a systématiquement fourni de nombreux parallèles entre ceux-ci et les traités aristotéliciens. Selon lui, le protreptique consistait en une exhortation destinée à un public populaire, et était donc écrit en un style plus accessible et attractif que les traités.

Qu'en est-il aujourd'hui de la « reconstruction » proprement dite ?

Si l'édition de O. Gigon (1987), en supprimant presque tous les extraits jamblichéens, opère un recul par rapport à l'optimisme qui avait guidé la plupart des travaux depuis plus d'un siècle, à l'heure actuelle la tendance est à nouveau à la confiance dans la possibilité d'une reconstruction à partir de l'ouvrage jamblichéen, ce dont témoignent les travaux mentionnés de D. S. Hutchinson et M. R. Johnson[233], d'E. Berti et de G. Schneeweiß, pour ne citer qu'eux.

233. Qui ont notamment repris à nouveaux frais l'examen de la façon dont Jamblique compile le matériel original et insère des raccords.

Critères d'édition

La tradition manuscrite du *Protreptique* de Jamblique[234] remonte au *Laurentianus* 86, 3 (F), un manuscrit du XIVe siècle qui comprend des œuvres variées. Ses apographes directs sont le *Vaticanus graecus* 1028 (V) et le *Laurentianus* 86, 29 (L), tous les deux du XIVe siècle. De L dépendent le *Parisinus graecus* 2093 (P), du XVe siècle, et le *Parisinus graecus* 1981 (T), du XVIe. Si l'on suit la liste établie par des Places[235], on constate que 18 manuscrits identifiés jusqu'à présent conservent le texte du *Protreptique*. Pour beaucoup d'entre eux, la position à l'intérieur du stemma n'a pas encore été déterminée. Des Places suppose que le *Marcianus graecus* 243 (M), de la moitié du XVe, dépend directement de F.

Comme le précise encore des Places[236], L est le seul apographe qui « fournit des leçons qui s'imposent ». Il s'agit de πράγμασι au chap. IV (p. 16, 20 Pistelli = 48, 28 des Places[237]) et de ἀξιοῦν ταῖς au chap. VI (p. 40, 9 Pist. = 70, 17 dPl.) ; les deux leçons figurent dans les marges de L, écrites d'une main différente de celle qui a copié le texte, peut-être contemporaine ou postérieure de quelques années.

La tradition indirecte du *Protreptique* se réduit essentiellement aux citations du *Florilegium* de Stobée.

« La première édition vraiment critique » du *Protreptique*[238] est celle d'Ermenegildo Pistelli dans la collection Teubner : Iamblici *Protrepticus*, ad fidem codici Florentini edidit Hermenegildus Pistelli, Leipzig 1888. Elle se fonde sur F, accepte une série de corrections de l'*editio princeps* d'Arcerius (1598) et de l'édition de Kiessling

234. Les remarques qui vont suivre se fondent essentiellement sur E. Pistelli, "Dei manoscritti di Giamblico e di una nuova edizione del protrettico", *Museo italiano di antichità classica* 2, 1888, col. 457-480 ; *Id.*, "Iamblichea", *Studi italiani di filologia classica*, 1, 1893, p. 25-40 ; *Id.*, *Praefatio* à l'édition du *Protreptique* ; des Places, *Notice* introductive à l'édition du *Protreptique*, p. 20-26 (= *Le texte du* Protreptique *de Jamblique*). Nous renvoyons le lecteur à ces différents travaux pour des approfondissements supplémentaires et pour la bibliographie complète.

235. *Notice*, p. 22-24.

236. *Notice*, p. 24.

237. Dans la suite, pour toute leçon signalée, nous indiquons comme ici la page et la ligne de l'édition de Pistelli [Pist.] et des Places [dPl.].

238. On doit cette définition à des Places, *Notice*, p. 26.

(1813) et tient compte de différentes corrections communiquées à l'éditeur par Hermann Diels et surtout par Girolamo Vitelli (le maître de Pistelli), signalées en apparat ou dans la *Praefatio*, même si elles ne sont pas systématiquement suivies.

L'édition critique la plus récente est celle d'Édouard des Places pour la C.U.F. : Jamblique, *Protreptique*, Texte établi et traduit par Édouard des Places, Paris, 1989.

Notre édition se fonde sur le texte de Pistelli. La raison principale de ce choix est d'ordre paléographique. Des Places, bien qu'il affirme avoir relevé, en collationnant F, la « scrupuleuse exactitude de l'édition Pistelli »[239], choisit en réalité dans plusieurs cas des lectures différentes. Comme nous avons pu le vérifier en consultant le manuscrit à la Biblioteca Medicea-Laurenziana en juillet 2007 pour les chap. V à XII, chaque fois que la lecture de F proposée par des Places diverge de celle de Pistelli, c'est cette dernière qui est exacte[240].

Nous indiquons ici les leçons de F (qu'il convient d'adopter dans le texte), qui ont été transcrites correctement par Pistelli, mais avec des erreurs par des Places (la leçon exacte précède les deux points) :

Chap. V
p. 34, 8 Pist. = 65, 4 dPl. ἐξορίσασα : ἐξορίσασθαι

Chap. VI
p. 38, 19 Pist. = 69, 7 dPl. ψυχῆς : ψυχικὰς[241]

Chap. XI
p. 57,16 Pist. = 87,9 dPl. ποιητικοῦ : ποιητοῦ[242]

239. *Notice*, p. 21.

240. Au cours du même séjour, nous avons également consulté à la Laurenziana le manuscrit L et, quelques semaines auparavant, le manuscrit V à la Biblioteca Vaticana : nous rendons compte de certaines leçons de ces deux manuscrits dans les notes suivantes.

241. La leçon est attribuée *dubitanter* à F par des Places («ψυχικὰς F (?) cum apographis ») ; ψυχῆς est aussi la leçon de V et L.

242. En ce cas précis, l'édition des Places accepte dans le texte, de façon inopportune, ποιητοῦ, qui est une erreur, et indique en apparat « Ποιητικοῦ Anon. (Pistelli, p. IV et in textu) », laissant entendre que la leçon de F est ποιητοῦ et que Pistelli a emprunté ποιητικοῦ à un anonyme. En réalité, cette leçon est celle de F,

Chap. XII
p. 60,7 Pist. = 89, 22 dPl. ὁριστέον : αἱρετέον[243].

Il faut ajouter à ces indications deux autres imprécisions. Au chap. VII (p. 41, 9 Pist. = 71, 16 dPl.) la leçon τούτων de F est certaine et l'indication d'É. des Places *ut videtur* en apparat n'est pas opportune. Au chap. XII (p. 60, 19 Pist. = 90, 6 dPl.), comme Pistelli l'indique correctement, la leçon de **F** *in textu et rurs. in marg.* est bien σύνομον, tandis que σύννομον (la leçon qu'il faut adopter) est la correction d'Arcerius ; l'apparat d'É. des Places, qui adopte pourtant dans le texte σύννομον, ne donne pas d'indications.

Un second motif nous invite à préférer l'édition de Pistelli : elle signale une série d'erreurs et de lacunes en des endroits où des Places accepte sans hésitations le texte transmis par les manuscrits. Les principaux cas seront discutés dans les notes de commentaire. Nous n'en signalons ici qu'un seul, en quelque sorte emblématique. Au chap. XI (p. 56, 25-57, 1 Pist. = 86, 21-22 dPl.) des Places propose le texte des manuscrits διόπερ φαμὲν αἰσθάνεσθαι καὶ τὸν καθεύδοντα λέγοντες, ὡς ἔοικε, qui pourtant ne fait pas sens, alors que Pistelli indique la présence d'une lacune après αἰσθάνεσθαι. D'autre part, l'apparat de Pistelli reproduit une proposition *exempli gratia* pour combler la lacune, qui provient de Vitelli, et qui nous a semblé particulièrement intéressante : καὶ τὸν ἐγρηγορότα καὶ τὸν καθεύδοντα, διὰ τὸ δύνασθαι εἰς αἴσθησιν μεταβάλλειν αἰσθάνεσθαι. La proposition, que nous mentionnons nous-même en note de la traduction, pourrait aussi expliquer, par un *saut du même au même*, l'origine de la lacune à cet endroit. Cette proposition, comme d'autres de Vitelli, mais, aussi, de Pistelli et de Diels, mentionnées dans l'édition de Pistelli, mériterait à notre avis la plus grande attention, plus que cela n'a été ordinairement le cas de la part des chercheurs qui se sont intéressés au *Protreptique* de Jamblique et au *Protreptique* d'Aristote.

tandis qu'à la p. IV de la *Praefatio* Pistelli rappelle que la leçon exacte ποιητικοῦ avait déjà été avancée *ope ingenii* par Vulcanius, ou bien par un savant anonyme dont Vulcanius rapporte les conjectures (« Vulcanius (immo Anonymus) »). En outre, la leçon ποιητικοῦ est aussi présente dans l'apographe V ; tandis que L comporte ποιητοῦ.

243. La leçon ὁριστέον est aussi celle de V et L, ainsi que d'autres apographes signalés en apparat par des Places.

Nous donnons la liste des cas dans lesquels nous nous sommes écartée de l'édition de Pistelli, en renvoyant aux notes de commentaires l'analyse de ces principaux passages[244] (la page et la ligne de l'édition Pistelli sont suivies par la page de l'édition des Places) :

Chap. V

p. 34, 21 Pist. = 65, 17 dPl. : à la suite de Düring et des Places, nous avons supprimé μόνον ; Pistelli conserve la leçon dans le texte, mais signale en apparat qu'elle est suspecte.

Chap. VI

p. 38, 14 Pist. = 69, 2-3 dPl. : nous suivons le texte transmis par les manuscrits, tandis que Pistelli élimine la leçon στοιχεῖα δὲ τῶν ὀνομαζομένων συλλαβῶν. Pour plus de clarté, nous avons préféré adopter, pour la phrase dans laquelle est comprise cette leçon, la ponctuation de des Places.

Chap. VII

p. 44, 6 Pist. = 74, 16 dPl. : nous avons adopté la correction ταύτῃ de Vitelli, proposée en apparat par Pistelli (qui toutefois, dans le texte, conserve la leçon de la tradition manuscrite ταύτην), préférée aussi par des Places.

Chap. IX

p. 50, 27 Pist. = 81, 5-6 dPl : nous suivons la tradition manuscrite sans adopter l'adjonction <τε καὶ κατὰ φύσιν> de Vitelli, adoptée aussi bien par Pistelli que des Places.

Chap. X

p. 55, 24 Pist. = 85, 18 dPl. : nous avons adopté la correction δῆλον de Vitelli, proposée en apparat par Pistelli (qui dans le texte conserve cependant la leçon μόνον des manuscrits), comme l'a fait des Places avant nous.

244. Dans plusieurs notes sont aussi analysés, bien entendu, des passages dans lesquels nous acceptons les leçons de Pistelli, ainsi que des passages dans lesquels les autres solutions proposées, bien que nous les ayons écartées, nous ont semblé plausibles.

Chap. XI

p. 57, 8 Pist. = 87, 1 dPl : nous n'avons pas adopté la correction τὸ... τὸ de Pistelli, qui suit Arcerius, mais suivons, comme des Places, la tradition manuscrite τῷ... τῷ.

En ce qui concerne les témoignages sur le *Protreptique* d'Aristote et les fragments non jamblichéens de cet ouvrage, nous avons suivi le texte de l'édition Düring (sans en adopter la numérotation). Pour le dernier fragment non jamblichéen, l'exhortation à la vertu de ton populaire (fragments B2 à B6 Düring), qui est aussi transmis par un papyrus, voir le commentaire *ad loc.*

Nous avons considéré opportun, quand nous citions le texte de Jamblique, d'indiquer précisément la page et la ligne de l'édition Pistelli (les numéros de page de cette édition figurent dans le corps du texte grec entre crochets). Enfin, nous avons inséré des titres et intertitres qui ne figurent pas dans le *Protreptique* de Jamblique, afin d'éclairer l'argumentation de ces *Exhortations aristotéliciennes*.

Avertissement

La bibliographie est divisée en trois sections :

a) Éditions et traductions du *Protreptique* de Jamblique
b) Éditions et traductions du *Protreptique* d'Aristote
c) Bibliographie secondaire

Nous citons les éditions critiques et/ou les traductions du *Protreptique* de Jamblique ou d'Aristote en indiquant uniquement le nom de l'éditeur ou du traducteur. Dans le cas où il existe plusieurs éditions successives de la même œuvre, et où nous n'utilisons pas, ou pas seulement, la première, nous indiquons par un nombre en exposant leur succession, à partir de la seconde édition, par exemple :

Berti = E. Berti, *Aristotele, Protreptico. Esortazione alla filosofia*, Padoue, 1967 ; Berti^2 = II ed. Padoue, 1969 ; Berti^3 = III ed. aggiornata, Naples, 1994 ; Berti^4 = IV ed. nuova, condotta sul testo stabilito da Düring, 1961, Turin, 2000.

Quand un même auteur a publié plusieurs éditions ou traductions réellement différentes, nous distinguons celles-ci par des lettres de l'alphabet, par exemple :

Düring (*a*) = *Aristotle's Protrepticus. An Attempt at Reconstruction*, by I. Düring, Studia Graeca et Latina Gothoburgensia 12, Göteborg, 1961.

Düring (*b*) = *Aristoteles, Der Protreptikos.* Einleitung, Text, Übersetzung und Kommentar von I. Düring, Francfort, 1969.

La bibliographie secondaire comprend les œuvres qui se rapportent au *Protreptique* de Jamblique et au *Protreptique* d'Aristote que nous considérons de particulière importance ou que nous avons fréquemment citées, ainsi que d'autres œuvres sur Jamblique, Aristote, et non seulement sur ces auteurs, que nous jugeons aussi essentielles. Tous ces travaux sont cités dans le corps de l'ouvrage avec le nom de l'auteur et la première partie du titre.

Dans le texte grec figurent les signes suivants
*** : lacune
<…> : adjonction
[…] : élimination

Nous avons nous-même réutilisé le signe <…> dans la traduction, pour indiquer des passages ajoutés par les chercheurs.

LE *PROTREPTIQUE* D'ARISTOTE
TÉMOIGNAGES ET FRAGMENTS

Témoignages

Diogène Laërce, V, 22, titre 12: *Προτρεπτικὸς α'*

Vita Arist. Hesychii, titre 14: Προτρεπτικὸν α̅

Ptolémée-El-Garib, catalogue des écrits aristotéliciens (= Andronicus)[1], titre 1-2:

> « Son livre qui exhorte à la philosophie, trois livres. Intitulé en grec *προτρεπτικὸς φιλοσοφίας* »

Stobée, *Anthologie*, IV, 32, 21, p. 785 Hense[2] (= *Teletis reliquiae*, p. 45 H.) = Télès, fr. IV B

Le plus ancien des témoignages sur le *Protreptique* figure dans un ouvrage intitulé *'Εκ τῶν Τέλητος ἐπιτομή*, « résumé » d'œuvres ou de propos de Télès, philosophe du IIIe av J.-C., que P. P. Fuentes González, auteur de la monographie la plus récente et la plus complète sur le personnage, caractérise avec une saine

1. Sur ce catalogue précisément voir A. Baumstark, *Aristoteles bei den Syrern vom V.-VIII Jahrhundert*, Leipzig, 1900, en part. p. 61 (dans la liste de Ptolémée, le *Protreptique* semble ne faire qu'un avec le Περὶ φιλοσοφίας). À propos des listes des ouvrages aristotéliciens, nous renvoyons à P. Moraux, *Les listes anciennes des ouvrages d'Aristote*, Louvain, 1951 (qui traite du *Protreptique* aux p. 27-28; p. 33-39; p. 295; p. 325-326; p. 333), et à divers travaux d'I. Düring, parmi lesquels *Aristotle in the ancient biographical tradition*, Studia Graeca et Latina Gothoburgensia 5, Göteborg, 1957.

2. O. Hense, *Joannis Stobaei Anthologium*, IV, Berlin, 1909.

prudence comme un philosophe moraliste ayant des « sympathies cyniques »[3]. Cet extrait de l'*'Εκ τῶν Τέλητος ἐπιτομή* est transmis par Stobée. Il relate une anecdote placée dans la bouche de Zénon de Citium, fondateur du stoïcisme et disciple de Cratès. Ce dernier, l'une des grandes figures du cynisme, est lui-même l'un des protagonistes de l'anecdote. À ce que raconte Zénon, Cratès aurait lu à haute voix le *Protreptique* dans la boutique d'un cordonnier : si l'anecdote est authentique, alors Cratès, presque contemporain d'Aristote, avait en main le *Protreptique* peu d'années après la rédaction de celui-ci[4].

[Πρὸς Θεμίσωνα]
"Η πάλιν οὐχ ὁρᾷς διότι οἱ μὲν πλούσιοι πλείω πράττοντες κωλύονται τοῦ σχολάζειν, ὁ δὲ πένης οὐκ ἔχων τί πράττῃ, πρὸς τὸ φιλοσοφεῖν γίνεται; Ζήνων ἔφη Κράτητα ἀναγινώσκειν ἐν σκυτείῳ καθήμενον τὸν 'Αριστοτέλους Προτρεπτικόν, ὃν ἔγραψε πρὸς Θεμίσωνα τὸν Κυπρίων βασιλέα λέγων ὅτι οὐδενὶ πλείω ἀγαθὰ ὑπάρχει πρὸς τὸ φιλοσοφῆσαι· πλοῦτόν τε γὰρ πλεῖστον αὐτὸν ἔχειν ὥστε δαπανᾶν εἰς ταῦτα, ἔτι δὲ δόξαν ὑπάρχειν αὐτῷ. 'Αναγινώσκοντος δὲ αὐτοῦ τὸν σκυτέα ἔφη προσέχειν ἅμα ῥάπτοντα καὶ τὸν Κράτητα εἰπεῖν· ἐγώ μοι δοκῶ, ὦ Φιλίσκε, γράψειν πρὸς σὲ προτρεπτικόν· πλείω γὰρ ὁρῶ σοι ὑπάρχοντα πρὸς τὸ φιλοσοφῆσαι ἢ ᾧ ἔγραψεν 'Αριστοτέλης.

« Ou encore ne vois-tu pas que les riches, ayant davantage d'occupations, sont empêchés de s'adonner au loisir studieux[5], mais que le pauvre, n'ayant rien qui l'occupe, est porté à philoso-

3. On ne connaît ni le titre de l'œuvre originale de Télès, ni le nom de l'épitomateur : voir les remarques de Pedro Pablo Fuentez González, *Les diatribes de Télès*, Introduction, texte revu, traduction et commentaire des fragments, Paris, 1998, p. 359-362.

4. Sur ce point précis et sur l'occasion du *Protreptique*, voir, en particulier, la mise au point de Berti, *La filosofia*[2], p. 403-413.

5. Σχολάζειν, σχολή, en latin *otium*, représente la tranquillité nécessaire à la philosophie : voir le commentaire de Fuentez González, *Les diatribes de Télès*, *op. cit.*, p. 433, qui renvoie, en particulier P. Demont, *La cité grecque archaïque et classique et l'idéal de tranquillité*, Paris, 1990. Demont consacre les p. 329-342 à « Isocrate et l'ambition de la tranquillité », les p. 343-360 à « Aristote : la *scholè* est la fin de l'homme », qui comportent de nombreuses références au corpus aristotélicien.

pher ? Voici ce que raconte Zénon[6] : Cratès, assis dans la boutique d'un cordonnier, lisait le *Protreptique* qu'Aristote avait adressé à Thémison, roi de Chypre, dans lequel il disait que personne ne réunissait de meilleurs atouts[7] que Thémison pour philosopher : il avait en effet une immense richesse à dépenser pour cette occupation, de plus, il jouissait d'un grand renom[8]. Et tandis que Cratès lisait, raconte Zénon, le cordonnier, tout en cousant, l'écoutait avec attention. Cratès dit alors : "il me semble, Philiskos, que j'écrirai un protreptique pour toi. Je vois en effet que tu as plus d'atouts pour philosopher que celui pour lequel Aristote a écrit." »

Sur le roi Thémison, on ne peut faire, nous l'avons dit dans « La nécessité de philosopher », que de pures hypothèses. Quant à l'expression ἔγραψε πρός, elle a suscité des débats : faut-il comprendre que le *Protreptique* était simplement *dédié* à Thémison ? Dans l'anecdote racontée par Télès, Cratès semble supposer que Thémison était invité à philosopher *en personne* ; il pourrait toutefois s'agir d'une réinterprétation de l'anecdote en milieu cynique, destinée à mettre en valeur l'écart entre la richesse matérielle du prince, et la pauvreté d'un cordonnier industrieux, incarnant « à la perfection le caractère populaire, pratique et volontariste de la philosophie cynique, face à l'allure aristocratique et théorétique des écoles académicienne et aristotélicienne »[9].

6. Le passage qui suit est classé comme fr. 273 *SVF*, I p. 62-63. Mais d'où provient l'anecdote ? Les sources peuvent être très diverses, comme le rappelle Fuentez González, *Les diatribes de Télès*, *op. cit.*, p. 361, et elles ne proviennent pas forcément de Bion, comme le pensait Hense, ni, comme le soutenait Rose, désireux de discréditer le témoignage de Télès sur le *Protreptique* aristotélicien, d'un recueil de *chries* ou de bons mots de Zénon.

7. Littéralement : « que personne n'avait plus de biens (πλείω ἀγαθά) » : nous empruntons la traduction, qui nous a paru pertinente, à Fuentez González, *Les diatribes de Télès*, *op. cit.*

8. Thémison, n'ayant pas besoin de peiner pour se procurer des richesses, disposait de la σχολή nécessaire pour s'adonner directement à la politique et à la philosophie, selon une conception que l'on retrouve chez Aristote. Dans l'interprétation de W. G. Rabinowitz (*Aristotle's* Protrepticus) ou de Berti, ces « biens » lui auraient aussi permis d'ouvrir une école, et d'en assurer la publicité.

9. Fuentez González, *Les diatribes de Télès*, *op. cit.*, p. 438 ; *cf.* 430-431 : dans la lignée des fragments I, 4, II, 10, et II, 14, la philosophie est en effet identifiée à un πόνος (comme elle le sera, aussi, sous forme d'une noble fatigue, au chapitre VI du *Protreptique* de Jamblique, par ex. p. 37, 26 P, et p. 40, 6 P, et notes *ad loc.*).

W. G. Rabinowitz est allé plus loin, en suggérant qu'Aristote incitait le prince non à s'engager lui-même dans la pratique de la philosophie, mais à ouvrir une école[10]. Notre traduction de l'expression est résolument neutre.

Fragments

« Il faut cultiver les biens de l'âme » : Stobée, *Anthologie*, III, 3, 25 ; *P. Oxy.* IV, 666

Le texte que nous traduisons ici est rapporté par Stobée, *Anthologie*, III, 3, 25, précédé du lemme Ἀριστοτέλους[11]. Il avait déjà été attribué au *Protreptique* (sous la forme où on le lit chez Stobée) par Bernays[12], puis par Rose, dans l'édition des fragments aristotéliciens[13], il fut par la suite retenu par tous les éditeurs comme un fragment du *Protreptique* d'Aristote, et placé par la plupart au début de la reconstruction de l'ouvrage. Mais le contenu du texte figure aussi dans le *P. Oxy.* IV, 666[14], sans doute du IIe ap J.-C., sous une version un peu plus complète : des bribes se laissent en effet entrevoir, qui devaient former quelques lignes juste avant le texte tel qu'il commence chez Stobée. Nous suivrons l'étude soignée que F. Vendruscolo[15] a faite de ce papyrus, et acceptons en partie le texte qu'il propose[16], en donnant ici une version du texte légèrement plus longue que celle des éditions précédentes du *Protreptique*

10. P. 29-30. Berti considère lui aussi possible une telle interprétation : voir Berti[4], p. XXVI-XXVII, et note 1, p. 67 ; *La filosofia*[2], p. 406, qui résume les différentes interprétations données de l'adresse à Thémison.

11. Berlin, 1894, p. 200-201.

12. J. Bernays, *Die Dialoge des Aristoteles in ihrem Verhältnis zu seinen übringen Werken*, Berlin, 1863, p. 161-164.

13. Leipzig, 1886.

14. Édité par B. P. Grenfell-A. S. Hunt, *POxy* IV (1904), p. 82-86.

15. Dans deux contributions : « Riesame critico-testuale » (1986) et « *Protrepticus*, *POxy* 666 » (1989, avec traduction du texte en italien), dans lesquelles Fabio Vendruscolo commente minutieusement l'établissement du texte et les divergences d'avec l'extrait de Stobée. Voir aussi l'article éclairant de D. J. Allan, « Critical », qui offre lui aussi une description du papyrus (p. 219-226).

16. Étant donné l'état du papyrus, il faut bien sûr rester prudent. Naturellement, le texte proposé n'entend pas être un texte critique mais une hypothèse provisoire.

aristotélicien[17] ; il est aussi rapporté par Maxime le Confesseur, *Loci communes* 584, *Patrologia graeca* 91, col. 824, et par ce que l'on appelle le *Florilegium Laurentianum*[18].

Κύων ἐν τῇ φάτνῃ ... ὅταν ... τε πράττειν τῶν δεόντων τι προαιρουμένους κωλύῃ· διὸ δεῖ τὴν τούτων θεωροῦντας ἀτυχίαν φεύγειν καὶ νομίζειν τὴν εὐδαιμονίαν οὐκ ἐν τῷ πολλὰ κεκτῆσθαι γίγνεσθαι μᾶλλον ἢ ἐν τῷ πῶς τὴν ψυχὴν διακεῖσθαι· καὶ γὰρ σῶμα οὐ τὸ λαμπρᾷ κεκοσμημένον ἐσθῆτι φαίη τις ἂν εἶναι μακάριον, ἀλλὰ τὸ τὴν ὑγίειαν ἔχον καὶ σπουδαίως διακείμενον, κἂν μηδὲν τῶν προειρημένων αὐτῷ παρῇ· τὸν αὐτὸν δὲ τρόπον καὶ ψυχὴν ἐὰν ᾖ πεπαιδευμένη, τὴν τοιαύτην καὶ τὸν τοιοῦτον ἄνθρωπον εὐδαίμονα προσαγορευτέον ἐστίν, οὐκ ἂν τοῖς ἐκτὸς ᾖ λαμπρῶς κεχορηγημένος, αὐτὸς μηδενὸς ἄξιος ὤν. Οὐδὲ γὰρ ἵππον, ἐὰν ψάλια χρυσᾶ καὶ σκευὴν ἔχῃ πολυτελῆ φαῦλος ὤν, τὸν τοιοῦτον ἄξιόν τινος νομίζομεν εἶναι, ἀλλ' ἐὰν διακείμενος ᾖ σπουδαίως, τοῦτον μᾶλλον ἐπαινοῦμεν. Χωρὶς δὲ τῶν εἰρημένων συμβαίνει τοῖς μηδενὸς ἀξίοις οὖσιν, ὅταν τύχωσι χορηγίας, καὶ τῶν διὰ τῆς ψυχῆς ἀγαθῶν πλέονος ἄξια αὐτοῖς εἶναι τὰ κτήματα· <ὅπερ> πάντων αἴσχιστον. Ὥσπερ γὰρ εἴ τις τῶν οἰκετῶν τῶν αὑτοῦ χείρων εἴη, καταγέλαστος ἂν γένοιτο, τὸν αὐτὸν τρόπον οἷς πλέονος ἀξίαν τὴν κτῆσιν εἶναι συμβέβηκεν τῆς ἰδίας φύσεως, ἀθλίους τούτους εἶναι δεῖ νομίζειν. Καὶ τοῦτο κατ' ἀλήθειαν οὕτως ἔχει· τίκτει γάρ, ὥς φησιν ἡ παροιμία, κόρος μὲν ὕβριν, ἀπαιδευσία δὲ μετ' ἐξουσίας ἄνοιαν. Τοῖς γὰρ διακειμένοις τὰ περὶ τὴν ψυχὴν κακῶς οὔτε πλοῦτος οὔτ' ἰσχὺς οὔτε κάλλος τῶν ἀγαθῶν ἐστιν· ἀλλ' ὅσῳ περ ἂν αὗται μᾶλλον αἱ διαθέσεις καθ' ὑπερβολὴν ὑπάρξωσι, τοσούτῳ μείζω καὶ πλείω τὸν κεκτημένον βλάπτουσιν, <ἂν> ἄνευ φρονήσεως παραγένωνται· τὸ γὰρ μὴ παιδὶ μάχαιραν τοῦτ' ἔστι, τὸ μὴ τοῖς φαύλοις τὴν ἐξουσίαν ἐγχειρίζειν. Τὴν δὲ φρόνησιν ἅπαντες ἂν ὁμολογήσειαν ἐκ τοῦ μανθάνειν γίγνεσθαι <καὶ> ζητεῖν, ὧν τὰς δυνάμεις φιλοσοφία περιείληφεν, ὥστε πῶς οὐκ ἀπροφασίστως φιλοσοφητέον ἐστὶ καὶ ...

17. Les éditeurs font en effet commencer le texte à τε πράττειν τῶν δεόντων (…).

18. Contenu dans le *Florentinus Laurentianus* VIII, 22.

La majeure partie de la première colonne est malheureusement indéchiffrable, si ce n'est la fin, que l'on devine : « (… empêcher… en ayant honte…) ».

La suite paraît plus claire :

« En effet "la chienne dans la mangeoire"[19] … c'est lorsque, choisissant[20] de faire l'une des choses que l'on doit, on s'en trouve empêché[21]. C'est pourquoi, en considérant le malheur de ces gens-là, il faut le fuir, et penser que le bonheur consiste non pas à posséder de nombreux biens, mais plutôt à avoir l'âme dans une certaine disposition. Personne ne dirait en effet qu'est heureux le corps orné de splendides vêtements, mais celui qui a la santé, et qui est en bonne condition, n'aurait-il aucun des attributs mentionnés. De même pour l'âme : si elle a été éduquée[22], alors c'est une telle âme et un tel homme qu'il faut dire heureux, et non celui qui resplendit

19. Quant aux quelques mots reconnaissables de la première colonne, ils permettent de reconstruire un proverbe : ἡ κύων ἐν τῇ φάτνῃ, « comme la chienne dans la mangeoire », dont les occurrences en d'autres textes viennent éclairer l'emploi dans notre extrait. Comme le rappelle A. Carlini, « Due finali di rigo dimenticate », le proverbe était connu des parémiographes, de Photius et de la Souda, et on le rencontre deux fois aussi chez Lucien, *Adv. indoct.*, 30, et surtout *Timon*, 14, qui en offre une expression complète : καθάπερ τὴν ἐν τῇ φάτνῃ κύνα μήτε αὐτὴν ἐσθίουσαν τῶν κριθῶν μήτε τῷ ἵππῳ πεινῶντι ἐπιτρέπουσαν : « de même que la chienne dans la mangeoire ne mange pas elle-même l'orge et ne laisse pas faire non plus le cheval affamé ». Diogénien, II, 83, donne une explication de ce proverbe : πρὸς τοὺς μήτε αὐτοὺς χρωμένους, μήτε ἄλλους ἐῶντας· παρόσον ἡ κύων οὔτε αὐτὴ κριθὰς ἐσθίει, καὶ τὸν ἵππον κωλύει (« contre ceux qui ne se servent pas eux-mêmes (de leurs biens) et ne laissent pas non plus les autres s'en servir : de la même façon la chienne ne mange pas elle-même l'orge, et empêche le cheval de le faire »). Allan, « Critical », p. 220, propose une reconstruction un peu différente.

20. F. Vendruscolo, « *Protrepticus*, *POxy* 666 », p. 278, ajoute à cet endroit, sur la base des textes parallèles que nous avons cités à la note précédente, une phrase entière : « *Infatti "la cagna nella mangiatoia" (è questo : quando uno non (?) usa lui i suoi beni) e impedisce (di farlo) a quelli che intenderebbero compiere qualcosa di buono* ».

21. Si l'on complète le fragment comme le fait Vendruscolo (voir les deux notes précédentes), il faut alors penser que le texte, comme le *Timon*, exprimait une critique contre la cupidité, aussi nuisible pour le riche lui-même que pour les autres, car le riche ne permet pas à ces derniers de bénéficier de ses propres richesses ; ce qui du reste s'accorderait bien avec l'adresse du *Protreptique* à Thémison, invité peut-être à faire bon usage de ses richesses à l'intention des autres, en ouvrant par exemple une école.

22. Le texte est en effet à lire comme un manifeste pour la παιδεία : sur ce point, voir l'Introduction.

d'ornements extérieurs, alors qu'en lui-même il ne vaut rien[23]. Et encore pour un cheval : nous n'attribuons non plus aucune valeur à celui qui aurait des freins d'or et un harnachement somptueux, mais qui serait de mauvaise race ; en revanche, s'il est en bonne condition, c'est plutôt celui-ci que nous louons.

En dehors des circonstances dont nous avons parlé, il arrive à des hommes qui ne valent rien, lorsque leur échoient des richesses, que celles-ci revêtent à leurs yeux plus d'importance même que les biens qui s'obtiennent grâce à l'âme : quoi de plus honteux ! De même, en effet, que serait ridicule un homme inférieur à ses propres domestiques, de même, ceux pour lesquels, par exemple, les richesses valent davantage que leur propre nature, nous devons les considérer malheureux. Et il en va assurément ainsi : comme dit le proverbe “satiété engendre arrogance”[24], et manque d'éducation uni à richesses matérielles engendre folie. Car pour ceux dont l'âme est dans de mauvaises conditions, ni richesse, ni force, ni beauté ne sont au nombre des biens, au contraire[25]. Plus ces qualités surabondent, et plus sont importants et nombreux les dommages qu'elles causent à leur possesseur, si elles lui échoient indépendamment de la sagesse. De fait, “pas de couteau à un enfant”, cela signifie qu'il ne faut pas mettre les richesses entre les mains d'incapables.

Quant à la sagesse, tous seraient d'accord pour dire qu'on l'obtient en apprenant et recherchant,[26] ce dont la philosophie comprend

23. Le raisonnement repose sur une analogie, dont les présupposés sont les mêmes que ceux de l'analogie entre la médecine et la philosophie : de même que le corps, l'âme également peut se trouver dans de bonnes ou de mauvaises conditions ; or l'âme se trouve dans de bonnes conditions lorsqu'elle a été éduquée, et cet état de santé doit être considéré comme un bien beaucoup plus précieux que les « ornements » qu'elle reçoit de l'extérieur, et qui sont la richesse, la gloire, la force (tels les beaux vêtements à l'égard du corps).

24. Ce proverbe, extrêmement répandu dans la littérature grecque, se trouve déjà, en particulier, chez Solon et Théognis.

25. À côté de l'opposition entre biens extérieurs/biens intérieurs, qui régit l'ensemble du fragment de papyrus, apparaît ici une nouvelle thématique, celle du mauvais usage que l'on peut faire d'un bien : la même idée est exposée au début du chap. VI du *Protreptique* de Jamblique, et elle remonte certainement à l'*Euthydème*, cité aussi au chap. VI (voir *infra*, p. 106, notes 1 et 2).

26. Cette virgule a son importance : nous penchons en effet pour l'interprétation de Vendruscolo (« Riesame critico-testuale », p. 150), qui donne aux deux verbes μανθάνειν et ζητεῖν un sens absolu, et qui en fait l'antécédent du relatif ὧν. Les autres traducteurs, en revanche, sous-entendent devant le relatif un ταῦτα qui serait complément d'objet des deux verbes ; il faudrait alors traduire : « on obtient

en elle-même la possibilité. Si bien qu'il faut, sans hésitation, se mettre à philosopher. »

L'attribution au *Protreptique* repose essentiellement sur les lieux communs à la littérature d'exhortation à la vertu qu'il contient, en particulier la supériorité de l'âme sur le corps, laquelle engage à son tour la séparation des biens extérieurs et des biens intérieurs, ainsi que la nécessité de faire un bon usage des biens : cette dernière thématique était déjà au cœur des discours socratiques de l'*Euthydème*[27] ; utiliser ses biens à bon escient, c'est aussi, remarquons-le, ce à quoi Thémison est invité expressément[28]. Mais, ainsi que nous l'avons rappelé dans le dossier « La nécessité de philosopher », l'enjeu fondamental de cette exhortation est la παιδεία et ses présupposés, exprimés ici par les termes πεπαιδευμένη et ἀπαιδευσία, qui rappellent certaines déclarations de principes d'Isocrate sur l'éducation. Bien évidemment, l'injonction finale, le φιλοσοφητέον, fait écho aux extraits jamblichéens ainsi qu'à d'autres occurrences de la formule rappelées dans « La nécessité de philosopher » (notamment à l'*Euthydème*). À côté de ces lieux communs, on notera plusieurs proverbes, dont certains sont connus par ailleurs. Mû pas un hypercriticisme, Rabinowitz a tenté de détruire les arguments de Bernays, en montrant que rien, dans le passage, ne permettait de l'attribuer spécifiquement au *Protreptique* – sans, en réalité, se pencher suffisamment sur le contenu même du texte –. Il s'est efforcé, par ailleurs, de relever quelques rares erreurs d'attribution à Aristote chez Stobée. Sa démonstration apparaît assez peu convaincante ; mais une difficulté demeure toutefois : si le texte est un fragment

la sagesse en apprenant et recherchant *ces choses dont* la philosophie comprend la possibilité ». Entendu comme nous le faisons, le texte nous paraît expliciter davantage le lien de la philosophie et de la sagesse – la première est le moyen pour obtenir la seconde, et ce rapport est lui-même subordonné à celui de la sagesse au bonheur, développé tout au long du fragment – et mettre ainsi l'accent sur la nécessité radicale de la philosophie.

27. 281 a-282 e. Socrate distingue clairement la possession de l'utilisation : pour utiliser quelque chose, il faut d'abord en avoir la possession ; et c'est au thème de la possession que se rattache le clivage biens extérieurs/biens intérieurs. À son tour, l'utilisation se sépare en deux, puisque d'une même chose on peut faire une utilisation bonne, et une utilisation mauvaise.

28. *Cf.* Allan, « Critical », p. 223 : Thémison était peut-être exhorté par Aristote à employer ses ressources pour établir à Chypre un groupe de savants avec lesquels il aurait collaboré personnellement.

du *Protreptique* précisément, on ne peut que remarquer alors la dissonance entre l'exhortation populaire de cette source isolée et le ton résolument scientifique donné au texte de Jamblique par les démonstrations qui, à l'exception, peut-être, du chapitre VIII, se succèdent de chapitre en chapitre[29].

« Dans tous les cas il faut philosopher »

Dans le commentaire aux *Topiques*, Alexandre d'Aphrodise[30] déclare explicitement emprunter un argument au *Protreptique* d'Aristote, dont il se sert pour illustrer un certain type de réfutation qui est dirigée contre un adversaire, et qui repose sur les diverses interprétations possibles de la thèse à réfuter. En l'occurrence, il s'agit d'un adversaire de la philosophie, qui soutient qu'il ne faut pas philosopher : grâce au passage du *Protreptique*, on réussira à le réfuter, en montrant que, quelle que soit la prémisse de laquelle on part, c'est-à-dire, dans le cas précis, quelle que soit l'acception sous laquelle on entend l'expression « philosopher », dans tous les cas *il faut philosopher*.

Le texte d'Alexandre a été retenu, en tout ou partie, par tous les éditeurs du *Protreptique* aristotélicien : il est souvent accompagné des extraits d'autres commentateurs d'Aristote, ainsi que d'un passage d'Olympiodore, et d'un autre, provenant de Clément d'Alexandrie, que nous avons placés à sa suite. Il pose toutefois quelques problèmes. Comme W. G. Rabinowitz, entre autres, a eu raison de le faire remarquer, le texte est ambigu[31], car il est impossible de savoir où commence et s'arrête la citation du *Protreptique* d'Aristote : se limite-t-elle au seul membre de phrase : « étant donné qu'on appelle "philosopher" le fait même de rechercher s'il faut ou non philosopher » ? Comprend-elle également la deuxième partie de la phrase, juste après l'incise : « mais aussi poursuivre la théorie philosophique », à l'exclusion de la suite ? C'est en ce dernier sens que l'entend E. Berti, qui intègre uniquement cette longue phrase – classée comme fr. 6 – dans son édition du *Protreptique*, alors que nous avons préféré donner un passage un peu plus long.

29. Düring ne semble pas y faire attention.
30. Fin du IIe ap. J.-C.
31. Rabinowitz, *Aristotle's* Protrepticus, p. 37-40.

En outre, les autres occurrences de l'argument adoptent une forme différente, qui ressemble de près au syllogisme hypothétique des Stoïciens[32], inconnu, semble-t-il, des œuvres logiques du Stagirite. Dans ce syllogisme, certains ont vu, d'autre part, la première formulation d'un type de raisonnement célèbre par la suite sous le nom de *consequentia mirabilis* et qui consiste à établir la vérité d'une proposition en montrant l'incohérence de la négation de cette même proposition[33].

De deux choses l'une : ou l'on suppose que le type d'argumentation évoqué par Olympiodore, Elias et David (et Clément d'Alexandrie), figurait réellement dans le texte authentique d'Aristote ; ou bien ces commentateurs tardifs ont-ils recomposé un syllogisme hypothétique, soit à partir du texte d'Alexandre lui-même[34], soit à partir d'une preuve de nature spécifiquement logique qui se trouvait dans le *Protreptique*, et à laquelle ne correspond, en réalité, que la première signification de « philosopher » donnée par Alexandre (« on appelle "philosopher" le fait même de rechercher s'il faut ou non philosopher »)[35].

Chez les commentateurs d'Aristote :

Alexandre d'Aphrodise, *In Arist. Top.*, *CAG* II-2, p. 149, 9-17[36]

32. *Cf.* Sextus Empiricus, *Adv. Math.*, VIII, 466.

33. Nous renvoyons le lecteur à l'article de référence de W. Kneale, « Aristotle and the Consequentia Mirabilis », *Journal of Hellenic Studies*, 26/1, 1957, p. 62-66, et à la monographie de F. Bellissima et P. Pagli, *Consequentia mirabilis, una regola logica tra matematica e filosofia*, Florence, 1996, qui reprend toute la bibliographie précédente. Les p. 182-187 sont consacrées à la *consequentia* dans le *Protreptique* d'Aristote. Si ce mode d'argumentation semble apparaître pour la première fois dans ces textes de commentateurs tardifs attribués au *Protreptique*, en revanche, Aristote critiquerait un type de raisonnement assez semblable dans le deuxième livre des *Premiers Analytiques* : un tel rejet de la part d'Aristote lui-même pourrait être la preuve que les extraits présentés ici ne reprennent pas littéralement un texte aristotélicien. *Cf.* W. Kneale et M. Kneale, *The Development of Logic*, Oxford, 1964, p. 96-98 ; p. 173-174 ; p. 380 ; p. 525.

34. Chez qui, nous venons de le voir, la citation du *Protreptique* était peut-être réduite à peu de chose.

35. Rabinowitz, *Aristotle's* Protrepticus, p. 39.

36. Alexandre commente ici *Topiques*, II, 3, 110 a 23 : Ἔτι ἐὰν πολλαχῶς λέγηται, κείμενον δὲ ἢ ὡς ὑπάρχει ἢ ὡς οὐχ ὑπάρχει : « Lorsqu'un terme se prend en plusieurs sens, et qu'il est posé comme appartenant ou n'appartenant pas à un sujet. »

῎Εστι δὲ ἐφ' ὧν καὶ πάντα τὰ σημαινόμενα λαμβάνοντας ἔστιν ἐπὶ πάντων αὐτῶν ἀνασκευάζειν τὸ κείμενον· οἷον εἰ λέγοι τις ὅτι μὴ χρὴ φιλοσοφεῖν, ἐπεὶ 'φιλοσοφεῖν' λέγεται καὶ τὸ ζητεῖν αὐτὸ τοῦτο εἴτε χρὴ φιλοσοφεῖν εἴτε καὶ μή, ὡς εἶπεν αὐτὸς ἐν τῷ Προτρεπτικῷ, ἀλλὰ καὶ τὸ τὴν φιλόσοφον θεωρίαν μετιέναι, ἑκάτερον αὐτῶν δείξαντες οἰκεῖον τῷ ἀνθρώπῳ πανταχόθεν ἀναιρήσομεν τὸ τιθέμενον. Ἐπὶ μὲν οὖν τούτου κατ' ἄμφω ἐνδέχεται δείκνυσθαι τὸ προκείμενον, ἐπὶ δὲ τῶν πρώτων παραδειγμάτων οὐκ ἐκ πάντων ἢ ἑκατέρου ἀλλ' ἢ ἐκ τινὸς ἢ ἐκ τινῶν.

« Il existe des cas dans lesquels, en prenant en considération aussi toutes les interprétations, il est possible de détruire, sur la base de tout cela, l'assertion de départ. Comme lorsqu'on dit, par exemple, qu'il ne faut pas philosopher[37] ; étant donné qu'on appelle « philosopher » le fait même de rechercher s'il faut ou non philosopher, comme il l'a dit lui-même dans le *Protreptique*, mais aussi poursuivre la théorie philosophique[38], en montrant que chacune de ces deux attitudes est le propre de l'homme, nous détruirons complètement la proposition avancée. Donc, dans ce cas, il est possible de démontrer ce qui a été posé au départ sur la base des deux interprétations, mais, pour les premiers exemples donnés, on ne saurait le faire en se fondant sur toutes les interprétations ou sur l'une des deux, mais seulement sur l'une, ou sur certaines. »

Schol. in Arist. Anal. priora, *Codex parisinus* 2064, f. 263^r

(περὶ τῶν εἰδῶν πάντων τοῦ συλλογισμοῦ) ... τοιοῦτος δὲ (sc. παρασυνημμένος) καὶ ὁ Ἀριστοτέλους λόγος ἐν τῷ Προτρεπτικῷ· εἴτε φιλοσοφητέον εἴτε μὴ φιλοσοφητέον, φιλοσοφητέον· ἀλλὰ μὴν ἢ φιλοσοφητέον ἢ οὐ φιλοσοφητέον· πάντως ἄρα φιλοσοφητέον.

37. « Qu'il ne faut pas philosopher » correspondrait donc à l'affirmation de départ, τὸ κείμενον ; elle sera reprise un peu plus loin par le terme τὸ τιθέμενον, et c'est elle qu'il faut détruire pour établir la vérité de la proposition « il faut philosopher ».

38. Ces deux définitions de la philosophie correspondent à deux interprétations (τὰ σημαινόμενα) qui permettent l'une et l'autre de détruire la thèse de départ.

« (À propos de tous les types de syllogisme) : du même genre est le raisonnement[39] d'Aristote dans le *Protreptique* : (supposons) qu'il faille philosopher, ou qu'il ne faille pas philosopher, dans tous les cas il faut philosopher ; mais ou il faut philosopher, ou il ne faut pas philosopher, donc, dans tous les cas, il faut philosopher. »

Olympiodore[40], *In Alcib.* p. 144 Creuzer

Καὶ ᾿Αριστοτέλης μὲν ἐν τῷ Προτρεπτικῷ ἔλεγεν ὅτι εἴτε φιλοσοφητέον, φιλοσοφητέον, εἴτε μὴ φιλοσοφητέον, φιλοσοφητέον, πάντως δὲ φιλοσοφητέον.

« et Aristote dans le *Protreptique* disait que, s'il faut philosopher, il faut philosopher ; s'il ne faut pas philosopher, il faut philosopher ; dans tous les cas il faut philosopher. »

Elias[41], *Proleg. Phil.*, 2, *CAG* XVIII-I, p. 3, 17-23 Busse/*In Porph.*, 3, 17-23

῏Η καὶ ὡς φησὶν ᾿Αριστοτέλης ἐν τῷ Προτρεπτικῷ ἐπιγεγραμμένῳ, ἐν ᾧ προτρέπει τοὺς νέους πρὸς φιλοσοφίαν. Φησὶ γὰρ οὕτως· εἰ μὲν φιλοσοφητέον φιλοσοφητέον καὶ εἰ μὴ

39. Rabinowitz, *Aristotle's* Protrepticus, p. 38-39, arguant du fait que le terme παρασυνημμένος, appartiendrait à la logique stoïcienne, et non à la logique aristotélicienne, en fait une preuve de ce que l'argument tel que l'a présenté Alexandre aurait été retravaillé et modifié par ses successeurs. Il nous paraît utile de renvoyer sur ce point à *Aristotele, Gli Analitici Primi*, Traduzione, introduzione et commento di Mario Mignucci, Naples, 1969, qui, à la suite de W. Kneale, est revenu sur la question (p. 612-614). Pour traduire παρασυνημμένα, il suggère (avec un point d'interrogation) une expression plus vague : *proposizioni inferenziali*, car le terme grec semble revêtir de multiples significations chez les Stoïciens (*cf.* Diogène Laërce, VII, 71 et 74). Or, rappelle encore Mignucci, le scholiaste rapproche la preuve aristotélicienne de celle employée par Socrate dans le *Théétète*, 170 a sq, contre Protagoras, et qui consiste à « retourner » un argument : le scholiaste les nomme en effet toutes deux παρασυνημμένα, ce qui pourrait suggérer que la forme de l'argumentation est plus ancienne que ce que l'on croit. Rabinowitz, *Aristotle's* Protrepticus, p. 39, donne une interprétation totalement opposée de la scholie, qui lui sert à rejeter comme absolument non-aristotélicienne et tardive l'argumentation concernée. Nous nous sommes limitée à esquisser les termes du débat, sans qu'il y ait lieu de l'approfondir ici.

40. Néoplatonicien du VIe ap. J.-C.

41. Elias : peut-être le premier des successeurs chrétiens d'Olympiodore à l'École d'Alexandrie (voir note suivante).

φιλοσοφητέον φιλοσοφητέον· πάντως ἄρα φιλοσοφητέον. Εἰ μὲν γὰρ ἔστι, πάντως ὀφείλομεν φιλοσοφεῖν οὔσης αὐτῆς· εἰ δὲ μὴ ἔστι, καὶ οὕτως ὀφείλομεν ζητεῖν πῶς οὐκ ἔστι φιλοσοφία, ζητοῦντες δὲ φιλοσοφοῦμεν, ἐπειδὴ τὸ ζητεῖν αἰτία τῆς φιλοσοφίας ἐστίν.

« Ou comme le dit également Aristote dans l'ouvrage intitulé *Protreptique*, dans lequel il exhorte les jeunes gens à la philosophie. Voici ce qu'il soutient : s'il faut philosopher, il faut philosopher, et s'il ne faut pas philosopher, il faut philosopher. Donc, dans tous les cas, il faut philosopher. En effet, si la philosophie existe, nous devons philosopher puisqu'elle existe ; et si elle n'existe pas, même ainsi nous devons rechercher comment il se fait que la philosophie n'existe pas, et en recherchant nous philosophons, puisque la recherche est la cause de la philosophie. »

David[42], *Proleg. Phil.*, 4, *CAG* XVIII-2, p. 9, 2-12 Busse

Και ὁ ᾿Αριστοτέλης δὲ ἔν τινι προτρεπτικῷ αὐτοῦ συγγράμματι, ἐν ᾧ προτρέπεται τοὺς νέους ἐπὶ φιλοσοφίαν, λέγει ὅτι εἴτε μὴ φιλοσοφητέον φιλοσοφητέον, εἴτε φιλοσοφητέον φιλοσοφητέον, πάντως δὲ φιλοσοφητέον. Τουτέστιν ὅτι εἴτε λέγει τις μὴ εἶναι φιλοσοφίαν, ἀποδείξεσι κέχρηται δι' ὧν ἀναιρεῖ τὴν φιλοσοφίαν, εἰ δὲ ἀποδείξεσι κέχρηται δηλονότι φιλοσοφεῖ· μήτηρ γὰρ τῶν ἀποδείξεων ἡ φιλοσοφία. Εἴτε λέγει εἶναι φιλοσοφίαν, πάλιν φιλοσοφεῖ· ἀποδείξεσι γὰρ κέχρηται δι' ὧν δείκνυσιν οὖσαν αὐτήν. Πάντως οὖν φιλοσοφεῖ καὶ ὁ ἀναιρῶν αὐτὴν καὶ ὁ μὴ ἀναιρῶν· ἑκάτερος γὰρ αὐτῶν ἀποδείξεσι κέχρηται δι' ὧν πιστοῦται τὰ λεγόμενα· εἰ δὲ ἀποδείξεσι κέχρηται, δηλονότι φιλοσοφεῖ· μήτηρ γὰρ τῶν ἀποδείξεων ἡ φιλοσοφία.

42. David : encore moins connu qu'Elias ; lui aussi sans doute disciple d'Olympiodore. Sur Elias et David, nous renvoyons à l'Introduction de L. G. Westerink aux *Prolégomènes à la philosophie de Platon*, *op. cit.*, en part. p. XXXI-XXXVIII, qui contiennent de nombreuses indications bibliographiques. Sur le contexte des commentaires d'Elias et de David, dans lesquels on retrouve la *consequentia mirabilis*, voir l'article de D. J. O'Meara, qui pose les termes de la question, sans toutefois vraiment les approfondir : « Faut-il philosopher? Le voyage d'une question dans le monde antique », *Peregrina Curiositas*, Fribourg, 1995, p. 1-12.

« De même Aristote, dans l'un de ses ouvrages intitulé *Protreptique*[43], dans lequel il exhorte les jeunes gens à la philosophie, dit que s'il ne faut pas philosopher, il faut philosopher, et s'il faut philosopher, il faut philosopher, et donc, dans tous les cas, il faut philosopher. Ce qui signifie que si quelqu'un dit que la philosophie n'existe pas[44], il utilise des démonstrations par lesquelles il élimine la philosophie, et s'il utilise des démonstrations, il est évident qu'il est en train de philosopher. La philosophie est en effet la mère des démonstrations. Si, au contraire, il dit que la philosophie existe, de nouveau il pratique la philosophie : il utilise en effet des démonstrations grâce auxquelles il démontre l'existence de la philosophie. Donc, dans tous les cas il pratique la philosophie, aussi bien celui qui l'élimine, que celui qui ne l'élimine pas. En effet, chacun des deux utilise des démonstrations grâce auxquelles il prouve ce qu'il dit ; et s'il utilise des démonstrations, manifestement il philosophe ; car la philosophie est la mère des démonstrations. »

Clément d'Alexandrie : *Stromates*, VI, 18, 162, 5

Καὶ γὰρ οὖν εὖ πως ἔχειν μοι φαίνεται ὁ λόγος ἐκεῖνος· εἰ φιλοσοφητέον, ‹φιλοσοφητέον›· αὐτὸ γάρ τι αὐτῷ ἀκολουθεῖ· ἀλλ' εἰ καὶ μὴ φιλοσοφητέον· οὐ γάρ τις καταγνῴη ‹ἄν› τινος μὴ τοῦτο πρότερον ἐγνωκώς. Φιλοσοφητέον ἄρα.

« Et en effet il me semble que ce raisonnement se tient plutôt bien : s'il faut philosopher, il faut philosopher (la conclusion va de soi[45]), et même s'il ne faut pas philosopher. Car on ne peut en effet accuser quelque chose dont on n'a pas eu préalablement connaissance : donc il faut philosopher. »[46]

43. Ou, peut-être, dans l'un de ses ouvrages « de caractère protreptique ».

44. La présentation de l'argument chez Elias et David semble faire allusion à des détracteurs de la philosophie : nous renvoyons à l'Introduction, *supra*, p. 58, note 180.

45. En suivant l'édition des *Stromates*, VI, établie par P. Descourtieux, Sources Chrétiennes 446, Paris, 1999, nous adoptons la leçon αὐτῷ qui est celle du manuscrit L *post correctionem*, tandis que d'autres éditeurs préfèrent la leçon *ante correctionem* : αὑτῷ, qui nous semble donner un sens moins satisfaisant.

46. Le rapprochement avec l'*Hortensius* – Lactance, *Div. Inst.*, III, 16, 9 = fr. 12 Müller – semble aussi s'imposer.

Tel qu'il est formulé par Alexandre, l'argument établit que la philosophie correspond à la nature de l'homme. Mais si le deuxième sens donné à la philosophie est clair – c'est la recherche d'une connaissance – en quel sens le fait de discuter s'il faut philosopher est-il déjà une pratique philosophique? Comme l'a bien montré D. J. O'Meara, cette question « nous engage dans une investigation, une recherche », de type dialectique ; « elle ne se situe pas en amont ou à l'extérieur de la philosophie. Elle en est déjà une expression dans la mesure où elle s'avère être une recherche dialectique sur notre façon de vivre »[47]. Tel qu'il est formulé chez les commentateurs plus tardifs, l'argument prouve que le fait même de vouloir démontrer l'inexistence de la philosophie est une forme de pratique philosophique, puisque la démonstration est un aspect important de la philosophie : c'en est même l'origine.

47. « Faut-il philosopher ? », art. cit., p. 2. On trouve un effet rhétorique assez semblable au chap. VIII de Jamblique, fondé sur les évidences que le lecteur est appelé à observer; or, d'une façon presque anagogique, la prise de conscience de l'évidence devient, progressivement et imperceptiblement, exercice de l'intellect, c'est-à-dire exercice de la philosophie elle-même. Le lecteur est ainsi entraîné, sans le savoir, à philosopher.

EXHORTATIONS ARISTOTÉLICIENNES

TIRÉES DU *PROTREPTIQUE* DE JAMBLIQUE

SUR LE MODÈLE D'UN PROTREPTIQUE AUX ARTS : ÉLOGE DE LA PHILOSOPHIE

JAMBLIQUE, *PROTREPTIQUE*, CHAP. VI

Ἐπεὶ δὲ ἀνθρώποις διαλεγόμεθα, ἀλλ' οὐχὶ τοῖς τὴν θείαν μοῖραν τῆς ζωῆς πρόχειρον ἔχουσι, δεῖ [37] συμμιγνύναι ταῖς τοιαύταις παρακλήσεσι τὰς πρὸς τὸν πολιτικὸν καὶ πρακτικὸν βίον προτροπάς. Ὧδε οὖν λέγωμεν· τὰ ὑποκείμενα πρὸς τὸν βίον ἡμῖν, οἷον <τὸ> σῶμα καὶ <τὰ> περὶ τὸ σῶμα, καθάπερ ὄργανά τινα ὑπόκειται, τούτων δ' ἐπικίνδυνός ἐστιν ἡ χρῆσις, καὶ πλέον θάτερον ἀπεργάζεται τοῖς μὴ δεόντως αὐτοῖς χρωμένοις. Δεῖ τοίνυν ὀρέγεσθαι τῆς ἐπιστήμης κτᾶσθαί τε αὐτὴν καὶ χρῆσθαι αὐτῇ προσηκόντως, δι' ἧς πάντα ταῦτα εὖ θησόμεθα. Φιλοσοφητέον ἄρα ἡμῖν, εἰ μέλλομεν ὀρθῶς πολιτεύσεσθαι καὶ τὸν ἑαυτῶν βίον διάξειν ὠφελίμως. Ἔτι τοίνυν ἄλλαι μέν εἰσιν αἱ ποιοῦσαι ἕκαστον τῶν ἐν τῷ βίῳ πλεονεκτημάτων ἐπιστῆμαι, ἄλλαι δὲ αἱ χρώμεναι ταύταις, καὶ ἄλλαι μὲν αἱ ὑπηρετοῦσαι, ἕτεραι δὲ αἱ ἐπιτάττουσαι, ἐν αἷς ἐστιν ὡς ἂν ἡγεμονικωτέραις ὑπαρχούσαις τὸ κυρίως ὂν ἀγαθόν. Εἰ τοίνυν μόνη ἡ τοῦ κρίνειν ἔχουσα τὴν ὀρθότητα καὶ ἡ τῷ λόγῳ χρωμένη καὶ ἡ τὸ ὅλον ἀγαθὸν θεωροῦσα, ἥτις ἐστὶ φιλοσοφία, χρῆσθαι πᾶσι καὶ ἐπιτάττειν κατὰ φύσιν δύναται, φιλοσοφητέον ἐκ παντὸς τρόπου, ὡς μόνης φιλοσοφίας τὴν ὀρθὴν κρίσιν καὶ τὴν ἀναμάρτητον ἐπιτακτικὴν φρόνησιν ἐν ἑαυτῇ περιεχούσης. Ἔτι τοίνυν, ἐπεὶ τὰ δυνατὰ καὶ ὠφέλιμα πάντες αἱρούμεθα, παραδεικτέον ὡς τῷ φιλοσοφεῖν ἀμφότερα ταῦτα ὑπάρχει, καὶ ὅτι τὴν χαλεπότητα τῆς κτήσεως ὑποδεεστέραν ἔχει τοῦ μεγέθους τῆς ὠφελείας· τὰ γὰρ ῥᾴω πάντες ἥδιον πονοῦμεν. Ὅτι μὲν οὖν τὰς [38] περὶ τῶν δικαίων καὶ τῶν συμφερόντων, ἔτι δὲ περὶ φύσεώς τε καὶ τῆς ἄλλης ἀληθείας ἐπιστήμας δυνατοὶ λαβεῖν ἐσμεν, ῥᾴδιον ἐπιδεῖξαι. Ἀεὶ γὰρ γνωριμώτερα τὰ πρότερα τῶν ὑστέρων καὶ τὰ βελτίω τὴν φύσιν τῶν χειρόνων. Τῶν γὰρ ὡρισμένων καὶ τεταγμένων ἐπιστήμη μᾶλλόν ἐστιν ἢ τῶν ἐναντίων, ἔτι δὲ τῶν αἰτίων ἢ τῶν ἀποβαινόντων. Ἔστι δ' ὡρισμένα καὶ τεταγμένα τἀγαθὰ τῶν κακῶν μᾶλλον, ὥσπερ ἄνθρωπος ἐπιεικὴς ἀνθρώπου φαύλου· τὴν αὐτὴν γὰρ ἔχειν ἀναγκαῖον αὐτὰ πρὸς ἄλληλα διαφοράν. Αἴτιά τε μᾶλλον τὰ πρότερα τῶν ὑστέρων (ἐκείνων γὰρ ἀναιρουμένων ἀναιρεῖται τὰ τὴν οὐσίαν ἐξ ἐκείνων ἔχοντα, μήκη μὲν ἀριθμῶν, ἐπίπεδα δὲ μηκῶν, στερεὰ δὲ ἐπιπέδων), στοιχεῖα δὲ τῶν ὀνομαζομένων συλλαβῶν. Ὥστε εἴπερ ψυχὴ μὲν σώματος ἄμεινον (ἀρχικώτερον γὰρ τὴν φύσιν ἐστί), περὶ δὲ σῶμα τέχναι καὶ φρονήσεις εἰσὶν ἰατρική τε καὶ γυμναστική (ταύτας γὰρ ἡμεῖς ἐπιστήμας τίθεμεν καὶ κεκτῆσθαί τινας αὐτάς φαμεν), δῆλον ὅτι καὶ περὶ ψυχὴν καὶ τὰς ψυχῆς ἀρετάς ἐστί τις ἐπιμέλεια καὶ τέχνη, καὶ δυνατοὶ λαβεῖν αὐτήν ἐσμεν, εἴπερ γε καὶ τῶν μετ' ἀγνοίας πλείονος καὶ γνῶναι χαλεπωτέρων. Ὁμοίως δὲ καὶ τῶν περὶ φύσεως· πολὺ γὰρ πρότερον ἀναγκαῖον τῶν αἰτίων καὶ τῶν στοιχείων [39] εἶναι φρόνησιν ἢ τῶν ὑστέρων. Οὐ γὰρ ταῦτα τῶν ἄκρων οὐδ' ἐκ τούτων τὰ πρῶτα πέφυκεν, ἀλλ' ἐξ ἐκείνων καὶ δι' ἐκείνων τἆλλα γίγνεται καὶ συνίσταται φανερῶς. Εἴτε γὰρ πῦρ εἴτ' ἀὴρ εἴτε ἀριθμὸς εἴτε ἄλλαι τινὲς φύσεις αἰτίαι καὶ πρῶται τῶν ἄλλων, ἀδύνατον τῶν ἄλλων τι γιγνώσκειν ἐκείνας ἀγνοοῦντας· πῶς γὰρ ἄν τις ἢ λόγον γνωρίζοι συλλαβὰς ἀγνοῶν, ἢ ταύτας ἐπίσταιτο μηδὲν τῶν στοιχείων εἰδώς; Ὅτι μὲν οὖν τῆς ἀληθείας καὶ τῆς περὶ ψυχὴν ἀρετῆς ἐστιν ἐπιστήμη καὶ διότι δυνατοὶ λαβεῖν αὐτάς ἐσμεν, ταῦτα ἡμῖν εἰρήσθω περὶ αὐτῶν· ὅτι δὲ μέγιστόν ἐστι τῶν ἀγαθῶν καὶ πάντων ὠφελιμώτατον τῶν ἄλλων, ἐκ τῶνδε δῆλον. Πάντες γὰρ ὁμολογοῦμεν ὅτι δεῖ μὲν τὸν σπουδαιότατον ἄρχειν καὶ τὸν τὴν φύσιν κράτιστον, τὸν δὲ νόμον ἄρχοντα καὶ κύριον εἶναι μόνον· οὗτος δὲ φρόνησίς τις καὶ λόγος ἀπὸ φρονήσεώς ἐστιν. Ἔτι δὲ τίς ἡμῖν κανὼν ἢ τίς ὅρος ἀκριβέστερος τῶν ἀγαθῶν πλὴν ὁ φρόνιμος; Ὅσα γὰρ ἂν οὗτος ἕλοιτο κατὰ τὴν ἐπιστήμην αἱρούμενος, ταῦτ᾽ ἐστὶν ἀγαθά, καὶ κακὰ δὲ τὰ ἐναντία τούτοις. Ἐπεὶ δὲ πάντες αἱροῦνται μάλιστα τὰ κατὰ τὰς οἰκείας ἕξεις (τὸ μὲν γὰρ δικαίως ζῆν ὁ δίκαιος, τὸ δὲ κατὰ τὴν ἀνδρείαν ὁ τὴν ἀνδρείαν ἔχων, ὁ δὲ σώφρων τὸ σωφρονεῖν ὁμοίως), δῆλον ὅτι καὶ τὸ φρονεῖν ὁ φρόνιμος αἱρήσεται πάντων μάλιστα· τοῦτο γὰρ ἔργον ταύτης τῆς δυνάμεως. Ὥστε φανερὸν ὅτι κατὰ τὴν κυριωτάτην κρίσιν κράτιστόν ἐστι τῶν [40] ἀγαθῶν ἡ φρόνησις. Οὐ δὴ δεῖ φεύγειν φιλοσοφίαν, εἴπερ ἐστὶν ἡ μὲν φιλοσοφία, καθάπερ οἰόμεθα, κτῆσίς τε καὶ χρῆσις σοφίας, ἡ δὲ σοφία τῶν μεγίστων ἀγαθῶν· οὐδὲ δεῖ χρημάτων μὲν ἕνεκα πλεῖν ἐφ᾽ Ἡρακλέους στήλας καὶ πολλάκις κινδυνεύειν, διὰ δὲ φρόνησιν μηδὲν πονεῖν μηδὲ δαπανᾶν. Ἦ μὴν ἀνδραποδῶδές γε τοῦ ζῆν ἀλλὰ μὴ τοῦ ζῆν εὖ γλίχεσθαι, καὶ ταῖς τῶν πολλῶν αὐτὸν ἀκολουθεῖν δόξαις ἀλλὰ μὴ τοὺς πολλοὺς ἀξιοῦν ταῖς αὑτοῦ, καὶ τὰ μὲν χρήματα ζητεῖν τῶν δὲ καλῶν μηδεμίαν ἐπιμέλειαν ποιεῖσθαι τοπαράπαν. Καὶ περὶ μὲν ὠφελείας καὶ μεγέθους τοῦ πράγματος ἱκανῶς ἀποδεδεῖχθαι νομίζω, διότι δὲ πολλῷ ῥᾴστη τῶν ἄλλων ἀγαθῶν ἡ κτῆσις αὐτῆς, ἐκ τῶνδε πεισθείη τις ἄν. Τὸ γὰρ μήτε μισθοῦ παρὰ τῶν ἀνθρώπων γινομένου τοῖς φιλοσοφοῦσι, δι᾽ ὃν συντόνως οὕτως ἂν διαπονήσειαν, πολύ τε προεμένους εἰς τὰς ἄλλας τέχνας ὅμως ἐξ ὀλίγου χρόνου θέοντας παρεληλυθέναι ταῖς ἀκριβείαις, σημεῖόν μοι δοκεῖ τῆς περὶ τὴν φιλοσοφίαν εἶναι ῥᾳστώνης. Ἔτι δὲ τὸ πάντας φιλοχωρεῖν ἐπ᾽ αὐτῇ καὶ βούλεσθαι σχολάζειν ἀφεμένους τῶν ἄλλων ἁπάντων, οὐ μικρὸν τεκμήριον ὅτι μεθ᾽ ἡδονῆς ἡ προσεδρεία γίγνεται· πονεῖν γὰρ οὐδεὶς ἐθέλει πολὺν χρόνον. Πρὸς δὲ τούτοις ἡ χρῆσις πλεῖστον διαφέρει πάντων· οὐδὲ γὰρ δέονται πρὸς τὴν ἐργασίαν ὀργάνων οὐδὲ τόπων, ἀλλ᾽ ὅπῃ τις ἂν θῇ [41] τῆς οἰκουμένης τὴν διάνοιαν, ὁμοίως πανταχόθεν ὥσπερ παρούσης ἅπτεται τῆς ἀληθείας. Οὐκοῦν ἀποδέδεικται καὶ ὅτι δυνατὸν καὶ διότι μέγιστον τῶν ἀγαθῶν καὶ κτήσασθαι ῥᾴδιον ἡ φιλοσοφία, ὥστε πάντων ἕνεκα προθύμως αὐτῆς ἀντιλαμβάνεσθαι ἄξιον.

Mais puisque nous parlons à des hommes et non à des êtres qui ont un accès facile à la vie divine, nous devons mélanger à de tels encouragements les exhortations relatives à la vie civique et pratique. Voici donc ce que nous devons dire[1] : les choses dont nous disposons pour vivre, comme <le corps> et <ce qui> se rapporte au corps, nous en disposons comme d'instruments, dont l'usage est dangereux, car elles produisent plutôt l'effet contraire à celui escompté pour qui n'en use pas comme il se doit[2]. Il faut donc rechercher, acquérir et utiliser convenablement la science qui nous permettra de bien organiser tout cela[3]. Par conséquent, nous devons philosopher, si nous voulons participer correctement à la cité et mener utilement notre existence privée[4].

1. Ce premier paragraphe et le suivant rappellent de près une série de thèses de l'*Euthydème* (280 d-282 d), dialogue déjà amplement cité par Jamblique dans la première grande partie du chapitre V : pour certains interprètes (R. Hirzel, « Über den *Protreptikos* », p. 74 ; W. Jaeger, *Aristote,* p. 62-64), cette « redite » ne saurait être une répétition maladroite de Jamblique, mais, bien plutôt, le signe flagrant qu'il cite ici Aristote citant lui-même l'*Euthydème* ; étant donné le caractère protreptique de ce dialogue platonicien, l'œuvre aristotélicienne en question ne pourrait être que le *Protreptique*. On voit le caractère assez arbitraire de cette hypothèse, qui ne tient pas compte d'autres « redites » de Jamblique, comme la dernière partie du chapitre V (présentée dans les Textes complémentaires) qui semble une sorte de résumé des thèses qui seront développées dans les chapitres « aristotéliciens », ou encore le paragraphe qui ouvre le chapitre VII, qui lui aussi annonce les autres chapitres. On comparera le thème du « mauvais usage » avec le *P.Oxy.* IV, 666, dont un extrait, attribué traditionnellement au *Protreptique* aristotélicien, développe longuement la même idée. Mais, là encore, la prudence est de mise : le thème du mauvais usage se retrouve dans bon nombre de textes de nature philosophique, et rien ne permet d'affirmer que le *Protreptique* d'Aristote soit l'unique source à laquelle ait puisé Jamblique.

2. *Cf.* Platon, *Politique*, 281 d ; 289 c ; *Phédon*, 114 e : ce qui « flatte le corps » a un « effet nuisible » (πλέον θάτερον ἀπεργάζεσθαι) ; surtout *Euthydème*, 280 b-281 e, cité par Jamblique au chap. V, p. 25, 13-22 P.

3. L'expression εὖ θησόμεθα introduit une idée fondamentale, celle de la hiérarchie et de l'usage, centrale dans ce chapitre, comme elle le sera au chapitre VII, lequel pose les principes ontologiques d'une organisation de l'existence humaine à tous les niveaux.

4. On hésitera sur le sens à donner à πολιτεύσεσθαι : certains traducteurs semblent lire dans cette phrase une distinction forte entre deux formes d'existence, celle du dirigeant, désignée par πολιτεύεσθαι, et celle du simple citoyen correspondant à τὸν ἑαυτῶν βίον διάγειν. Düring (*a*) traduit ainsi : « *if we are to* govern the state *rightly and live our own lives usefully* ». Nous avons opté pour un sens large de πολιτεύεσθαι : « participation à la πόλις ». Uni à βίον διάγειν, le verbe ne fait sans doute que calquer la double épithète de la première phrase : « la vie civique et pratique », qui exprime une distinction entre la vie pour la *polis* et la sphère privée. Jamblique a peut-être en tête un modèle proche de celui que propose Alcinoos, *Enseignement des doctrines de Platon*, p. 153 H, qui distingue, dans la subdivision de la philosophie intitulée « pratique », une

Statut scientifique de la philosophie et position architectonique

De plus, il y a une différence entre les sciences qui produisent chacun des agréments de la vie et celles qui utilisent les premières, et entre celles qui servent et celles qui dirigent[5]. Et c'est en ces

branche « éthique », qui s'occupe de la vie morale, une branche « politique », qui s'occupe du gouvernement et de la sauvegarde de la cité, et une branche « économique », réservée à l'administration de la maison, qui n'a pas de parallèle ici. Quoi qu'il en soit, il est clair que la double épithète sert à illustrer la vie *parmi les hommes* par opposition à la vie divine. L'orientation politique de la première grande partie de ce chapitre est tout à fait nette : la philosophie est envisagée comme une science qui, parce qu'elle connaît les réalités suprêmes et les vertus de l'âme, est indispensable à la vie dans la cité, à tel point que le « sage » (identifié dans notre chapitre au philosophe) représente une norme, et la sagesse une « loi », un pouvoir de « décision ». Si la philosophie guide la politique, la *polis* représente aussi, réciproquement, le domaine où se réalisent le bien et le bonheur. *Cf.* certains passages aristotéliciens (*Pol.*, VII, 2, 1324 a 23-25 ; *Eth. Nic.*, I, 1, 1094 a 27-1094 b 11), dans lesquels la politique, qui, en quelque sorte, englobe l'éthique, représente une forme éminente de philosophie. De la même façon, au chapitre X, il sera démontré que le législateur reçoit une aide fondamentale de la part de la philosophie.

5. Le chapitre dans son entier cherche à établir que la philosophie a le statut de science, et qu'elle occupe une position privilégiée à l'intérieur d'un système et d'une hiérarchie des activités humaines : la perspective est donc exactement la même que celle du chapitre X, c'est-à-dire la détermination de la philosophie comme « art » et « science » et la comparaison de celle-ci avec les autres pratiques. Elle se distingue, en revanche, de celle qui oriente le chapitre VII, représentée par la hiérarchie des parties de l'homme : le protreptique jamblichéen est tissé, en effet, de lignes argumentatives variées, mises en évidence dans l'Introduction, et qui correspondent à une variété de définitions de la philosophie. Le concept de la hiérarchie des sciences est présent chez Platon, par ex. dans le *Philèbe*, 56 d-57 d, le *Politique*, 287 b-289 c, ou encore dans l'*Euthydème*, 288 d : c'est l'un des nombreux points de contact entre ce dernier dialogue et le groupe de chapitres du protreptique de Jamblique attribués à Aristote. Du côté d'Aristote, on pensera à la hiérarchie des sciences et des connaissances du livre I de la *Métaphysique*, ou à celle des différentes dispositions rationnelles au moyen desquelles l'âme atteint la vérité, dans l'*Eth. Nic.*, VI, 1139 b 14-1141 b 8. La hiérarchie des sciences selon l'exactitude, qui régit le chap. VI de Jamblique, et la détermination de la science suprême, d'où découlent les autres sciences, est l'un des trois points de vue selon lesquels on peut aborder le savoir scientifique ou philosophique, distingués habilement par P. Hadot, « Philosophie, discours philosophique et divisions de la philosophie chez les stoïciens », *Revue internationale de philosophie*, 3/1991, n° 178, p. 205-219. Une deuxième perspective est celle de la « méthodologie » ou de l'« épistémologie », qui consiste à distinguer les différents types d'objets auxquels peuvent s'appliquer le savoir et les différentes méthodes : elle est aussi à l'horizon du chap. VI, mais plus encore des chap. VII et X. La troisième, qu'Hadot nomme « pédagogique », consiste à fixer un programme d'enseignement : elle recouvre la totalité du *Protreptique* de Jamblique.

dernières, en tant qu'elles seraient plus aptes à gouverner, que réside le bien au sens propre[6].

Si, alors, seule la science qui possède la rectitude du jugement, qui utilise la raison et qui contemple le bien dans son entier – c'est précisément la philosophie – est capable de tout utiliser et de tout diriger conformément à la nature[7], il faut philosopher par tous les moyens, puisque seule la philosophie comprend en elle-même le droit jugement et la sagesse directive qui ne se trompe jamais[8].

6. Τὸ κυρίως ὂν ἀγαθόν : le bien « au sens propre ». Cette expression est à mettre en relation avec plusieurs autres passages du *Protreptique*, surtout aux chap. VII et XI, dans lesquels l'auteur, faisant un large usage de l'adjectif κύριος et de l'adverbe κυρίως, se livre à des définitions et des considérations terminologiques, notamment à propos des notions de « bien », et de la relation de la philosophie au bien, laquelle représente l'un des grands axes de l'argumentation protreptique (*cf.* Introduction) ; ou encore, au chap. XI, à propos de la puissance et de l'acte.

7. La thèse selon laquelle la philosophie est architectonique « conformément à la nature » est à rapprocher du chap. X, où il est démontré qu'elle se règle sur des critères empruntés à la nature et à la vérité, mais aussi du chap. VII, qui l'identifie à notre fonction naturelle, ou encore du chap. IX, qui en fait ce pour quoi la nature nous a constitués.

8. Φρόνησις ἐπιτακτική : l'expression se rencontre chez Aristote, *Eth. Nic.*, VI, 11, 1143 a 8, pour distinguer la φρόνησις (qui « dit ce qu'il faut faire et ne pas faire »), de la « compréhension » (σύνεσις), qui, elle, ne s'occupe que du *jugement* (elle est qualifiée en effet de κριτική). Or, dans notre chapitre également, la φρόνησις est distinguée, semble-t-il, de la faculté du « droit jugement » (désignée comme ἡ ὀρθὴ κρίσις ; *cf.* chapitre VII, où l'auteur dira que la raison κρίνει περὶ ἡμῶν, « préside à nos décisions »), tout en s'associant avec celle-ci pour former la définition complète de la philosophie recherchée. Si l'on veut se livrer au jeu des parallèles avec les œuvres aristotéliciennes, alors on remarquera que la philosophie décrite au chapitre VI présente un mélange frappant entre des caractéristiques de la « science première », telles qu'elles sont énoncées en *Meta.*, I, 2, 982 b 4-17 : science suprême, spéculative, ayant pour objet les causes premières, et des caractéristiques propres à l'éthique-politique, c'est-à-dire une orientation essentiellement pratique (elle s'occupe du juste et de l'utile) que l'on retrouve dans les premiers chapitres du livre I de l'*Éthique à Nicomaque*. Les deux qualités primordiales de la φρόνησις qui relèvent de la *pratique* sont le « jugement » et la « prescription » ; elles joueront un rôle très important dans la suite du passage, car elles permettent précisément à la sagesse d'être une « norme » dans tous les domaines de l'existence, et c'est aussi, sans doute, grâce à elles que la philosophie, comme il est dit en ouverture du chapitre, nous permettra de « tout organiser » (εὖ θησόμεθα). L'impression de mélange entre différentes définitions s'explique sans doute parce que le texte original est résumé ou altéré par Jamblique, ou encore parce que celui-ci donne une présentation très générale et complète de la philosophie, adaptée à un écrit introductif et exhortatif (nous avons noté dès l'Introduction les tensions qui parcourent les définitions de la philosophie dans les *Exhortations aristotéliciennes* ; pour un résumé du problème, nous renvoyons à Monan, « La connaissance morale », art. cit.).

Possibilité et facilité de la philosophie

De plus, puisque nous choisissons tous ce qui est possible et utile[9], il faut montrer que ces deux caractéristiques appartiennent à l'activité philosophique, et que la difficulté de son acquisition est inférieure à la grandeur de son utilité ; en effet, nous nous appliquons tous plus volontiers à ce qui est plus facile[10].

a. La philosophie est possible car ses objets sont les premiers dans l'ordre de la connaissance

Que nous sommes capables de comprendre les sciences portant sur le juste et l'utile, ainsi que celles qui portent sur la nature et le reste de la vérité, on le prouvera aisément[11].

9. Première apparition, dans notre ensemble jamblichéen, du vocabulaire du choix, notion centrale du chap. VII, mais aussi du chap. XI, dans lequel il sera expliqué que le plaisir procuré par la philosophie justifie précisément qu'on choisisse de s'y adonner. Dans le présent chapitre, le choix de l'activité philosophique par les sages eux-mêmes prend la forme d'une inclination naturelle, ou d'une disposition propre.

10. Sur le schéma rhétorique « possibilité, facilité, utilité », nous renvoyons *supra* au dossier « La nécessité de philosopher et ses arguments ». D'autre part, nous trouvons dans cette phrase la première occurrence de la terminologie de l'effort, du πόνος, avec le verbe πονοῦμεν que nous avons traduit par : « nous nous appliquons ». Au premier abord, il peut sembler paradoxal, comme nous le rappellerons *infra*, p. 118-119, note 47, que l'idéal de vie contemplative, ou, en tout cas, la tranquillité requise par la philosophie (exprimée un peu plus bas par le terme σχολάζειν), demande précisément un effort ; en réalité, la σχολή philosophique n'est nullement synonyme d'inaction, et elle demande un apprentissage et des renoncements : on pensera en particulier à l'apologue d'Héraclès, qui associe fatigues et vertus. Sur l'importance donnée par les Grecs au πόνος dans tous les domaines, et, notamment, en philosophie, on consultera dans Demont, *La cité grecque archaïque*, *op. cit.*, les p. 279-328 consacrées à l'« éthique de l'activité » (en particulier les p. 285-293).

11. La philosophie est ici divisée en philosophie pratique (portant sur le juste et l'utile), et en philosophie théorétique, qui se subdivise à son tour en deux branches, la physique et une branche qui porte sur « le reste de la vérité », ou encore « l'autre vérité » ; cette subdivision annonce pour certains commentateurs (Berti[4], note 44, p. 79-80) la distinction future posée par Aristote entre physique et métaphysique. Le texte dit ῥᾴδιον ἐπιδεῖξαι : comme nous l'avons montré dans « La nécessité de philosopher et ses arguments », tout ce chapitre emprunte, en effet, au genre de l'ἐπίδειξις.

Toujours, en effet, les réalités antérieures sont plus connaissables que celles qui sont postérieures[12], et celles qui sont meilleures par nature plus connaissables que les moins bonnes[13]. Car il y a

12. *Cf. Top.*, VI, 4, 141 b 5.

13. Le passage présente, sous forme condensée et parfois obscure, un ensemble de raisonnements liés entre eux et qu'il est parfois difficile de mettre en accord avec les théories aristotéliciennes. La démonstration nous semble ainsi reposer sur *deux séries* de raisonnements, qui portent sur *deux types de réalités* différents qui ont en commun d'être *les objets* de la science recherchée : d'une part, les réalités antérieures/postérieures (ordre logico-ontologique), de l'autre, les réalités bonnes/moins bonnes (ordre éthique). L'auteur dit tout de suite à quoi il veut en venir : les réalités antérieures sont, par rapport aux réalités postérieures, comme les réalités bonnes par rapport aux moins bonnes, c'est-à-dire plus *connaissables*. Maintenant, les deux parties de la thèse (qui concernent chacune l'un des deux groupes de réalités), sont démontrées par deux séries d'arguments parallèles (dont les premiers sont disposés en chiasme par rapport à l'énoncé des deux branches de la thèse), ou encore deux *syllogismes*. Ainsi, pour les réalités antérieures/postérieures, il est dit que : (1) il y a davantage science pour les causes que pour ce qui en découle ; et (2) les réalités antérieures sont davantage causes que les postérieures. À propos, maintenant, des réalités meilleures par nature : (1) il y a davantage science pour les réalités déterminées que pour leurs contraires, et (2) les choses bonnes sont plus définies et ordonnées que les mauvaises. L'identification des réalités « bonnes » avec les réalités « ordonnées » est indispensable pour comprendre le texte, mais elle n'arrive que dans le dernier temps du raisonnement qui, dans les deux cas, progresse donc à rebours. Par transitivité, ces réalités sont aussi plus connaissables, ce qui sera illustré juste après par l'exemple de l'homme « honnête ». La relation établie entre la dimension ontologique et la dimension éthique, et entre le niveau des principes ontologiques et celui des principes de l'éthique n'apparaît jamais très clairement, si ce n'est que la « causalité » dans l'ordre logico-ontologique semble correspondre à la « détermination » dans l'ordre éthique ; on a l'impression que c'est ici le Jamblique pythagoricien qui parle, l'auteur du *De comm. math. sc.* (en part. aux chap. 34 et 35, dont la fonction est récapitulative) qui assigne aux mathématiques la double tâche d'expliquer la nature des êtres, d'une part, les causes de la cohérence dans le comportement moral et la nature du bien et du mal, de l'autre. L'auteur semble en tout cas vouloir démontrer que la science recherchée est une science « complète », dans laquelle se mêlent, peut-être en raison de la portée résolument générale de cette présentation protreptique, nous l'avons dit, orientation éthique (désignée juste avant par l'expression « science du juste et de l'utile » et reprise, un peu plus loin, par la notion de « soin et art de l'âme »), et orientation ontologique (ce que l'auteur exprimera sous la forme des « sciences de la nature ») (*cf. supra*, p. 108, note 8). Quant à la démonstration de la *possibilité* de cette science, qui sera un acquis fondamental de ce chapitre, elle procède de la façon suivante : parce que les réalités antérieures, et les réalités meilleures sont « plus connaissables » que leur contraire, elles sont aussi « davantage » objets de science, ce qui permettra d'établir plus loin que, s'il existe une science pour les réalités dérivées et moins bonnes (par exemple la médecine et la gymnastique, qui s'occupent du corps), il existe donc *a fortiori* une science des réalités de premier rang (c'est la philosophie). Pour reprendre les termes de P. Aubenque (*Le problème de l'être chez Aristote. Essai sur la problématique aristotélicienne*, Paris, 2002, p. 52), l'auteur du texte (Aristote, selon Aubenque), assure ici « la coïncidence parfaite de la *ratio*

davantage science[14] des réalités déterminées et ordonnées que de leurs contraires, ou encore des causes que des effets. Or les réalités bonnes sont davantage déterminées et ordonnées que les mauvaises, comme un homme intègre l'est plus qu'un homme malhonnête ; car en tout cela, les opposés ont nécessairement entre eux la même différence[15].

cognoscendi et de la *ratio essendi*. Le plus important est en même temps le plus connaissable, le plus utile est en même temps le plus facile ». Un tel optimisme tranche avec la plupart des textes aristotéliciens, en particulier le chap. 2 du livre I de la *Métaphysique*, dans lesquels Aristote admet qu'en raison des limites de notre intellect, nous sommes contraints de partir de ce qui est plus clair *par rapport à nous*, avant d'arriver à ce qui est connaissable en soi ; c'est au prix « d'un renversement du *pour* au *contre* qui, de la science la plus accessible, fait le terme du cheminement le plus laborieux. » (*Le problème de l'être*, p. 57). Voir aussi, sur ce point, notre article (« "Tout cela montre avec clarté que la clarté est désirable" »), mentionné *infra*, p. 229, note 13.

14. Ἐπιστήμη μᾶλλόν ἐστιν : si l'on respecte l'absence de l'article devant ἐπιστήμη, le sens de la démonstration apparaît beaucoup plus clairement. L'auteur ne veut pas dire en effet que *la* science des réalités déterminées a « plus de valeur » que la science de ce qui est indéterminé, auquel cas l'existence d'une telle science serait présentée comme acquise au commencement de la démonstration ; au contraire, la formule permet précisément d'établir l'existence d'une telle science (« il existe davantage une science »), grâce au raisonnement *a fortiori* évoqué à la note précédente. La démonstration de la « possibilité » de la philosophie prend donc ici la forme de la démonstration du statut épistémologique de la philosophie ; et si la philosophie « existe » en tant que science, c'est parce que son objet lui-même « existe ». On pensera de nouveau à *Meta.*, I, 2, 982 a 14-18, où il est dit que « parmi les sciences, nous considérons que celle qui est désirable pour elle-même et pour le savoir est *plus science* (μᾶλλον εἶναι σοφίαν) que celle qui est désirable pour ce qui en dérive, et que la science supérieure est *plus science* que celle qui lui est subordonnée ». Comme nous l'avons rappelé dans l'Introduction, la défense d'un art en tant qu'art autonome, avec son statut propre et son champ de compétence qui lui permettent d'entrer en concurrence avec les autres arts (et d'être choisi de façon préférentielle), fait partie de l'argumentaire de certains protreptiques de l'Antiquité. Il convient assurément de mettre en relation ce passage avec celui du chapitre VII où il est dit que l'âme s'acquitte de sa tâche en acquérant la « science qui est davantage science » : il s'agit d'un point de contact essentiel, non seulement entre les deux chapitres, mais, surtout, entre les deux grandes lignes argumentatives qui parcourent ces extraits aristotéliciens, l'une centrée sur le statut scientifique et technique de la philosophie (chap. VI), l'autre sur la correspondance entre la philosophie et la nature de l'homme (chap. VII).

15. Selon M. Zanatta (note 26, p. 244) l'exemple de l'homme intègre serait une simple *illustration* des choses « bonnes, définies et ordonnées », et ne serait pas sur le même plan que ce qui précède, dans la mesure où la « bonté » des choses et des êtres dont il est question aurait une valeur logico-ontologique (et non morale). Il nous semble clair, au contraire, qu'il y a bien ici deux branches, dont l'une s'occupe des choses « bonnes » sur un plan moral (et qui est appelée plus haut « science du juste et de l'utile ») : n'oublions pas que le premier paragraphe du chap. VI fait dépendre étroitement de la philosophie notre vie dans la *polis* et notre existence privée, dont l'ἐπιείκεια est en sorte une actualisation. Ces passages sont donc marqués par la

D'autre part, les réalités antérieures sont davantage causes[16] que les postérieures (si l'on supprime les premières, on supprime celles qui tiennent d'elles leur existence : avec les nombres[17], par exemple, sont supprimées les longueurs, avec les longueurs les surfaces, avec les surfaces les volumes) et les lettres sont davantage causes que ce qu'on appelle les syllabes[18].

volonté de faire coïncider dans une même φρόνησις, nous l'avons dit, aspects ontologiques et aspects éthiques, et de comparer l'ordre éthique (dont l'homme de mérite serait alors non une *illustration* mais une *spécification*) et l'ordre ontologique, au nom, peut-être (*cf. supra*, p. 110, note 13), de la valeur totalisante des mathématiques, capables de rendre compte de chaque aspect de la réalité et de la vie humaine.

16. Μᾶλλον : les réalités qui sont l'objet de la philosophie reçoivent une nouvelle caractéristique : elles sont « davantage causes » que les réalités secondaires. Cette phrase développe ce qui a été dit juste avant : « il y a davantage science des causes que des effets », et explique pourquoi la philosophie existe « davantage » que les autres sciences. Il est question ici de statut épistémologique, ou de priorité épistémologique : aux réalités qui ont un statut épistémologique plus important appartient davantage une science : *cf. Meta.*, V, 11, 1019 a 1-4.

17. L'auteur énumère une chaîne de réalités qui tirent leur existence de réalités immédiatement antérieures ontologiquement. Dans cette série, qui relève de la géométrie, on est surpris de voir figurer les « nombres » comme principes des longueurs : on attendrait plutôt les « points », ce qui a conduit Pistelli à suggérer, dans l'apparat, de remplacer ἀριθμῶν par στιγμῶν (se référant à *Top.*, VI, 4, 141 b 6-8 : « ce qui est antérieur est plus connaissable que ce qui vient après, comme le point par rapport à la ligne, la ligne par rapport à la surface, la surface par rapport au solide »). On peut justifier le texte tel qu'il est en supposant que la doctrine en question ne relève pas forcément de la géométrie, mais que l'auteur se réfère aux « doctrines non écrites » attribuées à Platon, et aux premiers Académiciens, par exemple, qui rapportaient toutes choses aux nombres, ou encore, bien sûr, aux doctrines mêmes du pythagorisme. D'un point de vue d'histoire de la philosophie, la présence éventuelle de doctrines platoniciennes dans ce passage engage l'alternative des interprétations : ou le texte provient d'Aristote, ce qui pose alors la question (comme ailleurs dans le texte) d'un Aristote platonisant au moment où il écrit le *Protreptique* ; ou alors il est essentiellement l'œuvre de Jamblique, qui mélange des doctrines platoniciennes ou pythagoriciennes et des doctrines aristotéliciennes : ce qui correspondrait, à la fois, à son projet de « pythagorisation du platonisme » (*cf.* Introduction), et à l'intention généralisante propre à ce genre liminaire qu'est le protreptique (*cf. supra*, p. 108, note 8).

18. Ce passage a embarrassé les traducteurs et les commentateurs, qui ont souvent considéré le membre de phrase στοιχεῖα δε τῶν ὀνομαζομένων συλλαβῶν comme un quatrième exemple de dérivation épistémologique des réalités à partir de réalités antérieures. Ce qui gêne alors, c'est que les termes grecs sont inversés par rapport à ce à quoi l'on s'attendrait puisque logiquement les syllabes dérivent des lettres et non les lettres des syllabes. Plusieurs solutions ont été proposées.

(1) La première intervient sur la construction de la phrase : en marge du manuscrit F, un scholiaste a proposé d'intervertir les éléments : στοιχείων δὲ αἱ ὀνομαζόμεναι συλλαβαί, proposition suivie par certains éditeurs (par ex. Düring (*a*) et (*b*), Berti).

(2) Kiessling (note 11, p. 107) laisse la phrase telle quelle, en s'appuyant sur la nature de l'exemple : il pense que les συλλαβαί ne sont pas les « syllabes », mais des

C'est pourquoi, si l'âme vaut mieux que le corps (elle est en effet plus apte à commander par nature), et si, pour le corps, il existe des arts et des sagesses[19] qui sont la médecine et la gymnas-

« assemblages » (*comprehensiones, complexiones*), et les στοιχεῖα des « éléments ». Il se réfère à Plutarque, *Opinions des philosophes*, I, 2, 875 b : τὰ μὲν γὰρ στοιχεῖά ἐστι σύνθετα, qu'il commente : *fuitque Pythagoreorum opinio, elementa nata esse e solidis*.

(3) Cette affirmation de Kiessling n'est pas considérée pertinente par Pistelli, pour qui il ne s'agit pas ici des στοιχεῖα σύνθετα des Pythagoriciens, et qui suggère, comme l'avait déjà fait Rose, de supprimer ce membre de phrase, en arguant de ce qu'il ne figure pas dans le passage parallèle du *De comm. math. sc.* (que nous donnons comme texte complémentaire). Le membre de phrase στοιχεῖα δε τῶν ὀνομαζομένων συλλαβῶν serait alors le fruit d'une interpolation, dont le signe serait précisément l'explication introduite par le participe ὀνομαζομένων. C'est une solution très plausible.

(4) Sans exclure que la solution de Pistelli soit la bonne, nous avons adopté celle de Rabinowitz et d'É. des Places, qui consiste à laisser les termes dans l'ordre du manuscrit, et à refermer la parenthèse après ἐπιπέδων, en considérant que στοιχεῖα est sur le même plan que τὰ πρότερα, qu'il a pour attribut αἴτια μᾶλλον et comme complément du comparatif le génitif τῶν ὀνομαζομένων συλλαβῶν. Jamblique juxtaposerait donc un argument de type mathématique, et un argument de type grammatical, qu'il reprendra un peu plus loin, p. 39, 6-8 P ; remarquons en outre qu'en *Phys.*, II, 3, 195 a 16, Aristote dit que les lettres sont « causes » des syllabes.

19. Pour traduire de façon homogène toutes les occurrences du terme φρόνησις, nous avons opté pour le terme français « sagesse », qui apparaît ici au pluriel, et dans la phrase suivante au singulier. Φρόνησις est un mot-clef du protreptique, investi, dans ce chapitre comme partout ailleurs, de valeurs variables : l'accent est mis tantôt sur l'aspect théorique ou scientifique, tantôt, comme c'est le cas plus bas, sur l'aspect pratique (le sens est alors proche de la φρόνησις qui joue un rôle important dans les traités d'éthique aristotélicienne, et que l'on a l'habitude de traduire par « prudence »). Certains commentateurs interprètent cet usage multiple comme une hésitation, de la part d'Aristote, entre un sens encore théorétique et platonicien de la φρόνησις, et un sens pratique, spécifiquement aristotélicien : ce serait la preuve qu'il aurait écrit le *Protreptique* à une époque intermédiaire, où il était encore très proche du platonisme et n'avait pas encore fixé sa propre terminologie. Mais l'impression de flottement n'est qu'apparente : l'emploi systématique du terme dans ce chapitre, plus que dans le reste de l'ouvrage de Jamblique, relève selon nous d'une opération philosophico-linguistique qui consiste (de la part de l'auteur, quel qu'il soit) à déterminer, dans ce texte précisément, le sens de φρόνησις, fondamental pour la démonstration du protreptique. Or ce sens se caractérise précisément par son ambivalence. C'est en effet dans notre chapitre qu'apparaît la figure d'un philosophe qui dispose d'une connaissance théorique lui servant *aussi* de norme ; la philosophie est non seulement une valeur en soi, absolue, mais *aussi* un corps de doctrines et de règles utiles. Loin de refléter une hésitation, la perspective d'ensemble du chapitre repose, en fin de compte, sur un renversement, puisque de purement théorique, et critiquable comme telle d'un point de vue isocratique par exemple, la sagesse se voit revêtue aussi, au terme du chapitre, d'une valeur pratique. Vouloir séparer ici l'aspect théorique de l'aspect pratique, dont l'union fait l'objet de la démonstration, aboutirait donc à un contresens.

tique[20] – car nous les tenons quant à nous pour des sciences[21] et affirmons que tel ou tel les a acquises[22] – il est évident que pour l'âme aussi et les vertus de l'âme il existe un certain soin et un certain art, et que nous sommes capables de le comprendre, s'il en existe également un pour les réalités qui s'accompagnent d'une ignorance plus grande et sont plus difficiles à connaître[23]. De même pour les sciences de la nature[24] : il est nécessaire qu'il y ait une sagesse portant sur les causes et les éléments bien avant que sur les dérivés[25]. Ces derniers, en effet, ne font pas partie des réalités suprêmes, et ce n'est pas d'eux que naissent les premiers principes, mais c'est à partir des réalités suprêmes et par leur moyen, manifestement, que tout le reste est engendré et constitué[26]. En effet, que le feu, ou l'air, ou le nombre, ou d'autres natures, soient causes de toutes les autres réalités et antérieures à elles, on ne peut connaître l'une de ces réalités dérivées tant que l'on ignore les premières[27]. Comment, en effet, pourrait-on reconnaître ce qu'est un énoncé si l'on ignore les syllabes, ou comprendre celles-ci en

20. On pense bien sûr au *Gorgias* de Platon (464 b-466 a), qui met en parallèle médecine et gymnastique comme « arts du corps » avec la politique comme « art de l'âme » : ce thème reviendra dès le début du chapitre X ; mais la comparaison entre médecine du corps et philosophie-thérapie de l'âme est aussi, comme nous l'avons montré dans l'Introduction en évoquant la division de Philon de Larissa, une entrée « rhétorique » pour aborder l'usage et la signification d'un protreptique à la philosophie.

21. Τίθεμεν : *cf.* les deux occurrences de θείημεν au chapitre IX, que nous avons traduit par « nous devons considérer ».

22. Ce passage va dans le sens de l'interprétation que nous avons donnée plus haut de l'expression ἐπιστήμη μᾶλλόν ἐστιν : à l'évidence, il est question, dans ce premier moment du texte, du statut de la philosophie *en tant que science*.

23. L'âme est une réalité « meilleure » ontologiquement que le corps (*cf.* chap. VII) et « plus facile à connaître » que celui-ci, parce qu'elle est plus « ordonnée » et connaît davantage les causes, même si, comme on le voit au chapitre VII, elle est postérieure dans l'ordre de la génération.

24. L'adverbe ὁμοίως semble bien distinguer deux « branches » dans la philosophie recherchée.

25. Comme plus haut avec ἐπιστήμη μᾶλλόν ἐστιν (voir *supra*, p. 111, note 14), la construction de la phrase et l'absence d'article devant φρόνησιν invitent à penser que l'auteur cherche à établir ici une preuve de l'*existence* de la philosophie.

26. Les exemples précédents empruntés à la géométrie suggèrent donc que les réalités principielles sont des « éléments constitutifs » du reste.

27. Les principes « naturalistes » énumérés ne sont cités sans doute qu'en qualité de simples exemples, connus d'un public ayant une préparation superficielle en philosophie (c'est en effet à ce type de public que s'adresse le protreptique) : rien ne dit qu'ils correspondent aux doctrines assumées par l'auteur lui-même.

ne sachant rien des lettres[28] ? Sur l'existence d'une science de la vérité et d'une science de la vertu de l'âme[29], et sur notre capacité à les comprendre, voilà ce qu'il fallait dire.

b. La philosophie est une norme, et c'est le plus grand bien

Mais que c'est aussi le plus grand des biens, et de tous, le plus utile, voici ce qui le rend évident[30]. Nous sommes en effet tous d'avis que c'est au plus vertueux de commander et à celui qui a la meilleure nature[31] ; par ailleurs, que la loi est le seul commandant et maître, car elle est une sagesse et une expression de sagesse[32]. De plus, quelle

28. Cet exemple, qui fait des lettres les « causes » des syllabes, peut être un argument pour conserver la leçon des manuscrits dans le passage discuté *supra*, p. 112-113, note 18 et pour construire la phrase ainsi que nous l'avons proposé, en gardant στοιχεῖα au nominatif, et συλλαβῶν au génitif. Nous sommes consciente, toutefois, que l'argument peut s'inverser en son contraire : l'exemple de « l'énoncé » (λόγον), qui intègre lettres et syllabes, aurait pu conduire en effet le scholiaste à interpoler celles-ci, dans le passage précédent, comme un dernier exemple (qui, de fait, s'accorde mal avec la série géométrique).

29. Au terme de la démonstration, il semble donc que la branche ontologique et la branche éthique de la philosophie se rencontrent sur plusieurs points (*cf. supra*, p. 110-111, note 13 et p. 111-112, note 15) : les réalités concernées par les deux branches sont, dans leur domaine respectif, plus intelligibles et plus principielles, et donc plus objets de science.

30. Selon la plupart des commentateurs, les lignes qui suivent démontreraient que la philosophie est « le plus grand bien » (μέγιστον/κράτιστον τῶν ἀγαθῶν), et nullement qu'elle est « utile », la démonstration de l'utilité, annoncée pourtant p. 37, 25 P (avec l'expression τὸ μέγεθος τῆς ὠφελείας) étant reportée au chapitre X. S'il est vrai que ce dernier développe de façon beaucoup plus visible cet aspect, l'identification de la sagesse avec une norme du bien, dont parle ici l'auteur, est toutefois un élément très important. Car il concourt à l'efficacité et à l'utilité de la philosophie dans la vie « civique et pratique », qui est précisément la perspective orientant les développements du chapitre VI. *Cf. supra*, p. 106-107, note 4.

31. Τὸν τὴν φύσιν κράτιστον : le « plus fort par nature » avait été un slogan privilégié de toute une partie de la Sophistique, remarque M. Isnardi Parente, *Techne*, p. 80, renvoyant à M. Untersteiner, *I Sofisti*, Turin, 1949, p. 389-402. Mais il est peu probable que l'auteur veuille dire ici que le gouvernement revient au « plus fort » par nature. Le sens nous semble relever plutôt de la morale, et être proche de σπουδαιότατος ou de καλὸς κἀγαθός. Reste qu'il est difficile de savoir si l'auteur de notre texte reprend intentionnellement à son compte cette expression, peut-être liée au milieu sophistique, en lui donnant un sens différent.

32. La phrase pose plusieurs problèmes d'ordre philologique : on a ainsi l'impression qu'il manque un verbe à l'indicatif dans la seconde partie (τὸν δὲ … μόνον), à moins qu'il ne faille sous-entendre δεῖ. D'autre part, certains traducteurs considèrent que μὲν … δέ établit ici une opposition (entre l'homme vertueux et à la loi), ce qui a

règle ou quel critère des biens possédons-nous, qui soient plus exacts que le sage[33] ? Car tout ce qu'il choisira[34], parce qu'il le fait conformément à la science, voilà ce qui est bon, et mauvais ce qui lui est contraire. Mais puisque tous choisissent par-dessus tout ce qui est conforme à leurs dispositions propres[35] (le juste choisit de vivre justement, celui qui a du courage de vivre avec courage, et, pareillement, le tempérant de se comporter avec tempérance), il est évident que le sage choisira par-dessus tout d'exercer la sagesse : c'est en effet la tâche propre de cette faculté[36]. Il est donc manifeste que, en vertu de son jugement souverain[37], la sagesse est le plus grand bien.

conduit Allan (« Critical », p. 229) à proposer la correction audacieuse de δεῖ μὲν en δεῖ μὴ ἕνα. La phrase est plutôt construite, selon nous, sur une série d'équivalences : la loi est comme l'homme vertueux, car tous deux ont la prérogative de commander (première équivalence), et ce sont des « normes », parce qu'ils s'expriment l'un comme l'autre selon la sagesse (deuxième équivalence). *Cf.* texte de la scholie au *Protreptique* de Jamblique : « noter que l'addition de « seul » fait de la loi l'égal du chef, en sorte aussi qu'ils sont interchangeables » (μόνον] ἰστέον ὅτι ἡ τοῦ μόνον προσθήκη ἐξισάζειν λέγει τὸν νόμον τῷ ἄρχοντι ὥστε καὶ ἀντικατηγορεῖται). L'argument repose précisément sur cette équivalence : c'est dans la mesure où elle s'identifie à la loi, guide suprêmement utile pour les hommes, que la sagesse est aussi ce qu'il y a de plus avantageux pour nous ; les réflexions développées juste après, selon lesquelles la loi est « expression de sagesse », et le sage une « norme », accentuent cette identification, par laquelle la loi est sagesse, et, inversement, le sage est loi.

33. L'homme sage est une règle : *cf.* Aristote, *Top.*, III, 1, 116 a 13-17 ; *Éthique à Nicomaque*, III, 4, 1113 a 33 ; X, 5, 1176 a 18. Ce même sage est celui qui, au chap. X, « vit en s'en remettant à lui-même ».

34. Sur le verbe « choisir », qui revient à la phrase d'après, *cf. infra*, p. 168, note 3 (chap. VII).

35. Ἕξις : « disposition », est un terme que nous retrouverons au chap. VII, où il s'insère dans un discours beaucoup plus technique.

36. Sur les termes techniques ἔργον et δύναμις, voir les notes aux chapitres VII et XI.

37. Κατὰ τὴν κυριωτάτην κρίσιν : dans toutes les traductions consultées, cette expression est comprise comme un *modalisateur* du verbe principal (*i. e.* « il est donc clair »), qui transforme celui-ci en jugement d'*autorité* : il est clair, *selon le jugement qui s'impose*, traduit par exemple des Places. Mais quelle serait cette autorité ? Nous serions tentée, pour notre part, de mettre la locution en rapport avec une série d'expressions du même chapitre : la philosophie comprend le *droit jugement* (ἡ τοῦ κρίνειν ὀρθότης ; ἡ ὀρθὴ κρίσις), ou encore la φρόνησις directive (ἐπιτακτική) qui ne se trompe jamais (ἀναμάρτητος). Par ailleurs, le passage qui précède immédiatement celui dont il est maintenant question a mis en évidence que la sagesse est le « critère » du bien ; tout cela nous invite à formuler une hypothèse alternative à celle des différents traducteurs, une hypothèse selon laquelle la locution κατὰ τὴν κυριωτάτην κρίσιν aurait un sens beaucoup plus fort. Elle se rattacherait alors non pas au verbe, mais à la φρόνησις dont elle indiquerait la caractéristique principale : la sagesse est « le plus grand bien », *en vertu de son jugement souverain* et décisif,

Il ne faut donc pas fuir la philosophie, s'il est vrai que la philosophie, comme nous le pensons, est acquisition et usage de la sagesse[38], et la sagesse l'un des plus grands biens. Et il ne faut pas, pour de l'argent[39], voguer vers les colonnes d'Héraclès[40] en multipliant les risques, tandis que pour la sagesse on épargnera sa peine et sa dépense[41]. Assurément, c'est être esclave que de s'attacher à

c'est-à-dire *de sa capacité à choisir souverainement*, qualité qui permet d'ailleurs à la φρόνησις de passer de la théorie à la pratique et d'être « utile ». Du point de vue syntaxique, cette deuxième interprétation diffère de la première, mais pour le sens, elle finit par coïncider avec elle (ce qu'a cherché tant bien que mal à rendre la traduction) : en effet, en vertu de sa sagesse, qui est « critère » (*cf. supra*, p. 108, note 8) et jugement, le sage possède en lui-même la norme et la capacité de choisir le bien ; mais le bien qu'il choisit n'est autre, dit l'auteur, que sa « disposition propre », c'est-à-dire la sagesse elle-même. Les deux manières d'interpréter l'expression se rejoignent ainsi : (1) la φρόνησις est, de tous les biens, le plus grand (κράτιστον), parce qu'elle comporte précisément en elle la norme et le jugement souverains ; (2) le choix, ou le jugement, du φρόνιμος est l'expression même (l'actualisation) de cette norme qu'est la φρόνησις : le « jugement souverain », ou l'« autorité suprême », par lequel s'impose la suprématie de la φρόνησις, coïncide donc, en fin de compte, avec le jugement et l'autorité souveraine du sage.

38. Nouveau rappel de l'*Euthydème* : Socrate fait de la distinction entre acquisition et usage (notamment l'acquisition et l'usage de la science) l'une des matrices de ses deux argumentations protreptiques (voir, en part., 280 b-282 e et 288 d 4-292 d 5). Certains passages des deux discours de Socrate sont textuellement repris ou résumés par Jamblique, chap. V, 24-27 P. Ce couple de notions se retrouvera dans la dernière partie du chapitre sous la forme des deux volets de la démonstration de la facilité de la philosophie, mais il fait aussi écho à ce qui a été affirmé au début du chapitre (toujours en référence à l'*Euthydème*) : il faut non seulement *acquérir* la science, mais aussi savoir *en user*. Nous renvoyons également au début du chap. VII.

39. Χρημάτων ἕνεκα, opposé à la ligne suivante à διὰ φρόνησιν, exprime la même idée qu'un peu plus bas (p. 40, 15-16) l'expression μισθοῦ... δι' ὅν : *cf. infra*, p. 118-119, note 47.

40. Les « colonnes d'Héraclès » étaient considérées par les Anciens comme l'extrême limite de la terre : l'image des voyages en leur direction désigne symboliquement ici, comme dans d'autres textes de l'Antiquité, des entreprises incertaines et extrêmement périlleuses.

41. Düring (*a*) p. 226 souligne le parallèle entre ce passage et l'*Ad Demonicum*, 19 (« considère que bien des préceptes sont meilleurs que de nombreuses richesses (...) n'hésite pas à entreprendre un long voyage pour te rendre chez ceux qui font profession d'enseigner quelque chose d'utile »), déjà relevé par Wendland, *Anaximenes von Lampsakos*, qui a suggéré que l'exhortation anonyme à Demonicos pourrait être une imitation du *Protreptique* aristotélicien, issue de l'école d'Isocrate. C'est un point très intéressant, qui nous ramène à la question du rôle du *Protreptique* dans la polémique entre l'école d'Aristote et celle d'Isocrate, brièvement abordée en Introduction. De fait, les rapprochements entre les fragments attribués à Aristote et l'*Ad Demonicum* sont assez nombreux (et mentionnés en partie par Düring (*a*), p. 226). L'image des navigations insensées réapparaîtra à la fin du chapitre IX, en relation avec la métaphore des spectacles.

la vie plutôt qu'à la vie bonne[42], de suivre les opinions de la foule plutôt que d'exiger que celle-ci suive les nôtres, et de rechercher les richesses matérielles en ne faisant aucun cas de ce qui est beau. Sur l'utilité et l'importance de cette entreprise, je pense que la démonstration est suffisante ; mais que la sagesse soit aussi, de tous les biens, le plus facile à acquérir, on s'en persuadera par ce qui suit[43].

c. La philosophie est facile[44]

L'acquisition de la philosophie est facile[45]

En effet, bien que[46] ceux qui pratiquent la philosophie ne reçoivent des hommes aucun salaire, qui justifierait des efforts d'une telle intensité[47], et bien qu'ils aient laissé une longueur d'avance aux

42. Τοῦ ζῆν ἀλλὰ μὴ τοῦ ζῆν εὖ : le concept et les termes rappellent de très près ce que l'on retrouvera au chapitre VIII (*cf. infra*, p. 229, note 16) : « la foule demande le bonheur par ses prières (εὐδαιμονεῖν), mais se contente du seul fait de pouvoir vivre (μόνον ζῆν) ».

43. « On s'en persuadera » : c'est peut-être une remarque de l'auteur relevant du métadiscours, portant sur l'efficacité rhétorique de l'argumentation protreptique ; certains commentateurs y ont vu un indice interne que le passage appartient au *Protreptique* d'Aristote, discours fait pour « persuader » les jeunes gens à embrasser la philosophie.

44. Ce passage final est présenté comme un argument de la « facilité » de la philosophie ; nous distinguons deux volets, reliés par ἔτι δέ, le premier démontrant que la philosophie *s'acquiert* facilement, le second qu'elle *s'exerce* facilement (selon le schème de l'*Euthydème* que nous avons évoqué *supra*, p. 91, note 25 et p. 106, notes 1 et 2).

45. Tout le paragraphe qui suit est extrêmement débattu, et le texte est peut-être corrompu : pour une analyse précise des différentes difficultés, nous renvoyons à de Strycker, « Düring », p. 238, et Allan, « Critical », p. 230-232, dont nous adoptons l'une des solutions. Nous justifions un certain nombre de nos choix de traduction dans les notes suivantes.

46. Le sujet du verbe principal (δοκεῖ) est une longue infinitive substantivée par τό, qui a pour verbe παρεληλυθέναι, auquel semblent se rattacher deux propositions concessives articulées par μήτε et τε, qui soulignent deux paradoxes distincts : d'une part, les philosophes ne sont pas rémunérés, de l'autre, malgré l'apparition plus tardive de la philosophie, cette discipline est parvenue à plus d'exactitude que les autres arts et sciences.

47. Le premier problème grammatical porte sur le sujet du verbe διαπονήσειαν : contrairement à des Places par exemple, nous pensons que ceux qui « font des efforts » ne sont pas « les hommes », mais les philosophes eux-mêmes. Nous avons fait porter l'éventualité exprimée par l'optatif suivi de ἄν non sur les efforts que se donnent ceux qui pratiquent la philosophie (car ils se donnent *effectivement* de la peine, comme l'auteur le dit trois fois dans ce même chapitre :

autres disciplines[48], et se soient mis tard dans la course, ils les ont cependant dépassées en exactitude : cela me paraît le signe que la philosophie est facile.

p. 37, 26 P : τὰ γὰρ ῥᾴω πάντες ἥδιον ποιοῦμεν ; p. 40, 5-6 P : διὰ δὲ φρόνησιν μηδὲν πονεῖν μηδὲ δαπανᾶν ; p. 40, 23-27 P : πονεῖν γὰρ οὐδεὶς ἐθέλει πολὺ χρόνον), mais sur la rétribution « financière » (un salaire « provenant des hommes »), qui, à l'inverse, relève de l'irréel. Pourtant, comme on le verra au chapitre IX, la philosophie rétribue ses sectateurs : cette « récompense » est l'exercice même de la pensée, et le bonheur auquel celle-ci conduit ! Quant à l'idée de « peine » ou d'« effort », elle peut sembler paradoxale dans un texte qui vante la « facilité » de la philosophie. On se souviendra pourtant qu'au début du chapitre, la « difficulté » de l'acquisition de la philosophie était évoquée, mais cette difficulté n'est que relative, puisqu'elle est compensée par ce qu'on en reçoit. D'autre part, bien que « difficile », comme tous les arts, elle est « plus facile » pour les motifs qui vont être énumérés : on progresse vite, et philosopher ne requiert ni instruments ni locaux. La « facilité » de la philosophie tient enfin à des caractéristiques développées en d'autres endroits : elle correspond à notre nature propre (*cf.* chap. VII et IX) et elle a un caractère d'évidence (chap. VIII).

48. Le sens du participe προεμένους n'est pas du tout clair, surtout parce qu'il est suivi ici de la préposition εἰς, qui ne figure pas dans la version parallèle du *De comm. math. sc* (voir *infra*, p. 259, note 13). Les traductions modernes suivent, en gros, deux orientations : ou bien « après *avoir dépensé beaucoup* – en termes d'argent, ou de temps – pour les autres arts », ce qui a semblé aberrant à de Strycker et Allan, par exemple, les promoteurs de la vie théorétique ne s'étant certainement pas adonnés eux-mêmes aux autres disciplines ; ou bien « après avoir *accordé une grande avance* aux autres arts », qui est une proposition d'Allan (avancée dans la recension à l'édition des fragments aristotéliciens par Ross, *Classical Review*, n. s. 6, 1956, p. 224, et reproposée dans « Critical »), laquelle nous paraît donner au passage un sens plus satisfaisant. Maintenant, il y a plusieurs façons de comprendre comment les philosophes, bien qu'ils aient « laissé une longueur d'avance aux autres arts », auraient « pris la tête dans l'exactitude » : selon Berti par exemple (Berti[4], note 84, p. 89-90), l'auteur fait allusion à un cursus d'études et établit une comparaison entre les autres écoles (l'école de rhétorique d'Isocrate ?) et l'Académie, dans laquelle les jeunes gens progressaient en philosophie bien plus rapidement que, dans les autres écoles, on n'apprenait les autres arts. Autre solution : toujours à propos d'un cursus, l'auteur (Aristote) rappellerait ici que dans l'Académie elle-même (et Berti fait référence au livre VII de la *République*) beaucoup plus de temps était réservé à l'étude des mathématiques qu'à celle de la dialectique. Nous préférons une autre interprétation, avancée, entre autres, par Allan, selon laquelle le passage évoquerait non un cursus d'étude, mais une histoire des *disciplines*. Ce qui explique pourquoi ce chercheur donne à προεμένους le sens que nous avons nous-même adopté : « *the development of civilization, with the necessary crafts emerging first, and the cultural arts and pure science coming later, is compared to a handicap race* ». C'est en ce sens qu'il faut lire, en tout cas, le texte parallèle du *De comm. math. sc.* Dans cette sorte de parcours de la civilisation, esquissé aussi par le Περὶ φιλοσοφίας d'Aristote (W 8 = Philopon, *In Nicom. Isag.*, 1, 1), la philosophie apparaît à la fin.

Sa pratique est facile également

Et encore le fait que tous y installent volontiers leur séjour[49], et veulent y consacrer leur temps[50] toutes affaires cessantes n'est pas une preuve négligeable que la pratique assidue[51] de la philosophie se fait avec plaisir : personne en effet ne veut peiner longtemps. Par ailleurs, son usage diffère au plus haut point de tout le reste, car nul n'est besoin, pour l'exercer, d'outils ou de locaux, mais à quelque endroit de la terre que l'on fixe sa pensée, on entre en contact avec la vérité[52] partout de la même manière, comme si elle était près de nous[53]. Il est donc démontré à la fois que la philosophie est possible, qu'elle est le plus grand bien et qu'elle est facile à acquérir : pour toutes ces raisons, il vaut donc la peine de s'y attacher avec ardeur[54].

49. Φιλοχωρεῖν : littéralement « aimer le séjour d'un lieu ».

50. L'évocation d'un « espace philosophique », exprimé par φιλοχωρεῖν, et d'un « temps philosophique », exprimé par σχολάζειν, donne au texte une certaine emphase et le colore d'images poétiques. Voir, en particulier, les remarques de R. Brague, dans *Aristote et la question du monde*, Paris, 1988, p. 102-103.

51. Le terme grec est προσεδρεία. Προσεδρεία et φιλοχωρεῖν expriment l'idée de stabilité, qui s'oppose à la tentation de « fuir » la philosophie (fin du § b) ; cette fuite peut se matérialiser sous forme d'expéditions périlleuses vers les confins de la terre – les fameuses colonnes d'Héraclès dont il est question un peu avant – quand la philosophie, à l'inverse, est « toujours là » et comme toujours « à notre portée ».

52. Comme le fait remarquer Düring (*a*), p. 232, l'expression ἅπτεται τῆς ἀληθείας est très fréquente chez Platon (*Rép.*, 579 e ; *Banq.*, 211 b ; *Tim.*, 90 b 6-d 9), *cf. Eth. Eud.*, II, 10, 1227 a 1 : ἅπτονταί γέ πῃ τῆς ἀληθείας.

53. Plusieurs interprétations sont possibles pour cette phrase : l'adverbe ὥσπερ suivi du participe (παρούσης), comme c'est généralement le cas en grec, introduit visiblement une métaphore (« comme si »), ce qui rend assez difficile, à nos yeux, la traduction de Zanatta (p. 253) : « sul presupposto che *in ogni parte la verità è presente in ugual modo* », dans laquelle l'adverbe introduit une explication effective, pour laquelle on attendrait plutôt une construction avec ὡς. Maintenant, s'il y a métaphore, quelle est sa signification? Selon certains, elle porterait sur l'ensemble de l'expression : « comme si elle était présente partout de la même manière », ce qui suppose que la vérité ne se donne pas, en réalité, de manière uniforme. Ce n'est pas exactement ce que dit le texte, nous semble-t-il : l'auteur insiste, au contraire, sur son « omniprésence », même si, justement, ce terme ne peut être que métaphorique, car la vérité n'est pas « présente » ou « auprès de nous » au sens propre, comme le serait un être physique. Comme l'explique parfaitement Isnardi Parente, *Techne*, p. 88, la facilité dans la pratique de la philosophie, qui, à l'inverse des autres arts, ne requiert ni instruments ni locaux précis, est aussi un gage d'αὐτάρκεια, et de liberté en son sens le plus plein.

54. On peut hésiter sur la traduction de πάντων ἕνεκα : « pour toutes *ces* raisons », ou « pour toutes *les* raisons », ce qui revient exactement au même, puisque les raisons récapitulées par l'auteur en cette dernière phrase « épuisent » de quelque manière la liste des motifs qui pourraient nous convaincre de nous adonner à la philosophie.

SUPÉRIORITÉ DE LA PHILOSOPHIE PAR RAPPORT AUX AUTRES ARTS ET SCIENCES

JAMBLIQUE, *PROTREPTIQUE*, CHAP. X

Ἀλλὰ μὲν ὅτι γε καὶ ὠφελείας τὰς μεγίστας ἡμῖν πρὸς τὸν ἀνθρώπινον βίον παρέχεται ἡ θεωρητικὴ φρόνησις, εὑρήσει τις ῥᾳδίως ἀπὸ τῶν τεχνῶν. Ὥσπερ γὰρ τῶν ἰατρῶν ὅσοι κομψοὶ καὶ τῶν περὶ τὴν γυμναστικὴν οἱ πλεῖστοι σχεδὸν ὁμολογοῦσιν ὅτι δεῖ τοὺς μέλλοντας ἀγαθοὺς ἰατροὺς ἔσεσθαι καὶ γυμναστὰς περὶ φύσεως ἐμπείρους εἶναι, οὕτω καὶ τοὺς ἀγαθοὺς νομοθέτας ἐμπείρους εἶναι δεῖ τῆς φύσεως, καὶ πολύ γε μᾶλλον ἐκείνων. Οἱ μὲν γὰρ τῆς τοῦ σώματος ἀρετῆς εἰσι δημιουργοὶ μόνον, οἱ δὲ περὶ τὰς τῆς ψυχῆς ἀρετὰς ὄντες καὶ περὶ πόλεως εὐδαιμονίας καὶ κακοδαιμονίας διδάξειν προσποιούμενοι πολὺ δὴ μᾶλλον προσδέονται φιλοσοφίας. Καθάπερ γὰρ ἐν ταῖς ἄλλαις τέχναις ταῖς δημιουργικαῖς ἀπὸ τῆς φύσεως εὕρηται τὰ βέλτιστα τῶν ὀργάνων, οἷον ἐν τεκτονικῇ στάθμη καὶ κανὼν καὶ τόρνος † τὰ μὲν ὕδατι καὶ φωτὶ καὶ ταῖς αὐγαῖς τῶν ἀκτίνων ληφθέντων, πρὸς ἃ κρίνοντες τὸ κατὰ τὴν αἴσθησιν ἱκανῶς εὐθὺ καὶ λεῖον βασανίζομεν [55], ὁμοίως δὲ καὶ τὸν πολιτικὸν ἔχειν τινὰς ὅρους δεῖ ἀπὸ τῆς φύσεως αὐτῆς καὶ τῆς ἀληθείας, πρὸς οὓς κρινεῖ τί δίκαιον καὶ τί καλόν καὶ τί συμφέρον. Ὥσπερ γὰρ ἐκεῖ τῶν ὀργάνων ταῦτα διαφέρει πάντων, οὕτω καὶ νόμος κάλλιστος ὁ μάλιστα κατὰ φύσιν κείμενος. Τοῦτο δ' οὐχ οἷόν τε μὴ φιλοσοφήσαντα δύνασθαι ποιεῖν μηδὲ γνωρίσαντα τὴν ἀλήθειαν. Καὶ τῶν μὲν ἄλλων τεχνῶν τά τε ὄργανα καὶ τοὺς λογισμοὺς τοὺς ἀκριβεστάτους οὐκ ἀπ' αὐτῶν τῶν πρώτων λαβόντες σχεδὸν ἴσασιν, ἀλλ' ἀπὸ τῶν δευτέρων καὶ τρίτων καὶ πολλοστῶν, τούς τε λόγους ἐξ ἐμπειρίας λαμβάνουσι· τῷ δὲ φιλοσόφῳ μόνῳ τῶν ἄλλων ἀπ' αὐτῶν τῶν ἀκριβῶν ἡ μίμησίς ἐστιν· αὐτῶν γάρ ἐστι θεατής, ἀλλ' οὐ μιμημάτων. Ὥσπερ οὖν οὐδ' οἰκοδόμος ἀγαθός ἐστιν οὗτος ὅστις κανόνι μὲν μὴ χρῆται μηδὲ τῶν ἄλλων μηδενὶ τῶν τοιούτων ὀργάνων, ἑτέροις δὲ οἰκοδομήμασι παραβάλλων, ὁμοίως ἴσως κἂν εἴ τις ἢ νόμους τίθεται πόλεσιν ἢ πράττει πράξεις ἀποβλέπων καὶ μιμούμενος πρὸς ἑτέρας πράξεις ἢ πολιτείας ἀνθρωπίνας Λακεδαιμονίων ἢ Κρητῶν ἤ τινων ἄλλων τοιούτων, οὐκ ἀγαθὸς νομοθέτης οὐδὲ σπουδαῖος· οὐ γὰρ ἐνδέχεται μὴ καλοῦ μίμημα καλὸν εἶναι, μηδὲ θείου καὶ βεβαίου τὴν φύσιν ἀθάνατον καὶ βέβαιον, ἀλλὰ δῆλον ὅτι μόνου τῶν δημιουργῶν τοῦ φιλοσόφου καὶ νόμοι βέβαιοι καὶ πράξεις εἰσὶν ὀρθαὶ καὶ καλαί. Μόνος γὰρ πρὸς τὴν φύσιν βλέπων ζῇ καὶ πρὸς τὸ θεῖον, καὶ καθάπερ ἂν εἰ κυβερνήτης τις ἀγαθὸς ἐξ [56] ἀιδίων καὶ μονίμων ἀναψάμενος τοῦ βίου τὰς ἀρχὰς ὁρμεῖ καὶ ζῇ καθ' ἑαυτόν. Ἔστι μὲν οὖν θεωρητικὴ ἥδε ἡ ἐπιστήμη, παρέχει δ' ἡμῖν τὸ δημιουργεῖν κατ' αὐτὴν ἅπαντα. Ὥσπερ γὰρ ἡ ὄψις ποιητικὴ μὲν καὶ δημιουργὸς οὐδενός ἐστι (μόνον γὰρ αὐτῆς ἔργον ἐστὶ τὸ κρίνειν καὶ δηλοῦν ἕκαστον τῶν ὁρατῶν), ἡμῖν δὲ παρέχει τὸ πράττειν τι δι' αὐτὴν καὶ βοηθεῖ πρὸς τὰς πράξεις ἡμῖν τὰ μέγιστα (σχεδὸν γὰρ ἀκίνητοι παντελῶς ἂν εἶμεν στερηθέντες αὐτῆς), οὕτω δῆλον ὅτι καὶ τῆς ἐπιστήμης θεωρητικῆς οὔσης μυρία πράττομεν κατ' αὐτὴν ὅμως ἡμεῖς, καὶ τὰ μὲν λαμβάνομεν τὰ δὲ φεύγομεν τῶν πραγμάτων, καὶ ὅλως πάντα τὰ ἀγαθὰ δι' αὐτὴν κτώμεθα.

Mais que la sagesse contemplative procure aussi à l'existence humaine les plus grands avantages[1], on s'en rendra compte facilement à partir des arts[2].

1. 'Αλλὰ μήν marque une opposition avec la dernière phrase du chapitre IX de Jamblique, qui affirme la valeur de la philosophie, quand bien même celle-ci ne serait d'aucune utilité (χρήσιμον) pour l'existence humaine. Le chapitre X établit quant à lui l'utilité de la philosophie pour la vie pratique, ce qui sera répété dans les dernières lignes : « de même, à l'évidence, bien que cette science soit spéculative, nous accomplissons pourtant d'innombrables actions en la prenant pour guide ». Ce faisant, le chapitre achève la dernière partie du programme annoncé au chapitre VI, qui n'avait pas été entièrement rempli : le thème de l'utilité assure donc un lien étroit entre ces deux chapitres. Le terme employé pour désigner l'activité philosophique est toujours φρόνησις, que nous avons traduit, comme partout ailleurs, par « sagesse ». En précisant ici que cette φρόνησις est spéculative (θεωρητική), l'auteur n'entend nullement la distinguer d'une autre acception – d'ordre « pratique » – de la φρόνησις, mais il veut souligner un paradoxe : contrairement à ce que certains détracteurs de la philosophie peuvent penser, la nature spéculative de cette sagesse ne l'empêche pas d'être utile. Dans un ouvrage protreptique, ce thème revêt divers enjeux argumentatifs comme nous l'avons montré dans le dossier sur « La nécessité de philosopher » et l'Introduction : d'une part, il y a des raisons évidentes pour lesquelles la philosophie, à la différence d'autres arts ou sciences, s'expose au reproche d'inutilité (pratique) ; d'autre part, l'argument de l'utilité est particulièrement important dans le cadre de la « propagande » philosophique ou du « recrutement » de nouveaux adeptes. Il est traité ici dans la même perspective « politique » qu'au chapitre VI. Mais la façon dont l'auteur articule sagesse spéculative et vie pratique, et, plus précisément, sagesse et politique, est parfois difficile à saisir, comme l'est aussi en ces pages la relation du « philosophe » et de l'« homme politique » à laquelle nous ferons allusion plus loin. Il ressort en tout cas de ce chapitre que la sagesse théorétique et la science représentent la condition nécessaire de l'action politique, conception plus platonicienne qu'aristotélicienne, comme l'ont fait remarquer différents interprètes (rappelés par Berti, *La filosofia*², p. 435-436). C'est le cas, en particulier, pour la dérivation de l'ὀρθὴ πολιτεία à partir de l'ἐπιστήμη qui fait l'objet de toute une partie du *Politique* de Platon (293 a-300 e) : voir Düring (*a*), p. 212-214, qui a proposé une série de rapprochements féconds entre ce dialogue et ce chapitre de Jamblique, s'inspirant notamment de K. v. Fritz et E. Kapp, *Constitution of Athens*, New York, 1950, p. 210-213. Ailleurs, par exemple au chap. IX, l'auteur semble préconiser un idéal de vie contemplative qui est une fin en soi, sans considération de la vie dans la *polis* dont il est fait état ici ; le chapitre X suppose en effet, conformément, par exemple, à la *République* de Platon tout autant qu'à l'*Éthique à Nicomaque* (I, 1-6), ou encore à la *Politique* d'Aristote (notamment III, 9, 1280 b-1281 a), que la cité est le champ de réalisation du bonheur, et la politique l'instrument de celui-ci.

2. Cette comparaison avec les autres arts annonce la perspective du chapitre X, qui, comme le chapitre VI, mais à la différence du chapitre IX, envisage la philosophie en tant qu'art ou science. Le contexte est celui d'une classification – voire d'une hiérarchie – des arts et des sciences (*cf.* chapitre VI, p. 107, note 5), ce que l'on trouve chez Platon par exemple dans le *Philèbe*, 56 d-59 b ; et chez Aristote, dans la *Métaphysique* I, 1, 981 a 24-982 a 3, où il déclare les « hommes de l'art » (τεχνῖται) « plus savants » que les « hommes de l'expérience » (ἔμπειροι), parce qu'ils possèdent la connaissance de la cause (αἰτία) des faits, en plus des faits

Nécessité de la philosophie pour les autres arts, en particulier pour la politique

Tous les médecins compétents et la grande majorité des maîtres de gymnastique reconnaissent que ceux qui veulent devenir bons médecins ou bons gymnastes doivent être experts au sujet de la nature : pareillement, les bons législateurs doivent être eux aussi des experts de la nature[3], et bien plus encore que les premiers. En effet, les premiers ne sont les artisans que de l'excellence du corps[4], tandis que les seconds, qui le sont dans le domaine des vertus de l'âme[5] et

eux-mêmes, opposition qui reviendra plus loin dans notre texte. Mais à l'intérieur même de la catégorie des τέχναι, qui apparaît au départ une et générique, l'auteur opérera des distinctions de niveaux différents, permettant de saisir au fur et à mesure la spécificité de la philosophie : pour paraphraser Socrate qui, dans le *Philèbe*, 57 a, explique que les arts diffèrent à la fois par leur objet, et par leur degré de clarté, nous pourrions dire que dans notre texte, de même, l'auteur, partant du domaine d'application (les τέχναι qui s'occupent de l'âme sont supérieures à celles qui s'occupent du corps, ce qui avait déjà été affirmé au chap. VI), établit ensuite une échelle évaluant le degré d'exactitude des critères sur lesquels se guident les différentes τέχναι (et sur ce point la philosophie se détache de toutes les autres, *cf. infra*, p. 125-126, note 8).

3. Comme au chapitre IX, la nature joue ici un rôle primordial, mais tandis que le chapitre IX met essentiellement l'accent sur le processus *téléologique* de la nature, le présent chapitre envisage sa valeur *normative*. La « nature » à laquelle se réfèrent les médecins et les gymnastes est celle du corps, tandis que le législateur aura les regards fixés sur la nature de l'âme ; mais dans les deux cas (physique/psychologique), c'est la philosophie qui, telle une science des principes, donne les critères à suivre.

4. Nous nous sommes efforcée de rendre uniformément, dans tout ce passage, trois termes de la même famille, en traduisant l'adjectif δημιουργός, qui revient trois fois, par « artisan », l'adjectif δημιουργικός par « des artisans » – sur cet adjectif, *cf. infra*, p. 125-126, note 8 – et le verbe δημιουργεῖν par « être l'artisan de ». Nous aurions aussi pu traduire τοῦ σώματος ἀρετῆς δημιουργοί par « faiseurs de » ou encore « spécialistes de » la vertu du corps. On remarquera que l'expression ἀρετῆς δημιουργός est aristotélicienne : *cf. Politique*, VII, 9, 1329 a 21, ce que l'on mettra aussi en rapport avec νόμων/πολιτείας δημιουργός, toujours dans la *Politique* (II, 12, 1273 b 32-33) ; en *Banq.*, 186 d, les médecins sont aussi appelés δημιουργοί, comme le sera, à la fin de ce chapitre, le philosophe : *cf. infra*, p. 131, note 24. Cette phrase est le premier indice du statut ambigu de la philosophie dans ce chapitre, tantôt τέχνη sur le même plan que les autres, comme ici, tantôt science de nature supérieure : *cf.* Notes complémentaires.

5. La première distinction qui permettra de dégager la spécificité de la philosophie concerne donc les domaines des τέχναι : la τέχνη de l'âme est la politique. Le passage s'appuie sur un parallèle que l'on trouve déjà dans le *Gorgias* entre arts du corps et arts de l'âme et qui inspire l'analogie entre la médecine et la philosophie (non, comme ici, la politique), telle qu'elle est développée, en particulier, par Philon

prétendent donner des leçons sur le bonheur ou le malheur de la cité[6], ont bien plus besoin encore de la philosophie[7]. Dans les autres arts en effet – ceux des artisans[8] – les meilleurs instruments sont inventés en

de Larissa (texte dont nous avons cité et commenté le début dans « La nécessité de philosopher »). Ici, le terme ἀρετή signifie, comme au chap. VII, l'« excellence », c'est-à-dire la meilleure disposition d'une chose ; pour le corps, cela correspond évidemment à la « santé », et, pour l'âme, aux « vertus » (ce qui explique le pluriel περὶ *τὰς* τῆς ψυχῆς *ἀρετάς*). Il convient de distinguer, d'autre part, entre la perspective selon laquelle le chapitre X aborde l'ἀρετή, et qui est celle de la comparaison avec les autres arts, et les développements proprement techniques et approfondis sur l'ἀρετή, qui entrent dans la perspective de l'anthropologie et de la philosophie éthique, caractéristique des chapitres VII et XI.

6. En promulguant les lois, les législateurs fixent les normes de ce qui est bon ou mauvais, selon eux, pour la cité. Les personnages qui « prétendent donner des leçons à la cité », et sur lesquels nous ne serons pas davantage renseignés dans la suite du chapitre, ne sont pas sans faire penser aux sophistes, contre lesquels s'emporte Aristote dans les dernières pages de l'*Éthique à Nicomaque*, X, 9, 1180 b 35-1181 a 2, car ils « prétendent enseigner la science politique » (τὰ πολιτικὰ ἐπαγγέλλονται διδάσκειν οἱ σοφισταί), bien que n'en connaissant nullement la nature, et s'imaginent pouvoir mettre sur pied une constitution en faisant une « collection des lois réputées bonnes » (1181 a 16-19 συναγαγόντι τοὺς εὐδοκιμοῦντας τῶν νόμων), à la manière du législateur empiriste critiqué dans notre chapitre.

7. Quel rapport l'auteur instaure-t-il dans ce chapitre entre la philosophie et la politique ? Le texte est assez ambigu, et il faut envisager plusieurs niveaux. Par moments, la philosophie semble être traitée comme une discipline à part entière, qui correspond à la connaissance de la nature et de la vérité (la figure du « philosophe » est omniprésente dans le chapitre, à travers, notamment, l'image du « bon pilote » qui clôt celui-ci). D'un autre côté, la philosophie joue aussi un rôle transversal et architectonique, en tant que connaissance qui donne à tous les arts leurs principes : elle connaît la nature du corps comme celle de l'âme, le bien du corps comme celui de l'âme, et est utile au médecin comme au politique ; en ce cas, dans la mesure où un quelconque praticien ou artisan guide son art sur les principes et la vérité, il est lui aussi « philosophe ». L'ambiguïté rejaillit précisément sur le politique, qui, à côté du philosophe, fait lui aussi l'objet de multiples développements dans ce chapitre : est-il ici simplement l'un des praticiens qui se sert de la philosophie, ou est-il « le » philosophe ? Ce point a gêné la plupart des commentateurs ; certains, comme Berti (Berti[4], note 67, p. 85-86), pensent qu'il est question ici de l'« identification immédiate du politique et du philosophe », conception bien évidemment plus platonicienne qu'aristotélicienne : dans l'hypothèse où ce chapitre jamblichéen proviendrait du *Protreptique* aristotélicien, alors se pose une nouvelle fois la question du « stade » de la pensée d'Aristote quand il composa le *Protreptique*, qui correspondrait sans doute avec la période académicienne. Dans notre perspective, nous insisterons davantage sur la ressemblance avec le chap. VI, dans lequel la philosophie est caractérisée comme une science à la fois théorique et normative : théorique, puisqu'elle recherche les principes des êtres, et normative, puisque nous devons régler sur elle notre existence.

8. Ταῖς ἄλλαις τέχναις ταῖς δημιουργικαῖς : le passage est difficile, et a fait l'objet d'interprétations divergentes. Certains traduisent : « dans les autres arts des artisans », ce qui suppose que *toutes* les τέχναι peuvent être désignées comme

partant de la nature, par exemple, dans la construction, le cordeau, la règle, le tour[9] – les uns étant pris dans l'eau, les autres dans la lumière,

δημιουργικαί, et donc que la politique est *elle aussi* une τέχνη δημιουργική, comparable, sous tel ou tel aspect, aux *autres* (ἄλλαι). Nous nous rallions à une autre lecture du texte, proposée par d'autres traducteurs, en faisant de ταῖς δημιουργικαῖς une sorte d'apposition à ταῖς ἄλλαις, et traduisons : « les autres arts, ceux des artisans », ce qui exclut que la politique soit une τέχνη δημιουργική. Notre interprétation s'appuie sur un emploi bien attesté de τέχνη δημιουργική que l'on trouve, notamment chez Platon, *Protagoras*, 322 b 3, dans le célèbre texte sur l'apparition des arts ; mais aussi chez Jamblique : cet emploi fait de la τέχνη δημιουργική la même chose, pratiquement, que la τέχνη ποιητική, c'est-à-dire un art de *production*, artisanal, placé vers le bas dans l'échelle des arts ; l'exemple platonicien du *Protagoras* est significatif, puisqu'il oppose, précisément, à ce type de τέχναι, la τέχνη πολιτική, ce que l'on mettra en relation avec *Apologie*, 23 e, qui distingue aussi les δημιουργοί des πολιτικοί. Notre auteur emploierait donc, sans doute, l'adjectif δημιουργικός en une acception étroite, ce qui n'implique nullement qu'il se contredise en appelant plus loin le philosophe un δημιουργός. Sur ce sens étroit, nous renvoyons aux analyses qu'A. Balansard a consacrées aux dialogues platoniciens spécifiquement : Technè *dans les* Dialogues *de Platon. L'empreinte de la sophistique*, Sankt Augustin, 2001, en part. p. 79, et p. 86-95. Mais il reste une seconde ambiguïté : s'il apparaît assez clair que l'art politique et les « arts des artisans » sont dans un rapport d'altérité, en utilisant l'adjectif ἄλλαι l'auteur pourrait vouloir distinguer les « arts des artisans » non seulement de la politique, mais d'une classe plus large, celle des τέχναι parmi lesquelles se range la politique, c'est-à-dire les τέχναι dont il a été question au début du chapitre : médecine, gymnastique, voire art de la navigation (voir l'exemple du pilote à la fin du chapitre). Celles-ci ne « fabriquent » rien mais se présentent comme des « soins » – terme que l'auteur emploie au chapitre VI : ἐπιμελεῖαι (« pour l'âme aussi il existe un soin et un art », p. 38, 19-20 P) – et correspondent à la représentation donnée par Galien de la médecine lorsqu'il désigne celle-ci, en de multiples endroits de son œuvre, comme une φυλακή. Que la comparaison porte uniquement sur la politique, ou sur un groupe plus ample dans lequel se range celle-ci, l'adjectif *autres* distingue donc bien, selon nous, une nouvelle catégorie d'arts, les arts de la production ou de la fabrication. Ce qui le rend évident est aussi l'exemple qui illustre cette catégorie : l'art de la construction ou de la maçonnerie, qui est typiquement un art de production. Pour résumer, trois catégories d'arts sont donc envisagées dans ce chapitre : les arts productifs, les arts non productifs relatifs au corps, et les arts non productifs relatifs à l'âme (dans ces deux derniers cas ce sont des ἐπιμελεῖαι). La distinction initiale du chapitre, fondée sur le domaine d'application (le corps/l'âme), permet, comme au chapitre VI, de donner un premier critère de définition de la politique, tandis que celle qui est maintenant introduite permet de classer les arts en fonction de leur exactitude.

9. Στάθμη : « cordeau » ou « corde » (en latin : *linea*), qui servait à tracer une ligne droite sur le bois ou la pierre ; le terme peut aussi désigner une sorte de fil à plomb. Κανών (en latin : *regula*) : instrument rigide gradué (à la différence de στάθμη) pour tracer des lignes droites ou prendre des mesures. L'un comme l'autre de ces deux instruments servent en particulier aux charpentiers et aux maçons. Τόρνος : désigne tout instrument servant à constituer des objets de formes circulaires, en bois ou en métal (comme le « tour » du potier). De façon tout à fait intéressante, on remarquera que ces trois instruments sont cités par Socrate, dans le *Philèbe* (56 b-c), qui leur ajoute le διαβήτης (« compas », et peut-être aussi « fil à plomb ») et le προσαγώγιον

les autres encore dans l'éclat des rayons du soleil[10] –, qui nous servent de norme pour faire l'épreuve de ce qui, d'après la sensation, est suffisamment droit et lisse ; pareillement, le politique doit emprunter à la nature elle-même et à la vérité certains critères, qui lui permettent de juger ce qui est juste, et beau, et profitable[11]. Car de même que dans le

(« équerre ») : Socrate les présente comme les instruments-types de la construction des navires, de celle des maisons, et de la charpenterie. Quant à l'art de la construction, parce qu'il dispose d'une telle variété d'instruments, qui sont des instruments de mesure, il est, selon Socrate, un art *plus exact et rigoureux* que la plupart des autres arts, dans un contexte qui est, comme dans le texte de Jamblique, celui d'une hiérarchie des arts en fonction du degré de précision (*cf. supra*, p. 123-124, note 2). C'est cette même rigueur – consistant à se rapporter systématiquement à la norme – qui permet, dans notre texte, d'établir un parallèle entre l'art de la construction et la politique.

10. À la différence d'É. des Places, nous considérons, comme Pistelli, que le texte de F est corrompu pour toute une partie de ce passage. La traduction que nous avons proposée, et qui a un caractère aléatoire et provisoire en raison de l'état du texte grec, tient compte de la correction proposée *dubitanter* par Vitelli : τἆλλ<α>, ἐν, signalée en apparat par Pistelli. La correction de Vitelli présuppose une erreur typique due à l'écriture en majuscule : ΤΑΛΛ→ΤΑΜ, et elle donne à ἄλλα une valeur distributive ; nous adoptons aussi la conjecture de Kiessling : ληφθέντα au lieu de ληφθέντων, jugée vraisemblable par Pistelli. Ces deux conjectures permettent de donner au texte une certaine cohérence, sans, bien sûr, qu'on ne puisse rien dire de définitif. Nous signalons aussi la proposition de Diels, qui supprime τὰ et corrige μὲν en ἐν, et celle de Düring, qui corrige καὶ (devant φωτὶ) en τὰ δὲ. Mais sur l'interprétation de Düring, qui entend la parenthèse comme un génitif absolu, voir les objections d'Allan, « Critical », p. 237, qui suggère encore une autre construction, supposant plusieurs omissions dans le texte. Par ailleurs, nous faisons du groupe τἆλλ<α>, ἐν ὕδατι… ταῖς αὐγαῖς une apposition à la série des instruments, et de ces trois datifs précédés de la préposition ἐν les compléments du participe ληφθέντα : « empruntés à », « dérivés de » l'eau, etc., dans le même sens qu'un peu plus bas : τὰ ὄργανα καὶ τοὺς λογισμοὺς… λαβόντες, et τούς τε λόγους λαμβάνουσι : « ils empruntent leurs instruments et leurs raisonnements ». Ce qui du moins semble clair, c'est que les instruments sont dérivés du « monde physique », notamment de l'eau et des rayons du soleil, tandis que le mode de dérivation lui-même reste confus, si ce n'est que l'on pouvait obtenir le tracé de la règle (voire du cordeau), en suivant la ligne droite formée par les rayons du soleil.

11. Que le sage se guide sur une norme est une idée que l'on rencontre chez Aristote, par exemple à la fin de l'*Éthique à Eudème*, VIII, 3, 1249 a 21-b 4 : tout comme le médecin a un critère (ὅρος) en fonction duquel il juge ce qui est sain et ce qui ne l'est pas, de la même manière, l'homme vertueux (ὁ σπουδαῖος) aura un critère pour les actions et pour choisir ce qui est bon par nature ; mais dans ce passage de l'*Eth. Eud.*, le critère a pour caractéristique supplémentaire d'être « ce qui commande » (τὸ ἄρχον). En l'occurrence l'homme vertueux devra régler toute sa conduite sur la contemplation du divin, car le dieu est le principe directeur, et plus précisément la « fin » en fonction de laquelle la φρόνησις commande. Nous renvoyons au chap. VI, où il est dit que le sage lui-même est « norme » et « critère » (ὅρος, p. 39, 17 P) : s'il est une norme, c'est en effet parce qu'il se guide sur sa propre

premier cas[12] ces instruments surpassent tous les autres, de même la plus belle des lois est celle qui a été établie au plus près de la nature[13]. Mais il n'est pas possible d'y arriver sans avoir pratiqué la philosophie et étudié la vérité[14].

Les critères du philosophe et ceux des autres arts

Et ceux qui pratiquent les autres arts se doutent bien[15] qu'ils tirent leurs instruments et leurs raisonnements les plus exacts non

disposition, qui est la sagesse. Ce passage est l'un de ceux qui donnent l'impression que le politique s'identifie au philosophe (voir *supra*, p. 125, note 7).

12. Le texte dit littéralement : « là-bas », c'est-à-dire « dans le premier cas, celui des artisans », le domaine des arts « productifs ».

13. La suite du texte montre que la « nature » s'identifie avec des principes divins et stables.

14. Ici, la philosophie semble se dissocier de la politique, comme si elle était une science architectonique et transversale, condition théorique de tout art et de toute pratique (dont la politique n'est qu'un exemple).

15. La phrase n'est nullement claire, et a donné lieu à des interprétations diverses, dont certaines sont résumées dans l'article d'Allan, « Critical », p. 237-238, qui expose en détail le problème grammatical.

– La première solution, adoptée par Ross puis par Düring et Chroust, consiste à faire porter la négation οὐκ devant ἀπ' αὐτῶν τῶν πρώτων sur l'ensemble de la participiale dont le verbe est λαβόντες. Par ex. Düring (*a*), p. 69 : « *in the other arts and crafts men do not take their tools and their most accurate reasonings form first principles, and so attain something approaching to knowledge* » : ce qui semblerait dire qu'à la différence de la philosophie, les autres arts *ne comportent nullement* des raisonnements exacts (*most accurate*) et *n'ont nullement* pour critères les premiers principes, n'offrant ainsi que des modes de connaissance *imparfaits*.

– E. Berti (Berti[4], p. 33) ne fait porter la négation que sur ἀπ' αὐτῶν τῶν πρώτων, ce qui signifie que les artisans possèdent tout de même, en quelque manière, des instruments et des calculs exacts : « *nelle altre arti si raggiunge un certo sapere* prendendo *gli strumenti e i calcoli più esatti* non *dalle stesse realtà prime* ». Dans cette interprétation, σχεδὸν ἴσασιν a une valeur résultative : *si raggiunge un certo sapere*, et l'adverbe σχεδόν exprime le degré approximatif de ce savoir (*un certo*).

– Selon de Strycker (« Düring », p. 239), l'expression σχεδὸν ἴσασιν ne signifie pas un « savoir approximatif » : l'adverbe marquerait simplement une affirmation atténuée dans le contexte d'un énoncé à valeur générale, ce qu'il faudrait mettre en relation avec le début du chapitre : οἱ πλεῖστοι σχεδὸν ὁμολογοῦσιν. Il traduit : « *auf dem Gebiet der gewöhnlichen Techniken haben die Menschen sich* meistens *ihr Wissen angeeignet, indem sie nicht solchen Instrumente oder Berechnungen anwendeten* (...) ».

– Giannantoni, Casaglia, et, dernièrement, Zanatta (p. 297) ont proposé une traduction légèrement différente, en mettant « les instruments et les calculs » en facteur commun de λαβόντες et ἴσασιν. Par ex. Zanatta : « *e si conoscono all'incirca gli strumenti e i calcoli più precisi delle altre arti assumendoli* (...) » ; une telle des premiers principes eux-mêmes, mais des réalités de deuxième, troisième rang, et de rangs encore plus éloignés[16], et ils empruntent leurs méthodes à l'expérience ; à l'inverse, seul le philosophe imite à partir des réalités exactes elles-mêmes, car ce sont elles, précisément, qu'il contemple et non des imitations[17].

traduction nous paraît difficile, car elle suppose que le verbe οἶδα suivi de l'accusatif puisse s'employer non au sens de « reconnaître », « identifier » quelque chose, mais pour désigner l'*activité* scientifique même qui consiste à *élaborer* des connaissances et des outils.

– Nous avons suivi pour notre part la solution proposée par Allan, « Critical », p. 238, qui fait de la participiale régie par λαβόντες l'équivalent d'une proposition complétive introduite par ὅτι, complément du verbe ἴσασιν : « *and those who practise the other arts* are fairly well aware *that they derive* (…) » ; la traduction d'É. des Places suppose la même construction grammaticale : « *ils savent bien qu'ils empruntent* leurs instruments et leurs calculs ». Cette construction de οἶδα est très bien attestée en grec, nous en avons même un exemple avec σχεδόν, Euripide, *Troyennes*, 898 : ἀτὰρ σχεδὸν μὲν οἶδά σοι μισουμένη, que l'on pourrait traduire : « *je me doute bien* que je te suis odieuse ». Dans ce cas, comme le fait remarquer Allan, l'accent est mis sur la *conscience* qu'ont les artisans de ne posséder qu'une forme dérivée du savoir. Sur le sens global du passage voir Notes complémentaires.

16. L'adjectif πολλοστός apparaît ailleurs chez Jamblique, dans le *De mysteriis*, III, 28 (p. 168, 14 P), et nous renvoyons à l'excellente note d'É. des Places *ad loc.* (Jamblique, *Les mystères d'Égypte*, C.U.F., Paris, 1966, note 1, p. 139-141), qui montre l'origine platonicienne de cet adjectif, désignant un rang éloigné dans un ordre hiérarchisé des réalités. Il se rencontre chez les Néoplatoniciens, dans des contextes qui supposent une échelle ontologique ou logique comme la distinction des trois lits en *République* X.

17. Les « réalités elles-mêmes » semblent correspondre aux « notions exactes » sur toutes choses, non aux idées platoniciennes que font intervenir, à l'inverse, les tenants de l'interprétation génétique de la philosophie aristotélicienne. Le rapport entre les « réalités elles-mêmes » et les « imitations » ne correspond donc pas, non plus, au rapport entre les « idées » platoniciennes et les « réalités empiriques » ; en effet, l'exemple que l'auteur donne juste après montre que les « imitations » (μιμήματα) sont les objets qui ne sont pas directement conçus d'après les notions philosophiques, mais qui ont été réalisés par l'homme à partir d'autres objets déjà fabriqués. Comme des Places, nous rapprocherons ce passage du *De intellectu* d'Archytas, fr. 2 Thesleff, p. 38, cité par Stobée, *Anthologie*, I, 48, 6 (I, p. 316, 9-327, 13 Wachsmuth), mais, plus encore, du long fragment qui suit dans l'édition Thesleff, emprunté à Jamblique, *De comm. math. sc.*, chap. 8, p. 36-40, et qui est fortement inspiré de *Rép.*, VI, 509 d 7-511 e 5 (image de la « ligne » sectionnée suivant les quatre opérations de l'esprit). Jamblique y développe une théorie des différents degrés de connaissance qui est adossée à une hiérarchie des critères de la connaissance eux-mêmes, avec, au sommet, les étants (ὄντα) et les « principes anhypothétiques », par rapport auxquels les critères successifs sont des « images » ou des « reflets ». Nous signalons *infra*, p. 130, note 21, un autre parallèle significatif entre ce chapitre du *Protreptique* et le *De communi mathematica scientia*.

De même que[18] n'est pas bon architecte celui qui n'utilise ni la règle ni aucun des autres instruments de ce genre, mais se rapporte à d'autres bâtiments[19], de même, il est fort probable que celui qui légifère pour des cités ou administre les affaires publiques[20] en observant et en imitant[21] d'autres administrations ou d'autres constitutions humaines, comme celles des Lacédémoniens, des Crétois ou d'autres peuples encore, n'est ni un bon législateur, ni un législateur compétent[22]. Car il ne peut y avoir de belle copie de ce qui n'est pas

18. La comparaison entre le bon architecte et le bon politique fait directement écho à la comparaison entre les instruments de celui-là et la loi, instrument du législateur ; elle semble en être la suite naturelle. La symétrie est renforcée par la récurrence de ὥσπερ en début de phrase : ce serait un argument pour dire que tout le paragraphe précédent, qui s'accorde mal avec ce qui précède, pourrait être un commentaire de Jamblique, qui vient interrompre maladroitement un développement cohérent (voir Notes complémentaires).

19. Παραβάλλων : « en se rapportant à », « par comparaison avec » des constructions déjà existantes. Il s'agit d'une pratique expérimentale, alors que l'architecte compétent doit se régler sur les principes théoriques (par exemple les mathématiques) ; de même, un bon législateur n'imitera pas les lois des cités déjà existantes, les codes de constitution, etc., mais se réglera sur les « réalités elles-mêmes » ou encore les « critères » empruntés à la nature et à la vérité, dont il a été question au début du chapitre, et qui sont, par exemple, la nature de l'âme humaine, ou les principes de l'éthique, comme la nature du bonheur, du bien ou du juste. *Cf. supra*, p. 124, note 3.

20. Nous suivons les traductions de Chroust, Giannantoni, et Casaglia, qui voient dans les πράξεις en question non les « actions », mais les « affaires publiques », et dans πράττειν πράξεις le fait d'« administrer les affaires publiques », ce qui permet d'exprimer les deux facettes (théorique et pratique) de l'activité de l'homme politique : d'un côté la formulation des lois, de l'autre la gestion des affaires.

21. Ἀποβλέπων καὶ μιμούμενος : on retrouve exactement la même expression dans le *De comm. math. sc.*, chap. 34, p. 97, *cf. infra*, p. 131-132, note 25.

22. Certains commentateurs ont été gênés par ce qui semble un déséquilibre (un seul substantif, mais deux adjectifs) ; ainsi, M. Plezia, « De quodam Protreptici Aristotelis loco supplendo », a suggéré une lacune entre οὐδὲ et σπουδαῖος, ce qui permettrait de restituer un parallélisme qui lui paraît indispensable, entre, d'un côté, celui qui fixe les lois, et, de l'autre, l'homme qui se consacre à la *polis* par ses actions. Il propose la correction suivante : οὐκ ἀγαθὸς νομοθέτης οὐδὲ <πολιτικὸς> σπουδαῖος. Cette distinction, remarque-t-il, semble avoir été établie juste avant, avec l'expression « celui qui légifère pour des cités ou accomplit des actions », ou, dans notre traduction, « celui qui administre les affaires publiques ». Il se fonde sur des exemples aristotéliciens, les uns attribuant au « politique » les « actions » (par ex. *Eth. Eud.*, I, 5, 1216 a 25 : ὁ μὲν γὰρ πολιτικὸς τῶν καλῶν ἐστὶ πράξεων προαιρετικὸς αὐτῶν χάριν ; *cf.* 1215 b 2), les autres comportant le binôme νομοθέτης/πολιτικός (par ex. *Pol.*, III, 1, 1274 b 36 ; IV, 1, 1288 b 27 ; V, 9, 1309 b 35, etc.). Si l'on s'en tient à la pensée aristotélicienne, il est certain que les passages de la *Politique* invoqués par M. Plezia, et d'autres encore, établissent la distinction en question, mais le discours aristotélicien est en réalité plus nuancé, puisque qu'en *Pol.*, III, 12, 1273

beau, ni de copie immortelle et stable de ce qui n'est pas divin et stable par nature, et, à l'évidence[23], le philosophe est le seul de tous les artisans[24] auquel appartiennent à la fois des lois stables et des actions droites et belles[25]. Car il est le seul à vivre les yeux fixés sur

b 27-34, par exemple, il est dit que certains législateurs ont personnellement pris part au gouvernement (πολιτευθέντες αὐτοί), parmi lesquels Lycurgue et Solon, et de fait, dans la *polis* grecque, le législateur est lui-même une figure d'homme politique. Et c'est précisément ce qui se passe dans notre chapitre, où les « législateurs compétents » (οἱ ἀγαθοὶ νομοθέται), mentionnés dans la comparaison ouvrant le chapitre, ne sont pas autre chose que le « politique » (ὁ πολιτικός) qui apparaît par la suite. La proposition ingénieuse de Plezia n'est donc pas indispensable, et nous considérerons donc que νομοθέτης est en facteur commun des deux adjectifs : « il n'est ni un bon législateur, ni un législateur compétent ». Le fondement de cette identification n'est autre, en réalité, que le sens du rapprochement établi à la fin du chapitre entre la science politique et la science philosophique : cette dernière comporte, certes, un aspect théorique primordial (qui prend en l'occurrence la forme d'une législation), mais elle est *en même temps* et *grâce à sa nature théorétique même* – c'est-à-dire sans antinomie aucune – la condition *sine qua non* de toute action. L'identification du législateur et du politique est d'autant plus importante, assurément, qu'elle est, dans le raisonnement, le moyen indirect de surmonter le paradoxe représenté par l'utilité de la philosophie théorétique.

23. Le manuscrit F comporte μόνον, conservé par Pistelli : nous avons adopté δῆλον, qui est une correction de Vitelli, suivi par Düring et des Places (voir Critères d'édition).

24. Nous avons conservé la leçon du manuscrit F : μόνου τῶν δημιουργῶν, supprimé par Schneeweiß. On comprend l'hésitation à garder ce membre de phrase à cet endroit du texte : s'il est vrai que les politiques-philosophes ont été désignés au début comme les « artisans » ou les « spécialistes » des « vertus de l'âme », la suite du passage distinguait clairement la politique des τέχναι δημιουργικαί. Nous revenons sur cette tension dans les Notes complémentaires. En cette fin du chapitre, on ne peut qu'avoir l'impression, à nouveau, et davantage encore que plus haut que le philosophe est une figure d'exception, distincte, sans doute, du politique (*cf. supra*, p. 125, note 7).

25. Le modèle scientifique attribué ici aussi bien à la politique qu'à la philosophie est celui de la science mathématique « pythagoricienne », décrit par Jamblique dans *De comm. math. sc.*, chap. 34, p. 97 : les objets mathématiques sont des paradigmes (παραδείγματα), stables, immobiles, et toujours semblables à eux-mêmes (μόνιμά τε ὄντα καὶ ἀκίνητα καὶ κατὰ τὰ αὐτὰ ἀεὶ ὡσαύτως ἔχοντα) ; on doit les observer (ἀποβλέπων) et les imiter (μιμούμενος) : nous avons remarqué plus haut (p. 130, note 21) que ce couple de participes figure aussi dans le texte du *Protreptique* : ce sont quelques-uns des nombreux points communs entre le *De comm. math. sc.* et les chapitres VI et X du *Protreptique*, ouvrages dans lesquels Jamblique donne les principes d'une pythagorisation du platonisme (*cf.* Introduction), ce qu'il ne faut jamais perdre de vue. Car le passage rappelle, comme plus haut, bien entendu, la *République* de Platon, livre VI, particulièrement 500 c-d, qui décrit l'objet de la contemplation du philosophe en ces termes : l'esprit contemple les « étants » (ou les « essences ») : τὰ ὄντα ; des « objets ordonnés et immuables » : τεταγμένα ἄττα καὶ κατὰ ταὐτὰ ἀεὶ ἔχοντα ; « qui sont tous sous la loi de l'ordre et de la

la nature et sur le divin[26], et tel un bon pilote[27], après avoir amarré les principes de son existence aux réalités éternelles et permanentes, il reste ancré[28], et vit en s'en remettant à lui-même[29].

raison » : κόσμῳ δὲ πάντα καὶ κατὰ λόγον ἔχοντα ; et que l'on doit imiter autant que possible.

26. Chez Aristote, on trouve l'expression « contempler la nature » (τὴν φύσιν θεωρεῖν) en *Part. An.*, III, 2, 663 b 27 par exemple. Mais on notera surtout, ici, le binôme « la nature et le divin » : la nature s'identifie, dans notre texte, aux « réalités éternelles et permanentes » dont il est question juste après, c'est-à-dire qu'elle est en elle-même quelque chose de divin (par hendiadyin), ce qui a été mis en relation avec plusieurs passages aristotéliciens présentant la même conception : *De caelo*, I, 14, 271 a 33 (même hendiadyin) ; mais aussi *Eth. Nic.*, VII, 14, 1153 b 32 ; X, 10, 1179 b 21-22. On rapprochera surtout l'expression de deux passages du chapitre IX : selon Pythagore, l'homme a été créé par « la nature et le dieu » (ἡ φύσις καὶ ὁ θεός) pour contempler, et ce qu'il contemple est précisément « la nature ». L'auteur réaffirme enfin dans les dernières lignes du chapitre IX que l'homme est fait pour contempler « la nature des êtres » (τῶν ὄντων φύσις).

27. On comparera avec la figure de l'homme politique idéal chez Platon, dans le *Politique*, 292-302 : il est son propre maître, au-dessus des lois et des règles écrites. Sur les ressemblances entre le chap. X et le *Politique*, nous renvoyons à Düring (*a*), p. 212-214 (voir *supra*, p. 123, note 1).

28. Nous suivons ici, comme une majorité d'éditeurs du *Protreptique* d'Aristote, la proposition de Vitelli, suivi par Pistelli, consistant à remplacer par ὁρμεῖ (« il est ancré ») la leçon des manuscrits, ὁρμᾷ (que l'on pourrait traduire par « il s'élance »). Quelques uns ont en revanche laissé le texte des manuscrits, avec arguments à l'appui : des Places (p. 85), qui emprunte sa traduction explicitement à Festugière, et, préalablement, Bignone, *L'Aristotele perduto*, p. 77, se fondant sur deux parallèles pour le verbe ὁρμάω dans le domaine de la navigation, chez Thucydide, VIII, 34 (le sujet est Brasidas, à la tête de la flotte) ; IV, 103, 2 (le sujet est le navire lui-même). Juste avant, le participe ἀναψάμενος, que nous avons traduit par « amarré », amorçait la métaphore nautique : comme l'a remarqué W. K. C. Guthrie (*A History of Greek Philosophy*, VI, 1981, p. 80, n. 6 ; *cf.* des Places p. 158, note 4), ce participe, qui exprime une idée de fixité, est en faveur d'ὁρμεῖ. Nous avancerons un autre argument, tiré d'un rapprochement fait par G. Lazzati, *L'Aristotele perduto e gli scrittori cristiani*, Milan, 1933, p. 50-51. Il s'agit de la métaphore, certes rebattue, du « port de la philosophie », que l'on rencontre notamment chez Cicéron (un fragment de l'*Hortensius* désigne en particulier la philosophie comme *arx* et *domus*), et chez Augustin qui l'emprunte très certainement à celui-ci ; or, fait remarquer Lazzati, le même concept se retrouve dans le chap. X du *Protreptique* de Clément d'Alexandrie, œuvre dans laquelle plusieurs expressions proches de certains passages du *Protreptique* jamblichéen laisseraient penser, par recoupement, que les deux auteurs s'inspirent l'un comme l'autre du *Protreptique* d'Aristote. Clément dit en effet (X, 107, 2) : « <les hommes> doivent ensuite considérer la sagesse comme le port et l'eau paisible du salut (ὅρμον τε τὴν αὐτὴν ἀκύμονα σωτηρίας) ». Lazzati relève la métaphore nautique commune aux textes de Clément et de Jamblique (il cite ce dernier avec la leçon ὁρμᾷ), sans voir que l'image même du port serait un autre argument en faveur de la correction de Pistelli.

29. La préposition κατά suivie de l'accusatif a certainement le même sens que dans l'expression κατ' αὐτήν employée deux fois, juste après, à propos de la

Contemplation et efficacité pratique

Cette science est donc spéculative, mais elle nous donne la possibilité d'être artisans de toutes choses en la prenant pour guide. C'est comme la vue[30] : elle n'est la créatrice ni l'artisan de rien (sa seule fonction est de discerner et de faire apparaître chacun des objets visibles), et pourtant elle nous permet d'agir grâce à elle, et fournit à nos actions une aide indispensable – car privés d'elle, nous serions presque complètement réduits à l'immobilité –. De même, à l'évidence, bien que cette science soit spéculative, nous accomplissons pourtant d'innombrables actions en la prenant pour guide, choisissant telles choses et évitant telles autres, et, en somme[31], acquérant grâce à elle tous les biens.

« science spéculative » : elle signifie « en se guidant sur », « en se conformant à ». Cette phrase doit être mise en relation avec le chapitre VI, qui a démontré que « seule la philosophie comprend en elle-même le droit jugement et la sagesse directive et infaillible » et que l'homme vertueux lui-même (ὁ σπουδαῖος) est la règle (κανών) et le critère (ὅρος) les plus exacts. Nous voyons dans cette métaphore nautique, où le philosophe a les yeux rivés sur le divin et le bien, devenus une norme intériorisée, une sorte de reflet inversé des navigations irrationnelles du chap. VI, en direction des colonnes d'Héraclès, ou encore des voyages en mer, évoqués au chap. IX, que l'on entreprend pour assister à de futiles spectacles.

30. Le parallèle entre la philosophie et la vue – de même qu'entre la vie et la vue – est aussi un élément essentiel de la dernière partie du chapitre VII (la vue, par sa clarté, est ce qui rend désirable la vie), ainsi que de la première partie du chapitre XI (la vie en acte se caractérise par l'activité de voir). C'est un autre fil directeur de ces chapitres du *Protreptique* de Jamblique.

31. Le chapitre se termine sur une affirmation conclusive, ce qui explique notre choix de traduire l'adverbe ὅλως par « en somme », plutôt que « généralement », adopté par la plupart des autres traducteurs.

NOTES COMPLÉMENTAIRES AU CHAPITRE X

Le premier passage problématique du chapitre X sur lequel nous ferons quelques remarques est un exemple particulièrement représentatif des difficultés qui surgissent lorsqu'on envisage le texte jamblichéen dans la perspective de l'authenticité aristotélicienne[1].

Les premiers principes : Aristote platonicien ?

À la différence des autres hommes de l'art, le philosophe, dit l'auteur, tire ses raisonnements et ses calculs, ἀπ' αὐτῶν τῶν πρώτων (p. 55, 9 P) que l'on peut traduire par les premiers « principes » ou premières « réalités » – et il « imite » ἀπ' αὐτῶν τῶν ἀκριβῶν (p. 55, 12-13 P), à partir des principes « les plus exacts ». La relation des raisonnements à l'égard des principes prend donc la forme tout à fait particulière d'une imitation, en grec μίμησις et μιμήματα[2]. On comprend aisément pourquoi certains ont mis en relation ce passage avec la théorie platonicienne des idées, soulevant du même coup la question du platonisme d'Aristote au moment où il

1. Perspective qui n'est pas celle, rappelons-le, de la présente édition.

2. P. 55, 13-14 P. Un peu plus loin, il est écrit : « Car il ne peut y avoir de belle copie (μίμημα) de ce qui n'est pas beau, ni de copie immortelle et stable de ce qui n'est pas divin et stable par nature ».

rédigea le *Protreptique*. Ce qui a provoqué un vif débat, retracé avec précision par Düring[3] puis par Dumoulin[4], auxquels nous renvoyons pour les détails, en ajoutant quelques références bibliographiques complémentaires ou plus récentes.

Pour résumer, on distinguera cinq solutions différentes, dont chacune résout à sa façon le problème de l'authenticité aristotélicienne :

a) Ces passages appartiennent au *Protreptique* d'Aristote et impliquent la théorie des idées ainsi que la métaphysique dualiste que celle-ci suppose : c'est la position de Jaeger[5], qui s'inscrit dans une perspective évolutionniste de la pensée aristotélicienne. Selon lui, ces passages fournissent précisément la preuve qu'Aristote aurait rédigé le *Protreptique* à une époque où il était très proche de Platon, avant, donc, les années de voyages, avant, aussi, la mort de Platon[6]. Le même problème se pose pour d'autres extraits de Jamblique, notamment aux chap. VI et XI.

b) Ces passages appartiennent au *Protreptique* d'Aristote, mais reflètent des doctrines « authentiquement » aristotéliciennes. Répondant de manière polémique à Hirzel[7] qui avait rapproché (sans les identifier) les doctrines du passage des idées platoniciennes, Diels[8], sans nier que le vocabulaire fût platonicien, et parfaitement inhabituel chez Aristote, affirma qu'il n'y avait pas de différence substantielle entre ces αὐτὰ τὰ πρῶτα et les πρῶτα de la *Métaphysique*, I, 2, 982 a 23.

3. I. Düring, « Aristotle on ultimate principles », p. 35-55 et Düring (*a*), p. 212-214 et p. 220.

4. B. Dumoulin, *Recherches sur le premier Aristote*, p. 140-146.

5. *Aristote*, p. 90-96.

6. La même théorie a été soutenue une dizaine d'années après Jaeger par E. Bignone, *L'Aristotele perduto*, p. 77-79.

7. « Über den *Protreptikos* des Aristoteles » : la discussion du fragment se trouve note 1, p. 99-100 (« *Wer denkt nicht bei den ersten und ursprünglichen Normen, welche der Philosoph schaut und nachbildet, an die Ideen !* »).

8. « Zu Aristoteles' *Protreptikos* und Cicero's *Hortensius* », p. 492-493.

D'autres chercheurs se sont par la suite eux aussi prononcés contre un Aristote « platonicien » : Düring[9], qui, contre Jaeger[10], a soutenu l'unité de la pensée d'Aristote, du début à la fin de son activité philosophique, une pensée qui se caractérise essentiellement, selon lui, par son *empirisme*. Bien que certaines expressions, dit-il, soient indéniablement platoniciennes (les réalités « elles-mêmes », l'« imitation »), le contexte du passage exclut l'interprétation de αὐτὰ τὰ ἀκριβῆ et des expressions similaires en termes de formes transcendantes platoniciennes. Pour Platon, le modèle (à imiter) est représenté par les idées, alors que pour Aristote, et comme on peut le voir dans le chapitre X et en d'autres passages rapportés par Jamblique, il s'agit de la *nature*, qui s'identifie à la vérité et constitue le principe intelligible. La connaissance de la nature est, pour Düring, la connaissance des « universaux » et des « concepts généraux », mais aussi une norme morale[11].

Mettant à son tour le passage en parallèle avec *Métaphysique*, I, 2, C. J. de Vogel, dans un article important[12], a affirmé que les « premiers principes » dont il est question, loin d'être les idées transcendantes de Platon, sont les « formes immanentes », qui représentent « le bien dans l'ordre de la nature » et les causes premières. L'identification des premiers principes, voire du « divin », avec la nature, a été reprise par M. Isnardi Parente pour laquelle le caractère littéraire et oratoire de l'ouvrage permet des concessions à la « terminologie » platonicienne[13] ; quant à de Strycker, sans nier

9. Références bibliographiques *supra*, p. 136, note 3.

10. Au prix d'une distorsion et d'une simplification des résultats de Jaeger, devenus une thèse des « deux Aristote », ainsi qu'on l'a souvent fait remarquer (par ex. C. J. de Vogel, « Did Aristotle ever accept Plato's theory ? », en particulier p. 264).

11.« Aristotle on ultimate principles ».

12. « Did Aristotle ever accept Plato's theory ? ». Après avoir fait la liste des éléments platoniciens, puis des éléments aristotéliciens, dans les chapitres de Jamblique traditionnellement attribués au *Protreptique* d'Aristote, l'auteur conclut que celui-ci a été écrit à une époque « de transition » (« *this confirms the border-country position in the* Protrepticus »), vers la fin du séjour d'Aristote à l'Académie, ou juste après (p. 290-291).

13. *Techne*, p. 88-96, en particulier note 84, p. 88-89 ; le « ton » platonicien se ferait sentir surtout dans l'adjectif αὐτός (dans les expressions φύσις αὐτή, αὐτὰ τὰ πρῶτα), dont Düring, en parlant de *common expression* (Düring (*a*), p. 217), aurait, selon Isnardi Parente, minimisé la signification, tandis que Jaeger a fait du même adjectif le pivot de sa propre interprétation (voir *Aristote*, p. 91-92).

l'appartenance du passage au protreptique aristotélicien, il fait pourtant remarquer, contre Düring, qu'il contient non seulement un « vocabulaire » mais aussi un ensemble de concepts résolument platoniciens : le politique du *Protreptique*, s'il n'imite pas forcément les idées, se règle toutefois sur les normes, les modèles les plus exacts[14]. Dans une perspective identique à celle de C. J. de Vogel se place aussi E. Berti, qui voit dans les réalités premières « les valeurs, les fins, ou les structures profondes de la nature humaine »[15], sur lesquelles le législateur se guide pour fonder les constitutions politiques existant historiquement ; celles-ci peuvent dès lors être considérées comme des « imitations » de ces notions fondamentales.

c) En raison d'incohérences entre différents passages du chap. X, certains interprètes ont fait intervenir d'autres sources que le *Protreptique* d'Aristote, qui auraient été contaminées par Jamblique : H. Flashar[16] a suggéré un autre dialogue perdu d'Aristote, le *Politique*, hypothèse développée par Chroust[17], qui a bien montré les contradictions entre, d'une part, p. 54, 10-55, 7 P et p. 56, 2-12 P dont il fait des extraits du *Protreptique*, et, de l'autre, p. 55, 7-56, 2 P (comprenant le développement sur les « réalités premières ») qui appartiendrait à un autre écrit d'Aristote.

d) Ces fragments sont une composition de Jamblique à partir de textes de Platon[18].

e) Selon Dumoulin, c'est Jamblique lui-même qui aurait cru bon d'étoffer « une allusion aux normes tirées de la nature par une glose inspirée de l'idée d'une métrétique supérieure »[19].

14. « Düring », p. 248-249, rapprochant le passage du *Politique*, 300 c, et de la *République*, 500 c.
15. *Aristotele*, notes 72 et 73 p. 86-87.
16. « Platon und Aristoteles », p. 53-79.
17. « An Emendation to Fragment 13 (Walzer, Ross) », dans *Aristotle, New light*, vol. 2, p. 105-118.
18. Flashar, « Platon und Aristoteles », p. 76-77, insiste sur les ressemblances avec le *Philèbe* ; *cf.* Kapp, G. Müller et d'autres, cités par Chroust, *Aristotle, New light*, vol. 2, note 23, p. 348-349.
19. *Recherches sur le premier Aristote*, p. 143.

Les solutions c) d) et e) règlent le problème chacune à leur manière et n'admettent pas le passage dans le *Protreptique* aristotélicien, tandis que les solutions a) et b) en font un extrait de cet ouvrage. Mais si l'on accepte, dans les perspectives a) ou b), voire c), que le passage s'accorde avec la pensée aristotélicienne, s'intègre-t-il tout autant dans l'ensemble du chapitre X ? L'enjeu du problème ne consiste pas seulement, en effet, à faire coïncider le passage avec les doctrines du corpus, mais, tout autant, à évaluer la cohérence du chap. X dans son entier.

La philosophie, les arts, et les critères de la nature : une contradiction ?

Résumons brièvement les contradictions du texte, mises clairement en évidence par Chroust en particulier :

– Le début du chapitre instaure une analogie entre la philosophie et les autres arts, dans la mesure où *les uns et les autres* se fondent sur une connaissance de la nature (p. 54, 12-18 P) ; elle est complétée par une deuxième analogie mettant en rapport les instruments des arts manuels et ceux de la politique (p. 54, 22-55, 3 P).

Mais cette analogie est rompue à deux reprises :

– Le passage central de la p. 55 (l. 7-14) semble ruiner complètement le parallèle initial qui mettait au fondement de la philosophie-politique et des autres arts un même principe : la nature. À présent, les critères et les instruments des arts autres que la philosophie sont décrits bien différemment : ce sont des imitations d'imitations, voire des imitations de troisième degré de la réalité, dans un vocabulaire qui, là encore, n'est pas sans rappeler la *République*, livre X. Ils apparaissent fortement dévalués par rapport à ceux de la philosophie qui sont les « réalités exactes elles-mêmes ».

– Le philosophe devient une figure d'exception, car il est le seul à fonder sa pratique sur de tels critères ; il est affirmé, de même, à la p. 55, 24-25 P que *seul* il vit les yeux fixés sur la *nature*, ce qui signifie, aussi, que le mot nature n'a plus le même sens à la fin du chapitre qu'au début.

Plusieurs tentatives ont été faites pour rendre compte de l'impression d'incohérence entre le début du chapitre et la suite (qui commence à la p. 55, 7 P).

Dans *La filosofia del primo Aristotele*[20], Berti, considérant que la thèse d'une opposition entre arts en général et philosophie, science supérieure au sensible, entraînait inévitablement l'identification des premiers principes, dont il est question dans le passage, avec les idées platoniciennes, a proposé l'interprétation suivante : après avoir d'abord établi, au début du chapitre, une comparaison entre deux formes de savoir parallèles (savoir du corps/savoir de l'âme), l'auteur comparerait à présent *deux niveaux du savoir* ordonnés verticalement en une hiérarchie. Non pas, donc, les arts en général et la philosophie, mais uniquement le « niveau imparfait » des arts et la philosophie, qui représente le « niveau parfait de la politique c'est-à-dire d'un art ». Tous les arts, à leur niveau de perfection, ont pour objet de leur imitation la nature, à leur niveau imparfait ils imitent en revanche des copies de la nature, c'est-à-dire des réalités produites auparavant par d'autres arts ; c'est ce deuxième niveau que l'auteur comparerait, implicitement, avec la philosophie qui, quant à elle, a toujours les yeux rivés sur la nature. Ne cherchant pas, pour sa part, à nier la séparation entre le philosophe et les autres artisans, M. Isnardi Parente[21] a expliqué cette séparation par une tension ou une dichotomie, présente dans la pensée d'un Aristote encore proche du platonisme, entre *deux niveaux de nature* : une nature supérieure, authentique, objet de contemplation de la φρόνησις, et une deuxième nature, à laquelle puisent les sens et le raisonnement qui se fonde sur ceux-ci. Plus proche de cette explication est, nous semble-t-il, celle à laquelle recourt Berti dans sa traduction du *Protreptique* : les différences entre les « autres arts » et la philosophie-politique regarderaient le « niveau d'inspiration » de leurs principes[22]. Les principes des artisans sont empruntés à la nature dans son sens « physique », et apparaissent comme des réalités de rang moins élevé que les « réalités premières », dans la mesure où elles sont des réalités « causées » ou « dérivées ». Le philosophe-politique s'inspire, lui, des réalités premières et plus exactes, que Berti

20. Voir *La filosofia*², p. 453-458.
21. *Techne*, p. 89-92.
22. Berti⁴, note 72, p. 86-87.

propose d'identifier, nous l'avons dit plus haut, avec « les valeurs, les fins, ou les structures plus profondes de la nature humaine ». La fin du chapitre, qui fait du philosophe une figure d'exception, irait dans ce sens : le philosophe regarde en effet la nature mais aussi « le divin » (qui semble marquer un niveau supérieur de la réalité), « il est *le seul* (parmi les artisans) dont les lois sont stables ».

Quelle que soit la justesse de ces explications, celles-ci ne permettent pas d'effacer complètement, selon nous, la rupture produite par la dévalorisation soudaine des « autres arts ». C'est bien pourquoi de nombreux interprètes ont supposé que le chapitre était cousu de morceaux hétérogènes, parmi lesquels un texte qui n'aurait rien à voir avec le *Protreptique* d'Aristote : que ce soit un autre texte d'Aristote, un texte de Platon, ou de Jamblique lui-même[23].

Nous voudrions ajouter quelques éléments à l'appui de l'hypothèse selon laquelle la p. 55, 7-14 P, passage qui ne résume pas à lui seul les contradictions, mais qui tranche de la façon la plus brutale avec le début du chapitre, serait une glose de Jamblique, voire d'un copiste[24] :

– L'obscurité syntaxique du passage, relevée par tous les commentateurs, et à propos de laquelle nous avons fait des remarques en notes.

– La présence de l'adjectif πολλοστῶν que l'on retrouve ailleurs chez Jamblique (*De mysteriis*, III, 28), mais nulle part dans le corpus aristotélicien.

– La phrase qui suit le passage (p. 55, 14 P) commence par Ὥσπερ οὖν, point de départ d'une comparaison entre le bon architecte et le bon politique, laquelle nous paraît faire directement écho (οὖν) à la comparaison – située juste avant le passage controversé, et annoncée par ὥσπερ à la l. 4 – entre les instruments de l'architecte et la loi, instrument du législateur ; elle semble même en être la suite naturelle, maladroitement interrompue par un commentaire (jamblichéen ?) sur la dérivation des principes.

23. Il s'agit des solutions c), d), e) dont nous avons parlé plus haut.

24. Le problème n'en est pas pour autant entièrement résolu, puisque la suite du chapitre réaffirme une seconde fois, nous l'avons vu, la séparation du philosophe d'avec tous les autres artisans.

La terminologie des τέχναι et le statut de la philosophie

Sans doute irrésolue dans le texte tel qu'il nous a été transmis, la contradiction soulevée plus haut doit toutefois se lire *aussi* comme une difficulté inhérente au statut même de la philosophie. Le contexte du chapitre X est, comme au chapitre VI, celui d'une classification des arts et des sciences, lesquels se distinguent suivant différents critères : par leur domaine (ceux qui s'occupent de l'âme sont supérieurs à ceux du corps), par leur degré de connaissance de la réalité, par leur nature, c'est-à-dire par le type de rapport qu'ils entretiennent avec leur objet : ils se divisent alors en théoriques/productifs[25]. Or nous avons relevé en notes, à différentes reprises, une sorte de « flottement » lorsque la terminologie technique est appliquée à la philosophie. Tantôt, en effet, le philosophe est désigné comme un δημιουργός parmi d'autres, en tant qu'« artisan » ou « spécialiste » des vertus de l'âme, tantôt la philosophie-politique est clairement distinguée d'un autre groupe : αἱ ἄλλαι τέχναι αἱ δημιουργικαί (les arts « propres aux artisans »). L'auteur joue donc sur les mots de deux manières, tout d'abord en assimilant la philosophie à une τέχνη (ce qui permet de comparer la philosophie à d'autres « pratiques » ou d'autres « professions ») ; puis en soulignant la spécificité paradoxale de la philosophie par rapport à l'ensemble des τέχναι, à l'intérieur duquel elle a d'abord été incluse et dont elle se dégage progressivement, grâce à la connaissance de la vérité qui est sa prérogative. La fin du chapitre exprime en effet un paradoxe, car la philosophie est présentée comme une τέχνη qui n'en est pas vraiment une, ou qui n'est pas sur le même plan que les autres, ou encore une science théorique qui ne comporte pas en elle-même la pratique, mais qui est la condition nécessaire de la pratique (notamment de la pratique politique).

Envisagée indépendamment de la question de l'authenticité aristotélicienne[26], la tension soulignée en ces pages apparaît en tout cas significative d'un réel problème philosophique, dont nous avons montré, dans l'Introduction, qu'il est lié au « genre » même

25. La distinction apparaît à la toute fin du chapitre.

26. Indépendamment, en particulier, du problème de l'évolution de la pensée du Stagirite.

du protreptique, lieu par excellence où la philosophie revendique son statut et donne d'elle-même ses propres définitions : le philosophe occupe une place ambiguë par rapport à la classe des artisans, et, en général, par rapport à l'ensemble des métiers. Il est à la fois *dedans* (ce qui permet des analogies, et la récupération du modèle rhétorique du protreptique à la τέχνη par exemple) et *dehors*, par sa suprématie absolue, et parce que la philosophie est radicalement autre chose qu'un ensemble de règles et de savoirs : elle représente aussi, nous l'avons dit, un mouvement naturel et téléologique.

LA PHILOSOPHIE
EST LA FINALITÉ NATURELLE DE L'HOMME

JAMBLIQUE, *PROTREPTIQUE*, CHAP. IX

[49] Ἄνωθεν δὲ ἀρχόμενοι ἀπὸ τοῦ τῆς φύσεως βουλήματος ἐπὶ τὴν αὐτὴν προτροπὴν προχωροῦμεν οὑτωσί. Τῶν γινομένων τὰ μὲν ἀπό τινος διανοίας καὶ τέχνης γίνεται, οἷον οἰκία καὶ πλοῖον (ἀμφοτέρων γὰρ τούτων αἰτία τέχνη τίς ἐστι καὶ διάνοια), τὰ δὲ διὰ τέχνης μὲν οὐδεμιᾶς, ἀλλὰ διὰ φύσιν· ζῴων γὰρ καὶ φυτῶν αἰτία φύσις, καὶ κατὰ φύσιν γίνεται πάντα τὰ τοιαῦτα. Ἀλλὰ μὴν καὶ διὰ τύχην ἔνια γίνεται τῶν πραγμάτων· ὅσα γὰρ μήτε διὰ τέχνην μήτε διὰ φύσιν μήτ᾽ ἐξ ἀνάγκης γίγνεται, τὰ πολλὰ τούτων διὰ τύχην γίνεσθαί φαμεν. Τῶν μὲν οὖν ἀπὸ τύχης γιγνομένων οὐδὲν ἕνεκά του γίγνεται, οὐδ᾽ ἔστι τι τέλος αὐτοῖς· τοῖς δὲ ἀπὸ τέχνης γιγνομένοις ἔνεστι καὶ τὸ τέλος καὶ τὸ οὗ ἕνεκα (ἀεὶ γὰρ ὁ τὴν τέχνην ἔχων ἀποδώσει σοι λόγον δι᾽ ὃν ἔγραψε καὶ οὗ ἕνεκα), καὶ τοῦτο [ὅτι] βέλτιόν ἐστιν ἢ τὸ διὰ τοῦτο γιγνόμενον. Λέγω δ᾽ ὅσων καθ᾽ αὑτὴν ἡ τέχνη πέφυκεν αἰτία καὶ μὴ κατὰ συμβεβηκός· ὑγείας μὲν γὰρ ἰατρικὴν μᾶλλον ἢ νόσου κυρίως ἂν θείημεν, οἰκοδομικὴν δὲ οἰκίας, ἀλλ᾽ οὐ τοῦ καταβάλλειν. Πᾶν ἄρα ἕνεκά του γίγνεται τὸ κατὰ τέχνην, καὶ τοῦτο τέλος αὐτῆς τὸ βέλτιστον, τὸ μέντοι διὰ τύχην οὐ γίνεται ἕνεκά του· συμβαίη μὲν γὰρ ἂν καὶ ἀπὸ τύχης τι

ἀγαθόν, οὐ μὴν ἀλλὰ κατά γε τὴν τύχην καὶ καθόσον ἀπὸ τύχης οὐκ ἀγαθόν, ἀόριστον δ' ἀεὶ τὸ γιγνόμενόν ἐστι κατ' αὐτήν. Ἀλλὰ μὴν τό γε κατὰ φύσιν ἕνεκά του γίγνεται, καὶ βελτίονος ἕνεκεν ἀεὶ συνίσταται ἢ καθάπερ τὸ διὰ τέχνης· μιμεῖται γὰρ οὐ τὴν τέχνην ἡ φύσις ἀλλὰ [50] αὐτὴ τὴν φύσιν, καὶ ἔστιν ἐπὶ τῷ βοηθεῖν καὶ τὰ παραλειπόμενα τῆς φύσεως ἀναπληροῦν. Τὰ μὲν γὰρ ἔοικεν αὐτὴ δύνασθαι δι' αὑτῆς ἡ φύσις ἐπιτελεῖν καὶ βοηθείας οὐδὲν δεῖσθαι, τὰ δὲ μόλις καὶ παντελῶς ἀδυνατεῖν, οἷον αὐτίκα καὶ περὶ τὰς γενέσεις· ἔνια μὲν δήπου τῶν σπερμάτων εἰς ὁποίαν <ἂν> ἐμπέσῃ γῆν ἄνευ φυλακῆς γεννῶσιν, ἔνια δὲ προσδεῖται τῆς γεωργικῆς τέχνης· παραπλησίως δὲ καὶ τῶν ζῴων τὰ μὲν δι' αὑτῶν ἅπασαν ἀπολαμβάνει τὴν φύσιν, ἄνθρωπος δὲ πολλῶν δεῖται τεχνῶν πρὸς σωτηρίαν κατά τε τὴν πρώτην γένεσιν καὶ πάλιν κατὰ τὴν ὑστέραν τροφήν. Εἰ τοίνυν ἡ τέχνη μιμεῖται τὴν φύσιν, ἀπὸ ταύτης ἠκολούθηκε καὶ ταῖς τέχναις τὸ τὴν γένεσιν ἅπασαν ἕνεκά του γίγνεσθαι. Τὸ γὰρ ὀρθῶς γιγνόμενον ἅπαν ἕνεκά του γίγνεσθαι θείημεν ἄν. Οὐκοῦν τό γε καλῶς, ὀρθῶς· καὶ τὸ μὲν γιγνόμενον γίγνεται, γέγονε δὲ τὸ γεγονὸς τό γε μὴν κατὰ φύσιν ἅπαν καλῶς, εἴπερ τὸ παρὰ φύσιν φαῦλον καὶ τῷ κατὰ φύσιν *** γένεσις ἕνεκά του γίγνεται. Καὶ τοῦτο ἴδοι τις ἂν καὶ ἀφ' ἑκάστου τῶν ἐν ἡμῖν μερῶν· οἷον εἰ κατανοοῖς τὸ βλέφαρον, ἴδοις ἂν ὡς οὐ μάτην ἀλλὰ βοηθείας χάριν τῶν ὀμμάτων γέγονεν, ὅπως ἀνάπαυσίν τε παρέχῃ καὶ κωλύῃ τὰ προσπίπτοντα πρὸς τὴν ὄψιν. Οὐκοῦν ταὐτόν ἐστιν οὗ τε ἕνεκα γέγονέ τι καὶ οὗ ἕνεκα δεῖ γεγονέναι· οἷον εἰ πλοῖον ἕνεκα τῆς κατὰ θάλατταν κομιδῆς ἔδει γίγνεσθαι, διὰ τοῦτο καὶ γέγονε. Καὶ μὴν τά γε ζῷα τῶν φύσει [51] γεγενημένων ἐστὶν ἤτοι πάντα τοπαράπαν ἢ τὰ βέλτιστα καὶ τιμιώτατα· διαφέρει γὰρ οὐδὲν εἴ τις αὐτῶν τὰ πολλὰ παρὰ φύσιν οἴεται γεγενῆσθαι διά τινα φθορὰν καὶ μοχθηρίαν. Τιμιώτατον δέ γε τῶν ἐνταῦθα ζῴων ἄνθρωπός ἐστιν, ὥστε δῆλον ὅτι φύσει τε καὶ κατὰ φύσιν γέγονε. Καὶ τοῦτό ἐστι τῶν ὄντων οὗ χάριν ἡ φύσις ἡμᾶς ἐγέννησε καὶ ὁ θεός. Τί δὴ τοῦτό ἐστι Πυθαγόρας ἐρωτώμενος, « τὸ θεάσασθαι » εἶπε « τὸν οὐρανόν », καὶ ἑαυτὸν δὲ θεωρὸν ἔφασκεν εἶναι τῆς φύσεως καὶ τούτου ἕνεκα παρεληλυθέναι εἰς τὸν βίον. Καὶ Ἀναξαγόραν δέ φασιν εἰπεῖν ἐρωτηθέντα τίνος ἂν ἕνεκα ἕλοιτο γενέσθαι τις καὶ ζῆν, ἀποκρίνασθαι πρὸς τὴν ἐρώτησιν· ὡς «τοῦ θεάσασθαι [τὰ περὶ] τὸν οὐρανὸν καὶ <τὰ> περὶ αὐτὸν ἄστρα τε καὶ σελήνην καὶ ἥλιον », ὡς τῶν ἄλλων γε πάντων οὐδενὸς ἀξίων ὄντων. Εἰ τοίνυν παντὸς ἀεὶ τὸ τέλος ἐστὶ βέλτιον (ἕνεκα γὰρ τοῦ τέλους πάντα γίγνεται τὰ γιγνόμενα, τὸ δ' οὗ ἕνεκα βέλτιον καὶ βέλτιστον πάντων), τέλος δὲ κατὰ φύσιν τοῦτό ἐστιν ὃ κατὰ τὴν γένεσιν πέφυκεν ὕστατον ἐπιτελεῖσθαι περαινομένης τῆς γενέσεως συνεχῶς· οὐκοῦν πρῶτον μὲν τὰ κατὰ τὸ σῶμα τῶν ἀνθρώπων λαμβάνει τέλος, ὕστερον δὲ τὰ κατὰ τὴν ψυχήν, καί πως ἀεὶ τὸ τοῦ βελτίονος τέλος ὑστερίζει τῆς γενέσεως. Οὐκοῦν ψυχὴ σώματος ὕστερον, καὶ τῶν τῆς ψυχῆς τελευταῖον ἡ φρόνησις· τοῦτο γὰρ ὕστατον ὁρῶμεν [52] γιγνόμενον φύσει τοῖς ἀνθρώποις, διὸ καὶ τὸ γῆρας ἀντιποιεῖται τούτου μόνου τῶν ἀγαθῶν· φρόνησις ἄρα τις κατὰ φύσιν ἡμῖν ἐστι τὸ τέλος καὶ τὸ φρονεῖν ἔσχατον οὗ χάριν γεγόναμεν. Οὐκοῦν εἰ γεγόναμεν, δῆλον ὅτι καὶ ἐσμὲν ἕνεκα τοῦ φρονῆσαί τι καὶ μαθεῖν. Καλῶς ἄρα κατά γε τοῦτον τὸν λόγον Πυθαγόρας εἴρηκεν ὡς ἐπὶ τὸ γνῶναί τε καὶ θεωρῆσαι πᾶς ἄνθρωπος ὑπὸ τοῦ θεοῦ συνέστηκεν. Ἀλλὰ τοῦτο τὸ γνωστὸν πότερον ὁ κόσμος ἐστὶν ἤ τις ἑτέρα φύσις, σκεπτέον ἴσως ὕστερον, νῦν δὲ τοσοῦτον ἱκανὸν τὴν πρώτην ἡμῖν. Εἰ γάρ ἐστι κατὰ φύσιν τέλος ἡ φρόνησις, ἄριστον ἂν εἴη πάντων τὸ φρονεῖν. Ὥστε τὰ μὲν ἄλλα δεῖ πράττειν ἕνεκα τῶν ἐν αὐτῷ γιγνομένων ἀγαθῶν, τούτων δὲ αὐτῶν τὰ μὲν ἐν τῷ σώματι τῶν ἐν <τῇ> ψυχῇ, τὴν δὲ ἀρετὴν τῆς φρονήσεως· τοῦτο γάρ ἐστιν ἀκρότατον. Τὸ δὲ ζητεῖν ἀπὸ πάσης ἐπιστήμης ἕτερόν τι γενέσθαι καὶ δεῖν χρησίμην αὐτὴν εἶναι, παντάπασιν ἀγνοοῦντός τινός ἐστιν ὅσον διέστηκεν ἐξ ἀρχῆς τὰ ἀγαθὰ καὶ τὰ ἀναγκαῖα· διαφέρει γὰρ πλεῖστον. Τὰ μὲν γὰρ δι' ἕτερον ἀγαπώμενα τῶν πραγμάτων, ὧν ἄνευ ζῆν ἀδύνατον, ἀναγκαῖα καὶ συναίτια λεκτέον, ὅσα δὲ δι' αὐτά, κἂν ἀποβαίνῃ μηδὲν ἕτερον, ἀγαθὰ κυρίως· οὐ γὰρ δὴ τόδε μὲν αἱρετὸν διὰ τόδε, τόδε δὲ δι' ἄλλο, τοῦτο δὲ εἰς ἄπειρον οἴχεται προϊόν, ἀλλ' ἵσταταί που. Γελοῖον οὖν ἤδη παντελῶς τὸ ζητεῖν ἀπὸ παντὸς ὠφέλειαν ἑτέραν παρ' αὐτὸ τὸ πρᾶγμα, καὶ «τί οὖν ἡμῖν ὄφελος;» καὶ «τί χρήσιμον;» ἐρωτᾶν. Ὡς ἀληθῶς γάρ, ὅπερ λέγομεν, [53] οὐδὲν ἔοικεν ὁ τοιοῦτος εἰδότι καλὸν κἀγαθὸν οὐδὲ τί αἴτιον τῷ διαγιγνώσκοντι καὶ συναίτιον. Ἴδοι δ' ἄν τις ὅτι παντὸς μᾶλλον ἀληθῆ ταῦτα λέγομεν, εἴ τις ἡμᾶς οἷον εἰς μακάρων νήσους τῇ διανοίᾳ κομίσειεν. Ἐκεῖ γὰρ οὐδενὸς χρεία οὐδὲ τῶν ἄλλων τινὸς ὄφελος ἂν γένοιτο, μόνον δὲ καταλείπεται τὸ διανοεῖσθαι καὶ θεωρεῖν, ὅνπερ καὶ νῦν ἐλεύθερόν φαμεν βίον εἶναι. Εἰ δὲ ταῦτ᾽ ἐστὶν ἀληθῆ, πῶς οὐκ ἂν αἰσχύνοιτο δικαίως ὅστις ἡμῶν ἐξουσίας γενομένης ἐν μακάρων οἰκῆσαι νήσοις ἀδύνατος εἴη δι᾽ ἑαυτόν; Οὐκοῦν οὐ μεμπτὸς ὁ μισθός ἐστι τῆς ἐπιστήμης τοῖς ἀνθρώποις, οὐδὲ μικρὸν τὸ γιγνόμενον ἀπ᾽ αὐτῆς ἀγαθόν. Ὥσπερ γὰρ τῆς δικαιοσύνης, ὥς φασιν οἱ σοφοὶ τῶν ποιητῶν, ἐν Ἅιδου κομιζόμεθα τὰς δωρεάς, οὕτω τῆς φρονήσεως ἐν μακάρων νήσοις, ὡς ἔοικεν. Οὐδὲν οὖν δεινόν, ἂν μὴ φαίνηται χρησίμη οὖσα μηδ᾽ ὠφέλιμος· οὐ γὰρ ὠφέλιμον ἀλλ᾽ ἀγαθὴν αὐτὴν εἶναί φαμεν, οὐδὲ δι᾽ ἕτερον ἀλλὰ δι᾽ ἑαυτὴν αἱρεῖσθαι αὐτὴν προσήκει. Ὥσπερ γὰρ εἰς Ὀλυμπίαν αὐτῆς ἕνεκα τῆς θέας ἀποδημοῦμεν, καὶ εἰ μηδὲν μέλλοι πλεῖον ἀπ᾽ αὐτῆς ἔσεσθαι (αὐτὴ γὰρ ἡ θεωρία κρείττων πολλῶν ἐστι χρημάτων), καὶ τὰ Διονύσια δὲ θεωροῦμεν οὐχ ὡς ληψόμενοί τι παρὰ τῶν ὑποκριτῶν ἀλλὰ καὶ προσθέντες, πολλάς τε ἄλλας θέας ἐλοίμεθα <ἂν> ἀντὶ πολλῶν χρημάτων· οὕτω καὶ τὴν θεωρίαν τοῦ παντὸς προτιμητέον πάντων τῶν δοκούντων εἶναι χρησίμων. [54] Οὐ γὰρ δήπου ἐπὶ μὲν ἀνθρώπους μιμουμένους γύναια καὶ δούλους, τοὺς δὲ μαχομένους καὶ θέοντας, δεῖ πορεύεσθαι μετὰ πολλῆς σπουδῆς ἕνεκα τοῦ θεάσασθαι αὐτούς, τὴν δὲ τῶν ὄντων φύσιν καὶ τὴν ἀλήθειαν οὐκ οἴεσθαι δεῖν θεωρεῖν ἀμισθί. Οὕτω μὲν οὖν ἀπὸ τοῦ βουλήματος τῆς φύσεως ἐπιόντες προετρέψαμεν ἐπὶ τὸ φρονεῖν ὡς ἐπὶ ἀγαθόν τε ὑπάρχον καὶ δι᾽ αὑτὸ τίμιον, κἂν μηδὲν ἀπ᾽ αὐτοῦ χρήσιμον γίγνηται ὡς πρὸς τὸν ἀνθρώπινον βίον.

Les trois modes d'engendrement : art, nature, hasard

En partant de plus haut[1], c'est-à-dire du dessein de la nature, nous procédons à la même exhortation de la façon suivante[2]. Parmi les êtres engendrés, les uns naissent d'une pensée ou d'un art[3], par

1. Ἄνωθεν δὲ ἀρχόμενοι : chez Aristote, on rencontre plusieurs fois l'adverbe ἄνωθεν dans le contexte d'un raisonnement, comme ici, mais le sens n'est pas toujours facile à déterminer. Dans les *Premiers analytiques* par exemple (I, 25, 42 a 37 ou I, 31, 46 a 34), ἄνωθεν indique clairement que l'on remonte à des conclusions établies précédemment ; dans les *Seconds analytiques*, il se réfère à la majeure d'un syllogisme (I, 32, 88 a 35) ou au premier terme d'une série (II, 13, 97 a 33). Mais beaucoup moins clair est l'usage de l'adverbe en deux passages de l'*Éthique à Nicomaque* (VI, 3, 1139 b 14 : ἀρξάμενοι οὖν ἄνωθεν et VI, 13, 1144 a 12 : μικρὸν ἄνωθεν ἀρκτέον) qui rappellent notre texte. Ici, l'adverbe qualifie certainement la perspective du chapitre IX : partir « d'en haut » ou « de plus haut » signifierait alors partir de la cause finale prescrite par la nature (le « dessein » de la nature), dans un texte où sont répertoriés et comparés les *différents types de principes*, qui donnent naissance à toute chose (la nature, l'art, ou encore le hasard). Plus probant encore est un passage du *De generatione animalium*, II, 2, 731 b 18-24 : Aristote a expliqué que la génération des animaux se produit au moyen d'une cause motrice (le mâle) et d'une cause matérielle (la femelle), mais elle tend aussi vers une cause « finale », ce qu'il présente en ces termes : « Quant à l'explication par le meilleur, c'est-à-dire par la cause finale, elle tire son principe *de plus haut* (ἄνωθεν) » ; ce passage fait l'objet d'un commentaire important dans Berti, *Nuovi studi aristotelici*, II, *Fisica, antropologia e metafisica*, Brescia, 2005, p. 61-62. Sur la notion de commencement chez Aristote, *cf.* les développements de *Métaphysique*, V, 1. Jamblique fait en tout cas un usage extrêmement fréquent de l'adverbe : une vingtaine de fois pour ne nous en tenir qu'à la *Vita pythagorica* et au *De comm. math. sc.*, et, dans la très grande majorité de ces occurrences, c'est avec le sens de « partir des premiers principes » (voir, en particulier, *Vita pyth.*, 29, 157 ; *De comm. math. sc.*, chap. 8, p. 32 et 12, p. 46). S'il en va de même dans notre texte, alors il faut mettre cette démonstration « par le haut » (ἄνωθεν) en relation avec les termes qui, dans le chapitre, indiquent *la finalité ultime* de notre existence, par exemple τελευταῖον (ce qui « vient à la fin » est la sagesse), ἔσχατον (le « terme ultime »), *cf. Phys.*, II, 2, 194 a 29-30 : « quand il y a une fin pour un mouvement continu, cette fin (τέλος) est à la fois terme ultime et intention (τοῦτο ἔσχατον καὶ τὸ οὗ ἕνεκα) » ; et surtout ἀκρότατον (la fin « la plus élevée ») qui rappelle, en termes aristotéliciens, la cause « la plus élevée » (τὸ αἴτιον ἀκρότατον) de *Phys.*, II, 2, 195 b 23 par exemple.

2. Suivant un trait constant du *Protreptique*, l'auteur signale un changement d'« approche », qui n'est en fait qu'une variation dans l'exhortation, pour aboutir toujours au même résultat : « il faut philosopher ».

3. Comme le chapitre VI, celui-ci consacre d'importants développements à la notion d'« art », mais la perspective est ici tout à fait différente. Dans le cadre rhétorique du chapitre VI (le protreptique aux arts) la philosophie est en effet assimilée à un art, et se spécifie par rapport aux autres arts, tandis qu'à présent elle trouve ses caractéristiques dans une opposition entre nature – dont la philosophie est une expression – et τέχνη.

exemple une maison ou un bateau (car tous deux ont pour cause un art ou une pensée), les autres ne naissent d'aucun art, mais de la nature : en effet, les animaux et les plantes ont pour cause la nature, et c'est conformément à la nature que naissent tous les êtres de ce genre. Cependant, parmi les êtres, certains naissent aussi du hasard, car de tout ce qui n'est engendré ni par un art, ni par la nature, ni par la nécessité, nous disons que la majeure partie naît du hasard[4].

Le hasard n'a pas de finalité, au contraire de l'art[5]

Or rien de ce qui naît du hasard n'est engendré dans un but, ni n'a de finalité[6], alors qu'il y a dans ce qui naît de l'art à la fois une

4. Le livre II de la *Physique* offre de nombreux échos à ce chapitre du *Protreptique* : il s'ouvre sur la distinction entre êtres « naturels » (φύσει) et êtres « artificiels » (ἀπὸ τέχνης) (II, 1, 192 b 8-23), auxquels viennent s'ajouter au chap. 4 les produits du hasard. Nous avons déjà abordé la question dans l'Introduction : la différence entre la nature et l'art est que la nature est un principe intrinsèque à l'être ou à la chose qui sont engendrés, tandis que l'art est une cause extrinsèque (l'artiste est séparé de l'objet qu'il produit). Au chapitre 5 de ce même livre II, Aristote précise que seuls les produits de la nature et de l'art sont intentionnels (ἕνεκά του) ; d'autre part, en *Physique*, II, 5 (196 b 22) comme dans notre texte, l'art est mis sur le même plan que la *réflexion* (διάνοια), dont Berti, *La filosofia*[2], p. 441, fait remarquer qu'elle rappelle l'âme platonicienne, principe intelligent. Mais Platon, loin d'opposer, comme dans notre texte, φύσις et διάνοια, les identifie pratiquement dans le *Sophiste* (265 c, 265 e). Quant à la tripartition art, nature, hasard, on la trouve chez Platon (*Lois*, X, 889 b 1), qui la présente comme une doctrine soutenue par d'autres philosophes, ce qui laisse penser qu'elle existait chez certains présocratiques : c'est un thème complexe dans lequel nous ne saurions entrer ici. Nous renvoyons à la monographie importante de P. Joos, *ΤΥΧΗ, ΦΥΣΙΣ, ΤΕΧΝΗ*, qui retrace certaines des articulations fondamentales entre les trois notions, chez différents auteurs allant d'Hésiode à Isocrate. À côté de ces trois types de causes, l'auteur introduit ici un quatrième facteur, qui ne réapparaîtra plus dans la suite du chapitre : la « nécessité » (ἀνάγκη). Dans les termes de *Physique*, II, 9, la nécessité n'est pas une nouvelle forme de causalité, mais elle existe dans la nature, au titre de la « matière », subordonnée à la cause finale, qui est la plus excellente.

5. Dans la perspective de notre présentation des *Exhortations aristotéliciennes*, ce passage est cardinal, car il assure exactement le point de jonction entre la perspective scientifique et technique, liée au discours de propagande, qui a fait l'objet des chap. VI et X, et l'ensemble des autres chapitres qui font correspondre la philosophie à notre finalité et notre bien naturels.

6. Par souci de cohérence, et mis à part de rares exceptions, nous avons traduit dans ce chapitre la préposition ἕνεκα par « en vue de » (elle exprime la cause finale), l'expression ἕνεκά του par « en vue d'un but », « dans un but » ou encore « pour un but », et, de même, τὸ οὗ ἕνεκα par le « but » ; « finalité » est le terme

finalité et un but (car celui qui possède l'art[7] en question pourra toujours t'expliquer pourquoi il a peint[8], et en quel but) et ce but vaut mieux que ce qu'il fait naître[9]. Je parle de tout ce dont l'art est cause par soi et non par accident[10] : nous devons considérer en effet

choisi pour traduire τέλος. En quel sens la nature est-elle la finalité des êtres ? Aristote (*cf. Meta.*, V, 4) conçoit la nature comme un principe intérieur aux êtres, qui produit leur naissance, leur croissance et leurs mouvements, mais c'est aussi l'« essence », la forme aboutie à laquelle tend ce mouvement : *cf. Phys.*, II, 7, 198 a 25-26, où Aristote identifie la cause finale (τὸ οὗ ἕνεκα) et l'essence (τί ἐστι), ou encore le λόγος au principe des êtres, ce que l'on pourrait traduire par la « formule », par rapprochement avec la biologie moderne (sur ce point voir Berti, *Nuovi studi aristotelici*, II, *op. cit.*, p. 54). Φύσις désigne donc à la fois le terme auquel tendent les êtres pour atteindre leur plein accomplissement, et le processus qui mène à celui-ci, comme nous l'avons rappelé dans l'Introduction. La conception de la nature comme un principe de mouvement intrinsèque aux êtres est très différente de celle de Platon, qui subordonnait la nature au démiurge (*Timée*) en identifiant en quelque sorte φύσις et τέχνη, mais elle se rapproche de celle des présocratiques, *cf.* sur ce point I. Düring, « Aristotle on ultimate principles », p. 52 ; M. Isnardi Parente, *Techne*, p. 76-96.

7. Le texte grec est : ὁ τὴν τέχνην ἔχων ; en considération de la suite, qui donne un exemple spécifique de l'art (δι' ὃν ἔγραψε ; *cf.* note suivante), la proposition de Vitelli d'ajouter γραφικὴν devant τέχνην nous semble aussi tout à fait plausible.

8. On peut hésiter sur le sens de γράφειν, qui pourrait signifier aussi « dessiner » ou, simplement, « écrire ».

9. Nous avons suivi la proposition de Pistelli en supprimant ὅτι qui figure dans les manuscrits entre τοῦτο et βέλτιον. La finalité qui préside à la production d'un objet est meilleure que celui-ci parce qu'elle représente un état d'accomplissement et de perfection de l'objet. Cette thèse est évidemment à mettre en relation avec la supériorité de la fonction et de la finalité sur l'activité qui produit celle-ci, démontrée au chap. VII, et la supériorité « ontologique » de l'acte sur la puissance dont il sera question au chap. XI.

10. La distinction entre « par soi » et « par accident » est typiquement aristotélicienne : la cause « par soi » est la cause qui trouve son origine dans la nature même du sujet qui agit ; la cause « par accident », à l'inverse, ne tient pas à la nature ou à l'essence propre du sujet, mais agit uniquement de manière contingente, circonstancielle. Aristote envisage plusieurs cas de figure qui illustrent cette distinction, le premier en *Phys.*, II, 5, 196 b 25-27 : « (…) par exemple, l'art de bâtir est la cause par soi de la maison, le blanc et le musicien en sont les causes par accident ». Le blanc et le musicien sont causes parce que ce sont des qualités, des relations, de ce qui est la véritable cause en soi de quelque chose (*cf.* 195 a 32-b 3). Selon un autre cas de figure, illustré par l'exemple de la fortune (*cf.* 196 a 3-5, 196 b 33-197 a 5, 197 a 15-18), on parlera de cause accidentelle pour désigner une cause seulement apparente : soit parce qu'elle est elle-même concomitante à la véritable cause d'un fait (la cause finale), soit parce que l'effet qu'elle semble produire est concomitant avec celui dont elle est véritablement la cause. Dans un troisième type de causalité accidentelle, qui correspond à celui du *Protreptique*, une *même* cause peut opérer aussi bien *en soi* que *par accident*, et produire alors deux effets différents ; par exemple l'architecture est cause en soi de la maison, parce que la maison est la fin qu'elle se propose, mais elle a aussi la capacité de produire la démolition : en ce cas-là elle n'est cause que par accident, car la démolition

que la médecine est, au sens propre, la cause de la santé plutôt que de la maladie, que l'architecture est cause de la construction de la maison, et non de sa destruction. Tout produit de l'art naît donc dans un but, et cette fin dans l'art est ce qu'il y a de meilleur[11], tandis que le produit du hasard ne naît pas dans un but. Car il se pourrait qu'un bien dérive aussi[12] du hasard, mais en considération du hasard et pour autant que c'est le fruit du hasard, ce n'est pas un bien[13] ; au contraire, ce qui naît du hasard est toujours indéterminé[14].

La nature a une finalité comme l'art, et même plus que l'art qui ne fait qu'imiter et assister la téléologie de la nature

En revanche, ce qui provient de la nature[15] se produit dans un but et il est toujours constitué pour une fin meilleure que le produit

(comme la maladie par rapport à la médecine) n'est pas la fin que se fixe l'architecture (*cf.* Berti[4], note 18, p. 72-73). La fin de l'art quand celui-ci agit comme « cause en soi » est toujours un bien, comme il sera expliqué un peu plus loin.

11. La plupart des traducteurs associent τέλος αὐτῆς à τὸ βέλτιστον et comprennent : « c'est en cela que réside sa fin la meilleure » (*cf.* Düring (*a*) : « *and this is its best end* », p. 51) ; mais une telle interprétation suppose ce qui semble exclu par le chapitre : qu'une chose puisse avoir plusieurs fins selon la nature. Nous avons donc fait de τοῦτο τέλος αὐτῆς le sujet, et de τὸ βέλτιστον l'attribut, respectant le principe selon lequel la finalité (naturelle) d'une chose ou d'un être est ce qu'il y a de meilleur pour cette chose ou cet être (*cf. Eth. Eud.*, II, 1, 1219 a 6-12 : la fin est « ce qu'il y a de mieux » – ἄριστον – et « ce en vue de quoi se fait tout le reste » ; ou encore *Phys.*, II, 2, 194 a 32 : « ce n'est pas tout type de terme qui est la fin ultime (τὸ ἔσχατον τέλος), mais seulement le meilleur (τὸ βέλτιστον) »). C'est d'ailleurs ce qui sera répété un peu plus bas : « le but est meilleur que chaque chose et même meilleur que toutes », *cf. infra*, p. 158, note 33. Düring (*b*), p. 90, propose de corriger le texte en ajoutant καὶ après αὐτῆς : τέλος αὐτῆς <καὶ> τὸ βέλτιστον : « *das ist sein Ziel und das Beste* », ce qui maintient en réalité l'ambiguïté : on peut comprendre soit « c'est sa propre finalité et la meilleure (s. e. de ses finalités) » soit – comme il nous semble plus exact – « c'est sa finalité et ce qu'il y a de mieux ». Mais en quel sens la finalité naturelle est « ce qu'il y a de mieux » ? Au sens où elle marque l'accomplissement de l'être, et s'identifie, comme on l'a dit (*cf. supra*, p. 150-151, note 6) à l'essence de celui-ci.

12. Συμβαίη ἄν : le verbe συμβαίνω indique une action qui se produit « par hasard », « accidentellement » (*cf.* chap. XI, p. 194, note 32) ; il fait écho à la forme participiale rencontrée plus haut, συμβεβηκός, que nous avons traduite « par accident ».

13. Un bien correspond donc systématiquement à une finalité.

14. *Cf. Phys.*, II, 5, 197 a 8-9 : les causes qui agissent par hasard sont indéterminées (ἀόριστα).

15. Littéralement « ce qui est conforme à la nature », τὸ κατὰ φύσιν. L'expression se rencontre aussi au chap. VII, en corrélation avec φύσει, *cf. infra*, p. 170, note 9. Il

de l'art[16] ; en effet, ce n'est pas la nature qui imite l'art mais l'art qui imite la nature, et il n'existe que pour aider la nature et combler ses lacunes[17]. En effet, la nature semble en certains cas achever sa tâche par ses propres moyens, sans avoir besoin d'aucune aide, en d'autres cas, cela lui semble difficile, voire impossible[18], comme

se pourrait que dans les deux chapitres il faille sous-entendre une distinction entre les deux expressions (κατὰ φύσιν et φύσει) : voir *infra*, p. 155-156, note 25.

16. L'expression ἢ καθάπερ a posé des difficultés à un certain nombre de traducteurs (Düring (*a*), p. 187 : « *I do not know any example in the Corpus of this idiom (or of ἢ ὥσπερ), except the doubtful 903 a 33 ; in later Greek it is not uncommon* »). Nous en avons fait un groupe adverbial introduisant le complément du comparatif. Cette construction après un comparatif est fréquente, comme le remarque Düring, en grec non classique, par ex. Plutarque, *Que l'on ne saurait vivre joyeusement selon la doctrine d'Épicure*, 1099 c 1 : « Ils mangent de la nourriture et boivent du vin pétillant et banquettent avec leurs amis, *avec, je crois, beaucoup plus d'enthousiasme*, après leurs batailles et leurs exploits, par exemple Alexandre (...) *que ceux-là* (ἢ καθάπερ) qui se sont frictionnés près du feu et ont fait de tranquilles exercices dans leurs litières ». Mais nous avons trouvé au moins un parallèle aristotélicien, dans les *Météorologiques*, II, 9, 370 a 1-3 : « et pour l'interception (par les nuages), comment pourrait-on dire qu'elle diffère *de celle* qui se produit dans des corps plus denses ? (τήν τ' ἐναπόληψιν τί ἂν ἀλλοιότερον λέγοι τις *ἢ καθάπερ* ἐν τοῖς πυκνοτέροις) ». Dans notre passage, l'auteur rapproche art et nature car ce sont deux principes téléologiques, qui impliquent un processus temporel dans lequel un élément est produit en vue d'un autre qui lui est postérieur, mais le parallélisme a ses limites, car l'art provient en effet d'une délibération. Surtout, comme on l'a dit (*supra*, p. 150, note 4) l'art reste à l'extérieur de la chose qu'il produit, tandis que la cause finale est terme *interne* du mouvement de l'être ; c'est aussi pourquoi la finalité naturelle est « meilleure » que la finalité de l'art, et qu'elle est aussi, absolument, « ce qu'il y a de meilleur » (*cf. supra*, p. 152, note 11) ; l'autre raison est expliquée juste après : l'art existe pour suppléer aux déficiences de la nature, en ce sens il lui est subordonné.

17. Παραλειπόμενα : littéralement « ce qu'elle a laissé de côté », « négligé ». Certes, chez Platon aussi (*Rép.*, X) l'art imite la nature, mais celle-ci imite à son tour les idées ; surtout, jamais l'art ne viendrait perfectionner la nature. En revanche le concept exprimé ici rencontre de nombreux parallèles aristotéliciens : *Phys.*, II, 2, 194 a 22 ; II, 8, 199 a 16-18 ; *Pol.*, VII, 1337 a 1-3 ; nous renvoyons à H. Meyer, *Natur und Kunst bei Aristoteles*, Paderborn, 1919. Jamblique, *De comm. math. sc.*, chap. 30, p. 91, 26, dit de la science physique qu'elle « complète ce qui manque à la nature (τὰ ἐλλείποντα τῇ φύσει) ». L'idée selon laquelle l'art perfectionne la nature est sans doute née dans le milieu médical, elle est, en tout cas, un élément important du Περὶ τέχνης ; *cf.* W. Nestle, « Hippocratica », *Hermes*, 73, 1938, p. 1-38, repris par Düring (*a*), p. 187, et la bibliographie mentionnée par Isnardi Parente, *Techne*, note 79, p. 82-83.

18. Comme le fait remarquer G. Zuntz, « In Aristotelis Protrepticum », p. 158, le sens de la phrase implique une distinction nette entre μόλις (s. e. δύνασθαι) et παντελῶς (ἀδυνατεῖν), c'est pourquoi il propose de remplacer καὶ par ἢ ; nous avons nous-même traduit par une disjonction : « cela lui est difficile/voire impossible ».

on le verra immédiatement à propos des naissances : certaines semences, on le sait, germent sans protection, quel que soit le terrain où elles tombent, tandis que d'autres requièrent l'art de l'agriculture. De même pour les animaux : les uns reçoivent d'eux-mêmes leur plein développement naturel, tandis que l'homme a besoin de nombreux arts pour se conserver, que ce soit, au départ, lorsqu'il vient au monde ou par la suite, pour subvenir à ses besoins[19].

Si donc l'art imite la nature, c'est de celle-ci que découle aussi pour les arts la caractéristique selon laquelle toute génération advient pour un but[20]. En effet, nous devons considérer que tout ce qui naît correctement naît dans un but ; or ce qui naît de façon belle, naît correctement ; et se trouve bien engendré ou a été bien engendré tout ce qui est engendré ou l'a été conformément à la nature, s'il est vrai que ce qui est contre-nature est mauvais et que pour ce qui est conforme à la nature *** la naissance advient dans un but[21].

On peut le voir aussi à propos de chacune des parties dont nous sommes constitués ; considère par exemple la paupière, et tu verras qu'elle n'a pas été engendrée en vain, mais pour aider les yeux, afin de leur procurer du repos et d'empêcher ce qui pourrait y tomber d'obscurcir la vue[22]. Il y a donc identité entre ce pour quoi une chose

19. L'auteur distingue ici plusieurs étapes de la vie, au cours desquelles la nécessité de la τέχνη se fait sentir : on pensera à l'art de la sage-femme pour l'accouchement, puis, pour la conservation de l'existence, à la chasse, à l'art du cuisinier, ou encore à la médecine.

20. Que l'art imite la nature ne signifie donc pas qu'il en imite les objets, mais qu'il imite le processus téléologique de production de ces objets.

21. Dans cette deuxième partie de la phrase, nous avons fait de γένεσις le sujet, ayant pour complément d'attribution τῷ κατὰ φύσιν (au datif), mais cette construction n'est pas très satisfaisante, étant donnée l'absence d'article devant γένεσις. C'est sans doute ce qui a suggéré à Vitelli qu'il y avait une lacune entre τῷ κατὰ φύσιν et γένεσις. Il propose, *exempli gratia*, deux solutions l'une comme l'autre pertinentes : <ἐναντίον. ἡ οὖν κατὰ φύσιν> : « ce qui est contre-nature <est contraire (à ce qui est conforme à la nature) ; tandis que la génération conforme à la nature> advient dans un but » ; ou bien <ἐναντίον· εἰ δὲ καλῶς, ὀρθῶς· εἰ δὲ ὀρθῶς, ἕνεκά του. ἅπασα οὖν ἡ κατὰ φύσιν> : « ce qui est contre-nature <est contraire (à ce qui est conforme à la nature) ; mais s'il a été bien engendré, il l'a été correctement ; et s'il l'a été correctement, il l'a été dans un but ; donc toute génération conforme à la nature> advient dans un but ».

22. On rencontre le même type de remarques dans les traités biologiques d'Aristote, par exemple dans le *De partibus animalium*, I, 5, 645 b 14-20 : « Mais puisque tout instrument est destiné à une fin, que chaque organe du corps existe également en vue d'une fin, et que la fin est une action, il est évident aussi que l'ensemble du corps est constitué en vue d'une action complexe. (…) Par suite le corps existe en quelque

est engendrée et ce pour quoi il fallait qu'elle soit engendrée ; par exemple, s'il fallait qu'un bateau soit engendré pour assurer les voyages sur mer, c'est pour cela même qu'il l'a été[23].

L'homme, être naturel, a donc une finalité

Par ailleurs, les êtres vivants font partie des êtres engendrés par nature[24], soit tous, absolument, soit les meilleurs et les plus estimables – peu importe que l'on pense qu'un grand nombre d'entre eux ont été engendrés contre-nature à cause de quelque altération ou dégradation[25] ;

sorte en vue de l'âme, et les parties du corps en vue des fonctions que la nature a assignées à chacune ».

23. Il est très probable que l'auteur énumère ici des exemples topiques ; dans un contexte certes un peu différent (il n'est pas question de la génération et de la fin d'une chose, mais de la génération et de l'existence), Socrate et Protarque, dans le *Philèbe* (54 a-b), utilisent eux-mêmes comme un exemple à portée de la main, de ton peut-être même proverbial, la question de savoir « si c'est en vue des bateaux qu'a lieu la construction des bateaux, ou si ce sont les bateaux qui ont lieu en vue de la construction des bateaux ».

24. En proposant d'ajouter τε καὶ κατὰ φύσιν (« et en conformité avec la nature ») après τῶν φύσει (« les êtres engendrés par nature »), Vitelli, suivi par Pistelli (voir Critères d'édition), instaure une symétrie avec la phrase d'après : « si bien qu'à l'évidence, il (*i. e.* l'homme) a été engendré par nature et conformément à la nature ». La deuxième phrase suppose peut-être, en effet, une distinction de sens entre les deux expressions, du type de celle que nous expliquons à la note suivante. Düring intègre l'adjonction de Vitelli, tout en la considérant *fortasse abundanter*.

25. Pour comprendre ce passage difficile, il faudrait peut-être en effet supposer que l'emploi des deux expressions φύσει et κατὰ φύσιν n'est pas qu'une variation d'ordre stylistique, mais qu'elle recouvre une distinction sémantique. W. D. Ross, *Aristotle's Physics*, Oxford, 1936, soutient, à propos de *Physique*, II, 2, 193 a 1, que la distinction n'existe pas, en particulier, chez Aristote ; tandis que Simplicius l'introduit, en revanche, dans son commentaire à ces pages de la *Physique* (271, 10-11) : φύσει indiquerait ce qui est produit par nature, mais qui n'a pas pour autant atteint son accomplissement, et qui est soumis à des privations (comme les maladies), si bien qu'il ne s'accorde pas au plan de la nature, qui, lui, se dirait κατὰ φύσιν. Cette dernière expression revêt donc, selon Simplicius, un sens plus étroit : tout ce qui est κατὰ φύσιν a forcément été produit φύσει, mais la réciproque n'est pas vraie. La plupart des êtres vivants, dit ici notre texte, existent « par nature » (φύσει), c'est-à-dire par l'activité de la nature ; mais beaucoup d'entre eux semblent être aux hommes « contraires à la nature » (παρὰ φύσιν), c'est-à-dire, si l'on suit Simplicius, ne pas atteindre l'accomplissement voulu par la nature (et qui représente un bien). Le passage du commentaire à la *Physique* (271, 43-45) est sur ce point éclairant : « Certaines choses existent par nature (φύσει) au sens où elles ont été engendrées conformément à l'activité de la nature (κατὰ φύσεως ἐνέργειαν), mais cependant elles ne sont pas conformes à la nature (κατὰ φύσιν), par exemple des choses qui ont des

et parmi les êtres vivants d'ici-bas l'homme est le plus estimable si bien qu'à l'évidence, il a été engendré par nature et conformément à la nature. Et voici pour laquelle entre les réalités la nature et le dieu nous ont engendrés[26] : Pythagore[27], interrogé sur ce point, déclara que

défauts (πηρώματα) de naissance, et, en général, tout ce qui subit une privation (ἐν τῇ στερήσει). Car de telles choses sont ainsi parce que la nature les a faites ainsi, et la privation (στέρησις) est un manque (ἀπουσία) dans ce que la nature fait naître ». Si l'on « manque » la fin prescrite par la nature, c'est donc à cause d'un « défaut » ou d'une « méchanceté ». C'est pourquoi nous faisons de διά (τινα φθορὰν καὶ μοχθηρίαν) un διά causal, plutôt qu'un διά final, contrairement à certains (comme des Places), qui traduisent : « pour détruire ou nuire ». Dans notre texte, il pourrait s'agir d'une allusion aux « monstres », qu'Aristote caractérise – toujours en *Phys.*, II, 8, 199 b 4 – comme des « erreurs de la finalité » (τὰ τέρατα ἁμαρτήματα ἐκείνου τοῦ ἕνεκά του), produits « par un principe vicié » (*διαφθειρομένης ἄν ἀρχῆς* τινός), ce qui correspondrait à notre δία causal. Dans ce passage de la *Physique*, être « une erreur de la finalité » signifie bien non pas être créé pour une fin nocive, mais « manquer » la finalité, comme l'on manque une cible. Nous renvoyons aussi à *De generatione animalium*, IV, 2-3, où Aristote décrit la génération des monstres en termes de « déficiences », de « défectuosités », d'« écarts par rapport à la nature », etc., et à *Politique*, I, 5,1254 a 36-37 : « il faut examiner le naturel (τὸ φύσει) de préférence chez les êtres conformes à leur nature (ἐν τοῖς κατὰ φύσιν) et non chez les êtres dégradés (ἐν τοῖς *διεφθαρμένοις*) », cité par Schneeweiß (*a*), p. 147-149 et note 28, à l'appui d'une interprétation proche de la nôtre. D'autre part, celui-ci a parfaitement raison de mettre ce passage en rapport avec le chapitre XII où il est dit que notre race, ici-bas, vit peut-être dans un état « contre-nature » (παρὰ φύσιν, p. 60, 13 P), puisqu'elle ne poursuit pas la sagesse pour laquelle la nature l'a créée.

26. « La nature et le dieu » : sur cet hendiadyin, *cf.* chap. X, p. 132, note 26. Pour cette phrase et la suivante, dont on a souvent fait remarquer les accents néoplatoniciens, nous avons conservé le texte des manuscrits ; certaines conjectures sont toutefois très plausibles, comme celle de Zuntz, « In Aristotelis Protrepticum », p. 158-159, qui propose de transformer la première phrase en interrogative en l'introduisant par καὶ τί δὴ τοῦτο au lieu de καὶ τοῦτο : il a été suivi par des Places ; ou celle proposée *dubitanter* par Vitelli (καὶ τί ποτ' ἐστὶ τῶν ὄντων – θεός ; τί δή). La première phrase devient ainsi une question, qui appelle logiquement la réponse de Pythagore juste après, dont Zuntz, suivi par des Places, élimine les mots τί δὴ et ἐστι. L'édition des Places propose donc le texte suivant : Τί δὴ τοῦτό ἐστι τῶν ὄντων οὗ χάριν ἡ φύσις ἡμᾶς ἐγέννησε καὶ ὁ θεός; [τί δὴ] τοῦτο [ἐστι] Πυθαγόρας ἐρωτώμενος (...).

27. Les commentateurs voient pour la plupart dans la référence à Pythagore à cet endroit du texte, de même qu'un peu plus loin, un « ajustement » de Jamblique, désireux de mettre en accord un discours aristotélicien avec les doctrines de sa propre école. On en aurait une preuve dans le κεφάλαιον du chap. IX entièrement centré sur l'apophtegme : « Approche de l'exhortation à partir de l'intention de la nature, selon la réponse de Pythagore aux Phliasiens qui lui demandaient qui il était et pourquoi il était né ; car c'est conformément à cette réponse que nous conduisons toute l'exhortation » (p. 4, 9-13 P). Pour une étude approfondie de la question et des remarques philologiques sur la structure de toute cette partie du chap. IX, nous renvoyons à Vendruscolo, « Osservazioni », p. 101-126, qui contient toutes les indications bibliographiques. Mais une approche hypercritique du *Protreptique* jamblichéen, qui

c'était pour « contempler le ciel » ; et il disait qu'il était lui-même un contemplateur de la nature, et que c'était pour cela qu'il était venu à la vie[28]. On raconte aussi qu'Anaxagore, à qui l'on avait demandé en quel but on choisirait de naître et de vivre, répondit à cette question : « afin de contempler le ciel et les astres qui s'y trouvent, et la lune et le soleil[29] », convaincu que tout le reste n'avait aucune valeur[30].

La fin de l'homme est la philosophie, et si nous sommes nés pour philosopher, alors il faut philosopher…[31]

Si donc[32] la fin de toute chose est toujours meilleure que la chose même (car c'est en vue de la fin que sont engendrées toutes les choses

cherche à tout prix à retrouver derrière chaque phrase singulière ce qui est aristotélicien et ce qui ne l'est pas conduit à un démantèlement du texte – preuves en sont la reconstruction de Düring, et, plus encore, celle de Schneeweiß, qui suppriment certains passages de ce chapitre et en déplacent d'autres pour les intégrer à des unités argumentatives éloignées, formées d'extraits de chapitres différents – c'est ce que nous avons évité dans notre propre présentation.

28. Pythagore identifie donc « ce qu'il est », c'est-à-dire son essence, exprimée par un *substantif masculin* (c'est un « contemplateur de la nature » : *θεωρὸν* ἔφασκεν *εἶναι* τῆς φύσεως), et « ce pour quoi il devait naître », c'est-à-dire sa finalité, οὗ χάριν et οὗ ἕνεκα, qui prend la forme d'un *substantif neutre* (τὸ θεάσασθαι : *le fait de contempler*).

29. Nous adoptons, comme tous les éditeurs, les deux corrections de Pistelli, qui, d'une part, retranche τὰ περὶ devant τὸν οὐρανὸν et, de l'autre, ajoute τὰ devant περὶ αὐτὸν : *cf.* Platon, *Critias*, 107 c 3-4 : οὐρανὸν τε σύμπαντα καὶ τὰ περὶ αὐτὸν ὄντα καὶ ἰόντα.

30. Comme l'ont fait remarquer de nombreux commentateurs, la même anecdote se retrouve en des termes seulement un peu différents dans l'*Eth. Eud.*, I, 1216 a 10-16. *Cf.* Clément d'Alexandrie, *Strom.*, II, 130 ; Diogène Laërce, II, 10. On ignore les sources des citations de Pythagore et d'Anaxagore ; comme le dit F. Dirlmeier, *Aristoteles Nikomachische Ethik*, Berlin, 1967, p. 454, il s'agissait très certainement d'exemples devenus topiques dans les écoles de philosophie.

31. De théorique qu'il était jusqu'à présent, le discours, dans cette dernière partie du chapitre, devient prescriptif. C'est sans doute la même idée qu'exprimait déjà M. Isnardi Parente, *Techne*, p. 83-84, en disant que, dans le *Protreptique* d'Aristote, « *ontologia e deontologia si risolvono l'una nell'altra, divengono teleologia* ».

32. Le passage qui va de « si donc la fin de toute chose » (p. 51, 16 P) à « il est évident que c'est aussi en vue de cela que nous existons » (p. 52, 5 P), développe une longue démonstration, dont la conclusion est celle-ci : la sagesse est la fin pour laquelle nous avons été engendrés, et donc la fin pour laquelle nous existons (en vertu de l'identification de ce pour quoi nous avons été engendrés et de ce pour quoi nous existons, illustrée par l'exemple du bateau). Le raisonnement, dont la logique n'apparaît pas absolument rigoureuse, s'appuie sur une série d'étapes. Nous

qui sont engendrées, et le but est meilleur que chacune et même meilleur que toutes[33]) et si la fin conforme à la nature est ce qui, dans la génération, s'accomplit en dernier lieu quand la génération procède de manière continue[34], alors ce sont d'abord les facultés corporelles qui, chez l'homme, atteignent leur accomplissement, et ensuite les facultés de l'âme, et toujours, d'une certaine manière, l'accomplissement de ce qui est meilleur arrive en dernier lieu dans la génération[35]. Or l'âme est postérieure au corps, et ce qui vient en dernier dans l'âme est la sagesse (car nous voyons qu'elle vient en dernier, par nature, chez les hommes, et c'est bien pourquoi elle est l'unique avantage revendiqué par la vieillesse) ; alors, notre fin selon la nature est une

avons considéré, comme Berti, Schönberger, Giannantoni et des Places, que les deux οὐκοῦν marquaient des conclusions intermédiaires, et non, comme le pense Düring (*a*), p. 55, de nouvelles prémisses, indépendantes des précédentes. Vendruscolo, « Osservazioni », p. 110-111, ne considère probante ni l'une ni l'autre construction, et penche en faveur d'une intervention de Jamblique sur un texte originaire aristotélicien. Les étapes de la démonstration nous paraissent être les suivantes :

Prémisses : (1) « la fin de toute chose est toujours meilleure que la chose même », ce qui a été établi au début du chapitre par diverses formules : « le but vaut mieux que ce qu'il fait naître » (p. 49, 16 P) ; de même, « la fin est meilleure que tout » (p. 49, 21 P). Puis : (2) « la fin s'accomplit en dernier lieu ». (3) Conséquences dans le cas spécifique de l'être humain : « les facultés de l'âme sont achevées en dernier » et (4) « la sagesse vient en dernier ». *Première conclusion* : (5) Notre naissance a été destinée à la pratique de la sagesse. (6) *Conclusion générale* : Notre existence est destinée à la sagesse. Dans le cadre de l'argumentation protreptique, cette conclusion ultime est fondamentale, puisqu'elle assure la transition du discours *théorique* (ce que nous sommes par nature, et qui ne dépend pas de nous) au discours *axiologique* (ce que nous devons être, et qui dépend de nous) qui sous-tend *l'exhortation* elle-même : si *nous sommes* par nature des êtres de pensée, *nous devons* du même coup respecter notre nature, et l'accomplir en philosophant. Cette argumentation est fondée sur la naturalité de la philosophie, à la différence des chap. VI et X, par exemple, qui envisagent la philosophie comme un art ou une science. Ce passage permet donc de faire la jonction entre plusieurs lignes argumentatives essentielles du *Protreptique* : entre l'argumentaire de type naturaliste et finaliste, et l'argumentaire de type « technique », d'une part, et entre le discours théorico-descriptif, et le discours axiologique, de l'autre.

33. Ce qui a été établi un peu plus haut, *cf.* p. 152, note 11.

34. Συνεχῶς : on fera encore un rapprochement utile avec *Phys.*, II, 8, 199 b 15-18 : « en effet sont choses naturelles toutes celles qui, mues d'une façon continue (συνεχῶς) par un principe antérieur, parviennent à une fin ».

35. On comparera avec *De partibus animalium*, I, 1, 640 a 33-640 b 3 : « L'essence de l'homme explique son organisation. Car il n'est pas possible qu'il existe sans les parties qui le constituent (…). C'est parce que l'homme a telle nature que sa génération se produit de telle façon et qu'il est nécessaire qu'elle se produise ainsi. C'est pourquoi telle partie se forme la première et ensuite telle autre » ; *cf.* I, 5, 645 b 14-20, cité *supra*, p. 154-155, note 22.

certaine sagesse, et vivre en sages est le terme ultime pour lequel nous avons été engendrés[36]. Par conséquent, si nous sommes nés en vue d'exercer la sagesse et d'apprendre[37], il est évident que c'est aussi en vue de cela que nous existons.

Alors, du moins d'après ce raisonnement, Pythagore avait raison de dire que tout homme a été créé par le dieu pour connaître et contempler. Quant à savoir si l'objet de cette connaissance est le monde, ou quelque autre nature, il nous faudra éventuellement l'examiner plus tard, mais pour le moment ce que nous avons dit suffit comme première conclusion ; en effet, si la sagesse est la fin conforme à la nature, alors exercer la sagesse sera ce qu'il y a de meilleur absolument. De sorte qu'il faut réaliser tout le reste en vue des biens qui naissent en l'homme même[38], et parmi ceux-ci, ceux du corps en vue de ceux de l'âme, et la vertu[39] en vue de la sagesse : c'est elle en effet la fin la plus élevée[40].

36. Cette démonstration d'ordre « génétique », qui place la sagesse comme finalité humaine, pourrait être rapprochée d'un passage de la *Politique*, VII, 15, 1334 b 12-22 expliquant que « la raison et l'intellect sont pour nous la fin de notre nature », et qu'au cours du développement de l'être humain, le corps arrive avant l'âme, et, en celle-ci, la partie irrationnelle avant la partie rationnelle, ce qui est dit un peu plus bas dans le *Protreptique*.

37. La phrase ne signifie sans doute pas : « s'il est vrai que *nous avons été engendrés*, alors » : il nous semble plutôt que ἕνεκα τοῦ φρονῆσαί τι καὶ μαθεῖν est *en facteur commun* de la protase et de l'apodose ; ainsi est réaffirmée la thèse, développée en toute cette partie du chap. IX, qui considère identiques ce à quoi nous a destinés la nature, et ce pour quoi nous vivons présentement. C'est par le biais, différent, de la coïncidence de la philosophie avec la fonction propre de l'âme, puis avec ce qu'il y a de plus désirable, qu'est établi le même résultat au chap. VII : le *Protreptique* nous fait découvrir qu'en recherchant la philosophie c'est en fait la vie au sens propre que nous poursuivons. *Cf.* aussi chap. XI.

38. Différents chercheurs ont accepté le texte transmis par F ἐν αὑτῷ, en lui donnant la valeur de « en l'homme lui-même » – Düring (*a*) – ou « en l'homme même qui agit », qui est celle que nous proposons. D'autres sont intervenus sur le texte de différentes manières : ἐν αὑτῷ : Ross, avec le sens de « en soi-même » ; ἐν αὑτοῖς = ἐν τοῖς ἄλλοις : Düring (« Problems in Aristotle's *Protrepticus* », *Eranos*, 52, 1954, note 1, p. 155, rétracté par la suite) ; ἀπ' αὐτῶν = ἀπὸ τῶν ἄλλων : Zuntz (« In Aristotelis Protrepticum », p. 159). Pour les références bibliographiques et d'autres propositions, *cf.* Vendruscolo, « Osservazioni », note 80, p. 120.

39. La construction de τὴν ἀρετήν avec πράττειν, à laquelle nous avons donné le sens de « réaliser », « pratiquer », la vertu, peut sembler ardue : voir les remarques et les références bibliographiques de Vendruscolo, « Osservazioni », note 80, p. 120.

40. Cette hiérarchie subordonne donc les biens extérieurs aux biens intérieurs, les biens du corps aux biens de l'âme, qui s'actualisent dans les vertus ; et, enfin, celles-ci à la sagesse qui est la vertu la plus haute et représente le bien suprême.

La philosophie n'a aucune utilité en dehors d'elle-même

a. Différence entre l'utile et le bien en soi

Mais rechercher de toute science qu'elle produise un résultat différent d'elle-même, et qu'elle soit utile, c'est le signe qu'on ignore totalement combien se distinguent dès le départ le bien et le nécessaire[41]. La différence en effet est considérable : les choses que nous aimons pour une autre et sans lesquelles il est impossible de vivre, il faut les appeler nécessaires et causes adjuvantes[42], mais toutes celles que nous aimons pour elles-mêmes, n'en dériverait-il rien d'autre, ce sont des biens au sens propre ; en effet, on ne peut dire que l'on doit choisir telle chose en raison de telle autre, et celle-ci en raison d'une autre encore, en allant ainsi à l'infini : non, cela s'arrête quelque part[43]. Il est donc parfaitement ridicule de

41. La distinction entre le « bien » et le « nécessaire » ou l'« utile » sera reprise aux chap. XI et XII : comme nous l'avons montré dans l'Introduction, elle fournit un angle de lecture à l'ensemble du *Protreptique*, et, dans le cadre de l'attribution de ces chapitres à Aristote, plusieurs chercheurs l'ont mise en rapport, tout comme les amples développements du chap. X sur l'ὠφέλεια de la philosophie, avec la polémique isocratéenne. La distinction en question fait écho à de nombreux textes du corpus aristotélicien, ainsi, en *Meta.*, I, 2, 982 b 22-23, Aristote, retraçant la genèse de la philosophie, explique que les hommes se sont mis à philosopher « pour la connaissance » (διὰ τὸ εἰδέναι) et non en vue de « quelque utilité » (χρήσεώς τινος ἕνεκεν). L'*Éthique à Nicomaque*, VII, 4, 1147 b 23-30, offre par ailleurs un exemple (en l'occurrence, il s'agit des plaisirs) de la distinction fréquente, chez Aristote, entre ce qui est « nécessaire » (ἀναγκαῖον), et existe donc en vue d'autre chose, et ce qui est « désirable en soi » (αἱρετὸν καθ' αὑτόν). Dans notre texte, l'auteur emploie une série de termes appartenant au champ sémantique de l'utilité, synonymes, et dont certains appartiennent à la même racine étymologique sans que nous-même ayons pu toujours respecter ces jeux lexicaux : χρεία, χρήσιμος ; ὄφελος, ὠφέλεια. *Cf.* également *Politique*, VII, 14, 1333 a 16-b 5, à propos des activités, dont les unes ont pour but ce qui est utile, les autres ce qui est noble, division qui émane, dans le contexte, d'une division et d'une hiérarchie des parties de l'âme qui rappellent de près le début du chap. VII du *Protreptique*.

42. Nous traduisons ainsi συναίτια. La différence entre αἰτία et συναίτιος se trouve chez Platon, *Politique*, 281 e 1-5 (à propos des arts) : « Tous les arts qui ne fabriquent pas la chose elle-même, mais fournissent à ceux qui la fabriquent les instruments sans lesquels aucun d'eux ne pourrait accomplir sa tâche propre, ces arts-là ne sont que des causes adjuvantes (συναιτίους), alors que ceux qui créent la chose elle-même sont des causes (αἰτίας) » ; *cf. Meta.*, V, 5, 1015 a 20-25.

43. Le même principe apparaît en *Meta.*, II, 2, 994 a 5-8, et *An. Post.*, I, 22, 83 b 28-32 (à propos de la prédication) ; et chez Platon, dans le *Lysis*, 219 c, lorsque

rechercher en toute chose un avantage en dehors d'elle-même, et de demander « Qu'en tirerons-nous ? » et « À quoi cela sert-il ? » ; car vraiment, nous le maintenons, un homme qui pose de telles questions est très loin de savoir ce qui est beau et bon[44] et de distinguer entre cause et cause adjuvante.

b. Dans les îles des Bienheureux

On se rendrait compte que nous disons tout ce qu'il y a de plus vrai, si l'on nous transportait par la pensée par exemple dans les îles des Bienheureux[45]. Là-bas, en effet, on n'a besoin de rien, tout le reste perdrait son utilité, seules restent la pensée et la contemplation, que dès à présent nous appelons la vie libre.

Et si cela est vrai, n'aura-t-il pas honte, à juste titre, celui d'entre nous à qui l'on aurait permis de vivre dans les îles des Bienheureux, et qui s'en rendrait de lui-même incapable ? Elle n'est donc pas méprisable, la rétribution qu'apporte aux hommes la science[46], et il n'est pas négligeable, le bien qu'on en reçoit. De même, en effet, que chez Hadès nous récoltons les dons de la justice[47], comme racontent les sages parmi les poètes, de même nous recevons ceux de la sagesse, semble-t-il, dans les îles des Bienheureux. Il n'y a rien d'étrange, alors, à ce qu'elle n'apparaisse ni utile ni avantageuse ; car nous ne disons pas qu'elle soit avantageuse, mais qu'elle est bonne, et il ne convient pas de la choisir pour autre chose qu'elle-même.

Socrate tente de définir l'objet qui serait le principe même de l'amitié, au-delà duquel on ne peut plus remonter dans la série des causes.

44. Ou : « le bien moral ».

45. Situées sur le fleuve Océan, au-delà des colonnes d'Hercule, les îles des Bienheureux étaient le lieu où séjournaient après leur mort les mortels qui jouissaient d'une félicité supérieure, d'ordre religieux, comme les héros ou les hommes de l'âge d'or : voir, notamment, Hésiode, *Travaux et Jours*, 168-173 ; Pindare, *Olymp.*, II 75, 1235 sq ; Platon, *Gorgias*, 523 b, 524 a, 526 c ; *Ep.*, VII, 335 a ; *Rép.*, VII, 519 c et 540 b ; Aristote, *Eth. Nic.*, X, 8, 1178 b 7-23 ; *Pol.*, VII, 15, 1334 a 28-34 ; Cicéron, *De Fin.*, V, 19, 53. Mais, surtout, Augustin, *De Trinitate*, 14, 9, 12, citant l'*Hortensius*, ce dont on a tiré argument pour dire que le protreptique cicéronien citerait à son tour le *Protreptique* d'Aristote.

46. *Cf.* chapitre VI, où il est dit que la philosophie comporte en elle-même sa propre rétribution : la θεωρία vaut même plus que beaucoup d'argent.

47. Sur les récompenses dans l'Hadès, voir notamment Platon, *Ménon*, 81 b-d ; *Phédon*, 70 c-d ; et surtout *Gorgias*, 523 a-526 d.

c. Aux Jeux Olympiques

C'est comme, en effet, lorsque nous nous rendons à Olympie[48] : nous y allons pour le spectacle lui-même, n'en devrait-il résulter rien de plus (la contemplation vaut à elle-seule plus que de grandes richesses) ; et nous n'assistons pas aux Dionysies pour recevoir de l'argent des acteurs – c'est même nous qui payons – et nous préférerions bien d'autres spectacles à de grandes richesses ; pareillement, il faut estimer davantage la contemplation de l'univers que tout ce qui nous paraît utile[49]. Car assurément, on ne doit pas faire tant d'efforts[50] pour aller contempler des hommes qui imitent des femmelettes et des esclaves ou qui combattent et qui courent, et refuser de

48. On trouvera des analyses éclairantes sur l'origine et la tradition de la comparaison entre la philosophie et les spectacles dans le livre de référence de R. Joly, *Le Thème Philosophique des Genres de vie dans l'Antiquité classique*, Mémoires de l'Académie royale de Belgique, Bruxelles, 1956, surtout aux p. 21-40. Joly analyse en particulier la célèbre anecdote, attribuée à Héraclide du Pont, mettant en scène Pythagore : répondant à Léon de Sicyone qui lui demandait ce que signifiait « être philosophe », Pythagore répondit que l'existence ressemble aux Panégyries : les uns y viennent pour la gloire que leur vaut leur force physique, les autres pour le commerce, et il y a une troisième catégorie : ceux qui viennent uniquement pour contempler. Ceux-là sont les philosophes. Comme dans l'anecdote, dans notre texte aussi la métaphore du spectacle est liée au choix des genres de vie, thème lui-même attendu dans un protreptique. Nous renvoyons également à l'ouvrage récent d'A. W. Nightingale, *Spectacles of Truth in Classical Greek Philosophy.* Theoria *in its Cultural Context*, Cambridge, 2004, qui traite de plusieurs passages du chap. IX de Jamblique (considérés par l'auteur comme fragments du *Protreptique* aristotélicien), p. 18-19 ; p. 22-23 ; p. 188-200. Ce livre est particulièrement intéressant pour notre propos car il envisage la question de la *theoria* chez Aristote – notamment dans les fragments attribués au *Protreptique* – en relation avec Isocrate et avec les revendications utilitaristes que celui-ci développe dans l'*Antidosis* (voir, sur ce point, « La nécessité de philosopher » et l'Introduction).

49. On remarquera la subtilité de l'argumentation : après avoir filé une longue métaphore qui rapproche le « spectacle » – θέα – à Olympie et la philosophie (en tant que « contemplation », θεωρία, terme bien sûr apparenté à θέα), l'auteur introduit à présent une rupture, en soulignant une différence et un nouveau paradoxe entre les deux types de « spectacles » jusqu'alors comparés, et valorisés au même titre parce qu'ils représentent des fins en soi. Sur tout type de spectacle, la philosophie aura la supériorité absolue, parce que l'objet de sa contemplation, l'univers, vaut davantage que quoi que ce soit.

50. L'« effort » (en grec : σπουδή) déployé pour aller au spectacle peut faire penser aux voyages entrepris pour s'enrichir, dont il est question au chap. VI : ce sont tous des efforts vains, quand seule la philosophie mérite qu'on s'y attache avec ardeur : *cf.* σπουδὴν σπουδάζειν et ἄξιον σπουδῆς au chap. VIII, et chap. XII (*infra*, p. 221, note 26).

croire, à l'inverse, que l'on doit contempler la nature des êtres et la vérité, quand bien même cela ne nous rapporterait rien[51].

Voilà donc comment, en partant du dessein de la nature, nous avons exhorté à la sagesse, en montrant qu'elle est un bien et qu'elle a de la valeur par elle-même, n'en résulterait-il même rien d'utile eu égard à la vie humaine.

51. Ἀμισθί est ambigu : l'adverbe, qui signifie au sens propre « sans μισθός », s'emploie en effet en deux sens (tous deux attestés) : un sens actif, « sans donner de rétribution », et un sens passif, « sans recevoir de rétribution » que nous avons choisi en mettant même l'expression particulièrement en valeur dans notre traduction. Plusieurs éléments nous permettent de trancher ici en faveur du sens passif (qui est la solution déjà adoptée par Giannantoni, Casaglia et Schneeweiß, quand les traductions de Düring et d'É. des Places sont pour leur part très ambiguës). Tout ce qui précède a démontré que la philosophie est une fin en soi, et que l'on ne doit rechercher aucun avantage en dehors d'elle : la question porte donc sur le fait de « recevoir » une rétribution. Comme ailleurs dans le *Protreptique*, la contemplation philosophique est ici liée au détachement des biens matériels. Nous ajouterons un argument d'ordre linguistique : dans le contexte de la métaphore filée du spectacle, « donner de l'argent » (sens actif) signifierait alors payer le « droit d'entrée » pour assister aux spectacles, c'est pourquoi un terme comme δαπάνη ou θεωρικόν aurait sans doute convenu davantage que le μισθός que nous avons ici. Enfin, le rapprochement, proposé notamment par Nightingale, *Spectacles of Truth*, *op. cit.*, p. 18-19, avec l'anecdote sur Pythagore rapportée par Héraclide (*cf. supra*, p. 162, note 48), telle qu'on la trouve chez Cicéron, *Tusc.*, V, 3, nous paraît plaider en notre faveur : ceux qui viennent uniquement pour contempler ne recherchent *nec plausum nec lucrum* ; et, au spectacle, le comportement le plus noble consiste à *spectare nihil sibi acquirentem*. Mais il y a bien là un paradoxe ! Car la philosophie, c'est indéniable, nous rapporte des « dons » (δωρεάς) (p. 53, 14 P), des « biens » (p. 53, 12 P), voire un « salaire » (μισθός) (p. 53, 11 P) « non méprisable ». En cette fin de chapitre, c'est ce paradoxe qui est réaffirmé : la philosophie n'apporte aucune rétribution matérielle (absence de μισθός au sens matériel = ἀμισθί), toutefois elle confère un bien absolu, sous forme du plaisir pur procuré par la pensée (et dont il est question principalement au chapitre XI). Or la même idée figurait déjà à la fin du chap. VI, lorsqu'il était dit que les philosophes « ne reçoivent des hommes aucun salaire », mais, qu'en même temps, la pratique de la philosophie nous apporte les plus grands biens.

LA PHILOSOPHIE EST LA FONCTION SUPRÊME ET LE BIEN NATUREL DE L'ÊTRE HUMAIN

JAMBLIQUE, *PROTREPTIQUE*, CHAP. VII

Ἴδοι δ' ἄν τις τὸ αὐτὸ γνωριμώτερον ἀπὸ τούτων. Τὸ φρονεῖν καὶ τὸ γιγνώσκειν ἐστὶν αἱρετὸν καθ' αὐτὸ τοῖς ἀνθρώποις (οὐδὲ γὰρ ζῆν δυνατὸν ὡς ἀνθρώποις ἄνευ τούτων), χρήσιμόν τε εἰς τὸν βίον ὑπάρχει· οὐδὲν γὰρ ἡμῖν ἀγαθὸν παραγίγνεται, ὅ τι μὴ λογισαμένοις καὶ κατὰ φρόνησιν ἐνεργήσασιν τελειοῦται. Καὶ μὴν εἴτε τὸ ζῆν εὐδαιμόνως ἐν τῷ χαίρειν ἐστὶν εἴτε ἐν τῷ τὴν ἀρετὴν ἔχειν εἴτε ἐν τῇ φρονήσει, κατὰ ταῦτα πάντα φιλοσοφητέον· ταῦτα γὰρ μάλιστα καὶ εἰλικρινῶς διὰ τοῦ φιλοσοφεῖν ἡμῖν παραγίγνεται. Ἔτι τοίνυν τὸ μέν ἐστι ψυχὴ τῶν ἐν ἡμῖν τὸ δὲ σῶμα, καὶ τὸ μὲν ἄρχει τὸ δὲ ἄρχεται, καὶ τὸ μὲν χρῆται τὸ δ' ὑπόκειται ὡς ὄργανον. Ἀεὶ τοίνυν πρὸς τὸ ἄρχον καὶ τὸ χρώμενον συντάττεται ἡ τοῦ ἀρχομένου καὶ τοῦ ὀργάνου χρεία. Τῆς δὲ ψυχῆς τὸ μὲν λόγος ἐστὶν ὅπερ κατὰ φύσιν ἄρχει καὶ κρίνει περὶ ἡμῶν, τὸ δ' ἕπεταί τε καὶ πέφυκεν ἄρχεσθαι. Πᾶν δὲ εὖ διάκειται κατὰ τὴν οἰκείαν ἀρετήν· τὸ γὰρ τετυχηκέναι ταύτης ἀγαθόν ἐστι. Καὶ μὴν ὅταν γε ἔχῃ τὰ μάλιστα καὶ κυριώτατα καὶ τιμιώτατα τὴν ἀρετήν, τότε εὖ διάκειται· τοῦ βελτίονος ἄρα φύσει βελτίων ἐστὶν ἡ κατὰ φύσιν ἀρετή. Βέλτιον δὲ τὸ κατὰ φύσιν ἀρχικώτερον καὶ μᾶλλον ἡγεμονικόν, ὡς ἄνθρωπος πρὸς τὰ ἄλλα ζῷα· οὐκοῦν ψυχὴ μὲν σώματος βέλτιον (ἀρχικώτερον γάρ), ψυχῆς δὲ τὸ λόγον ἔχον καὶ διάνοιαν· ἔστι γὰρ τοιοῦτον ὃ κελεύει καὶ κωλύει, καὶ δεῖν ἢ μὴ δεῖν φησι [42] πράττειν. Ἥτις ποτὲ οὖν ἐστιν ἀρετὴ τούτου τοῦ μέρους, ἀναγκαῖον εἶναι πάντων αἱρετωτάτην ἁπλῶς τε πᾶσι καὶ ἡμῖν· καὶ γὰρ ἂν τοῦτο, οἶμαι, θείη τις, ὡς ἤτοι μόνον ἢ μάλιστα ἡμεῖς ἐσμεν τὸ μόριον τοῦτο. Ἔτι τοίνυν ὅταν ὃ πέφυκεν ἔργον ἑκάστου μὴ κατὰ συμβεβηκὸς ἀλλὰ καθ' αὑτὸ λεγόμενον κάλλιστα ἀποτελῇ, τότε καὶ τοῦτο ἀγαθὸν εἶναι λεκτέον, ταύτην τε ἀρετὴν θετέον κυριωτάτην, καθ' ἣν ἕκαστον αὐτὸ τοῦτο πέφυκεν ἀπεργάζεσθαι. Τοῦ μὲν οὖν συνθέτου καὶ μεριστοῦ πλείους καὶ διάφοροί εἰσιν ἐνέργειαι, τοῦ δὲ τὴν φύσιν ἁπλοῦ καὶ μὴ πρός τι τὴν οὐσίαν ἔχοντος μίαν ἀναγκαῖον εἶναι τὴν καθ' αὑτὸ κυρίως ἀρετήν. Εἰ μὲν οὖν ἁπλοῦν τι ζῷόν ἐστιν ὁ ἄνθρωπος καὶ κατὰ λόγον καὶ νοῦν τέτακται αὐτοῦ ἡ οὐσία, οὐκ ἄλλο ἐστὶν αὐτοῦ ἔργον ἢ μόνη ἡ ἀκριβεστάτη ἀλήθεια καὶ τὸ περὶ τῶν ὄντων ἀληθεύειν· εἰ δ' ἐστὶν ἐκ πλειόνων δυνάμεων συμπεφυκός, δῆλόν ἐστιν ὡς ἀφ' οὗ πλείω πέφυκεν ἀποτελεῖσθαι, ἀεὶ τούτων τὸ βέλτιστον ἔργον ἐστίν, οἷον ἰατρικοῦ ὑγεία καὶ κυβερνήτου σωτηρία. Βέλτιον δὲ οὐδὲν ἔχομεν λέγειν ἔργον τῆς διανοίας ἢ τοῦ διανοουμένου τῆς ψυχῆς ἡμῶν ἀληθείας. Ἀλήθεια ἄρα τὸ κυριώτατον ἔργον ἐστὶ τοῦ μορίου τούτου τῆς ψυχῆς. Τοῦτο δὲ δρᾷ κατ' ἐπιστήμην ἁπλῶς, μᾶλλον δὲ κατὰ τὴν μᾶλλον ἐπιστήμην, ταύτῃ δ' ἐστὶ θεωρία τὸ κυριώτατον τέλος. Ὅταν γὰρ δυοῖν ὄντοιν θάτερον διὰ θάτερον αἱρετὸν ᾖ, βέλτιόν ἐστι τοῦτο καὶ μᾶλλον αἱρετὸν δι' ὅπερ αἱρετόν ἐστι καὶ θάτερον, οἷον ἡδονὴ μὲν τῶν ἡδέων, ὑγεία δὲ τῶν ὑγιεινῶν· ταῦτα γὰρ ποιητικὰ λέγεται τούτων. [43] Οὐκοῦν τῆς φρονήσεως, ἥν φαμεν δύναμιν εἶναι τοῦ κυριωτάτου τῶν ἐν ἡμῖν, οὐκ ἔστιν αἱρετώτερον οὐδέν, ὡς ἕξις πρὸς ἕξιν κρίνεσθαι· τὸ γὰρ γνωστικὸν μέρος καὶ χωρὶς καὶ συγκείμενον βέλτιόν ἐστι πάσης τῆς ψυχῆς, τούτου δὲ ἐπιστήμη ἀρετή. Οὐκ ἄρα ἐστὶν ἔργον αὐτῆς οὐδεμία τῶν κατὰ μέρος λεγομένων ἀρετῶν· πασῶν γάρ ἐστι βελτίων, τὸ δὲ ποιούμενον τέλος ἀεὶ κρεῖττόν ἐστι τῆς ποιούσης ἐπιστήμης· οὐδὲ μὴν ἅπασα τῆς ψυχῆς ἀρετὴ οὕτως ἔργον οὐδ' ἡ εὐδαιμονία. Εἰ γὰρ ἔσται ποιητική, ἑτέρα ἑτέρων ἔσται, ὥσπερ οἰκοδομικὴ οἰκίας, ἥτις οὐκ ἔστι μέρος τῆς οἰκίας, ἡ μέντοι φρόνησις μόριον τῆς ἀρετῆς ἐστι καὶ τῆς εὐδαιμονίας· ἢ γὰρ ἐκ ταύτης ἢ ταύτην φαμὲν εἶναι τὴν εὐδαιμονίαν. Οὐκοῦν καὶ κατὰ τὸν λόγον τοῦτον ἀδύνατον εἶναι τὴν ἐπιστήμην ποιητικήν· βέλτιον γὰρ δεῖ τὸ τέλος εἶναι τοῦ γιγνομένου, οὐδὲν δὲ βέλτιον εἶναι φρονήσεως, πλὴν εἴ τι τῶν εἰρημένων, τούτων δὲ οὐδὲν ἕτερον αὐτῆς ἐστιν ἔργον. Θεωρητικήν τινα ἄρα φατέον εἶναι ταύτην τὴν ἐπιστήμην, ἐπείπερ ἀδύνατον ποίησιν εἶναι τὸ τέλος. Τὸ φρονεῖν ἄρα καὶ τὸ θεωρεῖν ἔργον τῆς ἀρετῆς ἐστι καὶ τοῦτο πάντων ἐστὶν αἱρετώτατον τοῖς ἀνθρώποις, ὥσπερ οἶμαι καὶ τὸ τοῖς ὄμμασιν ὁρᾶν, ὃ καὶ ἕλοιτό τις ἂν ἔχειν, εἰ καὶ μή τι μέλλοι γίγνεσθαι δι' αὐτὸ παρ' αὐτὴν τὴν ὄψιν ἕτερον. Ἔτι εἰ τὸ ὁρᾶν ἀγαπῶμεν δι' ἑαυτό, ἱκανῶς μαρτυρεῖ τοῦτο ὅτι πάντες τὸ φρονεῖν καὶ τὸ γιγνώσκειν ἐσχάτως ἀγαπῶσιν. Ἔτι εἴ τις ἀγαπᾷ τόδε τι διὰ τὸ συμβεβηκέναι ἕτερον αὐτῷ τι, δῆλον ὅτι μᾶλλον οὗτος βουλήσεται ᾧ μᾶλλον ὑπάρχει [44] τοῦτο· οἷον εἰ τυγχάνει τις αἱρούμενος τὸ περιπατεῖν ὅτι ὑγιεινόν, εἴη δὲ μᾶλλον αὐτῷ ὑγιεινὸν τὸ τροχάζειν καὶ δυνατὸν παραγενέσθαι, μᾶλλον αἱρήσεται τοῦτο κἂν ἕλοιτο γνοὺς θᾶττον. Εἰ τοίνυν ἐστὶν ἀληθὴς δόξα φρονήσει ὅμοιον, εἴπερ αἱρετὸν τὸ δοξάζειν ἀληθῶς ταύτῃ καὶ κατὰ τοσοῦτον καθόσον ὅμοιον τῇ φρονήσει διὰ τὴν ἀλήθειαν, εἰ μᾶλλον τοῦτο τῷ φρονεῖν ὑπάρχει, μᾶλλον αἱρετὸν τὸ φρονεῖν ἔσται τοῦ δοξάζειν ἀληθῶς. Ἀλλὰ μὴν τό γε ζῆν τῷ αἰσθάνεσθαι διακρίνεται τοῦ μὴ ζῆν, καὶ ταύτης παρουσίᾳ καὶ δυνάμει τὸ ζῆν διώρισται, καὶ ταύτης ἐξαιρουμένης οὐκ ἔστιν ἄξιον ζῆν ὥσπερ ἀναιρουμένου τοῦ ζῆν αὐτοῦ διὰ τὴν αἴσθησιν. Τῆς δὲ αἰσθήσεως ἡ τῆς ὄψεως διαφέρει δύναμις τῷ σαφεστάτη εἶναι, καὶ διὰ τοῦτο καὶ μάλιστα αἱρούμεθα αὐτήν· αἴσθησις δὲ πᾶσα δύναμίς ἐστι γνωριστικὴ διὰ σώματος, ὥσπερ ἡ ἀκοὴ τοῦ ψόφου αἰσθάνεται διὰ τῶν ὤτων. Οὐκοῦν εἰ τὸ ζῆν μέν ἐστιν αἱρετὸν διὰ τὴν αἴσθησιν ἡ δ' αἴσθησις γνῶσίς τις, καὶ διὰ τὸ γνωρίζειν αὐτῇ δύνασθαι τὴν ψυχὴν αἱρούμεθα, πάλαι δὲ εἴπομεν ὅτιπερ δυοῖν ἀεὶ μᾶλλον αἱρετὸν ᾧ μᾶλλον ὑπάρχει ταὐτόν, τῶν μὲν αἰσθήσεων τὴν ὄψιν ἀνάγκη μάλιστα αἱρετὴν εἶναι καὶ τιμίαν, ταύτης δὲ καὶ τῶν ἄλλων ἁπασῶν αἱρετωτέρα καὶ τοῦ ζῆν ἐστιν ἡ φρόνησις κυριωτέρα τῆς ἀληθείας· ὥστε πάντες ἄνθρωποι τὸ φρονεῖν μάλιστα διώκουσι. Τὸ γὰρ ζῆν ἀγαπῶντες τὸ φρονεῖν καὶ τὸ γνωρίζειν ἀγαπῶσι· δι' οὐδὲν γὰρ ἕτερον αὐτὸ τιμῶσιν ἢ διὰ τὴν αἴσθησιν καὶ μάλιστα [45] διὰ τὴν ὄψιν· ταύτην γὰρ τὴν δύναμιν ὑπερβαλλόντως φαίνονται φιλοῦντες· αὕτη γὰρ πρὸς τὰς ἄλλας αἰσθήσεις ὥσπερ ἐπιστήμη τις ἁτεχνῶς ἐστιν.

Résumé des idées maîtresses du protreptique[1]

La même idée apparaîtra plus clairement au moyen de la démonstration suivante[2]. La sagesse et la connaissance doivent être choisies pour elles-mêmes par les hommes[3] (car sans elles, il n'est pas possible de vivre en hommes), mais elles sont également utiles pour l'existence[4] ; rien de bon en effet ne nous vient, qui ne soit le

1. Ce paragraphe, peut-être rédigé par Jamblique, résume de façon un peu maladroite quelques-unes des idées maîtresses du *Protreptique* ; certains rapprochements avec d'autres chapitres ont été notés par W. Jaeger (*Aristote,* p. 66), suivi par Berti, *La filosofia*², p. 424-425. Notons les parallèles suivants : 1. La finalité de la philosophie : est-elle autotélique (ce qui est développé au chapitre VII précisément, ainsi qu'au chapitre VIII et dans une partie du chapitre IX), ou doit-elle être recherchée pour quelque avantage (ce qui fait l'objet du chapitre X) ? Nous avons explicité les termes du débat dans l'Introduction, à laquelle nous renvoyons le lecteur. 2. Le rapport de la philosophie et du bonheur : la philosophie s'identifie au plaisir (chapitre XI), mais aussi à l'ensemble que forment le plaisir, la vie vertueuse et la sagesse (comme le démontrera précisément le chapitre XII). La lecture d'A. Grilli, « Cicerone e l'Eudemo », *La Parola del Passato*, 17, 1962, p. 96-128 (p. 124-126), selon lequel la conclusion du chap. XII, loin d'être une répétition arbitraire ou fortuite, serait même le résultat d'une longue démonstration annoncée au chap. VII et qui se serait développée dans l'ensemble des chap. VII à XII, nous paraît toutefois forcée (*cf.* chap. XII, *infra*, p. 218-219, note 10).

2. C'est une transition typiquement jamblichéenne. Nous avons montré dans l'Introduction l'intention totalisante des « approches » jamblichéennes : chaque nouvel argument est présenté comme un moyen supplémentaire d'arriver à un même résultat : la nécessité de philosopher.

3. Par « doit être choisi » nous traduisons αἱρετός, adjectif qui revient constamment dans tout le chapitre. Il ne nous a pas toujours été possible d'adopter la même traduction, mais nous avons essayé de conserver chaque fois le terme « choix » ou le verbe « choisir », sauf lorsque l'adjectif est au comparatif : nous utilisons alors « préférable ». Le verbe αἱρέω est lui aussi récurrent. À côté de αἱρετός, nous rencontrons également, dans ce chapitre, τίμιος (estimable, précieux), ἄξιος (qui a de la valeur), ou encore βελτίων et κρείττων. La raison qui nous fait préférer ici la philosophie à toute chose est qu'elle correspond à notre disposition et notre excellence propres : *cf. supra*, p. 116, notes 35 et 36, chap. VI. L'une des directions fondamentales du chapitre – et même la direction dominante de la fin du chapitre – est en effet une échelle des valeurs, ou des préférables, au sommet de laquelle se placera la philosophie.

4. Sur la distinction établie ici entre ζωή et βίος, nous renvoyons à nouveau à l'Introduction. En deux endroits, au moins, du *Protreptique*, la relation entre la sagesse, ou la philosophie, et la vie fait l'objet d'une élaboration philosophique extrêmement importante : à la fin du chapitre VII, où il est dit que la connaissance est à la fois ce qui caractérise la vie, et ce qui la rend désirable ; au chapitre XI, enfin, où le βίος philosophique est identifié à la plénitude et au plaisir de la vie. Ces deux passages nous apparaissent comme les deux sommets de l'argumentation protreptique, puisqu'ils dépassent, précisément, la distinction entre les deux substantifs, pour faire d'un βίος particulier, celui du philosophe, la condition et l'excellence de la vie *tout court*.

résultat d'un raisonnement et d'une activité conforme à la sagesse[5]. Assurément, que la vie heureuse consiste dans le contentement, dans la possession de la vertu, ou dans la sagesse, dans tous les cas, il faut philosopher[6] ; car ces biens nous sont procurés essentiellement et dans toute leur pureté par l'activité philosophique[7].

1. Les fondements de la démonstrations : hiérarchie des facultés, excellence propre

a. Les fondements anthropologiques de la démonstration

De plus, il y a en nous une partie qui est l'âme, une autre le corps, et l'une commande, l'autre est commandée, l'une utilise, l'autre est à sa disposition comme un instrument[8]. Or l'usage de ce qui est commandé et de l'instrument est toujours subordonné à ce

5. Les deux participes indiquent les deux domaines concernés par la φρόνησις : la pensée pour le premier (λογισαμένοις), l'action pour le second (ἐνεργήσασιν) ; dans les deux cas, la sagesse est une norme : *cf.* chap. VI et X.

6. Cet argument sera développé au chap. XII.

7. Par « dans toute leur pureté », nous traduisons l'adverbe εἰλικρινῶς, terme très peu utilisé par Aristote, mais qui se rencontre beaucoup plus fréquemment, en revanche, chez Jamblique, indice, peut-être, de ce qu'il est l'auteur de tout ce paragraphe.

8. On retrouve le vocabulaire du chapitre VI, mais il est appliqué ici au composé qu'est l'être humain. L'argumentation de ce chapitre s'appuie sur une anthropologie, et sur une hiérarchie des facultés de l'âme, dans lesquelles la notion d'usage et d'instrument joue un rôle fondamental. F. Nuyens (*L'évolution de la psychologie d'Aristote*, Louvain, 1973, p. 94-95) caractérise avec justesse le double rapport qui unit ici l'âme et le corps : bien que strictement séparés, ils collaborent. L'anthropologie de ce chapitre rappelle *Timée*, 41-42, et surtout *Phédon*, 80 a : « lorsque sont ensemble âme et corps, à ce dernier, la nature assigne servitude et obéissance ; à la première commandement et maîtrise », ce que l'on mettra en relation avec l'antagonisme de l'âme et du corps évoqué au chapitre VIII. Les spécialistes d'Aristote n'ont pas manqué de relever la différence entre cette conception du rapport de l'âme et du corps et les vues du *De anima* (où l'âme est la forme et le corps la matière). Si l'on considère que Jamblique cite le *Protreptique* d'Aristote, on supposera, comme Nuyens par exemple, que l'hétérogénéité doctrinale reflète une évolution de la pensée aristotélicienne, et un écart chronologique entre la composition du *Protreptique* et celle du *De anima*. Une autre explication consisterait à dire qu'Aristote, ou l'auteur quel qu'il soit, a cherché à adapter son anthropologie au « genre » introductif du protreptique et au type d'argumentation requis par la fonction exhortative du discours : ici par exemple, comme il doit démontrer que notre fonction et notre bien propre consistent en la vie théorétique, il affirme de façon véhémente la *séparation* et la *supériorité* de l'âme par rapport au corps. On remarquera par ailleurs le vocabulaire extrêmement technique de tout ce

qui commande et utilise. Dans l'âme, à son tour, il y a d'un côté la raison, qui commande, conformément à la nature et préside à nos décisions[9], de l'autre ce qui suit et qui est fait naturellement pour être commandé[10].

b. L'excellence propre d'un être est un bien et il faut la rechercher

Or tout se trouve heureusement disposé lorsqu'il se conforme à son excellence propre[11], car avoir atteint celle-ci constitue le

chapitre, par rapport au chapitre qui suit chez Jamblique, le chapitre VIII, qui fait appel aux « notions communes » : cette alternance est typique du *Protreptique* jamblichéen.

9. Κατὰ φύσιν : nous avons traduit cette expression « conformément à la nature », et φύσει, « par nature », en supposant, comme pour le chap. IX (*cf. supra*, p. 155-156, note 25), la distinction introduite par Simplicius dans son commentaire à la *Physique* (271, 10-11). Nous traduirons de même le verbe φύω par « être de nature à ». D'autre part κρίνει περὶ ἡμῶν signifie littéralement : « qui prend les décisions en ce qui nous concerne » ; l'expression rappelle la faculté « critique » de la sagesse, dont il a été question au chapitre VI : *cf. supra*, p. 108, note 8 et p. 116-117, note 37.

10. *Cf. Éthique à Nicomaque*, I, 13, 1102 a 27-30 : « Au sujet de celle-ci (s. e. de l'âme), certains points ont été suffisamment expliqués dans les « discours exotériques », et il faut les utiliser ici : par exemple le fait que l'âme comporte une partie irrationnelle et une partie dotée de raison » ; *cf.* VI, 1, 1139 a 4-5. Certains ont pensé que la mention de « discours exotériques » renvoyait en particulier au *Protreptique*, si l'on doit entendre par œuvres « exotériques », chez Aristote, des écrits qui se différencient des traités spécifiques en ce qu'ils portent sur des questions générales, et délaissent les démonstrations scientifiques au profit de procédés dialectiques : sur ce point, voir l'Introduction.

11. Ἡ οἰκεία ἀρετή : l'excellence propre, ce que l'auteur exprimera dans la suite du texte à l'aide de l'adjectif κύριος, quand celui-ci ne doit pas être plutôt traduit par « maître », « souverain » : nous reviendrons plus loin, p. 174, note 28, sur l'ambivalence de κύριος, qui est, à côté de αἱρετός, l'un des pivots de l'argumentation du chapitre. Dans toute cette première partie de l'argumentation, d'autre part, nous traduisons le terme grec ἀρετή par « excellence », puisqu'il désigne la qualité propre de tout être, animé ou inanimé, sans connotation morale. C'est l'une des notions clefs de ce chapitre : elle correspond à la définition qu'en donne Platon, *Rép.*, I, 352 e-354 a, en l'associant au concept d'ἔργον (fonction, tâche) qui va intervenir un peu plus loin dans ce chapitre : l'ἀρετή est la qualité d'un être ou d'une chose, qui leur permet d'accomplir leur fonction propre (comme la faculté visuelle, dit Platon, est l'ἀρετή des yeux). Mais c'est aussi le sens que lui donne Aristote en de multiples endroits : nous renvoyons à *Eth. Nic.*, I, 7, 1097 b 25-1098 a 20 et II, 6, 1106 a 15-24, où Aristote établit un lien serré entre cinq notions dont il sera question dans ce chapitre : la tâche (ἔργον), l'excellence (ἀρετή), la disposition (ἕξις), le « bien » (εὖ) et le « bon état » (εὖ ἔχειν). Dans le premier passage, il est écrit : « comme en effet pour le flûtiste, pour le sculpteur et pour quiconque exerce un art, et pour toutes les choses qui ont une fonction déterminée (ἔργον τι) et un certain type d'activité (πρᾶξις), on considère que le bien et le bon état (τἀγαθὸν καὶ τὸ εὖ) consistent

bien[12]. Or c'est précisément lorsque les parties principales d'une chose[13], les parties souveraines[14] et les plus estimables possèdent leur excellence, que l'ensemble est bien disposé[15]. Par conséquent, à ce qui est meilleur par nature[16] correspond une excellence

précisément dans cette fonction, on pourrait considérer qu'il en va de même pour l'homme, si tant est qu'il a une fonction ». Dans le second : « il faut donc dire que toute excellence (ἀρετή) a comme effet, sur ce dont elle est l'excellence, de le mettre en bon état (αὐτό τε εὖ ἔχον ἀποτελεῖ), et de lui permettre de bien accomplir sa fonction spécifique (τὸ ἔργον αὐτοῦ), comme, par exemple, l'excellence de l'œil rend l'œil compétent, ainsi que sa fonction (ἔργον), étant donné que nous voyons bien grâce à l'excellence de l'œil (…) si donc cela vaut pour tous les cas, l'excellence de l'homme aussi doit être cette disposition (ἕξις) par laquelle l'homme devient bon (ἀγαθός) et par laquelle il accomplit bien sa fonction. » Ce sens neutre d'ἀρετή doit en effet être distingué du sens « moral » (les vertus éthiques) qui en est une spécification, et qui n'apparaît que dans un second temps, en 2. b (avec l'expression les « vertus particulières »).

12. Il nous paraît utile, pour plus de clarté, de résumer dès à présent les étapes de la longue démonstration développée dans les pages suivantes.

1. La première étape (1. b) est l'identification de toute ἀρετή (formellement) avec le bien et avec ce qu'il y a de plus désirable (ce dernier argument sera abondamment exploité dans la dernière partie du chapitre).

2. Dans un deuxième temps, l'auteur établit le lien essentiel entre l'ἀρετή d'une chose et son ἔργον (2. a) : à un niveau purement formel, l'excellence consiste, pour tout être, à accomplir sa fonction principale (en conformité avec les définitions platonicienne et aristotélicienne mentionnées à la note précédente).

3. Puis l'ἔργον de l'âme est déterminé : il s'agit de la vérité.

4. Enfin, toute la partie numérotée 2. b sera consacrée à son tour à la spécification de l'ἀρετή de l'âme correspondant à la vérité : une science, de type théorétique.

13. On peut hésiter sur le sens et la fonction de μάλιστα : contrairement à certains traducteurs (par ex. des Places) qui voient dans μάλιστα un adverbe renforçant les deux autres superlatifs, nous en faisons un neutre pluriel sur le même plan que ceux-ci.

14. Par « souveraines » nous traduisons κυριώτατα, superlatif de κύριος : le contexte est celui d'une échelle de valeurs.

15. Ou bien : « que l'on est bien disposé » : le verbe διάκειται n'a sans doute pas pour sujet uniquement « les parties principales, etc. », mais l'être dont il est question dans son entier. Ainsi, le vivant composé qu'est l'homme sera « bien disposé » grâce à la philosophie qui, d'après les démonstrations de ce chapitre, lui permet d'atteindre son excellence propre (la pensée). C'est exactement sur la même idée que s'ouvrait le chapitre VI, en nous exhortant à la science grâce à laquelle nous mettrons « tout en ordre » (πάντα ταῦτα εὖ θησόμεθα, *cf. supra*, p. 106, note 3) : il était alors question de la philosophie science des principes et science ordonnatrice appliquée à la réalité, tandis que l'auteur a en vue, au chapitre VII, l'ordonnance intérieure de l'être. Mais la différence ne concerne que les angles de vue sous lesquels est envisagée la réalité unique de la philosophie.

16. Φύσει : pour la traduction de ce terme, nous renvoyons *supra*, p. 170, note 9.

conforme à la nature meilleure <elle aussi>[17]. Or est meilleur ce qui est plus apte, conformément à la nature, à commander et à gouverner, comme l'homme à l'égard des autres animaux. Donc l'âme est meilleure que le corps (car elle est plus apte à commander), et dans l'âme est meilleur ce qui a raison et pensée. C'est en effet ce qui prescrit et proscrit, et dit ce qu'il faut faire ou ne pas faire[18].

Quelle que soit donc l'excellence de cette partie-là, elle est nécessairement de toutes choses la plus digne de choix, pour tous, en général, et pour nous-mêmes[19]; car on peut admettre, je pense, que nous sommes quant à nous[20] uniquement ou principalement cette partie-là[21].

17. Κατὰ φύσιν : *cf.* p. 170, note 9.

18. Le τέλος de la nature est, comme on l'a vu au chap. IX, le terme du développement d'un être, par lequel cet être accomplit son essence propre, mais aussi le développement lui-même ; dans l'ordre de l'action humaine et de la morale, le τέλος représente l'ἀρετή, c'est-à-dire l'excellence, la qualité qui permet de réaliser l'ἔργον, ainsi que l'ἔργον lui-même (*cf. Métaphysique*, IX, 8, 1050 a 21-23). Or le chap. IX, que nous avons placé avant, a montré que le corps et ses parties existent en vue de l'âme, laquelle existe elle-même en vue de la pensée, terme ultime pour lequel l'homme a été créé. Le τέλος dans l'ordre biologique coïncide donc parfaitement avec le τέλος-ἔργον envisagé ici dans l'ordre de l'éthique.

19. Le passage n'est pas très clair. Nous suggérons l'hypothèse selon laquelle le texte suivrait un mouvement progressif de spécification : parti d'une démonstration générale reposant sur des notions (comme l'excellence, la fonction, etc.) qui s'appliquent à tous les êtres et toutes choses, l'auteur en est arrivé au niveau spécifique de l'être humain, en définissant sa fonction suprême : c'est la science spéculative. Ce niveau spécifique est représenté par le masculin pluriel πᾶσι. Le pronom personnel ἡμῖν pourrait alors exprimer, par rapport à πᾶσι, une spécification supplémentaire, ce que nous invite à faire la récurrence de ce « nous », ἡμεῖς, dans la phrase suivante : « nous » désignerait soit « moi-même », le philosophe qui vous parle, soit « vous et moi, mes lecteurs ». Le passage du général au particulier, s'il implique les lecteurs de Jamblique, marquerait également celui du registre théorique au registre prescriptif et protreptique.

20. Il s'agirait donc d'un ἡμεῖς emphatique, *cf.* note précédente.

21. Μόνον ἢ μάλιστα : on retrouve plusieurs fois cette expression, ou des expressions apparentées dans le *Protreptique* ; ses nombreuses occurrences au chap. XI (p. 57, 26-27 P ; p. 58, 2-4 P ; p. 59, 10-11 et 12 P) fournissent en particulier un lien théorique très étroit avec le présent chapitre. *Cf.* aussi chap. XII (p. 60, 3-4 P), et, sous une forme un peu différente, chap. IX, p. 51, 1-2 P : « les êtres vivants appartiennent aux êtres engendrés par nature, soit, tous, absolument, soit les meilleurs et les plus estimables (πάντα τοπαράπαν ἢ τὰ βέλτιστα καὶ τιμιώτατα) ». Dans ce passage du chap. VII, le couple d'adverbes dénote une méthode consistant à réduire l'objet du discours à l'essentiel, afin d'identifier la fonction de cet objet le plus précisément possible. On trouve un argument très semblable dans l'*Éthique à Nicomaque*, IX, 8, 1169 a 2-4 : « Il est donc clair que

2. La fonction de l'âme est la contemplation de la vérité

a. Atteindre son excellence propre consiste à accomplir sa fonction naturelle

De plus, lorsque chaque chose accomplit au mieux sa fonction naturelle[22], non par accident mais en soi[23], alors dans ce cas aussi il faut parler de « bien »[24], et il faut tenir pour souveraine[25] l'excel-

l'homme est, ou est principalement (ἢ μάλιστα) cela (s. e. l'intellect, le νοῦς), et qu'il chérit cette partie par-dessus tout » ; et X, 7, 1178 a 2-3 : « On pourrait même dire que chaque homme est cela (précisément) (s. e. ὁ νοῦς), si tant est que c'est la partie dominante et la meilleure ». Sur cette méthode, voir S. Mansion, « Deux définitions », p. 428-431, qui analyse plusieurs passages du *Protreptique* où s'applique le procédé par lequel quelque chose est « réduit » à sa « nature essentielle » (p. 428-429) : l'auteur identifie ainsi la perfection de l'homme à celle de son seul intellect au moyen de trois réductions successives, qui procèdent « par sublimation ». Dans la suite du chap. VII, par un procédé « qui rappelle invinciblement Platon », dit S. Mansion, la perception sera réduite à son tour à sa nature essentielle, en l'occurrence son caractère *général* de connaissance et de clarté.

22. Ce qui correspond à la définition de l'ἀρετή, comme on l'a vu plus haut, p. 170, note 11.

23. Nous acceptons la correction de Kiessling, qui remplace le κατ' αὐτό du manuscrit F par καθ' αὑτό ; elle est adoptée par Pistelli et par la plupart des éditeurs du *Protreptique* d'Aristote.

24. Nous comprenons la construction de la phrase comme suit : τότε (« alors ») reprend la proposition subordonnée temporelle ὅταν … ἀποτελῇ ; τοῦτο résume (de façon certes assez vague) l'état d'accomplissement (ἀποτελῇ) dont il est question et représente le sujet de εἶναι, ayant pour attribut ἀγαθόν (littéralement : « cela aussi est un bien »). Καί signifierait « aussi », et ferait référence à une première définition de « bien », posée un peu plus haut : τὸ γὰρ τετυχηκέναι ταύτης ἀγαθόν ἐστι. À quelques lignes de distance, l'auteur donne donc, nous semble-t-il, deux définitions du bien (c'est ainsi qu'il faut entendre l'adjectif verbal λεκτέον), articulées par καί : dans le premier cas le bien correspond à « la bonne disposition, selon l'excellence propre », dans le second, il correspond à « remplir sa fonction ». On pourrait, certes, rattacher le passage aux discussions aristotéliciennes sur les multiples significations du bien telles que celle de l'*Éthique à Nicomaque*, I, 6, mais il nous semble que sa signification s'éclaire de façon plus pertinente si on l'insère dans l'ensemble des réflexions sur le bien et sur le rapport du bien et de la philosophie qui parcourent les chap. VI à XII de Jamblique (voir l'Introduction). Nous mentionnons quelques traductions très divergentes de la nôtre, comme celle de Berti (Berti[4], p. 41) : « *questa circostanza e questo fatto devono essere detti un bene* » ; Ross (*a*), p. 35 : « *then that thing must be said to be good* », suivi par Düring (*a*) (p. 75) : « *that thing must be said to be good too* », dans lesquelles *thing* renvoie clairement, chez l'un comme chez l'autre, à l'agent qui accomplit sa fonction, exprimé en grec par ἑκάστου.

25. « Souveraine » traduit encore ici κυριωτάτη, *cf. supra*, p. 171, note 14.

lence en vertu de laquelle chaque chose est de nature à accomplir[26] cette fonction précise. Maintenant, ce qui est composé et divisible a des activités[27] multiples et diverses, alors que pour ce qui est naturellement simple et dont l'essence n'est pas en relation avec autre chose, il n'y a nécessairement qu'une seule excellence qui lui appartient en propre par lui-même[28].

Si donc l'homme est un vivant simple et si son essence est ordonnée suivant la raison et l'intellect, il n'a pas d'autre fonction que la vérité la plus exacte, elle seule, c'est-à-dire d'établir la vérité sur la réalité[29]. Mais s'il est formé par nature de plusieurs facultés[30], alors, à l'évidence, pour ce qui peut accomplir naturellement plusieurs résultats, c'est le meilleur de ceux-ci qui sera chaque fois sa fonction[31], comme la santé pour le médecin et le salut pour

26. Πέφυκεν : pour la traduction de ce terme, qui revient lui aussi fréquemment dans notre texte, *cf. supra*, p. 170, note 9.

27. Ἐνέργεια : *cf.* chap. XI ; le terme n'a pas ici son sens technique.

28. Comme à propos de l'adjectif κύριος, on peut se demander si κυρίως signifie ici « souverainement », « suprêmement » (ainsi que le pense des Places par exemple : « il n'y a qu'une perfection suprême et absolue »), ou s'il désigne l'appartenance en propre à un sujet, qui est la solution adoptée par nous-même. L'hésitation entre les deux sens, présente dans la plupart des traductions de ce chapitre, n'est en réalité qu'une question formelle, car, au fondement de toutes les démonstrations du chapitre, réside la thèse affirmée dès le départ : avoir atteint « son excellence propre » représente le « bien », thèse complétée un peu plus loin par une autre : le « bien » consiste aussi à « accomplir au mieux sa fonction naturelle ». Il est donc clair que la détermination du « propre » – qui procède par le principe de « réduction » étudié par S. Mansion (voir *supra*, p. 172-173, note 21) – se superposera, tout au long du chapitre, à une axiologie dont relève le vocabulaire du « meilleur » et de la « souveraineté ». Mais ailleurs, au chap. XI en particulier, qui développe des réflexions sur l'acte et la puissance, l'adverbe κυρίως (ou ἀληθῶς καὶ κυρίως) revêt sans aucune ambiguïté une valeur linguistique : ce qui se dit « au sens propre », par rapport à ce qui se dit « en un autre sens » (ἄλλως) ; voir aussi chap. XI, *infra*, p. 186-187, note 6.

29. Le καί a sans doute une valeur épexégétique, plutôt que copulative : « la vérité sur les réalités » exprime le contenu de « la vérité la plus exacte ».

30. Nous traduisons ici δύναμις par « faculté », tandis qu'au chapitre XI, qui explore sous de nombreux aspects le champ lexical de δύναμαι (« être capable »), nous avons préféré le terme « capacité ».

31. Le texte n'est pas clair ; nous l'avons compris comme des Places, c'est-à-dire en rapportant le relatif οὗ au sujet de l'action sous-entendu : « (pour celui) par lequel plusieurs résultats sont accomplis », et τούτων aux résultats : « le meilleur de ceux-ci est toujours sa fonction ». D'autre part, l'auteur dit simplement : ἀεὶ τούτων τὸ βέλτιστον ἔργον ἐστίν : comme l'ont fait remarquer d'autres éditeurs, il manque sans doute dans le texte un adjectif précisant qu'il s'agit de la fonction « propre » ou « principale » de l'être ou de la chose dont il est question.

le pilote. Or nous ne pouvons attribuer à la pensée ou à la partie pensante de notre âme meilleure fonction que la vérité[32]. La vérité est donc la fonction souveraine de cette partie de l'âme[33].

b. L'excellence de l'âme est une science théorétique, car on ne la recherche ni pour un objet qui serait meilleur qu'elle, ni pour un objet qui en serait distinct[34]

De Strycker, par exemple, « Düring », p. 238, se fondant sur ce qui sera dit juste après (« la vérité est donc la fonction suprême – τὸ κυριώτατον ἔργον – de cette partie de l'âme »), a proposé d'ajouter αὐτοῦ τὸ κυριώτατον entre βέλτιστον et ἔργον.

32. Voilà donc défini l'ἔργον de l'âme, c'est la « vérité », décrite ici comme une *activité*: la distinction qu'E. Berti (Berti[4], note 95, p. 92) introduit entre ce sens et celui que l'on trouve dans la *Métaphysique*, IX, 10, 1051 b 24-25, ne nous paraît pas convaincante. Dans cette dernière, la vérité, dit-il, correspondrait, à la différence du *Protreptique*, à une « qualité de la pensée ». Or c'est bien d'un certain type d'activité dont parle le passage en question de la *Métaphysique*: « il en va ainsi du vrai et du faux : être en contact et faire une assertion (τὸ μὲν θιγεῖν καὶ φάναι) est le vrai (car faire une assertion n'est pas la même chose qu'une affirmation), et l'ignorance est ne pas être en contact ». En revanche, les remarques du chercheur italien sur Platon, pour lequel, à la différence de notre texte, la vérité est un objet (Platon, *Rép.*,VII), nous paraissent plus pertinentes.

33. Berti (Berti[4], p. 41) traduit: « *la funzione* più propria *di questa parte dell'anima* », mais nous avons expliqué *supra*, p. 174, note 28, qu'il n'y avait pas contradiction entre les deux types de traductions. Remarquons enfin que la notion de « fonction », et d'autres qui lui sont apparentées comme le « résultat » ou le « produit » de la « fonction », sont des points de contact essentiels avec le chap. XI, qui peut se lire dans la continuité (ce qui nous a suggéré la disposition des chapitres adoptée dans la présente édition). La fonction est envisagée ici dans une perspective anthropologique et psychique: l'auteur se demande quelle est la fonction de l'homme, et celle de l'âme, d'une part, et, de l'autre, il classe les activités de l'âme selon une échelle de valeurs, qui met au sommet l'activité de penser. Ce dont le chap. XI se servira comme d'un acquis: « maintenant, la fonction exclusive ou principale de l'âme est de penser et de réfléchir » (p. 58, 3-5 P), pour établir, dans une perspective différente, la coïncidence entre fonction suprême de l'âme et forme suprême de vie.

34. Deux arguments prouvent donc que cette science est théorétique, le premier qui va de « et elle l'accomplit » à « plus que la science qui la produit », et le second de « mais, d'un autre côté », à « que sa fin soit une production ».

Et elle l'accomplit d'une manière générale[35] par la science[36], mais surtout par celle qui est davantage science[37] ; or celle-ci a pour finalité suprême[38] la contemplation.

Lorsque, en effet, de deux choses, l'une doit être choisie à cause de l'autre, la meilleure et la plus digne de choix est celle à cause de laquelle on doit choisir l'autre également. Par exemple, on doit choisir le plaisir plutôt que les choses agréables, la santé plutôt que les choses saines ; on dit en effet des unes qu'elles sont productrices des autres[39]. Si donc on compare les unes aux autres nos dispositions[40], il n'y a rien que l'on doive choisir davantage que la sagesse, que nous définissons comme la faculté de l'élément qui en nous est souverain. En effet, la partie cognitive, qu'on la considère séparément ou en composition, est meilleure que l'âme tout entière et son excellence est la science[41]. Par conséquent, elle n'a pour fonction

35. L'adverbe ἁπλῶς exprime sans doute la généralité par rapport à cette science spéciale et supérieure qui va maintenant être déterminée : c'est une science *spéculative*. Une telle spécification est annoncée dès cette phrase par l'adverbe μᾶλλον (*surtout*).

36. Après la détermination de l'ἔργον, vient maintenant celle de l'ἀρετή correspondante : c'est la science, ἐπιστήμη, désignée aussi, un peu plus loin, par le terme ἕξις (« disposition » mais aussi « état » d'une chose, *cf.* chapitre VI, p. 116, note 35). Que l'ἀρετή soit une « disposition » est conforme en particulier aux doctrines aristotéliciennes, par ex. *Éthique à Nicomaque* (*cf. supra*, p. 170-171, note 11). Or la façon dont la science (ou la sagesse) s'acquitte de sa tâche qui est la vérité a déjà été décrite dans les chapitres VI et X : l'auteur n'y revient pas ici.

37. Qu'elle soit « davantage science » a été précisément établi au chapitre VI : elle a pour objet des réalités plus originaires et plus connaissables que les autres sciences. *Cf.* aussi *Métaphysique*, I, 2, 982 a 14-17, où, dans le contexte de la hiérarchie des sciences, et des activités humaines plus généralement, Aristote déclare que, parmi les sciences (τῶν ἐπιστημῶν), nous considérons que celle qui est désirable pour elle-même (αὑτῆς ἕνεκεν) et en vue du savoir (τοῦ εἰδέναι χάριν) est « davantage sagesse » (μᾶλλον εἶναι σοφίαν) que celle qui est désirable pour ses résultats.

38. Τὸ κυριώτατον τέλος : la finalité *suprême* (ou *souveraine*), tandis que pour Berti[4] (p. 43) il s'agit de « *il fine più proprio* », *cf. supra*, p. 175, note 33.

39. Cette hiérarchie qui place les choses saines, productrices de la santé, en dessous de celle-ci, qui est le terme auquel tendent les premières, fait penser aux derniers développements du chapitre IX qui établissent le primat de la vie théorétique, τέλος de la vie humaine, sur toute forme de « moyen » pour y parvenir. Mais le chap. XI reviendra aussi sur l'exemple particulier de la santé, désirable pour elle-même, et qui est « plus un bien » que les choses saines, que l'on n'aime qu'en fonction d'elle.

40. *Cf.* note 36.

41. Nous faisons d'ἀρετή le sujet et d'ἐπιστήμη l'attribut, car la fonction de tout le paragraphe est de déterminer, on l'a dit, quelle est cette excellence de l'âme. La

aucune des vertus qu'on appelle « particulières »[42] ; en effet, elle est meilleure que toutes ces vertus, et la fin produite vaut toujours plus que la science qui la produit[43].

Mais, d'un autre côté, elle n'a même pas non plus pour fonction, au sens que nous venons de dire, la vertu de l'âme dans sa totalité[44], ni même le bonheur[45]. En effet, si c'est une science qui produit, elle

structure et le sens de cette phrase sont parfaitement symétriques de ce qui a été dit un peu plus haut : « la vérité est donc la fonction souveraine de cette partie de l'âme ».

42. L'expression grecque αἱ κατὰ μέρος ἀρεταί désigne certainement les vertus « particulières », « indépendantes », par rapport à la « vertu tout entière » (désignée par ἅπασα, *cf.* note 44), qui apparaît dans la phrase qui suit, mais par rapport aussi au sens plus général d'ἀρετή sur lequel portent les réflexions depuis le début du chapitre, c'est-à-dire l'« excellence ». On pensera notamment aux quatre vertus distinguées par Platon en *Rép.*, VI, 491 c : ἀνδρεία, σωφροσύνη, δικαιοσύνη, σοφία.

43. Ici commence un raisonnement long et complexe, qui cherche à démontrer que la sagesse n'est pas une science productrice, mais spéculative. Il s'appuie sur un postulat implicite : les sciences sont soit productrices, soit spéculatives ; donc si une science n'est pas productrice, elle sera forcément spéculative, à la différence de la tripartition aristotélicienne de *Métaphysique*, VI, 1, qui classe les activités intellectuelles (διάνοιαι) en pratiques, productrices, et spéculatives. Ce paragraphe constitue le premier volet de l'argumentation, qui s'appuie sur l'idée essentielle exprimée à la fin du paragraphe : le résultat produit est meilleur que la science qui le produit. Si la sagesse produisait les vertus particulières, elle serait le moyen, et les vertus, la fin, les deux étant bien distincts, comme le sont, pour un art, l'artiste, qui est la cause extrinsèque de l'objet produit, et celui-ci. La distinction de la science et de sa fin dans les sciences productrices est un concept aristotélicien, *cf. Eth. Eud.*, I, 5, 1216 b 16-17. Or la fin est toujours meilleure que le moyen, ce qui signifie que la science qui produit est moins bonne que son résultat. Dans un tel schéma, la sagesse serait moins bonne que les vertus, ce qui n'est pas possible, car on sait qu'elle est meilleure que toute l'âme (et donc que les vertus « particulières » qui sont comprises dans l'âme). À cet endroit-ci du texte, nous voyons l'auteur glisser du sens général d'ἀρετή, l'excellence indéterminée, au sens moral, *cf. supra*, p. 171, note 12.

44. Le sens de l'adjectif ἅπασα n'est pas clair : on peut hésiter entre le distributif « chaque », et « tout entière » : s'il signifiait « chaque » vertu, le discours répéterait plus ou moins la même chose que ce qui a été dit juste avant à propos des « vertus particulières ». Nous préférons donner à l'adjectif le deuxième sens, forte d'une opposition entre ἅπας et κατὰ μέρος que l'on trouve au moins chez Aristote, dans les *Météorologiques*, IV, 1, 379 b 5 : « C'est pourquoi l'eau de mer, par petites quantités isolées (κατὰ μέρος μὲν διαιρουμένη), se putréfie rapidement, ce qui n'arrive pas pour sa totalité (ἅπασα δ' οὔ) ». C'est en ce sens que l'avait déjà interprété Kiessling : *neque una quaedam virtutum singularum est munus scientiae, nam omnibus praestat ; neque universa animi virtus, quum finis, qui efficitur, melior sit scientia eum efficiente, neque felicitas.*

45. Οὕτως se réfère à notre avis à quelque chose qui a été dit plus haut, ce qui explique la traduction : « au sens que nous venons de dire », c'est-à-dire, au sens d'un

produira des résultats différents d'elle-même, comme de la maison diffère la construction, qui n'est pas une partie de la maison, alors que la sagesse est une portion de la vertu et du bonheur, car nous disons du bonheur qu'il vient de la sagesse ou qu'il s'identifie à elle[46].

Donc, selon ce raisonnement également[47], il est impossible que cette science soit productrice[48]. Il faut en effet que la fin soit meilleure que ce qui se produit, or rien n'est meilleur que la sagesse, à moins que ce ne soit l'une des choses que nous avons mentionnées[49] ; mais parmi elles, aucune ne représente une fonction[50] qui serait distincte de la sagesse[51].

objet « produit ». Cette phrase va s'éclairer par la suivante : on ne peut dire que le « produit », ou le « résultat produit », de la sagesse soit la vertu (dans sa totalité) ou le bonheur, car, comme cela va être expliqué juste après, on ne peut appliquer à la sagesse un modèle productif.

46. L'auteur développe ici le deuxième volet de l'argumentation ; après avoir rappelé, dans la première partie de l'argumentation, que le résultat produit est toujours *meilleur* que la science qui le produit, il recourt maintenant à la thèse selon laquelle le produit doit être *séparé* de ce qui le produit. Dans un modèle productif, en effet, une chose est le moyen (ou producteur), une autre la fin (ou résultat) ; or la sagesse s'identifie à la vertu et au bonheur, elle ne peut être séparée d'eux comme le serait l'agent par rapport à son produit. Le rapport spécifique de la sagesse avec la vertu et le bonheur correspond donc ici au rapport de la partie au tout, c'est pourquoi si le bonheur « vient de » la sagesse, ce n'est pas au sens où il serait « produit par » elle (auquel cas il serait distinct de la sagesse), mais au sens où il est « constitué par » la sagesse, ou qu'il « réside en » elle. L'identification au bonheur est démontrée au chapitre XI par exemple. Sur le fait que la sagesse n'est pas productrice chez Aristote, *cf. Eth. Eud.*, I, 6, 1216 b 10-18. La même idée sera reprise aussi au chap. XII.

47. Selon ce raisonnement *également* : l'adverbe nous semble la preuve que l'auteur construit sa démonstration sur *deux* arguments distincts, l'un selon lequel l'objet produit doit être meilleur que ce qui le produit, l'autre selon lequel il doit en être séparé. *Cf. supra*, p. 175, note 34.

48. Ἀδύνατον εἶναι τὴν ἐπιστήμην ποιητικήν : comme l'a relevé de Strycker, « Düring », p. 238, Düring a tort de supprimer l'article τήν et de traduire (p. 76-77) : « *it cannot be a productive knowledge* », car le discours a *déjà* montré que la fonction de la pensée est une science, si bien que ce qu'il reste désormais à déterminer est la *nature* de cette science. L'auteur le fera un peu plus loin, au terme du raisonnement : « il faut donc dire que cette science est contemplative (θεωρητικήν) ». Tout laisse ainsi penser que, dans notre phrase, ποιητικήν est prédicat.

49. Ici est repris l'argument selon lequel le produit de la philosophie ne peut être « meilleur » qu'elle.

50. Une fonction qui serait un objet produit.

51. Pour que l'on puisse parler de « production », il faut une science qui produit, et un résultat produit ; celui-ci doit être à la fois meilleur (*cf. supra*, p. 177, note 43) que la science qui le produit et séparé d'elle. On pourrait supposer que le bonheur et la vertu sont « meilleurs » que la sagesse, mais l'on ne peut dire qu'ils en sont « séparés » (c'est ce qui a été démontré dans la phrase précédente, *cf.* note 46), donc ils ne peuvent être

Il faut donc dire qu'il s'agit d'une science spéculative, puisqu'il est impossible que sa fin soit une production. Donc la pensée et la contemplation représentent la fonction de cette excellence[52], et c'est ce que les hommes doivent choisir par-dessus tout, comme, je pense, voir, dans le cas des yeux : ce que chacun choisirait d'avoir, n'en devrait-il résulter rien d'autre que la vue elle-même[53].

3. La pensée est la forme essentielle de la vie, elle représente ainsi ce qui est le plus désirable[54]

De plus, si nous aimons la vue pour elle-même, c'est un témoignage suffisant que tous aiment au plus haut point la sagesse et la connaissance.

Par ailleurs[55], si l'on aime telle chose pour une propriété qui l'accompagne, il est évident que l'on voudra davantage ce à quoi

le « produit » de la sagesse, qui sera alors, forcément, spéculative. Dans cette phrase, nous donnons à ἕτερον une valeur attributive par rapport à ἔργον : « rien ne représente une fonction *qui serait autre qu'elle-même* », alors que la plupart des traducteurs en font une épithète : « elle n'a *aucune autre* fonction ». Notre traduction va dans le sens de ἑτέρα ἑτέρων ἔσται un peu avant (« des résultats différents d'elle-même »), et de εἰ καὶ μή τι μέλλοι γίγνεσθαι δι' αὐτὸ παρ' αὐτὴν τὴν ὄψιν ἕτερον un peu plus loin (« n'en devrait-il résulter rien d'autre que la vue elle-même »).

52. Le texte nous semble présenter un sens satisfaisant, sans qu'il soit besoin de substituer, avec Düring et Berti, ψυχῆς à la leçon ἀρετῆς du manuscrit F.

53. Ce passage évoque assurément les premières lignes de la *Métaphysique* (I, 1, 980 a 22-24) : « Tous les hommes désirent par nature la connaissance. L'attachement (ἀγάπησις) aux sensations en est un signe ; en effet, en dehors de leur utilité, on les apprécie pour elles-mêmes, et, plus que toutes, celle qui opère grâce à la vue ». Le parallèle entre la philosophie et la vue est un autre leitmotiv du *Protreptique* : *cf.* chap. X, et les nombreux passages qui exaltent la philosophie comme science contemplative, par ex. au chap. XI (p. 58, 3-5 P) : « maintenant, la tâche unique ou principale de l'âme est de penser et de réfléchir ». On pensera aussi, bien sûr, à l'ensemble du chap. VIII dont l'argumentation repose sur l'évidence liée à la nécessité de philosopher. Mais du parallèle de la sagesse avec la vue tel qu'il est présenté à la fin du chap. X, Jamblique a tiré un autre argument décisif : la sagesse préconisée est, certes, théorétique, et elle ne fait rien « en elle-même », c'est toutefois « grâce à elle » que nous accomplissons toutes choses. Sur cette double valeur de la sagesse, voir notamment Düring (*a*), p. 236, et chap. X, *supra*, p. 133, note 30.

54. Dans cette dernière partie du chapitre, l'argumentation suit désormais une perspective essentiellement axiologique. Nous indiquons en notes des rapprochements évidents avec le chap. XI.

55. Cette nouvelle argumentation s'appuie sur une hiérarchie des choix qui, comme nous l'avons fait remarquer *supra*, p. 168, note 3, est l'une des lignes argumentatives de ce chapitre.

appartient davantage cette propriété ; par exemple, si quelqu'un choisit de marcher parce que c'est bon pour la santé, mais qu'il soit meilleur pour sa santé de courir et qu'il en ait la possibilité, il choisira plutôt la course, et il l'aurait choisi plus tôt s'il l'avait su[56]. Or si l'opinion vraie ressemble à la sagesse, si réellement l'opinion vraie doit être choisie pour autant[57] et dans la mesure où elle s'apparente à la sagesse en vertu de la vérité, et si cette propriété[58] appartient davantage à la sagesse[59], alors la sagesse sera préférable à l'opinion vraie.

Maintenant[60], la vie se distingue de l'absence de vie par la sensation[61], et la vie se définit par la présence et la faculté de sensation[62], et si l'on supprime celle-ci, il ne vaut plus la peine de vivre, comme si l'on supprimait la vie elle-même avec la sensation. Or dans le domaine de la sensation, la faculté visuelle l'emporte par sa clarté et c'est pourquoi nous la préférons à tous les autres sens[63] ; d'autre part,

56. La phrase semble redondante et a donné lieu à des traductions divergentes. Pour le sens de θᾶττον, nous nous sommes ralliée à l'interprétation de des Places : « on la choisirait sans retard », c'est-à-dire « plus rapidement ». Il ne paraît pas absurde, toutefois, de traduire comme le font par exemple Ross et Düring, qui voient dans l'adverbe un synonyme de μᾶλλον (l'argument est discuté par de Strycker, « Düring », p. 243). Que vient ajouter la deuxième partie de la phrase ? Elle pourrait éventuellement faire allusion à l'efficacité du discours protreptique, dont le rôle, en philosophie comme en médecine, est de montrer l'importance de la santé et d'inviter à observer les comportements conduisant à celle-ci (*cf.* Philon de Larissa) : grâce aux informations que lui donne le protreptique, l'individu choisira alors *au plus vite* ce qui le mènera au bonheur.

57. Nous avons adopté la proposition de Vitelli de corriger le ταύτην des manuscrits en ταύτῃ : voir Critères d'édition.

58. C'est-à-dire la vérité.

59. Il s'agit de la qualité qui consiste à établir la vérité.

60. L'argumentation de la dernière partie du chapitre (numérotée 3) a pour point de départ une hiérachie entre des éléments ayant en commun une même propriété, la connaissance ou la perception, qui place au sommet la sagesse, comme forme suprême de perception ; d'autre part, la perception elle-même est indispensable à la vie. Les hommes doivent donc aimer la sagesse plus que tout, parce qu'en elle ils aiment ce qui rend possible et désirable la vie même (c'est-à-dire la perception). Le dernier paragraphe est construit sur un renchérissement, et presque un renversement : non seulement la philosophie, en tant que forme suprême de perception, est nécessaire à la vie, mais la vie elle-même ne vaut d'être vécue que pour la philosophie, qui devient une valeur absolue, radicale.

61. *Cf. De anima*, II, 5, 417 a 10-14, cité *infra*, p. 187, note 7 du chap. XI et *De part. anim.*, III, 4, 666 a 35 : τὸ ζῷον αἰσθήσει ὥρισται.

62. Le terme traduit ici est toujours δύναμις.

63. En vertu du principe de « réduction » évoqué plus haut (*supra*, p. 172-173, note 21 et p. 174, note 28) la vue, comme la sagesse, représente l'essence même de la connaissance. Sur la notion de *clarté*, *cf. infra*, p. 228-229, note 13.

toute sensation est une faculté de connaître s'exerçant au moyen du corps, comme l'ouïe qui perçoit les bruits au moyen des oreilles.

Si donc la vie est digne de choix à cause de la sensation, que la sensation est une sorte de connaissance, et que nous choisissons la sensation[64] parce que l'âme acquiert, grâce à elle, la connaissance ; et, d'autre part, puisque nous avons dit précédemment[65] que, de deux choses, est toujours préférable celle à laquelle appartient davantage une même propriété, alors, de toutes les sensations la vue sera nécessairement la plus digne de choix et d'estime. Mais plus encore que celle-ci et que toutes les autres sensations, plus que la vie elle-même, il faudra choisir la sagesse, puisqu'elle règne plus souverainement sur la vérité[66]. C'est pourquoi tous les hommes aspirent par-dessus tout à pratiquer la sagesse. Car en aimant la vie, c'est pratiquer la sagesse et connaître qu'ils aiment[67] ; et ils ne font cas de la vie que pour la sensation, et surtout pour la vue ; on voit bien en effet qu'ils ont un amour extrême[68] pour cette faculté ; car, en comparaison des autres sensations, elle est tout simplement comme une sorte de science[69].

64. Le complément d'objet direct du verbe αἱρούμεθα n'est pas explicité : il faut certainement sous-entendre « la sensation ».

65. Cela a été dit au début du nouvel argumentaire, avec l'exemple de la course, plus salutaire que la marche.

66. Κυριωτέρα τῆς ἀληθείας : on remarquera une nouvelle occurrence de l'adjectif, qui revêt, cette fois, sans qu'il y ait à hésiter, le sens de « souverain ». En choisissant la philosophie, c'est-à-dire la connaissance, on choisit donc la qualité principale de la vie : *cf. supra*, p. 168, note 4. Cette identification de la philosophie et de la vie dans leur essence même est, nous l'avons dit dès l'Introduction, un argument fondamental du protreptique, dont la récurrence, sous des formes différentes, aux chapitres VII et XI, donne l'impression d'une démonstration continue.

67. L'auteur est parti du « témoignage évident » représenté par notre attachement pour la faculté visuelle, ce qui le conduit à affirmer notre amour de la connaissance, qui est aussi amour de la vie. Le ton est celui des « opinions communes », et il faudra attendre le chap. XI pour que soit démontré techniquement, à l'aide des concepts d'activité et de capacité, que connaître signifie en effet vivre par essence et « au sens propre ». Entre les différentes formes de connaissances, l'homme aimera donc surtout celles qui sont connaissances au plus haut degré, ainsi il privilégiera la sagesse sur l'opinion vraie. Sur ce concept et les liens évidents avec le premier livre de la *Métaphysique*, voir, en particulier, E. Berti, *Aristotele : dalla dialettica alla filosofia prima*, p. 328-335.

68. Le terme grec est ὑπερβαλλόντως, qui, notons-le, revient au chap. VIII : « nous disons que nous devons révérer père et mère *plus que tout* ».

69. Tout ce passage rappelle de près, à nouveau, le début de la *Métaphysique*.

LA PHILOSOPHIE EST LA VIE EN ACTE ET LE BONHEUR MÊME DE LA VIE

JAMBLIQUE, *PROTREPTIQUE*, CHAP. XI

Ὅτι τοίνυν τοῖς ἑλομένοις τὸν κατὰ νοῦν βίον καὶ τὸ ζῆν ἡδέως μάλιστα ὑπάρχει, δῆλον ἂν γένοιτο ἐντεῦθεν. Φαίνεται διττῶς λέγεσθαι τὸ ζῆν, τὸ μὲν κατὰ δύναμιν τὸ δὲ κατ᾽ ἐνέργειαν· ὁρῶντα γὰρ εἶναί φαμεν ὅσα τε ἔχει τῶν ζῴων ὄψιν καὶ δυνατὰ πέφυκεν ἰδεῖν, κἂν μύοντα τυγχάνῃ, καὶ τὰ χρώμενα τῇ δυνάμει καὶ προσβάλλοντα τὴν ὄψιν. Ὁμοίως δὲ καὶ τὸ ἐπίστασθαι καὶ τὸ γιγνώσκειν, ἓν μὲν τὸ χρῆσθαι καὶ θεωρεῖν λέγομεν, ἓν δὲ τὸ κεκτῆσθαι τὴν δύναμιν καὶ τὴν ἐπιστήμην ἔχειν. Εἰ τοίνυν τῷ μὲν αἰσθάνεσθαι τὸ ζῆν διακρίνομεν καὶ τὸ μὴ ζῆν, τὸ δ᾽ αἰσθάνεσθαι διττόν, κυρίως μὲν τὸ χρῆσθαι ταῖς αἰσθήσεσιν ἄλλως δὲ τὸ δύνασθαι (διόπερ φαμὲν αἰσθάνεσθαι *** καὶ [57] τὸν καθεύδοντα λέγοντες, ὡς ἔοικε), δῆλον ὅτι καὶ τὸ ζῆν ἀκολουθήσει διττῶς λεγόμενον· τὸν μὲν γὰρ ἐγρηγορότα φατέον ζῆν ἀληθῶς καὶ κυρίως, τὸν δὲ καθεύδοντα διὰ τὸ δύνασθαι μεταβάλλειν εἰς ταύτην τὴν κίνησιν, καθ᾽ ἣν λέγομεν ἐγρηγορέναι τε καὶ τῶν πραγμάτων αἰσθάνεσθαί τινος. Διὰ τοῦτο καὶ εἰς τοῦτο βλέποντες, ὅταν οὖν λέγηταί τι ταὐτὸν ἑκάτερον δυοῖν ὄντοιν, ᾖ δὲ θάτερον λεγόμενον ἢ τῷ ποιεῖν ἢ τῷ πάσχειν, τούτῳ μᾶλλον ἀποδώσομεν ὑπάρχειν τὸ λεχθέν, οἷον ἐπίστασθαι μὲν μᾶλλον τὸν χρώμενον τοῦ τὴν ἐπιστήμην ἔχοντος, ὁρᾶν δὲ τὸν προσβάλλοντα τὴν ὄψιν τοῦ δυναμένου προσβάλλειν. Οὐ γὰρ μόνον τὸ μᾶλλον λέγομεν καθ᾽ ὑπεροχὴν ὧν ἂν εἷς ᾖ λόγος, ἀλλὰ καὶ κατὰ τὸ πρότερον εἶναι τὸ δὲ ὕστερον, οἷον τὴν ὑγείαν τῶν ὑγιεινῶν μᾶλλον ἀγαθὸν εἶναί φαμεν, καὶ τὸ καθ᾽ αὑτὸ τὴν φύσιν αἱρετὸν τοῦ ποιητικοῦ. Καίτοι τόν γε λόγον ὁρῶμεν ὡς οὐχ ᾗ ἐστι κατηγορούμενος ἀμφοῖν, ὅτι ἀγαθὸν ἑκάτερον ἐπί τε τῶν ὠφελίμων καὶ τῆς ἀρετῆς. Καὶ ζῆν ἄρα μᾶλλον φατέον τὸν ἐγρηγορότα τοῦ καθεύδοντος καὶ τὸν ἐνεργοῦντα τῇ ψυχῇ τοῦ μόνον ἔχοντος· διὰ γὰρ ἐκεῖνον καὶ τοῦτον ζῆν φαμεν, ὅτι τοιοῦτός ἐστιν οἷος ἐκεῖνος πάσχειν ἢ ποιεῖν. Οὐκοῦν τό γε χρῆσθαι παντὶ τοῦτ᾽ ἐστίν, ὅταν εἰ μὲν ἑνὸς ἡ δύναμίς ἐστι, τοῦτο αὐτὸ πράττῃ τις, εἰ δὲ πλειόνων τὸν ἀριθμόν, ὃ ἂν τούτων τὸ βέλτιστον, οἷον αὐλοῖς, ἤτοι μόνον ὅταν αὐλῇ χρῆταί τις ἢ μάλιστα· ἴσως γὰρ ἐπὶ τούτῳ καὶ τὰ τῶν ἄλλων. [58] Οὐκοῦν καὶ μᾶλλον χρῆσθαι τὸν ὀρθῶς χρώμενον φατέον· τὸ γὰρ ἐφ᾽ ᾧ καὶ ὡς πέφυκεν ὑπάρχειν τῷ χρωμένῳ καλῶς καὶ ἀκριβῶς. Ἔστι δὴ καὶ ψυχῆς ἤτοι μόνον ἢ μάλιστα πάντων ἔργον τὸ διανοεῖσθαί τε καὶ λογίζεσθαι. Ἁπλοῦν ἄρα ἤδη τοῦτο καὶ παντὶ συλλογίζεσθαι ῥᾴδιον ὅτι ζῇ μᾶλλον ὁ διανοούμενος ὀρθῶς καὶ μάλιστα πάντων ὁ μάλιστα ἀληθεύων, οὗτος δέ ἐστιν ὁ φρονῶν καὶ θεωρῶν κατὰ τὴν ἀκριβεστάτην ἐπιστήμην· καὶ τό γε τελέως ζῆν τότε καὶ τούτοις ἀποδοτέον, τοῖς φρονοῦσι καὶ τοῖς φρονίμοις. Εἰ δὲ τὸ ζῆν ἐστι τῷ ζῴῳ γε ταὐτὸν παντὶ ὅπερ εἶναι, δῆλον ὅτι κἂν εἴη γε μάλιστα καὶ κυριώτατα πάντων ὁ φρόνιμος, καὶ τότε μάλιστα τοῦ χρόνου παντὸς ὅταν ἐνεργῇ καὶ τυγχάνῃ θεωρῶν τὸ μάλιστα τῶν ὄντων γνώριμον. Ἀλλὰ μὴν ἥ γε τελεία ἐνέργεια καὶ ἀκώλυτος ἐν ἑαυτῇ ἔχει τὸ χαίρειν, ὥστε ἂν εἴη ἡ θεωρητικὴ ἐνέργεια πασῶν ἡδίστη. Ἔτι τοίνυν ἕτερόν ἐστιν τὸ ἡδόμενον πίνειν καὶ τὸ ἡδέως πίνειν· οὐδὲν γὰρ κωλύει μὴ διψῶντά τινα μηδὲ οἵῳ χαίρει πόματι προσφερόμενον πίνοντα χαίρειν, μὴ τῷ πίνειν ἀλλὰ τῷ συμβαίνειν ἅμα θεωρεῖν ἢ θεωρεῖσθαι καθήμενον. Οὐκοῦν τοῦτον ἥδεσθαι μὲν καὶ ἡδόμενον πίνειν φήσομεν, ἀλλ᾽ οὐ τῷ πίνειν οὐδὲ ἡδέως πίνειν. Οὐκοῦν οὕτως καὶ βάδισιν καὶ καθέδραν καὶ μάθησιν καὶ πᾶσαν κίνησιν ἐροῦμεν ἡδεῖαν ἢ λυπηράν, οὐχ ὅσων συμβαίνει λυπεῖσθαι παρουσῶν ἡμᾶς ἢ χαίρειν, ἀλλ᾽ ὧν τῇ παρουσίᾳ καὶ λυπούμεθα πάντες καὶ χαίρομεν. Καὶ ζωὴν οὖν ἡδεῖαν ὁμοίως ἐροῦμεν, ἧς ἡ παρουσία τοῖς ἔχουσιν [59] ἡδεῖα, καὶ ζῆν ἡδέως οὐ πάντας ὅσοις ζῶσι συμβαίνει χαίρειν, ἀλλ᾽ οἷς αὐτὸ τὸ ζῆν ἡδὺ καὶ χαίρουσι τὴν ἀπὸ ζωῆς ἡδονήν. Οὐκοῦν τὸ ζῆν ἀποδίδομεν τῷ μὲν ἐγρηγορότι μᾶλλον ἢ τῷ καθεύδοντι, τῷ φρονοῦντι δὲ ἢ τῷ ἄφρονι μᾶλλον, τὴν δ' ἀπὸ ζωῆς ἡδονὴν τὴν ἀπὸ τῆς χρήσεως γιγνομένην φαμὲν εἶναι τῆς ψυχῆς· τοῦτο γάρ ἐστι τὸ ζῆν ἀληθῶς. Εἰ τοίνυν καὶ πολλαὶ ψυχῆς εἰσι χρήσεις, ἀλλὰ κυριωτάτη γε πασῶν ἡ τοῦ φρονεῖν ὅ τι μάλιστα. Δῆλον τοίνυν ὅτι καὶ τὴν γιγνομένην ἀπὸ τοῦ φρονεῖν καὶ θεωρεῖν ἡδονὴν ἢ μόνην ἢ μάλιστα ἀναγκαῖον ἀπὸ τοῦ ζῆν εἶναι. Τὸ ζῆν ἄρα ἡδέως καὶ τὸ χαίρειν ὡς ἀληθῶς ἤτοι μόνοις ἢ μάλιστα ὑπάρχει τοῖς φιλοσόφοις. Ἡ γὰρ τῶν ἀληθεστάτων νοήσεων ἐνέργεια καὶ ἀπὸ τῶν μάλιστα ὄντων πληρουμένη καὶ στέγουσα ἀεὶ μονίμως τὴν ἐνδιδομένην τελειότητα, αὕτη πασῶν ἐστι καὶ πρὸς εὐφροσύνην ἀνυσιμωτάτη. Ὥστε καὶ δι' αὐτὸ τὸ χαίρειν τὰς ἀληθεῖς καὶ ἀγαθὰς ἡδονὰς φιλοσοφητέον ἐστὶ τοῖς νοῦν ἔχουσιν.

Une distinction ontologique fondamentale : capacité et activité

Maintenant[1], qu'à ceux qui ont choisi de vivre conformément à l'intellect appartient aussi, au plus haut point, une vie agréable[2], voici ce qui le rendra évident. Il est manifeste que « vivre » se dit en deux sens, d'une part selon la capacité, de l'autre selon l'activité[3] ;

1. Τοίνυν annonce ici un nouvel argument.

2. Τὸ ζῆν ἡδέως μάλιστα ὑπάρχει : nous avons fait porter l'adverbe μάλιστα non sur ἡδέως, mais sur le verbe ὑπάρχει, car ce qu'il faut démontrer, nous semble-t-il, n'est pas que ceux qui vivent selon l'intellect vivent « de la façon la plus agréable », mais, plutôt, que cette vie agréable constitue le véritable *privilège* de ceux qui pratiquent la philosophie (c'est à eux qu'appartient, *par excellence*, la vie agréable). L'ensemble du raisonnement repose en effet sur une exploration des notions de μᾶλλον et de μάλιστα en relation avec la théorie de la puissance et de l'acte : dans un premier temps, il sera établi, pour le dire très schématiquement, (1) que « vivre plus » consiste à « être en activité » ; (2) que l'âme est « le plus » en activité quand elle pense ; et donc (3) que penser est « vivre plus », et même vivre « le plus » – nous justifions cette interprétation en termes de « degrés de vie » dans les Notes complémentaires. Grâce à cette équivalence entre la pensée (ou l'activité philosophique) et la vie même, l'auteur démontre, dans un second temps, que le plaisir inhérent à l'existence est précisément le plaisir qui vient de l'exercice de la pensée, aboutissant à la conclusion suivante : « la vie agréable (τὸ ζῆν ἡδέως), le vrai contentement, appartiennent donc seulement ou surtout (μόνοις ἢ μάλιστα) aux philosophes » (p. 59, 11-13 P), ce qui correspond à l'interprétation que nous donnons de la première phrase du chapitre.

3. Les termes utilisés dans cette phrase, et récurrents dans tout le chapitre XI, sont ceux de δύναμις et ἐνέργεια. Comme l'ont fait remarquer de nombreux commentateurs, si l'on admet que le texte provient du *Protreptique* d'Aristote, alors il faudrait reconnaître en ces pages une première ébauche de la théorie aristotélicienne

nous désignons en effet comme « voyants » tant les êtres vivants qui possèdent la vue et qui sont par nature capables de voir, même s'ils se trouvent avoir les yeux fermés, que ceux qui font usage de cette capacité et fixent leur regard. Il en va de même pour « savoir » et « connaître » : nous entendons par là, d'un côté, « faire usage de cette capacité » et « contempler », d'un autre, « acquérir la capacité » et « posséder la science »[4].

a. Application à la vie du couple capacité/activité

Dès lors, si nous distinguons la vie de l'absence de vie par la perception[5], et si la perception se dit en deux sens – au sens propre[6]

fondamentale de la « puissance » et de l'« acte », qui sera développée par la suite en détail notamment dans la *Métaphysique,* VI et IX, et *De anima*, II, 5. Au terme « puissance » par lequel on traduit δύναμις le plus souvent dans les écrits d'Aristote, en particulier lorsqu'il est associé à l'« acte », nous avons préféré le terme « capacité », pour deux raisons. Parce que la théorie présentée se fonde avant tout sur une observation spontanée des êtres vivants, se limitant à des traits généraux, ce qui ne rend pas nécessaire le recours immédiat au vocabulaire spécifique et technique qui s'est imposé pour traduire les passages aristotéliciens rapportant la doctrine « canonique » ; ensuite, parce que le texte recourt au champ lexical de δύναμις dans son ensemble, avec, par exemple, l'adjectif δυνατός ou le verbe δύνασθαι : or l'ensemble de ces termes pouvait plus aisément se traduire par une série de mots de la même famille que le français « capacité ». Ainsi nous avons traduit constamment χρῆσθαι τῇ δυνάμει par « utiliser la capacité ». Pour créer un effet de symétrie, nous avons traduit ἐνέργεια non par « acte » mais par « activité ».

4. « Savoir » et « connaître » représentent deux exemples allant exactement dans le même sens, celui d'une activité qui peut, comme la vue, s'entendre soit (ἓν μέν) selon la capacité (la puissance), soit (ἓν δέ) selon l'acte même ; ce que l'on rapprochera des deux sens de l'entéléchie distingués par Aristote en *De an.*, II, 1, 412 a 10-11 et 22-23 : c'est l'exercice de la science (τὸ θεωρεῖν), distinct du seul fait d'avoir la science (ἐπιστήμη). Dans ce deuxième exemple du *De anima*, l'acte et la puissance de savoir sont comparés à la veille et au sommeil, ce qui rappelle aussi étroitement la suite du *Protreptique*.

5. Cette équivalence a fait l'objet de toute la dernière partie du chapitre VII qui comportait déjà l'expression τό γε ζῆν τῷ αἰσθάνεσθαι διακρίνεται τοῦ μὴ ζῆν (p. 44, 9-10 P) : la répétition est l'une des raisons qui invitent à lire les deux chapitres comme un bloc unitaire. Sur la perception comme critère de la vie, nous renvoyons, toujours dans le corpus aristotélicien, à *Éthique à Nicomaque*, IX, 9, 1170 a 19 cité *infra*, note 6, *Éthique à Eudème*, VII, 12, 1244 b 23-33, ou encore *Topiques*, V, 2, 129 b 33-34.

6. La traduction de l'adverbe κυρίως par « au sens propre », « au plein sens du terme », se justifie parce qu'est en jeu ici la question sémantique ou linguistique de la *prédication* : le texte essaie en effet de déterminer les cas où un prédicat est attribué à un nom dans son sens « propre », et les cas où il n'est attribué que dans un

c'est l'usage des sensations, et en un autre sens, la capacité (c'est pourquoi nous disons qu'il perçoit *** même en parlant du dormeur[7], semble-t-il[8]) –, il est évident que « vivre » se dira par conséquent[9]

sens dérivé. Un peu plus loin, la vie éveillée désignera « vivre » au sens « vrai » et « propre » (ἀληθῶς καὶ κυρίως). Mais nous verrons que ces considérations linguistiques sont intrinsèquement liées à des considérations ontologiques : être tel ou tel « au sens propre », ou accomplir une action « au sens propre », correspond, dans ce chapitre, à être « principalement » ou « essentiellement » ainsi, ou à accomplir cette action dans son essence. La raison pour attribuer un prédicat « au sens propre » à un sujet est en effet que le sujet accomplisse « effectivement » (« en acte ») et pleinement l'action exprimée par le prédicat. Nous avons déjà remarqué l'ambivalence de κύριος au chapitre VII (p. 174, note 28). Un passage de l'*Éthique à Nicomaque* (IX, 9, 1170 a 16-19) éclaire très bien cette idée dans le domaine aristotélicien ; il nous intéresse à double titre, parce qu'il fait écho à notre passage du *Protreptique*, lequel définit la vie au moyen de la sensation et de la pensée, et qu'il associe, d'autre part, l'ἐνέργεια à la « modalité » de l'agir exprimée par κύριος : « La vie, dans le cas des animaux, est définie par la capacité de la sensation (τὸ δὲ ζῆν ὁρίζονται τοῖς ζῴοις δυνάμει αἰσθήσεως), tandis que dans le cas des hommes, elle est définie par celle de la sensation et de la pensée (δ' αἰσθήσεως ἢ νοήσεως) ; mais la capacité se définit en rapport avec l'activité (ἡ δὲ δύναμις εἰς τὴν ἐνέργειαν ἀνάγεται), et l'essentiel (τὸ δὲ κύριον) est dans l'activité (ἐν τῇ ἐνεργείᾳ) ; par conséquent, vivre semble consister *essentiellement* (*au sens propre* ?) dans le fait de sentir et de penser (κυρίως τὸ αἰσθάνεσθαι ἢ νοεῖν) ». On est donc parfaitement en droit d'hésiter sur la traduction de κυρίως : « au sens propre » ? « pleinement » ? Cela revient en fait au même, car si la vie est, *au sens propre*, la sensation, c'est qu'elle consiste, *essentiellement*, dans la sensation, qui représente elle-même *l'activité*. *Cf.* E. Berti, « "Per i viventi l'essere è il vivere" (Aristotele, *De anima* 415 b 13) », M. Sanchez Sorondo (a cura di), *La vita. Storia e teoresi*, Rome 1998, p. 21-30, repris dans *Nuovi studi aristotelici*, *op. cit.*, p. 133-141.

7. Dans le *De anima*, II, 5 (417 a 10-14), qui est l'un des grands exposés aristotéliciens sur la théorie de l'acte et de la puissance, c'est, comme ici, l'exemple du dormeur qui permet de distinguer les deux acceptions de « percevoir » (d'une part « en acte », de l'autre « en puissance ») ; or, comme « la vie se distingue de l'absence de vie par la perception » (ce qui vient d'être posé comme première prémisse du raisonnement), le dormeur ne vit que selon la « capacité » – ce qui sera démontré juste après.

8. À notre avis, le texte de la traduction manuscrite ne fait pas sens (même si λέγω suivi de l'accusatif est fréquent en grec pour dire « avoir en vue » tel ou tel cas, « parler de » telle ou telle chose). Vitelli, suivi de façon opportune par Pistelli, a supposé une lacune entre αἰσθάνεσθαι et καὶ. Il suggère *exempli gratia* l'intégration suivante (mentionnée en apparat par Pistelli) : διόπερ φαμὲν αἰσθάνεσθαι <καὶ τὸν ἐγρηγορότα καὶ τὸν καθεύδοντα, διὰ τὸ δύνασθαι εἰς αἴσθησιν μεταβάλλειν αἰσθάνεσθαι> καὶ τὸν καθεύδοντα λέγοντες, ὡς ἔοικε : « c'est pourquoi nous disons que perçoit <aussi bien celui qui est éveillé que celui qui dort>, lorsque nous disons (λέγοντες) que même celui qui dort <perçoit parce qu'il est capable de passer à la perception>, à ce qu'il semble ». Il s'agit d'une proposition séduisante, parce qu'elle suppose que la lacune serait due à un saut du même au même.

9. Le verbe ἀκολουθέω, qui exprime la conséquence, marque la première étape du raisonnement très rigoureux développé tout au long de ce chapitre.

aussi en deux sens[10] : il faut dire en effet que celui qui est éveillé « vit » véritablement et au sens propre, tandis que celui qui dort vit en tant qu'il est capable de passer à ce mouvement en vertu duquel nous disons qu'il est éveillé et perçoit un certain objet[11].

b. Le rapport de l'activité à la capacité peut s'exprimer en termes de « plus »

Pour cette raison et dans cette perspective[12], lorsque, donc, un même prédicat est attribué à deux sujets, mais que l'un des deux est désigné ainsi par le fait d'agir ou bien de pâtir[13], nous admettrons

10. Littéralement « de deux manières » : notre traduction interprète cette phrase en termes de « prédication », comme nous l'expliquons dans les Notes complémentaires.

11. Le dormeur ne vit qu'en un sens « dérivé » : *cf.*, entre autres, *De anima*, II, 1, 412 a 25 ; *Éthique à Nicomaque*, X, 8, 1178 b 19 ; *Éthique à Eudème*, I, 5, 1216 a 2-6 ; II, 1, 1219 b 20-23.

12. La syntaxe de cette phrase n'est pas claire. É. de Strycker, « Prédicats univoques », note 21, p. 603-604, a proposé de supprimer le membre de phrase διὰ τοῦτο καὶ εἰς τοῦτο βλέποντες dans lequel il voit une glose ; il est suivi par des Places qui met effectivement l'expression entre crochets. Mais Ross et Düring ont conservé celle-ci : plaçant une virgule après αἰσθάνεσθαί τινος, ils font de ce groupe de mots le début d'une proposition que Düring complète de la façon suivante : « et c'est en référence à cette activité (διὰ τοῦτο καὶ εἰς τοῦτο βλέποντες <que nous disons qu'il vit (φατέον ζῆν αὐτόν)> ». La phrase qui suit, après un point, commence donc par ὅταν. Cette intégration est adoptée par Berti et Giannantoni. Quant à Zanatta, il adopte la même ponctuation que Ross et Düring, mais sans l'intégration : la phrase qui en résulte est plutôt abrupte. Nous avons suivi Pistelli et Walzer en gardant le texte tel qu'il est, sans rien retrancher ou ajouter ; comme eux, nous plaçons un point après αἰσθάνεσθαί τινος, et faisons de διὰ τοῦτο καὶ εἰς τοῦτο βλέποντες la première partie d'une phrase qui se poursuit avec la proposition introduite par ὅταν. La présence de οὖν non en début de phrase, mais après un premier membre, n'est nullement un obstacle grammatical : on trouve notamment la particule οὖν au beau milieu d'une proposition, lorsqu'il s'agit, par exemple, de reprendre le fil du discours après une incidente, au sens de *dis-je*. En ce qui concerne l'argumentation, cette construction a de plus l'avantage d'établir la transition entre deux types d'appellation : l'appellation « au sens propre », et l'appellation « de préférence » à laquelle sera précisément consacrée la suite du discours.

13. Comme d'autres chercheurs, nous acceptons le texte transmis par les manuscrits : ᾖ δὲ θάτερον λεγόμενον ἢ τῷ ποιεῖν ἢ τῷ πάσχειν, contrairement à Pistelli qui, suivant Arcerius, corrige τῷ… τῷ en τὸ… τὸ, et contrairement à des Places qui adopte l'adjonction de τὸ devant λεγόμενον proposée par É. de Strycker (« Düring », p. 239-240), et qui conserve le τῷ des manuscrits. Nous considérons que λεγόμενον s'intègre dans une tournure participiale avec le verbe être (ᾖ), fréquente en grec, et dont Kühner-Gerth, I, p. 38-39, donne une série d'exemples. D'autre part, nous excluons que θάτερον puisse avoir un sens distributif, comme le pense Düring

que c'est à lui qu'appartient davantage ce qui a été prédiqué[14] : par exemple, nous disons que celui qui exerce la science sait « plus » que celui qui ne fait que la posséder et que celui qui fixe son regard voit « plus » que celui qui n'a que la capacité de le fixer.

Car nous nous ne parlons pas seulement de « plus » pour une différence quantitative entre des choses qui ont une même définition, mais aussi pour l'antériorité et la postériorité[15] ; ainsi, nous disons que la santé est « plus » un bien que les choses saines, et que ce qui est digne, par nature, d'être choisi pour soi-même est « plus » un bien que ce qui le produit[16]. Et cependant, nous voyons que ce n'est pas en tant que la même définition est prédiquée des deux que nous parlons de « bien » à la fois à propos de l'utile et à propos de la vertu[17].

(*a*), qui traduit (p. 81) : « *when, therefore, we use the same word in two different meanings, the one implying action, the other passivity* ». De Strycker, « Prédicats univoques », p. 607-608, fait très justement remarquer que, si l'auteur avait voulu dire qu'un des deux sens d'un prédicat impliquait une activité, l'autre une passivité, ce qui est supposé dans certaines traductions, « il aurait dû s'exprimer sous une forme telle que ᾗ δὲ θάτερον μὲν τῷ ποιεῖν (τὸ) λεγόμενον, θάτερον δὲ τῷ πάσχειν ».

14. Sur le sens de μᾶλλον, voir Notes complémentaires.

15. Le texte, qui est très difficile et dont les interprétations sont très controversées, nous semble reposer sur un raisonnement par transitivité, que nous développons dans les Notes complémentaires, et qui consisterait à dire que :

1. Μᾶλλον s'applique non seulement pour une supériorité quantitative, mais aussi pour l'antériorité : ce qui est par exemple le cas de la santé par rapport aux choses saines et de ce qui est digne d'être choisi pour soi par rapport à ce qui produit (une telle chose) (sur ce cas d'antériorité, voir Notes complémentaires).
2. Or le rapport de l'acte et de la puissance se ramène à un rapport d'antériorité à postériorité.
3. Donc (CQFD) : une activité est exercée « plus » (μᾶλλον) en acte qu'en puissance.

16. Il faut donc sous-entendre que la santé est un bien « plus » que les choses saines parce qu'elle est « antérieure » : voir Notes complémentaires. L'édition des Places comporte τοῦ ποιητοῦ, et signale, dans l'apparat : ποιητοῦ] ποιητικοῦ Anon. (Pistelli, p. IV et *in textu*), alors que ποιητικοῦ est bien la leçon du manuscrit F (voir les Critères d'édition). L'auteur distingue en effet entre un moyen et une fin, ce qui correspond exactement au rapport des choses saines et de la santé, selon un parallèle évident avec le chapitre VII (« le plaisir est plus désirable que les choses agréables, et la santé est plus désirable que les choses saines, car on dit des unes qu'elles sont productrices – ποιητικά – des autres », p. 42, 28-29 P), parallèle qui exclut la traduction de τῶν ὑγιεινῶν par les « *individus* sains », qui est celle, par exemple, de C.M. Rodríguez, p. 101. Sur ce point voir Notes complémentaires.

17. Nous revenons dans les Notes complémentaires sur cette phrase particulièrement difficile et ambiguë : on ne comprend pas bien, en effet, si la définition

c. Celui qui exerce son âme vit « plus » que celui dont l'âme est assoupie

Nous devons donc dire aussi que l'homme éveillé vit « plus » que l'homme qui dort, et celui dont l'âme est en activité[18] « plus » que celui qui se contente de posséder une âme; car c'est par référence au premier que nous disons aussi que le second vit, parce qu'il est capable de pâtir ou d'agir à la manière[19] du premier[20].

« prédiquée » est celle des deux sujets (l'utile, la vertu), ou celle du prédicat lui-même (le bien). En ce qui concerne la construction grammaticale, nous avons opté pour la solution suivante: τόν γε λόγον représente une prolepse (« quant à la définition »); ὁρῶμεν est le verbe principal, complété par la proposition introduite par ὡς; à l'intérieur de cette proposition, nous adoptons la correction proposée par Vitelli, acceptée aussi bien par Pistelli que par des Places, qui permet d'insérer un complément de limitation introduit par ᾗ : « Nous voyons que "ce n'est pas en tant qu'elle (s. e. la définition, ὁ λόγος) est prédiquée des deux" que le bien <est dit> à la fois de l'utile et de la vertu ». Nous faisons de ὅτι une simple reprise de ὡς, après l'interruption provoquée par la proposition introduite par ᾗ. Cette construction est ardue, mais on rencontre, en particulier chez Aristote, quelques passages où ὅτι ne fait que reprendre un ὡς complétif précédent: *Phys.*, I, 7, 190 b 17; VI, 2, 233 a 13; VIII, 7, 260 a 23.

18. Bien des textes aristotéliciens établissent un lien étroit entre la vie en acte et la pensée, à côté d'*Eth. Nic.*, IX, 9, 1170 a 16-19, cité *supra*, p. 186-187, note 6. Ainsi, dans l'*Éthique à Eudème*, II, 1, 1219 a 24-26, l'ἔργον de l'âme est défini « ce qui cause la vie » (τὸ ζῆν ποιεῖν); *cf.* aussi *Eth. Nic.*, I, 7, 1097 b 33-1098 a 18, où Aristote cherche à déterminer quelle est la « fonction » (ἔργον) de l'homme: il s'agit d'une forme de vie qui est « activité de la partie rationnelle de l'âme », lorsque cette vie est « en acte » (κατ' ἐνέργειαν), « car c'est elle qui semble être appelée vie au sens propre (κυριώτερον) ». De même ici, ψυχή signifie le « principe de vie », et « avoir l'âme en activité » veut donc dire, comme on va le voir tout de suite, exercer la tâche (ἔργον) privilégiée correspondant à cette activité, au moyen de la partie la plus élevée de notre âme (le νοῦς), c'est-à-dire « percevoir », mais aussi « connaître », et « penser ».

19. La correction de Pistelli: ἐκείνως (litt. « comme celui-là »), au lieu de ἐκεῖνος qui se trouve dans les manuscrits, adoptée aussi par les autres éditeurs, s'impose.

20. Ce dernier membre de phrase exclut l'interprétation du terme θάτερον, employé plus haut, en un sens distributif (*cf. supra*, p. 188-189, note 13) puisqu'on a besoin à la fois de l'agir et du pâtir pour pouvoir décrire l'être « en activité » (*cf.* Notes complémentaires). Dans les termes du paragraphe précédent, on dira donc que l'homme qui dort a la capacité de « passer » (μεταβάλλειν) à un mouvement (κίνησις) qui représente l'éveil. Sur l'antériorité de l'acte par rapport à la puissance, voir *Métaphysique*, IX, qui distingue divers sens de l'antériorité.

L'usage et la tâche spécifiques de l'âme

Voici alors ce que l'on entend, en chaque cas, par « faire usage » : si la capacité ne concerne qu'une seule chose, faire usage consiste à accomplir précisément celle-ci ; mais si la capacité concerne une multiplicité de choses, alors c'est accomplir la meilleure de celles-ci. Par exemple pour la flûte : on l'utilise seulement ou surtout quand on en joue[21]. Car c'est probablement sur ce modèle que doivent aussi être envisagés les autres cas[22]. Il faut donc dire aussi qu'on

21. Nous considérons que le groupe adverbial ἤτοι μόνον… ἢ μάλιστα est une précision qui porte sur *l'usage* (χρῆται), et non sur αὐλῇ, contrairement à certains éditeurs, par exemple Düring (*a*) (p. 83 : « *he either just plays when he uses it, or plays excellently* ». Chez d'autres traducteurs (Berti, suivi par Zanatta : « *per esempio nel caso dei flauti, o qualcuno faccia il solo uso possibile del flauto, oppure ne faccia l'uso migliore* »), le verbe « jouer de la flûte » disparaît. Comme au chap. VII (*cf. supra*, p. 172-173, note 21) le couple d'adverbes participe d'une méthode consistant à définir quelque chose en le réduisant à son essence ou à sa caractéristique principale. Ainsi, dire que l'on « exerce » la flûte « seulement ou surtout quand on en joue » signifie que le *principal* usage que l'on peut faire de la flûte est d'en jouer, bien qu'on puisse l'utiliser pour autre chose, par exemple à la manière d'un bâton (pour donner des coups) comme le suggère entre autres Berti[4] (note 117, p. 97) : voir *Eth. Nic.*, I, 7, 1098 a 7-17. Cette traduction permet en tout cas de restituer, et de comprendre, l'analogie faite un peu plus bas avec l'ἔργον de l'âme : en disant que la fonction de l'âme est « seulement ou surtout » (ἤτοι μόνον… ἢ μάλιστα) de penser (p. 58, 3-4 P) et que « la principale manière d'exercer notre âme consiste à penser » (p. 59, 8-9 P) l'auteur la définit par « réduction à l'essentiel » ; S. Mansion, « Deux définitions », fait en effet remarquer que la différenciation entre les deux « significations » d'un terme (par l'exercice/par la puissance) dont il est question en même temps dans notre texte, participe précisément du processus de « réduction de l'inférieur au supérieur » et des successives « subsomptions » (p. 431). Le passage sur la flûte et celui sur l'« usage » de l'âme s'éclairent donc réciproquement, ce que n'ont pas suffisamment vu les commentateurs. Notons que dans le corpus aristotélicien figure plusieurs fois l'exemple de la flûte pour éclairer le concept de *fonction* : en *De partibus animalium*, I, 1, 641 a 23 et *Météorologiques*, V, 12, 389 b 31-390 b 1, où il sert à expliquer en quel sens la forme (μορφή) et la définition (λόγος) d'un être ou d'une chose correspondent à sa *fonction* ; de façon plus significative, au livre I, chap. 7 (1097 b 23-28) de l'*Éthique à Nicomaque*, l'exemple du flûtiste, dont le *bien* (τὸ εὖ), comme pour les autres artisans, consiste *dans la fonction* (ἐν τῷ ἔργῳ), permet d'affirmer que l'homme lui-même possède une fonction, qui, à son tour, représentera son bien propre et le bonheur.

22. Nous n'avons pas adopté la correction de Düring acceptée par la plupart des éditeurs ultérieurs : ἴσως γὰρ τοῦτο καὶ ἐπὶ τῶν ἄλλων, mais gardé la leçon des manuscrits, que nous comprenons ainsi : « sous cette explication », « sur cet exemple », ou « dans cette perspective » (ἐπὶ τούτῳ), « se rangent », ou « doivent être envisagés » les autres cas (καὶ τὰ τῶν ἄλλων).

utilise davantage quelque chose quand on l'utilise correctement ; car la finalité et le mode naturels d'une chose appartiennent à celui qui en fait usage de façon belle et exacte[23]. Maintenant, la tâche unique ou principale de l'âme est de penser et de réfléchir[24].

Il est alors simple à comprendre et facile à établir, pour tout le monde, que vit « plus » celui qui réfléchit correctement, et, plus que tous, celui qui atteint le plus haut degré de vérité[25] ; et celui-là est le sage, l'homme qui contemple selon la science la plus exacte[26]. Ainsi c'est à cette circonstance précise et à ceux-là, c'est-à-dire à ceux qui possèdent la sagesse et l'exercent effectivement[27], qu'il faut attribuer la vie parfaite. Et si vivre est bien, pour tout vivant, la même

23. Ainsi on peut dire que le « mode d'utilisation propre » de la flûte est d'en jouer, et, de même, qu'on utilise « plus » la flûte quand on en joue, que lorsqu'on en fait un usage impropre. Alors que le chap. IX envisageait la finalité dans la perspective du dessein de la nature, le chap. XI recourt essentiellement à une analyse de l'action, mais aboutit au même résultat: la finalité propre de l'homme est de réfléchir. On notera la façon tout à fait intéressante dont l'auteur conduit ici cette analyse de l'action, qu'il applique d'abord à la flûte, sorte de version « technique » de l'âme, avant de l'appliquer à l'âme elle-même, et, par là, à l'ordre de la nature, réunissant ainsi les deux grandes perspectives sur la philosophie que nous avons soulignées dès l'Introduction.

24. C'était aussi un acquis principal du chapitre VII. On remarquera, toutefois, la différence de perspective entre les deux chapitres : au chap. VII l'analyse de l'ἔργον est menée dans le cadre de l'anthropologie et des *facultés* humaines (auxquelles correspondent des fonctions précises) ; elle se poursuit maintenant en relation avec l'*activité*, l'auteur désirant précisément démontrer ici que l'ἔργον de l'âme, défini au chap. VII, correspond à la vie la plus « active » ou la plus « accomplie ».

25. Ou : « et au plus haut degré celui qui atteint le plus haut degré de vérité ».

26. Τὴν ἀκριβεστάτην ἐπιστήμην reprend ἀκριβῶς au paragraphe précédent : « contempler selon la science la plus exacte » correspond à l'usage exact de l'âme. Sur l'exactitude, voir le chapitre X.

27. Si nous avons conservé le texte commun à Pistelli et à des Places, nous n'exclurions pas, toutefois, que l'expression καὶ τοῖς φρονίμοις doive être retranchée en tant que glose de τοῖς φρονοῦσι. On remarque, d'autre part, que, dans le manuscrit F, les mots τοῖς φρονοῦσι concluent la dernière ligne du f. 62*r*, tandis que les mots καὶ τοῖς φρονίμοις sont écrits par le même copiste dans la marge inférieure, précédés d'un signe particulier. Pour essayer de donner un sens au texte tel qu'il est édité, nous avons calqué en partie notre traduction sur celle de Düring (*b*), p. 75 : *und das vollkommene Leben existiert für jene, die philosophische Erkenntnis besitzen, wenn sie sich philosophisch betätigen*, la seule qui interprète le binôme τοῖς φρονοῦσι καὶ τοῖς φρονίμοις autrement que comme une simple redondance. En suivant Düring, nous proposons de voir dans le participe présent οἱ φρονοῦντες la « capacité » exprimée par le verbe (de même qu'au début du chapitre sont désignés comme ὁρῶντα les êtres qui disposent de la capacité de voir, même s'ils ne l'actualisent pas), et dans le substantif l'acte d'exercer la sagesse. Les « sages » (οἱ φρόνιμοι) seraient les hommes qui se servent *effectivement* de leur φρόνησις.

chose qu'être[28], il est évident que, de tous les hommes, celui qui sera aussi « le plus » et au sens le plus propre est le sage, et, plus qu'à tout autre moment, lorsqu'il est en activité et se trouve contempler le plus connaissable d'entre les êtres[29].

L'acquiescement heureux de l'homme à son essence profonde[30]

D'autre part, l'activité parfaite et sans entrave[31] comporte en elle-même le contentement, si bien que l'activité contemplative sera la plus agréable de toutes.

28. Sur ce point, nous renvoyons de nouveau à l'excellent article d'E. Berti, « "Per i viventi l'essere è il vivere" », art. cit. *supra*, p. 186-187, note 6. Analysant un passage du *De anima*, qui comporte la même formule que dans notre texte (la vie est la même chose que l'être), Berti le compare à cet extrait du *Protreptique*. Dans les deux textes, la forme la plus parfaite de l'être est identifiée à la forme la plus active (la pensée, ou la vie). Une telle *détermination* de l'être ne correspond nullement, explique Berti, à une perte de l'être qui serait provoquée par le passage à une plus grande généralisation, mais, bien au contraire, à une perfection majeure, un enrichissement. Vivre « en acte » sera donc la première signification de l'être, c'est-à-dire le sens « principal » (κύριος) de l'être: dans le passage du *De anima* comme dans notre texte est donc établie une relation entre l'être en acte et la question de la signification (voir encore la note 6, p. 186-187, dans laquelle nous avons expliqué qu'être quelque chose « essentiellement » c'est aussi l'être « au sens propre »). Et parce que contempler signifie, pour l'homme, vivre, et être, au sens plein, nous devons alors choisir la philosophie plus que toute autre chose, et nous l'aimons par-dessus tout, comme l'a démontré le chap. VII, dont on ne peut que constater les multiples liens avec la présente démonstration.

29. Cette conclusion, très importante, doit se lire dans la continuité du chap. VII, qui a établi, d'un point de vue formel, que celui qui pratique la sagesse et la philosophie exerce la *fonction propre* de l'âme, et atteint sa *finalité* dans l'ordre des activités humaines; dans la continuité, également, du chap. IX, où il est montré que l'homme est né pour philosopher. Ainsi, par l'analyse rigoureuse de ce qu'est, dans son *essence*, une activité, le chap. XI identifie l'activité philosophique à la *forme de vie* la plus accomplie.

30. Pour reprendre la magnifique formule de S. Mansion, « Deux définitions », p. 432: le contentement suprême du philosophe est le plaisir même de la vie parce qu'il est « l'acquiescement heureux de l'homme à ce qu'il se sait être dans son essence profonde ». Une interprétation très semblable a été développée par R. Brague, dans le chapitre consacré aux « Ambiguïtés du *Protreptique* » (*Aristote et la question du monde*, *op. cit.*, p. 57-110), auquel notre propre lecture de ces pages de Jamblique doit beaucoup. Nous y revenons plus loin dans les Notes complémentaires.

31. L'auteur dit ici que le plaisir accompagne toute activité qui s'exerce sans entraves. Or une activité est entravée par un obstacle extérieur; et elle peut l'être, en particulier, par une forme de plaisir. Ce passage, comme les suivants, évoque des parallèles aristotéliciens – parfois précis, parfois limités à des formules – que nous signalons dans cette note et les suivantes, sans chercher à faire correspondre exactement notre texte avec telle ou telle doctrine aristotélicienne: cela n'entre pas en effet

a. Distinction entre le plaisir adventice et le plaisir inhérent à l'action

De plus, ce n'est pas la même chose que de boire tout en éprouvant du plaisir, et d'avoir du plaisir à boire[32]. Rien n'empêche en effet

dans le propos de cette édition, et la tentative serait d'autant plus difficile que d'un traité à l'autre, on le sait, les vues d'Aristote sur le plaisir ne sont pas entièrement homogènes. À propos du terme « sans entrave », remarquons simplement qu'au livre VII de l'*Éthique à Nicomaque*, Aristote évoque l'opinion de ceux (par ex. Speusippe) qui voient dans le plaisir une entrave à la pensée (VII, 11, 1152 b 16: ἐμπόδιον τῷ φρονεῖν); à ceux-là, il répond que ce sont les plaisirs extrinsèques (ἀλλότριαι) à l'action qui peuvent entraver celle-ci (ἐμποδίζειν); au contraire, le plaisir qui provient de chaque faculté (ἡ ἀφ' ἑκάστης ἡδονή), par exemple le plaisir qui dérive de la contemplation, ne peut que parfaire cette activité (VII, 12, 1153 a 20-23). Davantage, le plaisir est lui-même une activité non entravée: ἀνεμπόδιστον (VII, 12, 1153 a 15).

32. L'auteur distingue ici entre deux sortes de plaisirs: un plaisir indépendant d'une action donnée, « adventice » (τὸ ἡδόμενον πίνειν; πίνοντα χαίρειν), et un plaisir inhérent à cette action (τὸ ἡδέως πίνειν; τῷ πίνειν χαίρειν). Dans le premier cas, le plaisir n'est pas lié à l'action en question, il s'agit d'un plaisir que l'on pourrait appeler en termes aristotéliciens, soit *extrinsèque*, ἀλλοτρία, comme dans le passage de l'*Eth. Nic.* cité à la note précédente, soit *accidentel*, συμβεβηκυῖα au sens où il nous *arrive* de l'éprouver (le verbe συμβαίνειν revient plusieurs fois dans le passage) indépendamment d'une action. Düring (*Aristoteles. Darstellung und Interpretation seines Denkens*, Heidelberg, 1966, p. 425, n. 156) a ainsi tout à fait raison de mettre ce passage en rapport avec le συμβεβηκός aristotélicien, *cf. Phys.*, I, 3, 186 b 21: « on appelle en effet accident, soit ce qui peut se trouver ou ne pas se trouver dans un sujet, soit ce dans la définition de quoi se trouve ce à quoi cela appartient comme accident, ou ce dans quoi est incluse la définition de ce à quoi cela appartient comme accident ». Dans le second cas, il s'agit d'un plaisir intrinsèque à l'action. Dans le cadre du raisonnement du chap. XI de Jamblique, l'accent est mis sur ce rapport intrinsèque: puisque le philosophe vit « plus », alors le plaisir lié à cette vie intellective est lui aussi un plaisir supérieur, ce qui est le point à démontrer. On comparera les réflexions développées ici à d'autres passages aristotéliciens; ainsi, selon *Eth. Nic.*, I, 8, 1099 a 7-16, les gens vertueux éprouvent le plaisir même de la vie: « (s. e. pour ceux qui agissent droitement) la vie est en elle-même quelque chose d'agréable (καθ' αὑτὸν ἡδύς)… et n'a pas besoin du plaisir comme quelque chose d'accessoire (ὥσπερ περιάπτου τινός) (« comme quelque chose d'adventice »), mais elle contient le plaisir en elle-même (τὴν ἡδονὴν ἐν ἑαυτῷ) ». Le livre X de l'*Éthique à Nicomaque* contient une série de développements sur le plaisir lié à la contemplation, dont il va être question maintenant, par exemple chap. 7, 1177 a 22-27: « On s'accorde pour dire que le plaisir doit être mêlé au bonheur, et, selon l'opinion commune, l'activité de la sagesse est la plus agréable des activités qui dérivent de la vertu: c'est pourquoi la philosophie semble comprendre en elle-même des plaisirs d'une pureté et d'une stabilité merveilleuses, et il va de soi que ceux qui savent passent leur temps de manière plus agréable que ceux qui recherchent ». Mais dans le livre X de l'*Eth. Nic.*, à la différence de notre texte, le plaisir *accompagne* l'action, ou en découle: « le plaisir perfectionne l'activité comme un complément qui s'y ajoute (ὡς ἐπιγινόμενόν τι τέλος) ». Dans ce dernier cas, on parlera donc plus justement d'une concomitance du plaisir avec l'action,

quelqu'un qui n'a pas soif ou auquel on ne présente pas une boisson qu'il apprécie, d'être content tout en buvant, non du fait même de boire mais parce qu'il se trouve alors assis en train de contempler ou d'être contemplé. Nous déclarerons donc qu'il éprouve du plaisir, et qu'il boit tout en éprouvant du plaisir, mais non qu'il tire son plaisir du fait de boire ni qu'il a du plaisir à boire. De la même manière, nous dirons donc agréables ou pénibles le fait de marcher, d'être assis, d'apprendre, et tout type de mouvement, non pas lorsque, en présence de tels mouvements, il nous arrive de ressentir de la peine ou du contentement, mais lorsque c'est leur présence même qui nous procure, à tous, tant de la peine que du contentement.

b. La distinction appliquée au cas de « vivre »

Et nous appellerons donc pareillement « agréable » la vie dont la présence procure du plaisir à ceux qui la possèdent, et nous dirons que vivent avec plaisir non pas tous ceux auxquels il arrive d'être contents durant leur vie, mais ceux pour qui le fait même de vivre est plaisant, et qui jouissent du plaisir de la vie même[33]. En outre, nous attribuons la vie à celui qui est éveillé plus qu'à celui qui dort, et à celui qui est sage plus qu'à l'insensé, et nous disons que le plaisir de la vie est celui qui provient de l'usage de l'âme : car c'est cela vivre véritablement. Et même s'il existe plusieurs usages de notre âme, néanmoins le plus éminent de tous consiste assurément à penser au plus haut degré[34].

c. Les sages goûtent donc le plus au plaisir même de la vie

Alors, à l'évidence, le plaisir résultant de la sagesse et de la contemplation est à lui seul ou à titre principal, nécessairement,

et non de l'inhérence dont il est question dans notre texte, qui semble ne pas avoir d'équivalent doctrinal dans le corpus aristotélicien.

33. Le plaisir *inhérent à la vie* est exprimé en trois formules : ζωὴν ἡδεῖαν ἐροῦμεν, ἧς ἡ παρουσία ἡδεῖα ; τὸ ζῆν ἡδύ ; ἡ ἀπὸ ζωῆς ἡδονή. Cette forme de plaisir fournit l'élément de résolution essentiel au *demonstrandum* du début du chapitre : « les sages vivent de façon agréable ».

34. Cela a été posé un peu plus haut (dans la section intitulée « L'usage et la tâche spécifiques de l'âme »), et démontré tout au long du chapitre VII du *Protreptique*.

celui provenant de la vie. Ainsi, la vie agréable, le vrai contentement appartiennent donc seulement ou surtout aux philosophes. Car l'activité des pensées les plus vraies, qui s'accomplit dans les réalités qui existent au plus haut degré, et qui préserve avec une stabilité constante la perfection qu'elle reçoit, est aussi, de toutes les activités, la plus efficace pour la félicité.

Par suite, cherchent-ils précisément à jouir des plaisirs vrais et bons[35], alors ceux qui sont pourvus d'intellect doivent philosopher[36].

35. Le plaisir qui provient de la vie même est un plaisir supérieur, et il s'identifie au bonheur; les adjectifs qui le qualifient sont « vrai » et « bon ». Nous renvoyons à la hiérarchie des plaisirs dans l'*Eth. Nic.*, VII, 12, 1153 a 27-35; X, 3, 1173 b 20-1174 a 12.

36. En disant que ceux qui possèdent le νοῦς doivent philosopher, l'auteur veut dire, peut-être, qu'avoir du « sens » ou du « discernement » (sens « faible » de νοῦς) – ce qui est l'option de traduction de Düring ou d'É. des Places – est la condition nécessaire *pour choisir la philosophie*. Ainsi, l'intelligence nous permet de voir avec évidence tous les avantages apportés par la philosophie, mis précisément en valeur par le *Protreptique*. Mais il veut dire surtout, en harmonie avec le début du chapitre (*cf. supra*, p. 185, note 2), que posséder l'intellect (sens fort de νοῦς), est la condition *sine qua non* de la philosophie elle-même. « Ceux qui possèdent le νοῦς », les « êtres pourvus de l'intellect », représentent donc aussi les hommes en général, dans leur spécificité par rapport aux animaux (qui, eux, ne peuvent pas philosopher); il nous est donc rappelé, une nouvelle fois, que la philosophie est *naturelle*, au sens où elle fait *coïncider* l'homme avec sa vraie nature, c'est-à-dire avec l'usage de ses facultés *essentielles*.

NOTES COMPLÉMENTAIRES AU CHAPITRE XI

Le chapitre XI est l'un des plus complexes du *Protreptique* de Jamblique, et c'est aussi l'un des plus « aristotéliciens ». Certains passages particulièrement techniques, et qui mettent en jeu des doctrines rappelant tel ou tel traité d'Aristote, ont donné lieu à des traductions et interprétations extrêmement divergentes. Bien que tous ces passages soient liés, et que la compréhension de chacun d'eux engage une lecture d'ensemble de tout ce volet de l'argumentation, nous avons choisi, pour plus de clarté, de présenter les uns après les autres plusieurs points qui font difficulté.

Ὅταν λέγηταί τι ταὐτὸν ἑκάτερον δυοῖν ὄντοιν : la prédication au point de départ du raisonnement.

Pour cette première phrase, nous partageons l'interprétation qu'É. de Strycker, suivi par des Places, a exposée en détail dans deux publications qui ont marqué une étape fondamentale dans l'histoire des interprétations de ce texte[1]. Selon ce chercheur, le texte évoque le cas où l'on attribue un même « prédicat » à deux sujets grammaticaux[2]. Les termes grecs désignent en effet clairement deux

1. « Prédicats univoques », p. 597-618, et « Düring », p. 233-255.

2. Des Places, qui suit de Strycker, traduit : « Si donc deux sujets reçoivent le même prédicat ».

« êtres » (ὄντα) desquels « il est dit quelque chose ». Dans le registre de la prédication[3] entreraient le participe présent passif λεγόμενον (« chacun des deux (sujets) est « dit » – ou « désigné » – ainsi ») et le participe aoriste passif substantivé τὸ λεχθέν employés peu après. Il faut alors considérer inexactes les traductions faisant intervenir un terme « à deux significations »[4], ou encore une « ressemblance » ou un « point commun » entre deux choses[5]. La différence entre les deux « êtres » ou « objets » auxquels est attribué un même prédicat réside dans le fait que l'un *exerce effectivement* et actuellement l'activité exprimée par le prédicat (que ce soit sous forme de l'agir, ou sous forme du pâtir), tandis que le second *n'a que la capacité* de mettre en œuvre une telle activité. Ainsi, on peut dire de deux individus qu'ils « savent » (ἐπίστασθαι), mais ils ne sont pas savants au même titre. L'un des deux (θάτερον)[6] l'est en effet « par le fait d'agir et de pâtir » qui caractérise ici, comme dans les traités aristotéliciens, ce qui est « en acte » par rapport à ce qui est simplement « en puissance » ; le second, pour sa part, n'a que la « capacité » de savoir.

L'auteur dit alors : τούτῳ μᾶλλον ἀποδώσομεν ὑπάρχειν τὸ λεχθέν, que l'on pourrait traduire : « nous admettrons que c'est à lui (s. e. celui qui est « en activité ») qu'appartient *davantage* ce qui a été prédiqué ».

Comme l'a montré É. de Strycker de façon convaincante, le point en question ici est la prévalence dans la prédication, ce qui relève, comme ce qui précède, des registres linguistique et sémantique. L'auteur de notre texte établit en effet une distinction entre un sens « propre », qui correspond à l'actualisation, et un « sens dérivé » ou « diminué », qui correspond à la capacité ; il faut se référer aux lignes qui précèdent notre passage, dans lesquelles l'auteur explique que « sentir », comme « vivre », peut « être dit en

3. Registre qui est donc linguistique.

4. *Cf.* les traductions de Düring (*a*) : « *when, therefore, we use the same word in two different meanings* » ; et de Schönberger :« *wenn wir das gleiche Wort in zwei verschiedenen Bedeutungen gebrauchen* ».

5. Ce sont, par exemple, les traductions de Berti[4] : « *qualora di due cose si dica che sono entrambe alcunché di identico* » et de Follon : « quand donc on dit de deux êtres qu'ils sont chacun identiques en quelque chose », lesquelles, peut-être, ne font pas suffisamment ressortir la question de la *prédication*.

6. Θάτερον n'a pas en effet ici un sens distributif, comme nous l'avons expliqué *supra*, p. 188-189, note 13 du chap. XI.

deux sens » (διττῶς λεγόμενον) suivant la capacité et suivant l'activité. On dira par exemple que celui qui est éveillé vit κυρίως, ou encore ἀληθῶς καὶ κυρίως, (c'est-à-dire « vraiment » et « au sens propre ») par opposition à celui qui dort et vit ἄλλως (« en un autre sens »). La modalité de l'action (activité/capacité) engage donc une modalité sémantique et linguistique.

Mais la transition avec la phrase suivante, qui introduit un exemple (οἷον) de ce qui vient d'être dit, fait surgir plusieurs difficultés.

Οἷον ἐπίστασθαι μὲν μᾶλλον τὸν χρώμενον τοῦ τὴν ἐπιστήμην ἔχοντος.

Que signifie μᾶλλον dans cette seconde occurrence de l'adverbe ? Les interprétations divergent en deux branches que l'on peut représenter schématiquement de la façon suivante.

(a) Une interprétation exclusivement sémantico-linguistique du passage, dans laquelle μᾶλλον signifie « de préférence ».

Elle a d'abord été proposée par G. E. L. Owen[7], puis développée et fort bien argumentée par de Strycker, au point d'avoir été presque unanimement adoptée par tous les éditeurs ultérieurs du *Protreptique* de Jamblique ou des extraits aristotéliciens, qui fondent sur elle leur commentaire ou leur traduction.

De manière cohérente avec l'interprétation qu'il a donnée de la première phrase, de Strycker bannit, dans toute la suite du chapitre, la traduction de μᾶλλον par « plus », pour adopter systématiquement les expressions adverbiales « plutôt » ou « de préférence ». Sa traduction de l'exemple introduit par οἷον est significative : « Par exemple, nous attribuons le savoir *plutôt* à celui qui exerce la science qu'à celui qui simplement la possède, et la vision *plutôt* à celui qui dirige son regard vers quelque objet qu'à celui qui a la capacité de regarder »[8]. Il est donc toujours question, selon lui, de

7. G. E. L. Owen, « Logic and Metaphysics ».
8. De Strycker, « Prédicats univoques », p. 608.

pertinence dans la prédication, ce que Berti nomme, quant à lui, une différence de « sens premier/sens secondaire ou dérivé »[9].

(b) Une interprétation en termes de degrés et d'intensité dans la réalité : μᾶλλον signifierait « plus ».

Peut-on soutenir, au contraire, que le problème de l'exactitude dans la prédication – qui consiste à attribuer « davantage » ou « de préférence » un prédicat à tel sujet plutôt qu'à un autre – reflète *aussi* une différence d'intensité ? En toute cohérence, il faudrait alors traduire, à la fin du passage, non pas, comme fait de Strycker : « il faut donc dire que vit l'homme éveillé *plutôt* que le dormeur et celui qui exerce la capacité de vie *plutôt* que celui qui ne fait que la posséder », mais : « l'homme éveillé vit *plus* que l'homme qui dort et celui dont l'âme est en activité vit *plus* que celui qui se contente de posséder une âme ». Dans la perspective de l'authenticité aristotélicienne de ce passage, une telle interprétation engage une difficulté d'ordre doctrinal très importante, puisque ce serait supposer, en quelque sorte, une théorie des degrés de l'être chez le Stagirite, doctrine que l'on trouve chez Platon, mais dont la présence dans le corpus aristotélicien est généralement ignorée[10].

Qu'Aristote ait effectivement soutenu une théorie des degrés de l'être est la conclusion à laquelle parvient Donald Morrison, dans un article très bien documenté qui affronte courageusement la question[11], et dans lequel notre passage du *Protreptique* est une pièce essentielle versée au dossier. Avant lui, la thèse, en relation avec ce chapitre jamblichéen, avait été soutenue notamment par R. Brague et B. Dumoulin[12]. Nous renvoyons le lecteur désireux

9. Berti[4], note 113, p. 95.

10. Sur le sujet, nous renvoyons à D. Morrison, « The Evidence for Degrees of Being », qui pose clairement les termes du débat, et mentionne la bibliographie essentielle. Dans une perspective génétique, la présence d'une telle théorie dans notre texte a pu constituer, en retour, un argument chez les historiens de la philosophie en faveur d'un Aristote « encore platonisant » à l'époque du *Protreptique*.

11. Art. cit. à la note précédente : Morrison distingue ainsi, p. 383-384, trois interprétations de μᾶλλον qu'il nomme : 1. The "intensity" interpretation ; 2. The "metalinguistic" interpretation (que nous préférons appeler « linguistique », pour la distinguer de la fonction métalinguistique du langage dont nous parlerons un peu plus loin) ; 3. The "ordering" interpretation.

12. B. Dumoulin, *Recherches sur le premier Aristote*, p. 156-158, met notre passage en rapport avec la phrase du chap. VI qui déclare que « les réalités antérieures sont plus connaissables que celles qui sont postérieures, et celles qui sont meilleures

de connaître les termes précis du débat à ces différentes études, en particulier à l'article de Morrison.

L'interprétation de cette phrase est intimement liée à celle de la suivante.

Οὐ γὰρ μόνον τὸ μᾶλλον λέγομεν καθ' ὑπεροχὴν (...) ἀλλὰ καὶ κατὰ τὸ πρότερον εἶναι τὸ δὲ ὕστερον

La phrase a de toute évidence une valeur métalinguistique[13].

– Selon de Strycker, l'auteur souligne à présent une distinction radicale entre deux *sens* de l'adverbe, en expliquant au lecteur l'utilisation inattendue qui vient d'être faite de l'adverbe μᾶλλον : en son sens le plus courant, observe de Strycker, μᾶλλον exprime un « surplus », un « dépassement » ; en un sens moins courant, « il peut également servir à opposer une manière de parler plus exacte (et donc aussi plus vraie) à une autre plus approximative, et dans ce cas il correspond au français *plutôt* ou *de préférence. C'est ce second usage qui intéresse ici l'auteur* ». Il élimine par avance la possibilité que μᾶλλον puisse signifier « plus » dans le deuxième cas, ce qui affectera l'interprétation de toute la suite du passage.

– On pourrait penser, au contraire, que la prévalence dans l'attribution – elle-même fondée sur la distinction activité/capacité – correspond à une différence de type quantitatif ou intensif.

par nature que les moins bonnes », et commente : « Il paraît évident que la distinction selon l'antériorité et la postériorité trouve ici dans la structure scalaire son contexte natif et que les degrés d'être sont en même temps des degrés de « bonté ». Les choses d'un certain niveau sont toujours « meilleures » que celles d'un niveau inférieur. On voit bien comment Aristote a procédé ; il a étendu à la distinction « horizontale » entre la puissance et l'acte la relation d'antériorité-postériorité originairement valable pour l'ordre « vertical » de la structure scalaire ». R. Brague, *Aristote et la question du monde*, *op. cit.*, p. 98-110, déclare quant à lui sans ambiguïté qu'il est question d'*être plus*.

13. Qu'il ne faut pas confondre avec ce que Morrison nomme la *metalinguistic interpretation* de μᾶλλον que nous avons nous-même appelée « interprétation linguistique ». La fonction de la phrase est métalinguistique dans la mesure où elle explique l'usage des mots mêmes qu'elle emploie : *cf. supra*, p. 200, note 11.

La phrase distinguerait alors non deux *sens* de l'adverbe, mais deux *emplois* différents, dont le sens, toutefois, reste toujours celui de « plus ».

L'ambiguïté du texte se reflète dans de nombreuses traductions en langues modernes qui oscillent souvent, d'une phrase à l'autre, entre « de préférence » (interprétation linguistique) et « plus »[14] (différence quantitative[15]). Le choix de traduction recouvre, nous l'avons dit, un enjeu doctrinal fondamental : une doctrine des degrés de l'être dans le passage, et, partant, chez Aristote.

Sans qu'il soit nécessaire de décider dès à présent s'il est question d'une distinction de *sens* de l'adverbe, ou seulement d'une différence d'*emplois* (autour d'un même sens, qui serait « plus »), nous comprenons assez facilement à quoi correspondent les deux *situations* différentes dans lesquelles nous employons l'adverbe.

a. Μᾶλλον dans le cas de la supériorité quantitative entre deux réalités ayant la même définition :

Οὐ γὰρ μόνον τὸ μᾶλλον λέγομεν καθ' ὑπεροχὴν ὧν ἂν εἷς ᾖ λόγος·

Les traducteurs se partagent entre ceux qui ne font porter l'expression ὧν ἂν εἷς ᾖ λόγος *que* sur la « supériorité quantitative »[16]

14. De Strycker, « Prédicats univoques », p. 610, reproche à Ross d'avoir traduit par *rather* au fr. 14 (Ross (*a*) = B 81 Düring) et par *the comparative degree* et *better* un peu plus loin (= B 82 Düring) ; il soutient qu'il faut dans tous les cas traduire par *rather*. Voir aussi, par ex., l'une des dernières traductions en date, celle de Hutchinson (« Authenticating », p. 266), qui prend un parti différent de celui d'É. de Strycker : « *we say that someone who makes use of knowledge is a knower more than someone who possesses knowledge, and someone who is focusing his vision is a seeing person more than someone who has the capacity to do so* ».

15. Interprétation entièrement rejetée par de Strycker, sur la base du début du passage, qui concerne la prédication. Contrairement aux traductions ambiguës dont nous avons mentionné quelques-unes à la note précédente, celle de J. Barnes (*The Complete Works of Aristotle*, ed. by J. Barnes, vol. 2, Bollingen Series 71, Princeton, 1984), qui reprend en grande partie celle de Düring, s'en écarte cette fois de manière tout à fait significative, puisque μᾶλλον est systématiquement traduit par *to a greater degree*, en corrélation avec μάλιστα, *to the highest degree* (p. 2413-2414). Barnes adopte donc, sans aucune ambiguïté, l'interprétation quantitative.

16. Ce qui représenterait le premier cas de μᾶλλον.

exprimée par ὑπεροχή, et ceux qui, dans la traduction, mettent l'expression en « facteur commun » des *deux* cas de μᾶλλον. Or d'un point de vue uniquement syntaxique, la place de cette relative laisse penser qu'elle développe uniquement le cas où μᾶλλον exprime un rapport exprimé en grec par l'expression καθ' ὑπεροχήν.

Une autre raison est liée à l'interprétation de ὧν ἂν εἷς ᾖ λόγος.

– Le sens de ὧν ἂν εἷς ᾖ λόγος

Les traducteurs qui mettent l'expression en facteur commun des deux cas de μᾶλλον supposent que le λόγος dont il est question ici est la même chose que le « mot » ou le « prédicat » identique attribué à « deux choses » dont il a été question juste avant : ὧν ἂν εἷς ᾖ λόγος représenterait alors une sorte de doublet de la situation précédemment analysée (qui consiste à « attribuer un même prédicat à deux sujets »). Ces traductions, qui rendent de façon imprécise λόγος par « mot », ne permettent pas de comprendre le passage car elles effacent totalement la distinction des cas où l'on emploie μᾶλλον (le surplus/l'antériorité)[17]. Il faudrait au contraire donner ici à λόγος un sens technique (aristotélicien) : la *définition*.

Maintenant, de *quelle* définition s'agit-il ? Il faut reconnaître que le texte est une fois de plus très ambigu. Car ὧν peut être un partitif renvoyant aux deux *sujets*. En ce cas le texte parlerait d'un « surplus parmi des choses (dont la définition est une) » : « une différence de quantité *en des choses* dont la définition est unique », traduit des Places ; « *we use 'to a greater degree' not only in virtue of an excess (*in the case of things *which share a single account)* », traduit J. Barnes[18]. Mais de Strycker comprend le texte autrement, en supposant que le relatif serait complément de ὑπεροχή (une supériorité *en quelque chose*) et que toute l'expression exprimerait une supériorité *en matière des prédicats attribués aux deux sujets* ; le corrélat logique de cette interprétation est que la « définition unique » dont il est question n'est pas celle des deux sujets, mais des *prédicats*

17. D'un point de vue strictement grammatical, il semble difficile de traduire ὧν ἂν εἷς ᾖ λόγος par « *pour lesquelles* il n'y a qu'un seul nom », ou « *things for which there is only one word* » : on attendrait, à la place du génitif ὧν, un datif, ou une expression signifiant « prédiqué de » avec le datif.

18. *The Complete Works of Aristotle*, *op. cit.*, p. 2413.

eux-mêmes. C'est en ce sens que l'avait déjà compris Ross, dont la traduction est approuvée par de Strycker : « *for we apply the comparative degree not only to that wich possesses more completely* an attribute *that has a single definition* ». Les deux objets en question représenteraient alors ce qu'Aristote appelle, dans les *Catégories*, des « univoques » ou synonymes[19].

La suite du texte se comprend sans doute mieux si l'on adopte l'interprétation en termes de supériorité dans l'ordre des prédicats. Cependant, pour ne pas forcer le texte, nous avons opté pour une supériorité entre les sujets, et traduit : « une différence quantitative entre des choses qui ont une même définition ».

b. Μᾶλλον exprime aussi un rapport d'antériorité à postériorité :

Lorsqu'on parle de μᾶλλον pour des choses qui n'ont pas un même λόγος[20], il ne peut s'agir que d'un cas d'antériorité.

L'auteur donne alors *deux exemples différents* qui illustrent l'antériorité :

19. Si les commentateurs de ce texte, et en particulier de Strycker, ont sans doute raison de faire intervenir, pour éclairer celui-ci, les *Catégories*, chap. 1, 1 a 6, c'est au prix d'un certain décalage qui n'a pas forcément été perçu. Le texte du *Protreptique* parle simplement, en effet, de deux choses « auxquelles appartient une seule définition ». Mais le passage des *Catégories* est plus complexe : sont συνώνυμα des « choses dont à la fois le nom est commun et la définition (λόγος) correspondant *à ce nom* est identique », *cf. Topiques*, VI, 10, 148 a 24-25 ; VIII, 13, 162 b 37-163 a 1. L'exemple donné par Aristote dans les *Catégories* est celui de l'homme et du bœuf : de chacun d'eux on dira que c'est un *animal*, terme auquel correspond dans les deux cas, parce qu'ils appartiennent au même genre, une même définition, c'est-à-dire que la définition identique est celle du *prédicat* (animal), et non, comme semblerait plutôt dire notre texte, celle des deux *sujets*. Or c'est en ce sens, celui des *Catégories*, et de la façon dont se dit un *prédicat*, que de Strycker lit le texte du *Protreptique*, dont l'expression est en réalité moins claire et semble plus ramassée que celle des *Catégories*. Preuves en sont le titre même de l'article (« Prédicats univoques »), et l'exemple qu'il donne p. 609 : Ajax et Antiloque sont rapides l'un et l'autre, et « rapide » (c'est-à-dire le prédicat) a la même définition pour l'un comme pour l'autre. Si l'on considère, au contraire, en interprétant le texte du *Protreptique* de façon peut-être plus littérale, que la définition identique est celle des deux sujets, cela signifierait qu'on peut dire d'Ajax qu'il est plus rapide qu'Antiloque parce qu'ils ont tous deux la même définition, qui est celle d'être *homme* ; ou du bœuf qu'il est plus rapide que l'homme, dans la mesure où ils sont tous deux au même titre (générique) des animaux. Mais cette interprétation littérale est peu satisfaisante ; d'autre part la suite du texte, comme on le verra plus loin, laisse peut-être penser que l'auteur a en vue, comme le pense de Strycker, les *prédicats* (voir *infra*, p. 205, note 21).

20. Ou dont le *prédicat* n'a pas un même λόγος : *cf.* note précédente.

– L'exemple de la « santé » et des « choses saines » : ce sont des choses qui les unes et les autres sont appelées « biens », mais qui n'ont pas la même définition, ou pour lesquelles, dans l'interprétation d'É. Strycker, le prédicat de bien n'a pas la même définition dans l'un et l'autre cas[21] : ce qui sera visiblement précisé juste après dans le texte, et que nous explicitons p. 206-207. Or Berti[22], en particulier, a fait remarquer que l'on retrouve cet exemple dans la *Métaphysique*, IV, 2, dans le passage où Aristote établit la théorie de « l'homonymie relative à l'un », et qu'il formule, en premier lieu, à propos de l'« être » : un même terme, explique Aristote, s'emploie en plusieurs sens (λέγεται πολλαχῶς), « mais en référence à une idée centrale et à une nature unique (πρὸς ἓν καὶ μίαν τινὰ φύσιν) », qui est antérieure aux autres, et qui a droit au terme « commun » pour elle-même, tandis que les autres n'y ont droit que dans la mesure où elles dépendent de lui. La théorie est illustrée immédiatement : « ainsi le terme « sain » se rapporte toujours à la santé (qu'il s'agisse de la conserver, de la produire (ποιεῖν), d'en être le signe, ou de la recevoir) »[23]. Dans le contexte de la *Métaphysique*, l'« idée » centrale ou commune est donc ce qui est « sain », tandis que dans le protreptique il est question de « bien »[24].

– Une chose qui par nature est désirée et ce qui la produit : la première est un bien μᾶλλον par rapport à la seconde.

Le rapport de dépendance est ici explicité : la fin est en effet un bien μᾶλλον par rapport à ce qui n'existe qu'en fonction d'elle.

21. De Strycker, « Prédicats univoques », p. 615, écrit ainsi que ce qui est prédiqué des deux sujets différents est « la définition de ce prédicat et qu'elle ne peut être la même dans son application aux deux sujets ». Cette seconde interprétation, en termes d'univocité et d'équivocité des *prédicats*, est plus conforme, nous l'avons dit note 19, aux *Catégories*, chap. 1, 1 a 1-2 : « sont dit homonymes (ou « équivoques ») des choses qui ne possèdent qu'un nom en commun, alors que la définition *correspondant à ce nom* est différente ».

22. Par exemple dans Berti[4], note 115, p. 96.

23. 1003 a 32-b1. Suit encore un exemple, celui de la médecine, lui aussi éclairant.

24. Sur l'homonymie relative à une réalité « unique et première » (προς μίαν γάρ τινα λέγονται καὶ πρώτην), *cf. Eth. Eud.*, VII, 2, 9, et en particulier 1236 a 7-10 : c'est l'exemple de l'amitié. Le rapprochement avec le corpus aristotélicien devient, pour certains, un argument pour prouver l'authenticité aristotélicienne du passage et l'antériorité du *Protreptique* aristotélicien dont les analyses préfigureraient celles de la *Métaphysique*.

On retombe en fait en partie sur le cas précédent de la santé et des choses saines, liées par un rapport de causalité dans la *Métaphysique*, comme dans un passage du chapitre VII du *Protreptique* (dont nous avons plusieurs fois rappelé les liens avec le chap. XI) où l'auteur déclare que le plaisir est meilleur que les choses agréables, et la santé que les choses saines, car « on dit des uns qu'ils sont producteurs (ποιητικά) des autres »[25].

Certaines réalités portent donc le même « nom » (bien, sain) que d'autres, parce qu'elles en dépendent et leur sont postérieures[26]. Elles en dépendent notamment comme des moyens en vue d'une fin. Le rapport de ces réalités antérieures à celles qui leur sont postérieures s'exprimera ainsi à l'aide de l'adverbe μᾶλλον.

Καίτοι τόν γε λόγον ὁρῶμεν ὡς οὐχ ᾗ ἐστι κατηγορούμενος ἀμφοῖν, ὅτι ἀγαθὸν ἑκάτερον ἐπί τε τῶν ὠφελίμων καὶ τῆς ἀρετῆς.

« Cependant, quant à la définition, nous voyons que ce n'est pas en tant qu'elle est prédiquée des deux (au sens strict), que nous parlons de bien dans les deux cas, à propos de l'utile, et à propos de la vertu »[27].

– ὁ λόγος a certainement le sens qu'il avait plus haut, c'est-à-dire « la définition ». Il faut donc distinguer trois niveaux : (1) deux entités différentes – « les choses utiles » et « la vertu » – ; (2) un même terme qui est prédiqué des deux – « bien » – ; (3) « la définition ». Si l'on veut être cohérent avec ce qui précède, il faudra alors admettre que, par rapport aux « choses utiles » et à la « vertu », ἀγαθόν correspond à *un même prédicat*, attribué aux deux, et distinguer entre ce « prédicat » et la « définition » : λόγος n'est donc pas la même chose qu'ἀγαθόν[28], mais, bien plutôt, la « définition » de

25. Chap. VII, p. 42, 28-29 P.

26. Ce qui correspond à l'*Ordering Interpretation* de Morrison.

27. Pour la construction adoptée, *cf.* chap. XI, *supra*, p. 189-190, note 17.

28. Pour désigner un même « mot » on aurait sans doute plutôt employé ὄνομα : le problème est le même que précédemment, *cf. supra*, p. 203, note 17. Les traductions qui ne permettent pas de dégager un sens satisfaisant sont celles qui confondent λόγος et ἀγαθόν (la définition et le prédicat).

l'utile, d'une part, celle de la vertu, de l'autre, ou, dans l'interprétation d'É. de Strycker, la définition du prédicat ἀγαθόν lui-même[29]. L'« utile » et la « vertu » sont deux réalités très différentes, avec des définitions différentes, mais que l'on appelle « bien » toutes deux : il s'agirait de nouveau d'un cas d'homonymie relative à un seul terme, en l'occurrence « bien ». Or l'exemple n'est pas anodin, car il s'applique de manière réflexive à la philosophie elle-même, et à sa représentation parfois problématique dans l'argumentation d'ensemble du *Protreptique* : en certains chapitres, la philosophie est définie comme un bien « en soi » et comme l'expression de la vertu (c'est le cas, notamment, au chapitre IX, qui distingue radicalement le bien et le nécessaire), tandis qu'en d'autres endroits, c'est son utilité pour la vie humaine qui est mise en avant (comme au chapitre X). Mais dans tous les cas on peut dire de la philosophie qu'elle est un « bien ».

Ce sont là des réflexions d'ordre rhétorique, et l'on aura une nouvelle fois tout intérêt à éclairer ces passages du texte de Jamblique à l'aide d'un rapprochement avec les considérations sur le bien et l'utile de la *Rhétorique*, I, 6 et 7, dans le cadre de l'éloquence délibérative, qui est une dimension essentielle des *Exhortations aristotéliciennes* du *Protreptique* jamblichéen. Partant de précisions sur ce qu'est l'utile, qui, comme ici, correspond au « bien », Aristote, dans la *Rhétorique*, explique qu'il faut entendre, par « bien », tant « ce que l'on choisit pour soi-même », que ce qui produit le bien-être ou en découle. Il donne alors l'exemple de trois

29. Le texte est en effet à nouveau très ambigu : « la définition prédiquée » est-elle celle de l'utile, d'une part, celle de la vertu, de l'autre, l'auteur voulant dire en ce cas que l'on peut comparer en termes de *plus* deux *sujets* qui n'appartiennent pas au même genre? On risque de rencontrer alors une difficulté, lorsqu'il s'agit de comparer l'homme qui est savant en acte, et celui qui l'est en puissance, puisque de ces deux sujets (un homme) on peut précisément donner une même définition (notamment en fonction d'une identité générique). Serait-ce plutôt la définition du *prédicat* « bien » ? Nous avons abordé le problème *supra*, p. 204, note 19 et p. 205, note 21, et nous ne saurions réellement trancher, dans la mesure où si le bien ne peut s'appliquer au même sens à l'utile et à la vertu c'est, de toute façon, parce qu'utile et vertu, *en tant que biens*, n'ont pas la même définition : l'une comme l'autre solution rendent compte de l'attribution d'une même qualité (*bien*) à deux choses qui ne la possèdent pas *au même titre*. Un certain nombre de traductions comprennent encore différemment : λόγος désignerait le « nom » de « bien » appliqué à la fois à la vertu et à l'utile (*cf.* Follon, Schneeweiß).

choses qui « produisent » la santé : comme dans le *Protreptique*, ces trois choses (mode de vie, nourriture, exercice physique) sont dites « saines », mais elles le sont en rapport avec la santé, qu'elles produisent.

Qu'en est-il maintenant pour l'acte et la puissance dont il est question au chap. XI ?

Chez Aristote, l'acte est antérieur à la puissance : nous renvoyons sur ce point à *Métaphysique*, V, 11, et surtout IX, 8. L'acte est antérieur à la puissance : a. « par la définition » (τῷ λόγῳ) ; b. « par le temps » (τῷ χρόνῳ) ; c. « par la substance » (οὐσίᾳ)[30].

D'après l'ensemble de ces analyses, il peut sembler évident que le cas de l'homme éveillé et du dormeur correspond à l'emploi de μᾶλλον pour exprimer l'antériorité. Un même terme s'applique « au sens propre » et « plutôt » à ce qui est en acte qu'à ce qui est simplement en puissance, parce que ce qui est en acte possède la définition et est *antérieur*.

– Il est antérieur ontologiquement : la capacité de vivre n'existe qu'en fonction de l'activité de vivre.

– Il est antérieur logiquement : le fait d'avoir la capacité de vivre, de sentir, etc., comprend la « notion » de l'activité même d'agir et de pâtir.

Revenons au débat des interprétations[31] : l'auteur a-t-il distingué deux sens de μᾶλλον, l'un qui exprime un surplus et qui serait volontairement laissé de côté dans le raisonnement, l'autre qui exprime une priorité dans la prédication dans le cas de réalités antérieures (notamment l'homonymie relative à un même terme) ? Ou bien l'attribution d'un prédicat à une réalité « plutôt qu'à une autre », dans le cas de réalités équivoques (ou homonymes), se fonde-t-elle elle *aussi* sur une supériorité quantitative ?

30. Sur les différents modes d'antériorité chez Aristote, *cf.* aussi *Catégories*, chap. 12, 14 a 26-14 b 23.

31. Que nous avons posé p. 199-201.

Faut-il totalement exclure une théorie des degrés de l'être ?

Les passages aristotéliciens sur l'homonymie relative paraissent donner raison à l'interprétation linguistique. D'autre part, en distinguant rigoureusement le cas du « dépassement » ou de la supériorité quantitative (καθ' ὑπεροχήν), qui concerne les homonymes, des cas de l'antériorité, notre construction de la phrase et notre traduction semblent à première vue opter pour deux *sens* de μᾶλλον.

Au terme d'analyses de nombreux passages aristotéliciens paraissant se fonder sur des « degrés de l'être », Morrison pense, au contraire, que dans notre texte le rapport d'antériorité à postériorité, loin d'exclure la possibilité des degrés de l'être serait ce qui, quand deux choses ne sont pas synonymes mais homonymes (en termes aristotéliciens), permet de dire qu'il y a des degrés d'être ; en d'autres termes, μᾶλλον n'a *qu'un seul sens*, qui est celui d'un « plus » quantitatif, et on l'emploie non seulement pour des synonymes mais aussi dans le cas de l'antériorité, qui permet précisément de dépasser la règle stricte énoncée dans la *Métaphysique*[32]. Indépendamment de cette conclusion, Morrison a vu en tout cas parfaitement l'écueil de certaines interprétations précédentes, consistant à rendre exclusives l'une de l'autre les trois manières de comprendre l'adverbe, qu'il a nommées : *intensity* ; *metalinguistic* ; *ordering*[33]. Il donne une série d'exemples de combinaisons possibles ou de recouvrement des différentes interprétations, qui nous ont semblé parfaitement convaincantes. À notre tour, nous n'exclurons donc pas que par οὐ γὰρ μόνον τὸ μᾶλλον λέγομεν καθ' ὑπεροχὴν ὧν ἂν εἷς ᾖ λόγος l'auteur veuille dire : « nous ne parlons pas seulement de « plus » pour des réalités qui ont une même définition, mais aussi pour l'antériorité et la postériorité ». C'est d'ailleurs ainsi que nous avons traduit : que μᾶλλον ait le sens de la supériorité quantitative dans le premier cas, n'implique pas forcément que la distinction d'un deuxième cas soit une distinction de sens. Peut-être le premier cas

32. À l'appui de son interprétation Morrison suggère que l'on pourrait mettre καθ' ὑπεροχήν en facteur commun des deux cas, le premier se distinguant par le fait que les choses en question ont « une seule définition », mais, nous l'avons dit, cela nous paraît grammaticalement difficile.

33. *Cf. supra*, p. 200, note 11.

exprimé par καθ' ὑπεροχήν, représente-t-il l'expression évidente, non discutable, de la supériorité quantitative.

À côté du « dossier aristotélicien » constitué par Morrison, plusieurs éléments permettent de douter que l'auteur exclue ici une interprétation en termes, sinon d'« intensité de l'être », du moins de « quantité », ou d'une échelle présente dans la réalité et non plus seulement au niveau de la prédication[34].

(a). Si l'on reprend l'exemple de la santé et des choses saines : la santé est un bien « plutôt » que les choses saines, toutefois elle est aussi « un plus grand bien » que les choses saines (au sens courant où μᾶλλον exprime un surplus), si l'on se réfère à *Rhétorique*, I, 7, où Aristote traite du rapport de *grandeur* des biens entre eux, en employant à l'envi des termes exprimant le surplus. Il applique ainsi le « lieu » du plus et du moins (τὸ μᾶλλον καὶ ἧττον) au bon et à l'utile, au moyen de l'« excédent » (ὑπερέχον) : le « préférable par soi » est dit « plus grand » que l'utile (μεῖζον ἀγαθόν). La terminologie de l'excédent et de l'excédé est donc mise en rapport ici directement avec μᾶλλον : de quoi parle la *Rhétorique*, sinon d'un bien qui est « plus » bien qu'un autre[35] ?

Mais le même chapitre de la *Rhétorique* – ouvrage que l'on n'a sans doute pas suffisamment fait intervenir dans ce débat – dit aussi que ce qui précède est « plus grand » que ce qui en découle, comme « savoir » (ἐπίστασθαι) l'est par rapport à « apprendre »

34. Quelle est cette échelle? Mesure-t-elle des degrés de l'être, des degrés de valeur, ou encore des grandeurs ? Comme le suggère Morrison, les frontières entre les interprétations possibles sont perméables.

35. Bien qu'elle accepte, dans ses grandes lignes, l'interprétation d'É. de Strycker, S. Mansion, « Les critères du meilleur dans le *Protreptique* d'Aristote », note 31, p. 170, fait pourtant remarquer qu'il est bien difficile d'éviter l'emploi du comparatif ou du mot « plus » pour le cas de l'antériorité ; l'exemple qu'elle donne nous semble aller exactement dans le même sens que le passage de la *Rhétorique* que nous avons cité : « Car, pour s'en tenir à l'exemple du "meilleur" qui nous occupe ici, on ne saurait empêcher que le même mot "bon" soit employé aussi bien pour exprimer l'utile (le bon pour quelque chose) que le bien proprement dit. Il est dès lors naturel d'appeler meilleur celui des deux objets qui réalise la bonté au sens premier. Aristote ne se fait du reste pas faute d'en user ainsi dans les *Topiques* (III, 1-5 ; voir en particulier 1, 116 a 29-30 ; b 8-11) ».

(μανθάνειν)[36], ce qui n'est pas sans faire penser au cas du savoir en acte et du savoir en puissance dont il est question au chap. XI du *Protreptique*.

(b). Dans un contexte qui serait celui d'une œuvre authentiquement aristotélicienne, force est de constater que l'exemple des choses saines et de la santé, qui appelle facilement la comparaison avec les réflexions sur la rhétorique, est particulièrement ambigu : alors pourquoi être passé par cet exemple, qui risque précisément de porter à confusion, alors que le cas de la puissance et de l'acte l'est beaucoup moins ? Ne faut-il pas penser qu'un tel exemple éclaire la situation, et qu'il le fait dans le sens d'une « supériorité » ?

(c). L'enjeu ontologique dans le reste du texte :

À la p. 58 Pistelli, l'auteur déclare que « celui qui pense correctement » (ὁ διανοούμενος ὀρθῶς) vit « plus » (μᾶλλον) que les autres, et que celui qui « est le plus dans la vérité » (ὁ μάλιστα ἀληθεύων) vit μάλιστα : dans une interprétation sémantico-linguistique, il faudrait comprendre que « c'est celui qui est *le plus* dans la vérité qui vit *en toute rigueur du terme* » ; il semble au contraire bien plus naturel de respecter la structure de tout ce raisonnement, fondée sur un système de comparatifs et de superlatifs, et de traduire par : « c'est le sage qui *vit le plus* ». L'intensité maximale de vie explique par ailleurs la seconde partie du chapitre, selon laquelle le philosophe a accès aux plaisirs les plus grands. Mais ce qui permet d'interpréter ce texte en fonction d'une théorie des degrés de l'être est, assurément, la perspective *rhétorique* de l'exhortation, dans laquelle s'insèrent, d'une part, cet argument imposant, qui fait de la philosophie la forme de vie la plus intense, et, de l'autre, une échelle quantitative des valeurs, en haut de laquelle se place la vie philosophique, tel le bien « le plus grand » de tous.

36. 1363 b 27-33 ; *cf.* Grimaldi, *Aristotle,* Rhetoric *I. A Commentary*, New York, 1980, p. 148, qui, remarquons-le, ne s'interdit nullement le recours à une théorie des *degrees of being*, seul moyen, même, selon lui, d'éclairer ce passage de la *Rhétorique* ! La situation envisagée dans ce traité pourrait se ramener à un cas de superposition entre l'interprétation en termes d'intensité et l'interprétation en termes d'ordre (ou d'antériorité-postériorité).

Le texte affronte un problème d'ordre linguistique, c'est indéniable, mais celui-ci prend sa source dans un questionnement d'abord ontologique : loin de s'exclure, les deux niveaux sont indissolublement imbriqués, le texte passant successivement du niveau ontologique (la distinction première de l'activité et de la capacité) au niveau sémantique (la prédication), pour revenir au niveau ontologique (les deux distinctions de « plus ») ; l'association des deux est exprimée par l'alliance des mots μάλιστα καὶ κυριώτατα : c'est le sage qui sera « le plus » et « au sens le plus propre ».

LA PHILOSOPHIE SATISFAIT À TOUTES LES FORMES DU BONHEUR

JAMBLIQUE, *PROTREPTIQUE*, CHAP. XII

Εἰ δὲ δεῖ μὴ μόνον ἀπὸ τῶν μερῶν τοῦτο συλλογίσασθαι, ἀλλὰ καὶ ἀπὸ τῆς ὅλης εὐδαιμονίας ἄνωθεν τὸ αὐτὸ κατασκευάσαι, λέγωμεν διαρρήδην ὅτι δὴ ὡς ἔχει πρὸς εὐδαιμονίαν τὸ φιλοσοφεῖν, οὕτω καὶ πρὸς τὸ σπουδαῖον ἡμῖν ἢ φαῦλον εἶναι αὐτὸ διακεῖσθαι. Πάντα γὰρ τὰ μὲν πρὸς τοῦτο τὰ δὲ διὰ τοῦτο πᾶσιν αἱρετέον εἶναι, καὶ τὰ μὲν ὡς ἀναγκαῖα τῶν πραγμάτων τὰ δὲ ἡδέα δι᾽ ὧν εὐδαιμονοῦμεν. Οὐκοῦν τὴν εὐδαιμονίαν τιθέμεθα ἤτοι φρόνησιν εἶναι καί τινα σοφίαν ἢ τὴν ἀρετὴν ἢ τὸ μάλιστα χαίρειν <ἢ> πάντα [60] ταῦτα. Οὐκοῦν εἴτε φρόνησίς ἐστι, φανερὸν ὅτι μόνοις ἂν ὑπάρχοι τοῖς φιλοσόφοις τὸ ζῆν εὐδαιμόνως, εἴτε ἀρετὴ ψυχῆς ἢ τὸ χαίρειν, κἂν οὕτως ἢ μόνοις ἢ μάλιστα πάντων· ἀρετὴ γάρ ἐστι τὸ κυριώτατον τῶν ἐν ἡμῖν, ἥδιστόν τε πάντων ἐστὶν ὡς ἓν πρὸς ἓν ἡ φρόνησις. Ὁμοίως δὲ κἂν ταῦτα πάντα ταὐτὰ φῇ τις εἶναι τὴν εὐδαιμονίαν, ὁριστέον ἐστὶ τὸ φρονεῖν. Ὥστε φιλοσοφητέον ἂν εἴη πᾶσι τοῖς δυναμένοις· ἢ γάρ τοι τοῦτ᾽ ἐστὶ τὸ τελέως εὖ ζῆν, ἢ μάλιστά γε πάντων ὡς ἓν εἰπεῖν αἴτιον ταῖς ψυχαῖς. Ἀλλ᾽ ἐνταῦθα μὲν διὰ τὸ παρὰ φύσιν ἴσως εἶναι τὸ γένος ἡμῶν χαλεπὸν τὸ μανθάνειν τι καὶ σκοπεῖν ἐστι, καὶ μόλις αἰσθάνοιτο, διὰ τὴν ἀφυΐαν καὶ τὴν παρὰ φύσιν ζωήν· ἂν δέ ποτε δυνηθῶμεν σωθῆναι πάλιν ὅθεν ἐληλύθαμεν, δῆλον ὡς ἥδιον καὶ ῥᾷον αὐτὸ ποιήσομεν πάντες. Νῦν μὲν γὰρ ἀφειμένοι τῶν ἀγαθῶν διατελοῦμεν πράττοντες τὰ ἀναγκαῖα, καὶ μάλιστα πάντων οἱ μάλιστα μακάριοι δοκοῦντες εἶναι τοῖς πολλοῖς· ἐὰν δὲ τῆς οὐρανίας ὁδοῦ λαβώμεθα καὶ ἐπὶ τὸ σύννομον ἄστρον τὴν ζωὴν τὴν ἑαυτῶν ἀπερείσωμεν, τότε φιλοσοφήσομεν ζῶντες ἀληθῶς καὶ θεώμενοι θεωρίας ἀμηχάνους τὸ κάλλος, ἀτενίζοντες τῇ ψυχῇ πρὸς τὴν ἀλήθειαν ἀραρότως καὶ θεώμενοι τὴν τῶν θεῶν ἀρχήν, εὐφραινόμενοι καὶ χαίροντες συνεχῶς ἀπὸ τοῦ θεωρεῖν, ἡδόμενοι [61] χωρὶς πάσης λύπης. Οὕτως οὖν ἐπιόντες εἰς πᾶσαν εὐδαιμονίαν εὑρίσκομεν ἡμῖν συμβαλλόμενον τὸ φιλοσοφεῖν· διόπερ αὐτοῦ ἀντιλαμβάνεσθαι ἄξιον ὡς σπουδαιοτάτου καὶ μάλιστα ἡμῖν προσήκοντος.

Et s'il ne faut pas uniquement faire ce raisonnement en partant des différentes parties du bonheur, mais aussi établir le même résultat[1] en partant de plus haut[2], du bonheur considéré comme un tout[3], disons explicitement que le rapport de la philosophie au

1. Συλλογίσασθαι : le même verbe, qui marque une volonté de démonstration rigoureuse, a été employé au chapitre XI (p. 58, 5-6 P) : « Il est alors simple à comprendre et facile à établir (συλλογίζεσθαι), pour tout le monde ».

2. Ἄνωθεν : nous renvoyons pour cet adverbe au début du chapitre IX, et *supra*, p. 149, note 1. L'auteur signale une nouvelle fois l'exhaustivité des modes d'argumentation utilisés en vue d'une conclusion unique : « il faut philosopher ». Le mode d'argumentation sera double ici, puisque l'auteur considérera d'abord l'objet à examiner (en l'occurrence le bonheur) sous l'aspect de ses éléments constitutifs, puis en tant que totalité, notion reprise, dans la suite du chapitre, par les termes : ταῦτα πάντα (p. 60, 6 P : « tous ces éléments ») et πᾶσα εὐδαιμονία (p. 61, 1-2 P).

3. Comme bien d'autres passages du *Protreptique* de Jamblique, celui-ci mérite d'être éclairé par la perspective rhétorique qui est *aussi* la sienne, et sur laquelle nous avons attiré l'attention en Introduction. Il revient en effet à l'éloquence délibérative, dont, rappelons-le, l'exhortation est une espèce, de définir le bonheur et ses « parties », ce dont nous avons un témoignage dans la *Rhétorique* d'Aristote, I, 5. Une fois posé que tous les hommes aspirent au bonheur, et que le bonheur est l'argument à propos duquel, en dernière analyse, portent toujours conseils ou dissuasions, il faut donner une « définition générale » de celui-ci ainsi que de « ce dont dérivent ses parties » (1360 b 7-9 : τί ἐστιν ὡς ἁπλῶς εἰπεῖν ἡ εὐδαιμονία, καὶ ἐκ τίνων τὰ μόρια ταύτης). Aristote distingue donc trois choses : le bonheur lui-même, ses parties (τὰ μόρια), et « ce dont celles-ci dérivent » (ἐκ τίνων), ou, plutôt, « ce en quoi elles consistent ». À première vue, la distinction n'est pas très nette ; elle le devient davantage dans les lignes qui suivent, lorsque Aristote définit le bonheur par une série de notions très générales : la vie bonne accompagnée de vertu, la suffisance des moyens d'existence (αὐτάρκεια ζωῆς), etc. (1360 b 14-18). Voilà donc ce qu'*est* le bonheur, à la différence de ce qui vient juste après (1360 b sq), et qui correspond à une énumération des parties (μέρη) du bonheur : noblesse, grand nombre et honnêteté des amis, richesse, mérite et grand nombre des enfants, etc. En particulier,

bonheur est identique à celui qu'elle a avec le fait d'être importante ou négligeable pour nous[4].

la somme des éléments ainsi énumérés (noblesse, amis, etc.), qui recouvrent biens intérieurs et biens extérieurs, permet d'atteindre le bonheur comme « autosuffisance »; en d'autres termes, ce sont des éléments « composant », par leur addition, le bonheur. Par un processus descendant, nous parvenons, dans un troisième moment, à ce qui constitue les parties elles-mêmes, et qu'Aristote a sans doute voulu exprimer à l'aide de la préposition ἐκ τίνων : ainsi la noblesse consiste, à son tour, dans l'origine autochtone et ancienne, l'illustration des premiers chefs, etc. Voilà ce que l'on peut, très superficiellement, dégager de ce texte de la *Rhétorique* à propos des parties du bonheur, problème par ailleurs très complexe chez Aristote, et très discuté chez les spécialistes. Dans la perspective de la *Rhétorique*, la définition du bonheur joue aussi, d'autre part, le rôle d'une *topique générale*, d'où l'orateur pourra tirer une série de *topiques particulières* sur le sujet, qui lui serviront à construire son discours, et qui s'appuient à leur tour sur les éléments du bonheur (*cf.* Grimaldi, *Aristotle,* Rhetoric *I. A Commentary*, *op. cit.*, p. 105). Dans quelle mesure pouvons-nous faire un parallèle avec le chap. XII ? Les *parties* distinguées dans le *Protreptique* semblent correspondre plutôt aux *définitions* du bonheur de la *Rhétorique*, I, 5 : pensée, sagesse, vertu, etc., sont, semble-t-il, sur le même plan que « vie bonne accompagnée de vertu » ou « autosuffisance »; pourtant ce ne sont pas seulement des *aspects* du bonheur, mais bien, aussi, des *parties* puisqu'elles peuvent former le bonheur par leur addition. Mais Jamblique compliquera encore la problématique de la constitution du bonheur en disant que la philosophie est soit « la vie accomplie » elle-même, soit la « cause » (αἴτιον) de celle-ci, en distinguant, par conséquent, entre élément constitutif et facteur, et c'est certainement une nuance de ce genre qui est exprimée dans la phrase allant de πάντα γὰρ à εὐδαιμονοῦμεν (p. 59, 24-26 P), dont nous avons essayé de rendre compte dans les notes qui suivent. Nous rappelons *infra*, p. 219-220, note 15, un certain nombre de passages des chapitres précédents où une telle nuance apparaît.

4. Le texte présente une série de difficultés, dont la plupart ont été affrontées par F. Vendruscolo, qui a mené sur toute la première moitié du chap. XII une analyse philologique approfondie, dans « Due frammenti », p. 293-330 (l'analyse de notre texte commence à la p. 316). Nous reporterons en notes certains résultats de son étude. Par ailleurs, notre propre traduction n'a aucun caractère définitif, et se limitera à des propositions de lecture. On remarquera tout d'abord l'anacoluthe : λέγωμεν complété par ὅτι, qui est généralement suivi d'un verbe conjugué, alors que nous avons ici un infinitif (διακεῖσθαι). Le problème est soulevé par F. Vendruscolo, qui note, p. 315, que la construction de ὅτι avec l'infinitif n'est toutefois pas impossible, en renvoyant à Kühner-Gerth, II, p. 357-358 (où l'on trouvera une série d'exemples). Il paraît assez clair, d'autre part, que l'auteur dresse dans cette phrase une *analogie* au sens aristotélicien du terme, c'est-à-dire une équivalence entre deux rapports (la formule la plus courante étant a/b = c/d). Les termes du premier rapport sont explicités : il s'agit de la philosophie et du bonheur, mais ce n'est pas le cas pour le second : que représente en effet le pronom αὐτό, et que signifie, enfin, τὸ σπουδαῖον ἡμῖν ἢ φαῦλον εἶναι ? À la suite de nombreux commentateurs de ce texte, nous avons considéré qu'il s'agissait ici d'une analogie « irrégulière » qui porte sur trois membres, a, b, c, en fonction de laquelle le rapport de (a) à (b) est le même que celui de (a) à (c), le membre commun (a) étant représenté par la philosophie. Nous avons donc renvoyé αὐτό à τὸ φιλοσοφεῖν, en faisant d'autre part du pronom neutre le sujet de διακεῖσθαι πρός, auquel nous donnons le même sens qu'à ἔχει ὡς (*se situer par rapport à quelque chose*). Maintenant, que signifie que la philosophie a un rapport avec τὸ σπουδαῖον

Quel que soit l'aspect sous lequel on envisage le bonheur, c'est la philosophie qui nous y mène

En effet nous disons que nous devons tous choisir[5] toutes choses en vue de ce qui est important ou à cause de ce qui l'est[6], et que,

ἡμῖν ἢ φαῦλον εἶναι ? Les deux adjectifs ont souvent été interprétés en un sens moral, comme se rapportant au caractère des individus. Düring (*a*) n'hésite pas à corriger l'expression en σπουδαίους ἡμᾶς ἢ φαύλους – correction approuvée par de Strycker, « Düring », p. 238 – qu'il traduit (p. 85) : « *Not only by considering the component parts of well-being, but also by going deeper into the question and considering well-being as a whole, <we may arrive at the same conclusion>. Let us, then, state explicitly that as intellectual life is related to well-being, so it is related* to our character as good or bad men ». Il justifie ce choix dans le commentaire (p. 253-255) : « *We must read either πρὸς τὸ σπουδαίους ἡμᾶς ἢ φαύλους εἶναι or cancel ἡμῖν. Aristotle is not speaking of τὸ σπουδαῖον ἡμῖν and he could hardly have said τὸ φαῦλον ἡμῖν; the opposite of τὰ φαῦλα are τὰ καλά,* Metaph. *985 a 2. The sense which could come out if we keep ἡμῖν, "the relationship of intellectual life to what is good and bad for us", implies a comparison of two things which cannot reasonably be compared. The proposition is thus: the relation of intellectual life to well-being is the same as the relation of intellectual life (αὐτό) to moral character* ». La correction est adoptée par Chroust, p. 37 ; Berti[4], p. 106 ; à leur suite, mais sans corriger le texte, des Places traduit, p. 89 : « le rapport de la philosophie au bonheur se retrouve identique dans nos dispositions à l'égard de la vertu et du vice ». D'un point de vue purement lexical, on donnerait facilement tort à Düring en relevant des exemples aristotéliciens où ce qui est « bon » ou « mauvais » pour nous se dit à l'aide des deux adjectifs en question (*Politique*, IV, 2, 1289 b 5-11, etc.). Or c'est bien, semble-t-il, une telle interrogation disjonctive – la pratique philosophique est-elle bonne ou mauvaise pour nous ? – qui fait l'objet du texte, comme l'avait déjà suggéré jadis S. Mansion, « Contemplation and Action », note 3, p. 66. Nous reviendrons *infra*, note 6, sur l'interprétation globale du passage par Mansion, reprise par Vendruscolo, « Due frammenti ».

5. Le texte du manuscrit F comporte αἱρετέον εἶναι ; or l'infinitif ne semble pas être justifié par la syntaxe. Jamblique cite, peut-être, de façon négligente un texte original comportant une proposition infinitive, ce qui a conduit Vendruscolo à corriger αἱρετέον en αἱρε<τὰ φα>τέον εἶναι. Choisissant une solution plus simple, nous avons sous-entendu le verbe déclaratif λέγωμεν qui figure à la phrase précédente.

6. La phrase entière semble construite sur des symétries, dans lesquelles le couple de particules μὲν… δέ, présent dans chacun des deux membres, joue sans doute un rôle. La plupart des éditeurs et commentateurs identifient τοῦτο à εὐδαιμονία, et supposent que la deuxième partie de la phrase est, en quelque sorte, l'explicitation de la première : la phrase dans son ensemble décrirait donc la manière dont les hommes se comportent à l'égard du bonheur. S. Mansion, suivie par Vendruscolo, propose une autre solution, en rapportant τοῦτο non à εὐδαιμονία, mais à τὸ σπουδαῖον (*i. e.* le fait d'être bon ou mauvais pour nous) ; le deuxième membre de phrase n'est pas, alors, une illustration du premier, mais il lui est parallèle, et c'est ce parallèle qui permettrait justement de construire l'analogie annoncée à la phrase précédente, en établissant à présent qu'il en va de ce qui est bon pour nous (σπουδαῖον), comme il en va du

parmi les choses qui nous rendent heureux les unes sont nécessaires, les autres agréables[7].

bonheur (εὐδαιμονοῦμεν). Selon les deux chercheurs, l'auteur tirerait de l'analogie la conclusion suivante, ainsi qu'on le reverra plus loin : le rapport de la philosophie avec ce qui est bon est identique au rapport de celle-ci avec le bonheur.

7. Dans cette phrase particulièrement obscure, et quels que soient les éléments mis en rapport (c'est-à-dire quel que soit le référent de τοῦτο), le lecteur est tenté de penser que la symétrie ou l'analogie repose à son tour sur une opposition à l'intérieur de chacun des membres, articulée par le couple μὲν… δέ, opposition qui distinguerait, pour le premier membre, les prépositions πρός et διά suivis de l'accusatif, et, pour le second, les adjectifs ἀναγκαῖα et ἡδέα, qui auraient peut-être, quant à eux, leur correspondant respectif dans les deux prépositions. Le substantif πραγμάτων est probablement un génitif partitif en facteur commun des deux adjectifs. La préposition διά se construit à l'intérieur de la relative δι' ὧν εὐδαιμονοῦμεν dont l'antécédent est lui-même πραγμάτων ; le διά de cette relative n'est sans doute pas parallèle au διά du premier membre, car il n'oppose pas, comme c'était le cas dans le premier membre, un élément à un autre à l'intérieur de ce second groupe. Nous proposons donc la traduction : « parmi les choses qui nous rendent heureux, les unes sont nécessaires, les autres agréables ». Nous ne retenons pas, d'autre part, la suggestion de Vendruscolo selon lequel Jamblique aurait remplacé, par inadvertance, ἴδια par ἡδέα, sous prétexte que ce dernier adjectif n'aurait pas de sens ici (« Due frammenti », p. 317). S. Mansion (« Contemplation and Action », note 3, p. 66) propose la paraphrase suivante, qui a le bénéfice de redonner au passage une grande rigueur argumentative : « *The passage could perhaps be reconstructed as follows : the relationship of philosophy to the good (or evil) is similar to its relationship to well-being. A thing is good either because it is a way towards some good (πρὸς τοῦτο) or because it is good in itself (διὰ τοῦτο). Similarly with regard to well-being : something is valuable either because it is a necessary means to gain it, or because it is one of the components of well-being* ». L'interprétation, qui repose sur une double symétrie (ou un jeu d'oppositions), est ingénieuse, mais elle est peut-être forcée, et sans doute διά suivi de l'accusatif n'a-t-il ici qu'un sens causal peu différent de πρός, ce qu'a bien vu Düring (*a*), p. 254 : « *in contexts of this type πρὸς τὸ means "leading to" and διὰ τὸ "for the sake of"* ». En ce qui concerne le second membre, en tout cas, les deux adjectifs indiquent probablement une distinction de niveau, récurrente dans le *Protreptique* (*cf. infra*, p. 221, note 20), entre les nécessités vitales recherchées en vue d'autre chose (dont il a déjà été question au chap. IX), et des biens recherchés pour eux-mêmes (comme le pense S. Mansion). Bien qu'il soit très difficile de se prononcer sur l'ensemble du passage, la solution de S. Mansion, malgré ses limites, comporte un avantage d'ordre logique, puisqu'elle assigne à cette phrase la tâche d'expliquer les fondements de l'analogie ; la conclusion de la chercheuse est en effet la suivante : « *It has been shown that philosophy ranks among the things that are goods in themselves (not among the means towards good) ; in a similar fashion, philosophy is a constituent part of well-being, not a way to it* », conclusion reprise par Vendruscolo (qui intègre la correction de ἡδέα en ἴδια), « Due frammenti », p. 318 : « *Si deve dire infatti αἱρετόν una qualsiasi cosa non solo se è σπουδαῖον di per sé, ma anche se lo è in prospettiva ; e allo stesso modo, fra gli elementi che contribuiscono alla felicità, certi lo fanno in quanto genericamente indispensabili (per vivere), altri specificamente* ». Dans l'interprétation de Mansion, comme dans celle de Vendruscolo, l'analogie sert donc, en définitive, à éclairer le rapport de la philosophie au bonheur (« *in a similar fashion, philosophy is*

Or nous plaçons le bonheur soit dans la pensée et une sagesse d'un certain type, soit dans la vertu, soit dans le sentiment du plaisir le plus intense, <soit[8]> dans tout cela en même temps[9]. Or s'il s'agit de la pensée, la vie heureuse appartiendra manifestement aux seuls philosophes ; si c'est la vertu de l'âme ou le contentement, même alors elle leur appartiendra, à eux uniquement, ou plus qu'à quiconque[10]. Car la vertu est ce qu'il y a en nous de plus souverain,

a constituent part of well-being »). Nous conservons la même analogie, et la même symétrie des rapports, mais nous proposons de la lire dans le sens « inverse ». Dans cette nouvelle lecture, ce n'est pas le rapport de la philosophie avec ce qui est bon qui éclaire le rapport de celle-ci au bonheur, mais, au contraire, le rapport de celle-ci au bonheur qui est la prémisse sur laquelle repose le rapport qu'elle entretient avec ce qui est bon pour nous. Ce qui permettrait de restituer une argumentation protreptique qui nous semble courir sur l'ensemble du chapitre, et qui serait la suivante : tout le monde est d'accord pour dire que nous devons entreprendre ce qui est bon pour nous (présupposé implicite) ; mais (ce qui est encore sous-entendu) il va de soi qu'il n'y a rien de mieux que le bonheur (qui est la fin à laquelle tendent toutes nos actions, comme le dit Aristote dans la *Rhetorique*). Si l'on prouve que la philosophie s'identifie au bonheur, alors il sera évident que nous devrons l'embrasser comme étant ce qui nous convient par-dessus tout. Or c'est exactement ce que dira, à la fin du chapitre, l'expression ὡς σπουδαιοτάτου qui nous semble un élément allant dans le sens de notre interprétation (*cf. infra*, p. 221, note 26).

8. Nous adoptons la proposition de Vulcanius d'ajouter un troisième ἢ, proposition suivie par Pistelli et les autres éditeurs.

9. La phrase explicite les deux modes d'argumentation distingués dans le premier paragraphe : pensée et sagesse, vertu, et sentiment du plaisir représentent trois parties du bonheur ; en face, il y a le bonheur considéré comme un tout. Les trois « candidats » au bonheur sont évoqués, chez Aristote, dans l'*Éthique à Eudème*, I, 1-5 ; l'*Éthique à Nicomaque*, I, 5 ; la *Politique*, VII, 1-3, et cette tripartition apparaissait aussi au début du chapitre VII (voir p. 168, note 1).

10. « À eux seuls, ou en priorité » traduit ἢ μόνοις ἢ μάλιστα πάντων : c'est la dernière occurrence dans ces chapitres aristotéliciens d'une expression qui a servi, aux chap. VII et XI, par un processus de « réduction » que nous avons commenté, à établir que la philosophie représente l'essence même et le plaisir même de la vie. Si le bonheur est dans la pensée, alors on comprend facilement que seront heureux les philosophes, qui exercent leur pensée en tout lieu (*cf.* chapitre VI par ex.). La façon dont le bonheur s'identifie à la pensée est illustrée dans le chapitre VII : c'est l'accomplissement de ce pour quoi l'homme est fait, et la perfection de la partie de notre être la plus élevée, c'est-à-dire un état de bien-être (εὖ διάκειται, p. 41, 25 P) et un « bien » (ἀγαθόν, p. 41, 23-24 et p. 42, 7 P). Pour ce qui concerne la vertu, on recourra encore au chapitre VII (p. 43, 12 P), qui a établi que « la sagesse » (apanage des philosophes) est « une portion (μόριον) de la vertu et du bonheur », « car nous disons du bonheur qu'il vient de la sagesse ou qu'il s'identifie à elle » (p. 43, 13-14 P). Si c'est le plaisir, il en sera de même, puisque le chapitre XI a montré que la vie philosophique est la plus intense et la plus agréable qui soit ; quant à la communauté de ces éléments, elle est acquise par la convergence de toutes les argumentations des chapitres précédents, lesquelles visent à faire de la philosophie le bien suprême.

et ce qui, de tout, est le plus agréable, à comparer élément avec élément, est la sagesse[11]. Pareillement, quelqu'un viendrait-il à dire que le bonheur représente la somme de ces mêmes éléments, il faut le définir[12] comme la sagesse[13]. Par conséquent, tous ceux qui en sont capables doivent philosopher. C'est là en effet la vie parfaitement bonne, ou bien, pour le dire en un mot[14], c'en est la cause principale pour les âmes[15].

Vouloir faire correspondre, comme A. Grilli, « Cicerone e l'Eudemo », art. cit., p. 124-126, les différents « candidats » (sagesse, vertu, plaisir) de façon rigoureuse avec les différents chapitres, sur la base de ressemblances de notre passage avec le début du chap. VII (*cf. supra*, p. 168, note 1), est sans doute exagéré.

11. Ce qui a été démontré dans la dernière partie du chap. XI.

12. Ὁριστέον ἐστὶ τὸ φρονεῖν : nous n'adoptons pas la correction de τὸ φρονεῖν en τῷ φρονεῖν au datif proposée par Ross (*b*), p. 51, puis adoptée par Düring et la plupart des éditeurs du protreptique aristotélicien. Vendruscolo, « Due frammenti », p. 320 et note 77, p. 317, s'appuyant sur Kühner-Gerth, I, p. 40, fait remarquer que la copule à l'indicatif est très souvent omise avec les adjectifs verbaux en -τέος et propose de corriger en ἄριστόν ἐστι. Indépendamment de ces arguments grammaticaux, Vendruscolo considère de toute façon que la phrase « le bonheur doit être défini comme la sagesse » ne fait pas sens à cet endroit du texte. Il nous semble au contraire que cette phrase conclusive est parfaitement à sa place à ce point du raisonnement.

13. Quelle que soit donc la façon d'aborder la relation de la philosophie et du bonheur, on arrive à la conclusion qu'ils ne font qu'un. En effet, voudrait-on se limiter à une seule partie ou un seul aspect du bonheur, la philosophie s'identifie avec chacun de ces aspects singulièrement ; et si l'on considère que le bonheur est la somme de ces aspects, alors la philosophie, qui les comble séparément, comblera aussi par voie de conséquence leur totalité.

14. L'expression ὡς ἓν εἰπεῖν n'est pas très claire ; d'autres traductions ont été proposées. Voir sur ce point Vendruscolo, « Due frammenti », p. 323, note 112.

15. Les chapitres précédents ont permis effectivement de discerner une nuance entre l'identification pure et simple de la philosophie et du bonheur, et le lien de cause à effet de la première par rapport au second. Cette distinction avait déjà été posée explicitement, au chapitre VII, lorsqu'il était question de savoir si la sagesse était ou non une science productrice ; si elle l'était, elle produirait un objet qui serait différent d'elle-même, or « la sagesse est une portion de la vertu et du bonheur, car nous disons du bonheur qu'*il vient de* la sagesse ou qu'*il s'identifie à* elle » (p. 43, 12-14 P). Les arguments du chapitre XI, par exemple, vont dans le sens d'une identification, car ils établissent le lien intrinsèque du plaisir et de la contemplation : c'est *par le fait même* de contempler qu'on éprouve du plaisir (p. 59, 9-11 P). Pareillement la fin du chapitre VI, qui décrit le plaisir qu'éprouve celui qui a fixé son séjour dans la philosophie, et promène ses regards constamment vers la vérité (p. 40, 20-41, 2 P) ; l'identification de la philosophie et de la vue, au chapitre VII, cherche aussi à faire percevoir au lecteur une forme d'immédiateté radicale du bonheur philosophique (p. 44, 9-45, 3 P). Mais en divers autres passages, en revanche, l'auteur distingue la poursuite de la sagesse (par l'exercice de la pensée), et la sagesse elle-même, qui correspond au bien obtenu, comme c'est le cas par exemple au chap. VI, où est repris le schème de l'*Euthydème* qui distingue la philosophie, acquisition et usage de

Appel à la vie théorétique[16]

Mais ici-bas, parce que notre race vit, peut-être, de manière contraire à sa nature[17], il est difficile d'apprendre et d'observer, et à peine peut-on s'en percevoir[18], à cause de cette inaptitude et de cette vie contre-nature. Mais si nous pouvons un jour nous sauver pour retourner là d'où nous sommes venus, il est évident que la tâche nous sera plus agréable et plus facile[19]. Car, pour le moment, ayant

la sagesse, de la sagesse elle-même qui correspond à la vie bonne proprement dite (p. 40, 1-4 P). Lorsque la philosophie est présentée comme une pratique qui tend vers le terme qu'est la sagesse, alors nous dirons plutôt qu'elle est *cause* du bonheur. Le rapport entre philosophie et bonheur se dilate encore quand il est envisagé dans les termes des récompenses que les sages recevront dans îles des Bienheureux, au chap. IX (p. 53, 2-15 P), ou dans la perspective eschatologique de la fin du chap. VIII (p. 48, 9-21 P) et du présent chapitre.

16. Düring (*a*), suivi par Berti, arrête à ταῖς ψυχαῖς la série des fragments « aristotéliciens ». La dernière partie du chapitre n'est en effet que peu ou pas du tout prise en compte dans les reconstructions du *Protreptique* d'Aristote, alors qu'elle nous semble essentielle pour compléter l'analogie : une fois établie en effet, dans une première partie, l'identité de la philosophie et du bonheur, Jamblique peut à présent aller vers sa conclusion définitive, en prouvant, par un raisonnement analogique ou transitif, que la philosophie est une chose bonne ou importante pour nous (σπουδαῖον), *cf. infra*, p. 221, note 26.

17. On rapprochera cette expression des démonstrations du chap. IX sur la naturalité de la philosophie.

18. Il faudrait peut-être ajouter un ἂν devant αἰσθάνοιτο, comme le suggère Pistelli dans l'apparat, qui n'exclut pas que plusieurs mots se soient perdus dans les manuscrits. D'autre part, contrairement à certains traducteurs qui donnent au verbe αἰσθάνοιτο une valeur absolue (« à peine pouvons-nous avoir des sensations »), nous avons compris celui-ci par rapprochement avec le chapitre VIII, qui rappelle plusieurs fois que l'homme erre en cette vie et se trompe sur lui-même, parce que son attachement au corps l'empêche de rien voir avec exactitude.

19. C'est ici que Walzer, Ross et Jaeger (*Aristote*, p. 81) interrompent les extraits du *Protreptique* d'Aristote, tandis que Gigon (XXXIV, p. 128) arrête à p. 60, 18 P, et Hartlich (*De exhortationum*, p. 254-255) à p. 61, 1 P, au mot λύπης. Aux yeux de W. Jaeger (*ibid.*), « la confusion des idées (…), l'onction sacerdotale avec laquelle l'écrivain introduit certains mots sacrés de Platon (…), et enfin la prolixité excessive (…) trahissent la main de Jamblique ». À notre connaissance, les seuls « éditeurs » du *Protreptique* d'Aristote qui aient retenu le chap. XII dans son entier sont Gohlke et Schneeweiß. Vendruscolo, « Due frammenti », p. 322-326, donne à son tour une série d'arguments, essentiellement stylistiques, pour exclure toute la fin du chapitre du protreptique aristotélicien ; ajoutons que le passage a parfois été attribué à l'*Eudème* d'Aristote, lui aussi perdu (voir, notamment, Düring, « Problems », *art. cit.*, p. 168). Dans ces dernières lignes, le raisonnement laisse, certes, la place à l'emphase, mais nous arrêter ici n'était rien moins qu'amputer l'argumentation jamblichéenne, qui

négligé les vrais biens, nous passons notre existence à nous préoccuper des nécessités de la vie[20], ce que font surtout ceux que la foule tient pour les plus heureux. Mais si nous prenons la route du ciel[21], et fixons notre existence dans l'astre qui nous a été associé[22], alors nous philosopherons en vivant de la vie véritable et en contemplant des spectacles d'une beauté extraordinaire[23], tendant fermement le regard de notre âme vers la vérité, et contemplant le principe[24] des dieux, dans l'allégresse et le contentement ininterrompus d'une telle contemplation, dans un plaisir libre de tout chagrin. Parcourant donc ainsi la totalité du bonheur, nous découvrons l'aide que la philosophie nous apporte.

C'est pourquoi il vaut la peine de l'embrasser[25] comme ce qu'il y a de plus important[26], et ce qui nous incombe plus que tout.

a sa cohérence, et empêcher un rapprochement évident entre ce texte et la dernière partie du chap. VIII qui nous place exactement dans la même perspective eschatologique, avec des expressions comme ἐντεῦθεν (p. 48, 20 P) ou ὁ βίος ἄθλιος φύσει καὶ χαλεπός (p. 48, 14 P).

20. Ces choses « nécessaires » ne sont pas la « nécessité » propre de la philosophie, mais les moyens (exprimés par ἀναγκαῖα et συναίτια) en vue des fins, dévalorisés, notamment, dans toute la dernière partie du chap. IX (p. 52-54 P).

21. À partir d'ici, le ton est indéniablement néoplatonicien, en tout cas toute la fin du chapitre est riche en réminiscences platoniciennes, signalées en partie dans l'apparat par Pistelli et des Places.

22. Τὸ σύννομον ἄστρον : *cf.* Platon, *Timée*, 42 b 4-5.

23. Ἀμηχάνους τὸ κάλλος : *cf.* Platon, *Rép.*, X, 615 a 3-4.

24. Ou, peut-être, comme le pense des Places, le « royaume » des dieux.

25. Αὐτοῦ ἀντιλαμβάνεσθαι ἄξιον : la même expression concluait le chap. VI.

26. Ὡς σπουδαιοτάτου : la philosophie est donc « le plus important pour nous ». Cette affirmation conclusive nous semble la preuve que l'identification de la philosophie au bonheur est un moyen terme pour démontrer l'importance de celle-ci (τὸ σπουδαῖον) et le caractère impératif du protreptique (*cf. supra*, p. 217-218, note 7). Ce qui fait écho à σπουδὴν σπουδάζειν ou ἄξιον σπουδῆς du chap. VIII, expressions qui répètent inlassablement la *valeur* de la philosophie.

APPEL À LA CONVERSION, FONDÉ SUR LES OPINIONS COMMUNES, LES PROVERBES ET LES PAROLES DES SAGES[1]

JAMBLIQUE, *PROTREPTIQUE*, CHAP. VIII

1. Le mode d'argumentation de ce chapitre est très différent des autres : aucun recours au vocabulaire technique, mais, comme le souligne l'auteur, des « notions communes » et des « faits évidents ». Ce qui n'empêche pas l'auteur de développer, comme dans les chapitres plus « techniques », une véritable démonstration, fondée sur une prétention à l'exhaustivité : tous les arguments tirés des « opinions communes » se rejoignent en effet en une conclusion unique : « il faut philosopher ». La prémisse essentielle à toutes les démonstrations de ce chapitre convergeant vers la « nécessité de philosopher » est l'identification de la philosophie avec la clarté de l'esprit. L'argumentation repose sur :

1) Des couples de termes contraires entre lesquels il n'y a aucun terme intermédiaire, et dont l'un ou l'autre, par exclusion réciproque, s'applique nécessairement par nature à un objet (comme les contraires décrits dans les *Catégories*, chap. 10, 12 a 2-25, *cf.* Zanatta, note 61, p. 266-267) : la raison/la folie ; la santé/la maladie ; la vie/la mort ; la clarté/l'obscurité. La pensée est identifiée, chaque fois, au terme positif de ces paires antithétiques. L'argumentation par les contraires dont l'un est à fuir, l'autre à rechercher, est fréquente dans les protreptiques, et tient à la double fonction de ce type de discours, consistant, d'une part, à écarter l'homme de ce qui le rabaisse, de l'autre, à l'orienter vers sa vraie nature ou son bien propre. C'est le cas de l'*Exhortation à la médecine* de Galien, et, pour la religion, du *Protreptique aux Grecs* de Clément d'Alexandrie : ces deux ouvrages, au moyen d'une rhétorique constante de l'antithèse, rejettent de façon très nette un mode d'existence précis (la vie de celui qui ne pratique pas l'art et s'en remet à la fortune, pour Galien, la vie du païen pour Clément), et font l'éloge du mode de vie opposé.

2) La valeur de la pensée pour l'existence humaine.

3) Le néant de la vie humaine : la démonstration repose sur trois « proverbes » ou « récits » (« l'homme est un néant » ; le cas de Lyncée ; la légende des pirates tyrrhéniens). Par ailleurs, plusieurs réflexions et exemples développés dans ce chapitre réapparaissent dans d'autres ouvrages de la littérature ancienne (Cicéron, Clément d'Alexandrie, Augustin, Boèce, etc.), ce qui laisse penser qu'il s'agit de *topoi* protreptiques : c'est, selon certains, le signe qu'ils proviennent du *Protreptique* d'Aristote, et donc, du même coup, que Jamblique cite déjà lui-même cet ouvrage au chap. VIII.

Οὐ χεῖρον δ' ἔτι καὶ ἀπὸ τῶν κοινῶν ἐννοιῶν ὑπομνῆσαι τὸ προκείμενον, ἀπὸ τῶν ἐναργῶς πᾶσι φαινομένων. Παντὶ δὴ οὖν τοῦτό γε πρόδηλον, ὡς οὐδεὶς ἂν ἕλοιτο ζῆν ἔχων τὴν μεγίστην ἀπ' ἀνθρώπων οὐσίαν καὶ δύναμιν, ἐξεστηκὼς μέντοι τοῦ φρονεῖν καὶ μαινόμενος, οὐδ' εἰ μέλλοι τὰς νεανικωτάτας ἡδονὰς † ζώειν χαίρων, ὥσπερ ἔνιοι τῶν παραφρονούντων διάγουσιν. Οὐκοῦν ἀφροσύνην, ὡς ἔοικε, μάλιστα πάντες φεύγουσιν. Ἐναντίον δὲ φρόνησις ἀφροσύνῃ, τῶν δ' ἐναντίων ἑκάτερον τὸ μὲν φευκτόν ἐστι τὸ δὲ αἱρετόν. Ὥσπερ οὖν τὸ κάμνειν φευκτόν, οὕτως αἱρετὸν ἡμῖν τὸ ὑγιαίνειν. Φρόνησις οὖν, ὡς ἔοικε, καὶ κατὰ τοῦτον τὸν λόγον φαίνεται τὸ πάντων αἱρετώτατον οὐ δι' ἕτερόν τι τῶν συμβαινόντων, ὡς μαρτυροῦσιν αἱ κοιναὶ ἔννοιαι. Εἰ γὰρ καὶ πάντα τις ἔχοι, διεφθαρμένος δὲ εἴη καὶ νοσῶν τῷ φρονοῦντι, οὐχ αἱρετὸς ὁ βίος· οὐδὲν γὰρ ὄφελος οὐδὲ τῶν ἄλλων ἀγαθῶν. Ὥστε πάντες καθόσον αἰσθάνονται τοῦ φρονεῖν καὶ γεύεσθαι δύνανται τούτου τοῦ πράγματος, οὐδὲν οἴονται τἆλλα εἶναι, καὶ διὰ ταύτην τὴν αἰτίαν οὔτ' ἂν μεθύων οὔτε παιδίον οὐδ' ἂν εἷς ἡμῶν ὑπομείνειεν εἶναι διὰ τέλους τὸν βίον. Διὰ δὴ τοῦτο καὶ τὸ καθεύδειν [46] ἥδιστον μὲν οὐχ αἱρετὸν δέ, κἂν ὑποθώμεθα πάσας τῷ καθεύδοντι παρούσας τὰς ἡδονάς, διότι τὰ μὲν καθ' ὕπνον φαντάσματα ψευδῆ, τὰ δ' ἐγρηγορόσιν ἀληθῆ. Διαφέρει γὰρ οὐδενὶ τῶν ἄλλων τὸ καθεύδειν καὶ τὸ ἐγρηγορέναι πλὴν τῷ τὴν ψυχὴν τότε μὲν πολλάκις ἀληθεύειν, καθεύδοντος δὲ ἀεὶ διεψεῦσθαι· τὸ γὰρ τῶν ἐνυπνίων εἴδωλόν ἐστι καὶ ψεῦδος ἅπαν. Καὶ τὸ φεύγειν δὲ τὸν θάνατον τοὺς πολλοὺς δείκνυσι τὴν φιλομάθειαν τῆς ψυχῆς. Φεύγει γὰρ ἃ μὴ γιγνώσκει, τὸ σκοτῶδες καὶ τὸ μὴ δῆλον, φύσει δὲ διώκει τὸ φανερὸν καὶ τὸ γνωστόν. Διὸ καὶ μάλιστα τοὺς αἰτίους ἡμῖν τοῦ τὸν ἥλιον ἰδεῖν καὶ τὸ φῶς, αὐτούς φαμεν δεῖν τιμᾶν ὑπερβαλλόντως καὶ σέβεσθαι πατέρα καὶ μητέρα ὡς μεγίστων ἀγαθῶν αἰτίους· αἴτιοι δέ εἰσιν, ὡς ἔοικε, τοῦ φρονῆσαί τι καὶ ἰδεῖν. Διὰ τὸ αὐτὸ δὲ τοῦτο καὶ χαίρομεν τοῖς συνήθεσι καὶ πράγμασι καὶ ἀνθρώποις, καὶ φίλους τούτους καλοῦμεν τοὺς γνωρίμους. Δηλοῖ οὖν ταῦτα σαφῶς ὅτι τὸ γνωστὸν καὶ <τὸ> φανερὸν καὶ τὸ δῆλον ἀγαπητόν ἐστιν· εἰ δὲ τὸ γνωστὸν καὶ τὸ σαφές, δῆλον ὅτι καὶ τὸ γιγνώσκειν ἀναγκαῖον καὶ τὸ φρονεῖν ὁμοίως. Πρὸς δὴ τούτοις, ὥσπερ ἐπὶ τῆς οὐσίας οὐχ ἡ αὐτὴ κτῆσις ἕνεκα τοῦ ζῆν καὶ τοῦ ζῆν εὐδαιμόνως τοῖς ἀνθρώποις, οὕτως καὶ ἐπὶ φρονήσεως οὐ τῆς αὐτῆς οἶμαι δεόμεθα πρός τε τὸ ζῆν μόνον καὶ πρὸς τὸ ζῆν καλῶς. Τοῖς μὲν οὖν πολλοῖς πολλὴ συγγνώμη τοῦτο πράττειν (εὔχονται μὲν γὰρ εὐδαιμονεῖν, ἀγαπῶσι δὲ κἂν μόνον δύνωνται ζῆν), ὅστις δὲ οἴεται μὴ [47] πάντα τρόπον ὑπομένειν αὐτὸ δεῖν, καταγέλαστον ἤδη τὸ μὴ πάντα πόνον ὑπομένειν καὶ πᾶσαν σπουδὴν σπουδάζειν ὅπως κτήσηται ταύτην τὴν φρόνησιν ἥτις γνώσεται τὴν ἀλήθειαν. Γνοίη δ᾽ ἄν τις τὸ αὐτὸ καὶ ἀπὸ τούτων, εἰ θεωρήσειεν ὑπ᾽ αὐγὰς τὸν ἀνθρώπειον βίον. Εὑρήσει γὰρ τὰ δοκοῦντα εἶναι μεγάλα τοῖς ἀνθρώποις πάντα ὄντα σκιαγραφίαν. Ὅθεν καὶ λέγεται καλῶς τὸ μηδὲν εἶναι τὸν ἄνθρωπον καὶ τὸ μηδὲν εἶναι βέβαιον τῶν ἀνθρωπίνων. Ἰσχύς τε γὰρ καὶ μέγεθος καὶ κάλλος γέλως ἐστὶ καὶ οὐδενὸς ἄξια, κάλλος τε παρὰ τὸ μηδὲν ὁρᾶν ἀκριβὲς δοκεῖ εἶναι τοιοῦτον. Εἰ γάρ τις ἐδύνατο βλέπειν ὀξὺ καθάπερ τὸν Λυγκέα φασίν, ὃς διὰ τῶν τοίχων ἑώρα καὶ τῶν δένδρων, πότ᾽ ἂν ἔδοξεν εἶναί τινα τὴν ὄψιν ἀνεκτόν, ὁρῶν ἐξ οἵων συνέστηκε κακῶν; Τιμαὶ δὲ καὶ δόξαι τὰ ζηλούμενα μᾶλλον τῶν λοιπῶν ἀδιηγήτου γέμει φλυαρίας· τῷ γὰρ καθορῶντι τῶν ἀιδίων τι ἠλίθιον περὶ ταῦτα σπουδάζειν. Τί δ᾽ ἐστὶ μακρὸν ἢ τί πολυχρόνιον τῶν ἀνθρωπίνων; Ἀλλὰ διὰ τὴν ἡμετέραν ἀσθένειαν, οἶμαι, καὶ βίου βραχύτητα καὶ τοῦτο φαίνεται πολύ. Τίς ἂν οὖν εἰς ταῦτα βλέπων οἴοιτο εὐδαίμων εἶναι καὶ μακάριος, οἳ πρῶτον εὐθὺς φύσει συνέσταμεν, καθάπερ φασὶν οἱ τὰς τελετὰς λέγοντες, ὥσπερ ἂν ἐπὶ τιμωρίᾳ πάντες; Τοῦτο γὰρ θείως οἱ ἀρχαιότεροι λέγουσι τὸ φάναι διδόναι τὴν [48] ψυχὴν τιμωρίαν καὶ ζῆν ἡμᾶς ἐπὶ κολάσει μεγάλων τινῶν ἁμαρτημάτων. Πάνυ γὰρ ἡ σύζευξις τοιούτῳ τινὶ ἔοικε πρὸς τὸ σῶμα τῆς ψυχῆς. Ὥσπερ γὰρ τοὺς ἐν τῇ Τυρρηνίᾳ φασὶ βασανίζειν πολλάκις τοὺς ἁλισκομένους προσδεσμεύοντας κατ᾽ ἀντικρὺ τοῖς ζῶσι νεκροὺς ἀντιπροσώπους ἕκαστον πρὸς ἕκαστον μέρος προσαρμόττοντας, οὕτως ἔοικεν ἡ ψυχὴ διατετάσθαι καὶ προσκεκολλῆσθαι πᾶσι τοῖς αἰσθητικοῖς τοῦ σώματος μέλεσιν. Οὐδὲν οὖν θεῖον ἢ μακάριον ὑπάρχει τοῖς ἀνθρώποις, πλὴν ἐκεῖνό γε μόνον ἄξιον σπουδῆς, ὅσον ἐστὶν ἐν ἡμῖν νοῦ καὶ φρονήσεως· τοῦτο γὰρ μόνον ἔοικεν εἶναι τῶν ἡμετέρων ἀθάνατον καὶ μόνον θεῖον. Καὶ παρὰ τὸ τῆς τοιαύτης δυνάμεως δύνασθαι κοινωνεῖν, καίπερ ὢν ὁ βίος ἄθλιος φύσει καὶ χαλεπός, ὅμως οὕτως ᾠκονόμηται χαριέντως, ὥστε δοκεῖν πρὸς τὰ ἄλλα θεὸν εἶναι τὸν ἄνθρωπον. « Ὁ νοῦς γὰρ ἡμῶν ὁ θεός », εἴτε Ἑρμότιμος εἴτε Ἀναξαγόρας εἶπε τοῦτο, καὶ ὅτι « Ὁ θνητὸς αἰὼν μέρος ἔχει θεοῦ τινος ». Ἢ φιλοσοφητέον οὖν ἢ χαίρειν εἰποῦσι τῷ ζῆν ἀπιτέον ἐντεῦθεν, ὡς τὰ ἄλλα γε πάντα φλυαρία τις ἔοικεν εἶναι πολλὴ καὶ λῆρος.

Une série d'évidences montre que rien n'est plus désirable que la sagesse

Il n'est pas inutile de remettre encore en mémoire notre sujet en partant aussi des notions communes[2], de ce qui se manifeste à tous en pleine lumière[3]. Or il apparaît évident à chacun que personne ne choisirait[4] de vivre doté d'une fortune et d'une puissance sans égales chez les hommes, mais en renonçant à la sagesse et en devenant fou,

2. L'expression κοιναὶ ἔννοιαι se trouve plus fréquemment chez les Stoïciens que chez Aristote, qui emploie plutôt κοιναὶ δόξαι, ou ἔνδοξα, c'est-à-dire « des opinions partagées par tous les hommes, ou par presque tous, ou par les sages, et pour ces derniers par tous, ou par les plus connus et les mieux admis comme autorités » (*Topiques*, I, 1, 100 b 21-23). Or c'est exactement ce dont il sera question ici. Düring (*a*), p. 257-258, suppose que toute l'expression ἀπὸ τῶν κοινῶν ἐννοιῶν est un ajout de Jamblique.

3. Arcerius a conjecturé un καὶ devant ἀπὸ entendant évidemment l'expression ἀπὸ τῶν ... φαινομένων comme une explication de l'expression technique « notions communes ». Le vocabulaire de l'évidence est omniprésent dans le texte. Nous avons essayé de rendre la variété des termes grecs en français, en traduisant : ἐναργῶς par « en pleine lumière » ; πρόδηλος et δῆλος par « évident », τὸ μὴ δῆλος par « ce qui manque d'évidence », et δηλοῖ par « fait apparaître » ; τὸ φανερόν par « ce qui est manifeste » ; σαφῶς par « avec clarté » et τὸ σαφές par « ce qui est clair » ; à quoi il faut ajouter ὡς ἔοικε : « à ce qu'il semble », dont nous trouvons de multiples occurrences, et le verbe φαίνομαι (traduit dans ce chapitre, lorsque c'était possible, par « se manifester » ou « être, manifestement »). À l'opposé nous avons traduit τὸ σκοτῶδες par « ce qui est plein d'ombre » et σκιαγραφία par « jeu d'ombres » : nous nous expliquons sur cette dernière traduction *infra*, p. 230, note 20. Il serait sans doute exagéré d'appliquer à notre texte les distinctions subtiles opérées entre tous ces termes par B. Cassin, « Procédures sophistiques pour construire l'évidence », dans *Dire l'évidence. Philosophie et rhétorique antiques*, Cahiers de philosophie de l'Université de Paris XII-Val de Marne, Numéro 2, Paris, 1997, p. 15-29. Le dernier argument, celui du « jeu d'ombre », relève de l'*enargeia* rhétorique, ou de l'hypotypose, en mettant sous les yeux du lecteur la futilité de la vie humaine (et il est prolongé par la vision horrible de l'être humain que nous livre le regard de Lyncée). L'ensemble de ces particularités stylistiques crée un effet de mise en abîme dans l'argumentation : la vision lumineuse, exemplifiée par les notions communes et les évidences, est certes *le moyen* grâce auquel nous distinguons la valeur de la philosophie, mais elle représente, en même temps, *la forme de la pensée philosophique*, cette clarté de l'intellect à laquelle Jamblique demande à son lecteur d'être attentif. L'argumentation par la clarté devient ainsi étonnamment efficiente, car en aiguisant, au moyen des images évidentes, le regard de notre intellect, elle installe d'emblée et imperceptiblement dans la pratique philosophique le lecteur qui, ayant commencé à philosopher sans le savoir, aura dès lors envie de continuer.

4. Le champ lexical de αἱρέω, omniprésent au chapitre VII, récurrent dans d'autres chapitres, fournit aussi au chapitre VIII l'une de ses armatures principales : pour la traduction de l'adjectif αἱρετός en particulier, *cf.* chap. VII, p. 168, note 3.

dût-on vivre[5] en jouissant des plaisirs les plus intenses, auxquels se livrent certains déments. À ce qu'il semble[6], c'est donc la déraison que tout le monde fuit par-dessus tout. Or la sagesse est le contraire de la déraison, et de deux contraires, l'un est à fuir, l'autre à choisir. Nous devons donc fuir la maladie, et, de même, choisir la santé ; par conséquent, la sagesse, à ce qu'il semble, selon ce raisonnement aussi[7], est manifestement ce qu'il faut choisir par-dessus tout, mais pas en raison de ce qui peut en dériver[8] (comme l'attestent les notions communes[9]). Posséderait-on toutes choses, en effet, mais en ayant subi lésions ou maladies dans la partie de notre être qui exerce la sagesse, alors la vie ne mériterait plus d'être choisie. Car même les autres biens ne présenteraient plus aucun avantage !

Ainsi tous les hommes, du moment qu'ils font l'expérience[10] de la sagesse et peuvent goûter à cette condition, ne font aucun cas du reste : et c'est pourquoi pas un seul d'entre nous ne supporterait de passer sa vie, jusqu'à la fin, dans un état d'ivresse ou d'enfance[11].

5. Le passage est corrompu. La traduction proposée qui fait de ἡδονάς un accusatif d'objet interne se rapportant à χαίρων ne résout pas un problème lexical : ζώειν, la leçon du manuscrit F, est en effet essentiellement utilisé en poésie. C'est pour cela que Diels (suivi par Ross et Düring) a proposé *dubitanter* διώκειν, et Vitelli, tout aussi *dubitanter* διάγειν. Les chercheurs ont toutefois noté aussi des difficultés syntaxiques. Par exemple, la proposition de Diels est critiquée par de Strycker, « Düring », p. 237, qui juge superflu dans ce cas le participe χαίρων. D'autre part, il ne s'agit pas, ajoute de Strycker, d'être en quête de plaisirs, mais de les vivre pleinement, c'est pourquoi la correction proposée par Vitelli, διάγειν, lui paraît plus vraisemblable.

6. Première occurrence de la locution ὡς ἔοικε, « à ce qu'il semble », qui revient de nombreuses fois dans ce chapitre pour rappeler que l'argumentation se fonde ici sur les « notions communes » et sur ce qui apparaît clair à tout le monde.

7. Allusion à la multiplicité des approches qui convergent toutes vers la même conclusion.

8. La sagesse comme fin en soi et comme fin ultime : cette idée fondamentale a été démontrée au chapitre VII, et elle est abondamment développée dans les chapitres V (que nous donnons comme texte complémentaire) et IX.

9. Ὡς μαρτυροῦσιν αἱ κοιναὶ ἔννοιαι : cette phrase redondante est peut-être un ajout de Jamblique.

10. Nous traduisons le verbe du manuscrit F, qui est αἰσθάνονται, et que Düring (*a*) (p. 258) propose de corriger en θιγγάνονται (ou encore ἅπτονται) ; mais comme le fait remarquer Allan, « Critical », p. 234, la première solution, qui est en réalité un verbe au passif, ne marche pas, et c'est bien d'une *conscience* de la pensée par elle-même qu'il est question ici, d'une *expérience* à la portée de tous, et qui ne présuppose pas la connaissance d'un contenu précis de pensée.

11. Comme Pistelli et des Places, nous avons conservé le texte transmis par les manuscrits ; on ne peut toutefois exclure que τὸν βίον (dont on ne peut faire qu'un

Pour cette raison précisément, le sommeil, bien que lui aussi très agréable, n'est pas à choisir, même si nous supposons que le dormeur dispose de tous les plaisirs. C'est que les représentations du rêve sont fausses, et vraies celles de la veille. L'unique différence, en effet, entre le sommeil et la veille est que l'âme, dans la veille, est souvent dans le vrai, tandis que chez celui qui dort elle se trompe toujours, car l'étoffe des songes n'est qu'illusion et mensonge.

La sagesse recherchée est une forme de clarté[12]

a. Elle est aussi désirable que la lumière

Que la plupart des gens fuient la mort, voilà aussi ce qui révèle le désir de l'âme de s'instruire. En effet, elle fuit ce qu'elle ne connaît pas, ce qui est plein d'ombre et manque d'évidence, tandis qu'elle recherche par nature ce qui est manifeste et connaissable. C'est pourquoi aussi l'on dit qu'il faut honorer, plus que tout, ceux qui sont causes de ce que nous voyons le soleil et la lumière, c'est-à-dire révérer père et mère comme les causes des plus grands biens[13] ; c'est

accusatif de relation) doive être supprimé, comme proposa de le faire Scaliger, et comme Düring l'a fait dans son édition.

12. Grâce à un glissement lexical, l'auteur passe de la notion de sagesse non spécifiée (le bon sens, la raison, qui sont contraires à la folie), à la détermination d'une sagesse véritablement philosophique. Dans toute la première grande partie du chapitre (qui se termine à la comparaison de la vie humaine avec un trompe-l'œil), le champ lexical de φρονεῖν, de φρόνησις et de leurs contraires (τῷ φρονοῦντι/παραφρονούντων, ἀφροσύνη), est omniprésent mais le sens technique de φρόνησις comme sagesse théorétique n'apparaît qu'à la fin du passage ; ce sens est introduit par l'exemple du rêve, qui met en jeu *la vérité* : la sagesse recherchée a pour objet *le vrai*, ce qui est dit en toutes lettres à la fin du passage : « la sagesse qui connaîtra la vérité ». Elle se distingue de la φρόνησις non spécifiée par une différence d'objet ou de niveau (le vrai), ce qui est explicité par le parallèle avec la richesse : il y a deux degrés de richesse, comme il y a deux degrés de sagesse. La nature exclusivement théorétique de cette sagesse est illustrée tout au long du texte par les parallèles entre la vue et la connaissance, et par l'argument du désir de clarté. Au contraire, en d'autres chapitres de Jamblique, la φρόνησις se caractérise par sa double faculté théorétique et pratique.

13. Toute l'argumentation repose sur l'analogie entre la lumière ou la clarté, qui nous permet de discerner les objets, et la sagesse ou la connaissance, qui, telle une « clarté de l'esprit », nous donne d'apercevoir la vérité. Nous devons donc aimer nos parents, car c'est grâce à eux que nous venons au monde et sommes capables de voir et de connaître. Si l'on pense, bien sûr, à l'analogie platonicienne entre le

à eux que nous devons, à ce qu'il semble, d'exercer notre sagesse sur quelque chose et de voir. Pour la même raison, encore, nous apprécions ce qui nous est familier – choses et gens –, et ceux que nous appelons « amis » sont les gens que nous connaissons. Tout cela prouve donc avec clarté que ce qui est connaissable, manifeste, et évident[14] mérite d'être aimé. Et s'il en va ainsi pour ce qui est connaissable et clair, il est évident qu'il en ira de même aussi, nécessairement, pour la connaissance et la sagesse.

Par ailleurs, de même que dans le cas de la richesse, il y a une différence entre ce que les hommes doivent acquérir[15] pour vivre et pour vivre heureux, de même dans le cas de la sagesse : il y a une différence, je crois, entre celle dont nous avons besoin pour vivre tout court et pour mener une belle vie[16]. La foule est bien excusable

soleil et la vérité, plusieurs autres chapitres du *Protreptique* de Jamblique attribués à Aristote, et d'autres passages aristotéliciens établissent également une équivalence entre l'intellect et la vue : nous renvoyons en particulier à la fin du chapitre VII, et au début du chapitre XI (voir notes *ad loc.*). Mais si clarté et connaissance ont la même « fonction » (faire voir), elles sont aussi toutes deux, ajoute l'auteur, l'objet de notre désir ou de notre affection, ce qu'explique la dernière analogie : de même que nous aimons nos amis parce que nous les connaissons, de même nous devons aimer la vérité, parce qu'elle est ce qu'il y a de plus manifeste.

Nous avons récemment consacré un article à la conception de la philosophie comme *clarté* dans ce passage et chez des commentateurs aristotéliciens plus tardifs (Asclépius et Jean Philopon notamment) : « "Tout cela montre avec clarté que la clarté est désirable" : Les enjeux philosophiques d'une argumentation circulaire dans le *Protreptique* de Jamblique », dans *Exotérisme(s), Études sur les ressorts de la clarté*, textes réunis par Pascale Hummel, *Philologicum*, Paris, 2010. Nous nous permettons d'y renvoyer pour le détail de l'argumentation de ce chapitre.

14. Notre traduction tient compte de l'intégration, par Rose (approuvée par Pistelli, Walzer, Ross, Düring), de l'article τὸ devant φανερόν, ce qui en fait un troisième adjectif substantivé, à côté de τὸ γνωστόν et τὸ δῆλον. Mais nous n'acceptons pas le reste de la correction de Rose, qui supprime καὶ τὸ δῆλον, puis καὶ τὸ σαφές dans la dernière partie de la phrase. Allan, « Critical », p. 235, ne juge pas indispensable l'ajout de l'article, car, selon lui, « le connaissable et le manifeste » représentent un unique concept (il propose, d'autre part, de corriger φανερὸν en φανὸν dans ses deux occurrences, ce qu'il justifie par une argumentation assez arbitraire).

15. Il s'agit sans doute ici d'une différence quantitative de richesse : pour vivre heureux, on aurait besoin de plus d'argent que pour survivre.

16. La distinction entre le simple fait de vivre (τὸ ζῆν) et vivre de façon belle ou bonne (ici : τὸ ζῆν καλῶς) est fréquente chez Aristote, *cf. Pol.*, I, 2, 1252 b 29-30 ; nous ferons surtout un rapprochement avec le chapitre VI (et p. 118, note 42) : « c'est être esclave que de s'attacher à la vie (τοῦ ζῆν) plutôt qu'à la vie bonne (τοῦ ζῆν εὖ) ». Cette distinction permet aussi d'introduire un autre thème fondamental du protreptique, développé au chapitre XI : la nécessité de philosopher pour être heureux.

de se comporter ainsi[17] (car elle demande le bonheur par ses prières, mais se contente du seul fait de pouvoir vivre[18]) ; mais si l'on est d'avis qu'on ne doit pas supporter de vivre n'importe comment, alors il serait ridicule de ne pas supporter[19] toute peine et de ne pas déployer tous ses efforts pour acquérir cette sagesse qui connaîtra la vérité.

b. Elle révèle la misère de l'existence humaine

On s'en rendra compte encore à partir des considérations suivantes, en regardant la vie humaine en pleine lumière. On trouvera en effet que tout ce qui paraît grand aux hommes n'est autre qu'un jeu d'ombres[20], et c'est pourquoi on a raison de dire que l'homme est un néant, et qu'il n'y a rien de stable dans les choses humaines[21]. En effet, la force, la grandeur et la beauté sont déri-

17. Τοῦτο πράττειν (εὔχονται μὲν γὰρ εὐδαιμονεῖν...) : τοῦτο renvoie vraisemblablement à l'idée qui précède sans avoir été clairement développée, c'est-à-dire au comportement irrationnel de certains individus qui se contentent de connaissances minimales sans rechercher ce *surcroît* de sagesse qui les conduirait au bonheur.

18. *Cf. supra*, p. 229, note 15.

19. Nous avons gardé la leçon de F : ὑπομένειν, au lieu de la correction du verbe en πονεῖν proposée par Rose, qui n'a rien d'indispensable. Toute la phrase dans son ensemble est difficile, et notre traduction reflète une construction et une interprétation possibles à côté d'autres, différentes, qui ont été données de ce passage.

20. De même que l'analogie entre le soleil et la vérité, ou le soleil et la connaissance, évoquée plus haut, l'image du « jeu d'ombre » évoque à son tour le mythe de la caverne, mais sans les présupposés ontologiques (le monde sensible comme copie des idées) du texte platonicien. Pour σκιαγραφία, nous avons emprunté – comme Casaglia – notre traduction à E. Bignone (*un gioco d'ombra*), *L'Aristotele perduto*, p. 71, laquelle permet de poursuivre l'opposition obscurité/lumière qui parcourt tout le chapitre ; le terme, que l'on rencontre chez Aristote (*Meta.*, V, 29, 1024 b 23 et *Rhétorique*, III, 12, 1414 a 8), désigne en réalité plutôt un trompe-l'œil, ou un jeu de clair-obscur, voire une esquisse. Ici, et quelle que soit la traduction choisie, il renvoie à l'inconsistance et au caractère illusoire des « choses humaines ».

21. La phrase est semblable au fragment du poète Diphilos, *Inc. fab.*, fr. 109 Kassel-Austin, Βέβαιον οὐδέν ἐστιν ἐν θνητῶι βίωι. Mais elle rappelle aussi Euripide, *Inc. fab.*, fr. 1074 Kannicht : Βέβαια δ' οὐδεὶς θνητὸς εὐτυχεῖ γεγώς. *Cf.* Sophocle, *Ajax*, v. 125-126, où Ulysse déclare : « Je vois bien que nous ne sommes, nous tous qui vivons ici, rien de plus que des fantômes (εἴδωλα) et des ombres légères (κούφην σκίαν) » : tous ces vers de poètes, comme l'aphorisme dont nous reparlerons un peu plus loin (*cf. infra*, p. 233, note 31), véhiculent à l'évidence des lieux communs.

soires, et sans aucune valeur, et la beauté ne paraît être telle que parce qu'on ne voit rien avec exactitude.

En effet, si l'on pouvait avoir le regard perçant que la légende attribue à Lyncée[22], qui voyait à travers les murs et les arbres, comment supporterait-on le spectacle d'un homme, en voyant de quelles horreurs il est constitué ? Les honneurs et la gloire, que l'on ambitionne plus que tout, regorgent d'une futilité indescriptible[23] ; en effet, pour qui observe l'une des réalités éternelles, il est insensé de consacrer à tout cela ses efforts. Qu'y a-t-il de durable ou qui résiste au temps dans les choses humaines ? C'est, je pense, en raison de notre faiblesse et de la brièveté de la vie qu'elles aussi nous paraissent importantes[24].

Qui donc parmi nous, considérant tout cela, peut se croire heureux et fortuné, nous dont la constitution naturelle, comme le disent ceux qui célèbrent les mystères[25], nous a tous destinés, pour ainsi dire, dès le départ, à une punition ? C'est bien ce que déclarent les Anciens, inspirés par les dieux, lorsqu'ils disent que l'âme purge sa peine et que nous ne vivons que pour expier des crimes considérables[26].

22. Lyncée était l'un des Argonautes, réputé pour son regard perçant (« de lynx ») ; le rapprochement avec le texte parallèle de la *Consolation de Philosophie* de Boèce (III, 8), qui dérive peut-être de l'*Hortensius* de Cicéron, permet de mieux comprendre l'argument : Boèce introduit l'exemple du contraste entre la beauté extérieure d'Alcibiade, et la laideur de ses entrailles, que seul pouvait discerner l'œil perçant de Lyncée.

23. *Cf. Banq.*, 211 e 3.

24. Cette représentation pessimiste de la vie humaine est un *topos* qui rappelle le *Gorgias* (notamment les images que Socrate utilise pour décrire à Calliclès la vie de l'intempérant, 492 e 2-494 e 7).

25. Il s'agit des hiérophantes : cette allusion à la religion à mystères, à l'orphisme ou au pythagorisme, pourrait être une insertion personnelle de Jamblique.

26. La vie comme expiation d'un forfait : on pense au *Gorgias*, texte cité plus haut. Dans le cadre du *Protreptique* de Jamblique, il importe surtout de rappeler que l'extrait du *Gorgias* rattache cette thèse au milieu pythagoricien. De fait, comme on l'a fait souvent remarquer, le texte de Jamblique est aussi très proche des sentences attribuées au pythagoricien Philolaos par Clément d'Alexandrie (*Strom.*, III, 17) et classées comme fr. 14 des fragments sur l'âme de Philolaos : μαρτυρέονται δὲ καὶ οἱ παλαιοὶ θεολόγοι τε καὶ μάντιες, ὡς διά τινας τιμωρίας ἁ ψυχὰ τῷ σώματι συνέζευκται καὶ καθάπερ ἐν σάματι τούτῳ τέθαπται. Des raisons avant tout stylistiques et lexicales suggèrent toutefois que ce dernier texte est inauthentique : voir C. A. Huffmann, *Philolaus of Croton. Pythagorean and Presocratic*, Cambridge, 1993, p. 402-406. Quant à l'exemple des Tyrrhéniens, il se retrouvera dans le *Protreptique aux Grecs* de Clément d'Alexandrie (I, 7, 4), dont

L'appariement de l'âme au corps ressemble fort, en effet, à quelque chose de ce genre : à la torture qu'ont l'habitude d'infliger à leurs prisonniers les Tyrrhéniens, en liant étroitement, dit-on, des cadavres avec les vivants, face contre face, et en les ajustant membre à membre. Voilà comment l'âme semble avoir été distendue et fixée à toutes les parties sensitives du corps[27].

À elle seule la sagesse rachète cette condition misérable et nous fait accéder à la vie divine

Rien de divin ou de bienheureux n'appartient donc aux hommes, à part ce seul élément digne de nos efforts, c'est-à-dire ce qu'il y a en nous d'intellect et de sagesse. De tout ce que nous possédons, il n'y a que cela, semble-t-il, d'immortel et que cela de divin[28]. Et

certains supposent qu'il s'inspire de l'ouvrage d'Aristote, mais aussi, sous une forme encore plus saisissante, chez saint Augustin (*Contra Iulianum Pelagianum*, IV, 15, 78), qui déclare l'avoir emprunté à l'*Hortensius*. Cela permettrait, peut-être, d'établir une filiation partant d'Aristote, imité par Cicéron, lui-même imité par Augustin.

27. Les Grecs appellent « Tyrrhéniens » les Étrusques : il s'agit sans aucun doute des *pirates* tyrrhéniens, qui infestaient la Méditerranée. L'anthropologie qui sous-tend la comparaison avec la torture infligée par les pirates, repose sur une distinction radicale de l'âme et du corps, aussi opposés qu'un vivant et un mort. Une telle anthropologie s'écarte de celle du chapitre VII, qui subordonne le corps à l'âme dont il est l'instrument, et, comme d'autres l'ont noté avant nous, elle est étrangère à toute la philosophie aristotélicienne. Le dualisme de notre chapitre se rapproche du *Phédon* par exemple, sur bien des points (notamment *Phédon*, 66 d). E. Berti, toujours soucieux d'inscrire les chapitres jamblichéens dans un cadre aristotélicien, pense que la comparaison ne marque pas tant le dualisme de l'être humain que le rôle vivificateur de l'âme sur le corps dont elle le principe, ce qui correspondrait davantage à la pensée aristotélicienne postérieure à l'époque de la rédaction du *Protreptique*. Mais pour l'ensemble des idées développées dans ce chapitre, il faut bien convenir qu'elles n'ont pas grand chose de proprement « aristotélicien », ce qui appelle deux types de conclusions : soit on refuse de voir ici un passage emprunté par Jamblique à Aristote, soit il faut prendre cette comparaison au niveau des *endoxa*, et d'exemples populaires utilisés par Aristote, qui sont à même, avant tout, de frapper l'imagination, sans y chercher de correspondance exacte avec la philosophie du Stagirite.

28. Cet élément divin est donc le νοῦς. Le thème de l'immortalité et de la divinité de l'intellect se rencontre souvent dans la littérature grecque : Platon, *Lois*, X, 875 c, Aristote, *De part. anim.*, II, 10, 656 a 8 (« tel est le genre humain : seul parmi les êtres que nous connaissons, ou du moins plus que tous ces êtres, il a une part du divin »), IV, 10, 686 a 28-29 ; *De gen. anim.*, II, 3, 736 b 28 ; *De anima*, II, 2, 413 b 24-27, etc. *Cf.* Augustin, *De Trin.*, XIV, 19, 26, qui renvoie à l'*Hortensius* : ce deuxième écho est pour certains un indice de la filiation dont nous avons parlé plus haut, note 26.

parce que nous pouvons avoir part à cette faculté[29], l'existence, quoique par nature misérable et pénible, est pourtant organisée de façon si agréable que l'homme paraît être un dieu[30], en comparaison de tous les autres êtres.

Car « l'intellect en nous est dieu »[31] – que ce soit Hermotime[32] ou Anaxagore[33] qui l'ait dit – et « l'existence mortelle contient une

29. Dans ce passage aussi, pour une meilleure compréhension du texte, nous nous écartons de la traduction de δύναμις par « capacité », que nous avions adoptée pour le chapitre XI.

30. Grâce à l'intellect, l'homme s'assimile à Dieu, thème également très important dans la philosophie antique. En ce qui concerne Platon, on dispose désormais de la monographie de S. Lavecchia, *Una via che conduce al divino. La « homoiosis theo » nella filosofia di Platone*, Milan, 2006. *Cf.* aussi Épicure, *Lettre à Ménécée*, 135, et les parallèles proposés par Düring (*a*), p. 145-146.

31. La phrase correspond à un vers d'une tragédie perdue d'Euripide, fr. 1018 Kannicht : Ὁ νοῦς γὰρ ἡμῶν ἐστιν ἐν ἑκάστῳ θεός (« car l'intellect, en chacun de nous, est un dieu »). Pour certains éditeurs ou commentateurs de ce passage (I. Bywater, « On a lost dialogue of Aristotle », p. 66 ; Rose, note au fr. 51 ; Bignone, *L'Aristotele perduto*, p. 203-204 ; Düring (*a*), p. 266), l'auteur présumé, Aristote, citerait précisément ici le vers du poète tragique, qui, remarquons-le, aura une fortune immense dans la littérature gréco-latine : voir par ex. A. Lesky, « Psychologie bei Euripides », dans *Euripide*, Entretiens sur l'Antiquité classique, 6, Vandœuvres-Genève, 1958, p. 131-132. Notre texte pourrait être un témoin d'une telle célébrité. Dans cette hypothèse, l'attribution un peu hésitante à Hermotime ou Anaxagore serait un ajout de Jamblique ; ne connaissant pas la source de la citation, il aurait peut-être cherché à rattacher ces paroles à des penseurs qui, parce qu'ils donnaient une importance prépondérante à l'intellect et à l'assimilation de l'homme à celui-ci, pouvaient aisément être rapprochés du pythagorisme. De fait, comme nous le montrons à la note suivante, euripidéenne ou non, la phrase s'accorde très bien avec les théories d'Hermotime et d'Anaxagore sur le νοῦς. Signalons que l'étude de J. Zafiropulo, *Anaxagore de Clazomène*, Paris, 1948, p. 330-331, suggère une configuration plus complexe, intéressante, mais hasardeuse : arguant du fait qu'Euripide était un adepte d'Anaxagore, Zafiropulo pense qu'en écrivant ce vers, le poète se serait directement inspiré des doctrines de ce philosophe. Si c'est vrai, on pourrait alors supposer que Jamblique (ou Aristote) cite Euripide, qui se référerait lui-même, *explicitement*, à Anaxagore.

32. Hermotime, parfois décrit comme un chaman, était originaire de Clazomènes comme Anaxagore, et aurait sans doute vécu vers 500 av. J.-C, une cinquantaine d'années avant son compatriote.

33. Anaxagore de Clazomènes (vers 500/vers 428 av. J.-C.) : philosophe présocratique, dont les doctrines physiques reposaient sur deux principes : les particules élémentaires et semblables, toutes mélangées, et le νοῦς qui, en opérant une discrimination sur les particules élémentaires, produit la génération. Ce νοῦς ou « intellect » est le principe de la vie et du mouvement cosmique. Les deux penseurs sont peut-être associés ici parce qu'Hermotime passe pour un prédécesseur d'Anaxagore : c'est en tout cas ce que semble dire Aristote en *Meta.*, I, 3, 984 b 19. M. Detienne a consacré un article à la question dans la *Revue philosophique*, 154, 1964, p. 167-78 : « Les origines religieuses de la notion d'intellect : Hermotime et Anaxagore ». Il y

partie d'un dieu »[34]. Aussi faut-il philosopher[35], ou dire adieu à la vie et quitter le monde d'ici-bas puisque tout le reste semble bien n'être qu'un fatras de futilités et de sottises[36].

décrit Hermotime comme un mage, se livrant à des expériences extatiques, dans lesquelles le νοῦς jouerait un rôle important puisqu'il permettrait la délivrance de l'âme à l'égard du corps, condition nécessaire de l'extase. Si l'on suit Detienne, Anaxagore et Hermotime peuvent être rapprochés parce qu'ils auraient attribué tous deux au νοῦς une fonction de « séparation » – même si c'est, on le voit, dans un contexte différent.

34. Cette deuxième citation est d'origine incertaine.

35. S'il est vrai que le tableau de la vie humaine dressé en cette fin du chapitre est teinté d'un profond pessimisme, ce pessimisme n'est que momentané ; il est désormais dépassé par la certitude que l'homme n'est pas que viscères répugnantes, mais qu'il est aussi *autre chose*, si on pose sur lui non le regard de Lyncée, mais celui du sage. C'est à cette nature plus essentielle – son intellect divin – que s'adresse le vibrant appel protreptique qui se déploie dans les dernières phrases, annoncé par l'une des occurrences de la formule φιλοσοφητέον.

36. La radicalisation du ton, qui nous donne le choix, sous forme d'un *aut... aut...*, entre la philosophie et le suicide, bien loin des développements du chapitre VI, par exemple, lequel nous plaçait dans la perspective de « la vie des hommes », a paru effectivement à certains la marque d'un pessimisme exagéré. En réalité, ce n'est que l'aboutissement de la rhétorique des contraires amorcée dès le début du chapitre : la vie non philosophique est folie, maladie, ivresse, enfantillage, sommeil ; mais, surtout, jeu d'ombre, futilité, néant et mort : pour y échapper, il ne nous reste donc qu'à philosopher. La nécessité absolument « vitale » de la philosophie est un ressort protreptique important. Socrate fait la même réflexion à Calliclès, dans le *Gorgias* 512 a-b, ainsi qu'à Théodore, en un passage du *Théétète*, 176 a-b, plus proche encore de notre texte, et qui est une invitation à nous évader vers l'idéal ; *cf.* aussi *Apologie*, 38 a, où Socrate déclare qu'une vie menée sans examen philosophique ne vaut pas la peine d'être vécue. Comme dans notre texte, c'est moins le pessimisme que l'urgence de philosopher qui guide les paroles de Socrate. Ce ton d'*ultimatum* nous invite à placer ce chapitre, et surtout ces derniers développements, comme l'ont fait la plupart des éditeurs avant nous, à la fin des *Exhortations aristotéliciennes*. Le chap. VIII comprend une dernière phrase qui est clairement un raccord dû à Jamblique (p. 48, 22-25 P) : « C'est ainsi que l'on résumerait comme il convient les approches tirées des notions communes, pour exhorter à la nécessité d'exercer la philosophie contemplative, et de mener, autant que possible, une vie en accord avec la science et l'intellect ».

TEXTES COMPLÉMENTAIRES
DE
JAMBLIQUE ET PROCLUS

JAMBLIQUE, *PROTREPTIQUE*
CHAP. V (DERNIÈRE PARTIE)

Nous présentons ici la dernière partie du chapitre V, lequel est rythmé, dans son intégralité, par une série d'approches et de divisions. Jamblique emprunte les premières divisions à l'*Euthydème*, et les déduit directement de l'axiome protreptique posé par Socrate dans ce dialogue – « tous tant que nous sommes, nous voulons être heureux »[1] – dont nous avons rappelé l'importance, non seulement pour l'organisation du *Protreptique* de Jamblique, mais, aussi, pour l'histoire du « genre » du protreptique à la philosophie. Dans cette dernière partie du chapitre V, les nombreuses citations de dialogues platoniciens laissent place à un discours invitant le lecteur à se détacher des nécessités humaines pour vivre de la vie intellective et s'assimiler à Dieu. I. Bywater fut le premier à rattacher une partie de ce passage au *Protreptique* aristotélicien[2] ; à sa suite, plusieurs éditions l'ont intégrée. I. Düring, suivi par E. Berti, en a fait les fragments 22 à 30, laissant toutefois de côté certaines phrases jugées typiquement néoplatoniciennes[3]. La raison pour laquelle des parties de la

1. *Euthydème*, 278 e 3.

2. I. Bywater, « On a lost dialogue of Aristotle ».

3. Contrairement à Walzer et Ross qui l'avaient précédé, Düring fut le premier à inclure dans une édition du *Protreptique* aristotélicien les passages de la fin du chap. V sur lesquels Bywater avait attiré l'attention : il arrête la citation à ἔνεστι τῷ βίῳ (p. 36, 20 P), comme nous l'avons fait nous-même. Après lui, d'autres chercheurs

fin du chap. V ont été admises comme fragments du *Protreptique*, au même titre que les chapitres VI à XII, est leur conformité avec les doctrines du *corpus*. Il nous a semblé toutefois plus pertinent de relever les multiples échos du texte avec tel ou tel des chapitres VI à XII retenus dans la présente édition : nombre de ces parallèles, en particulier ceux avec les chap. VII et VIII, avaient déjà été remarqués par Hirzel, qui en tirait argument pour dire que seuls ces deux chapitres étaient extraits du *Protreptique* d'Aristote, tandis que Jamblique citerait un autre ouvrage à partir du chap. IX[4].

Le chapitre donne en effet l'impression, par moments, de résumer les thèses développées dans la suite, comme s'il supposait *déjà* le contenu des chapitres « aristotéliciens », dont on pourrait alors penser qu'ils ont été préalablement assemblés par Jamblique. On trouverait peut-être un signe de l'ordre de la rédaction dans les trois incises : αἱ τέχναι *ἦσαν* μιμήματα (les arts sont, nous l'avons vu, des imitations)[5] ; τῆς ψυχῆς δὲ τὸ μὲν *ἦν* ἔχον λόγον (dans l'âme il y a, nous l'avons dit, une partie qui comporte la raison)[6] ; πάλιν δὲ τῶν διανοήσεων ἐλεύθεραι μὲν *ἦσαν* ὅσαι δι' αὑτὰς αἱρεταί (parmi les opérations de la pensée, toutes celles que l'on choisit pour elles-mêmes sont libres, nous l'avons vu)[7].

Il n'est donc pas à exclure que ces imparfaits, loin de renvoyer aux doctrines du corpus aristotélicien, fassent en quelque sorte allusion aux chapitres VI à XII[8]. Quoi qu'il en soit, le ton récapitulatif de cette dernière partie du chapitre V nous a suggéré de le placer plutôt à la fin, comme texte parallèle.

ont eux aussi intégré ces passages aux éditions du *Protreptique* : Berti, Chroust (qui en fait les fr. 21 à 28), Schneeweiß (en partie) ; quant à Gigon, il les range avec les autres chapitres jamblichéens dans les Τόποι προτρεπτικοί. Follon en fait le chap. 4 de l'*Invitation à la philosophie*. Allan, « A Passage from Jamblichus », s'est prononcé, quant à lui, contre l'attribution au *Protreptique* aristotélicien : l'article comporte une analyse grammaticale précise du texte, et des propositions d'interprétation ; nous renvoyons à cet article, et à Berti, *La filosofia*[2], p. 447-448, pour le détail des questions concernant l'attribution du passage à l'ouvrage perdu du Stagirite.

4. R. Hirzel, « Über den *Protreptikos* des Aristoteles », p. 92-93. Les parallèles les plus nombreux figurent, en réalité, dans les chapitres VII à IX compris.

5. P. 34, 9 P.

6. P. 34, 13 P.

7. P. 34, 22-24 P.

8. Nous ne nous intéresserons donc pas aux parallèles aristotéliciens, que l'on trouvera dans Düring (*a*), p. 193-198, Berti[4], p. 77-79, et Allan, « A Passage from Jamblichus » ; nous indiquerons uniquement les parallèles avec les chap. VI à XII.

Εἰς ταὐτὸ δὲ φέρει τέλος καὶ ἡ τοιάδε ἔφοδος. Πᾶσα φύσις ὥσπερ ἔχουσα λόγον οὐθὲν μὲν εἰκῇ ποιεῖ, ἕνεκα δέ τινος πάντα, καὶ μᾶλλον τοῦ ἕνεκά τινος τὸ εἰκῇ ἐξορίσασα πεφρόντικεν ἤπερ αἱ τέχναι, ὅτι καὶ φύσεως αἱ τέχναι ἦσαν μιμήματα. Τοῦ δὲ ἀνθρώπου συνεστῶτος φύσει ἐκ ψυχῆς τε καὶ σώματος, βελτίονος δὲ οὔσης τῆς ψυχῆς τοῦ σώματος καὶ ἀεὶ τοῦ βελτίονος ἕνεκα ὑπηρετουμένου τοῦ χείρονος, καὶ τὸ σῶμα τῆς ψυχῆς ἕνεκά ἐστι. Τῆς ψυχῆς δὲ τὸ μὲν ἦν ἔχον λόγον, τὸ δ᾽ οὐκ ἔχον, ὅπερ καὶ χεῖρον· ὥστε τὸ ἄλογον ἕνεκα τοῦ λόγον ἔχοντος. Ἐν δὲ τῷ λόγον ἔχοντι ὁ νοῦς· ὥστε τοῦ νοῦ ἕνεκα πάντα εἶναι ἀναγκάζει ἡ ἀπόδειξις. Τοῦ δ᾽ αὖ νοῦ αἱ νοήσεις ἐνέργειαι, ὁράσεις οὖσαι νοητῶν, ὡς τοῦ ὁρατικοῦ ἐνέργεια ὁρᾶν τὰ ὁρατά. Νοήσεως οὖν καὶ νοῦ <ἕνεκα> πάντα αἱρετὰ τοῖς ἀνθρώποις, εἴπερ τὰ μὲν ἄλλα τῆς ψυχῆς ἕνεκα αἱρετά, νοῦς δὲ τὸ βέλτιστον τῶν κατὰ ψυχὴν [μόνον], τοῦ δὲ βελτίστου τὰ ἄλλα συνέστηκε χάριν. Πάλιν δὲ τῶν διανοήσεων ἐλεύθεραι μὲν ἦσαν ὅσαι δι᾽ αὐτὰς αἱρεταί, δούλαις δὲ ἐοικυῖαι αἱ δι᾽ ἄλλα τὴν γνῶσιν ἀπερείδουσαι· κρεῖττον δὲ πανταχοῦ τὸ δι᾽ αὑτὸ τοῦ δι᾽ ἄλλο, ὅτι καὶ τὸ ἐλεύθερον τοῦ μὴ τοιούτου. Χρωμένων δὴ τῶν πράξεων τῇ διανοίᾳ, κἂν αὐτὸς [35] ὑποβάλλῃ τὸ συμφέρον καὶ ταύτῃ ἡγῆται, ἀλλ᾽ ἕπεταί γε ταύταις καὶ δεῖταί γε καὶ τοῦ διακονήσοντος σώματος καὶ ἀναπίμπλαταί γε καὶ τῆς τύχης, ὑπὲρ ὧν ἀποδίδωσι τὰς πράξεις ὧν ὁ νοῦς κύριος, καὶ διὰ σώματος αἱ πολλαί. Ὥστε τῶν διανοήσεων αἱ δι᾽ αὐτὸ ψιλὸν τὸ θεωρεῖν αἱρεταὶ τιμιώτεραι καὶ κρείττους τῶν πρὸς ἄλλα χρησίμων· δι᾽ αὐτὰς δὲ τίμιοι αἱ θεωρίαι καὶ αἱρετὴ ἐν ταύταις τοῦ νοῦ ἡ σοφία, διὰ δὲ πράξεις αἱ κατὰ φρόνησιν· ὥστε τὸ ἀγαθὸν καὶ τίμιον ἐν ταῖς κατὰ σοφίαν θεωρίαις, θεωρίαις δὲ οὐ δήπου πάλιν ταῖς τυχούσαις· οὐ γὰρ πᾶσα ἁπλῶς κατάληψις τίμιον, ἀλλ᾽ ἡ τοῦ ἄρχοντος σοφοῦ ὄντος καὶ τῆς ἐν τῷ παντὶ ἀρχῆς, αὕτη καὶ σοφίᾳ σύνοικος καὶ οἰκείως ἂν ὑποκέοιτο. Αἰσθήσεως μὲν οὖν καὶ νοῦ ἀφαιρεθεὶς ἄνθρωπος φυτῷ γίγνεται παραπλήσιος, νοῦ δὲ μόνου ἀφῃρημένος ἐκθηριοῦται, ἀλογίας δὲ ἀφαιρεθεὶς μένων δ᾽ ἐν τῷ νῷ ὁμοιοῦται θεῷ. Καταργητέον οὖν εἰς δύναμιν τῆς ἀλογίας τὰ πάθη, ταῖς δὲ τοῦ νοῦ καθαραῖς ἐνεργείαις καὶ εἰς ἑαυτὸν καὶ τὸ θεῖον ἀφορώσαις χρηστέον, καὶ ταῖς διεξόδοις τοῦ νοῦ ζῆν μελετητέον, πᾶν τὸ τῆς προσοχῆς ὄμμα καὶ τὸν ἔρωτα πρὸς τοῦτον συνάψαντα. Οὐ γὰρ δὴ τὰ περὶ τὸν θεὸν καὶ τὰ θεῖα θεωρητέον τῶν πράξεων ἕνεκα. Οὐ γάρ φασι θεμιτὸν εἶναι χραίνειν τὴν θέαν τοῦ θείου καταδουλούμενον τῷ τοῦ χρησίμου ἀνθρώποις ἀναγκαίῳ, οὐδ᾽ ὅλως τὸν νοῦν ἀσπαστέον διὰ τὰς χρείας *** εἰκὼς πρὸς ταύτας (μόνος δὴ πασῶν [36] τῶν ἄλλων ἃς ἔχομεν ἐπιτυχὴς δυνάμεων), ἔμπαλιν δὲ καὶ τὰς πράξεις καὶ πάντα τὰ ἄλλα πρὸς νοῦν καὶ τὸν θεὸν συντακτέον, καὶ ἀπὸ τούτου καὶ τῶν κατὰ μέρος καθηκόντων τὸ εὐλόγιστον ἀναμετρητέον. Δικαία τε γὰρ καὶ κατ᾽ ἀξίαν ἡ κρίσις καὶ μόνη πασῶν ἱκανὴ τὴν ἀληθινὴν ἀνθρώποις εὐδαιμονίαν παρασκευάζειν. Ὧ γὰρ τῶν ἄλλων διαφέρομεν ζῴων, ἐν μόνῳ δὴ τούτῳ τῷ βίῳ διαλάμπει, ᾧ οὐκ ἦν τι τυχὸν καὶ οὐ μεγάλην ἔχον ἀξίαν. Λόγου μὲν γὰρ καὶ φρονήσεως μικρά τινα καὶ ἐν ἐκείνοις αἰθύγματα, σοφίας δὲ θεωρητικῆς ταῦτα μὲν παντελῶς ἄμοιρα, μόνοις δὲ μέτεστι θεοῖς· ὡς αἰσθήσεσί γε καὶ ὁρμαῖς πολλῶν ἤδη ζῴων τῆς ἀκριβείας καὶ τῆς ἰσχύος λείπεται ἄνθρωπος, καὶ μόνον τοῦτο ὄντως ἀγαθὸν ἀναφαίρετον, ὃ δὴ περιέχειν συγχωροῦσι τὴν τοῦ ἀγαθοῦ ἔννοιαν, οὐδαμῶς μὲν τοῖς τυχηροῖς ὑποτάττοντος ἑαυτὸν κατὰ τοῦτον τὸν βίον τοῦ σπουδαίου, ἀπὸ δὲ τῶν ὑποχειρίων τῇ τύχῃ μάλιστα δὴ πάντων ἑαυτὸν ἐλευθερώσαντος. Διὸ καὶ τὸ θαρρεῖν ἐξ ὅλης τῆς γνώμης ἐν τούτῳ διατελοῦντα ἔνεστι τῷ βίῳ.

C'est à la même fin que conduit aussi l'approche suivante[9].

La nature sous toutes ses formes, comme si elle était douée de raison, n'agit jamais au hasard, mais toujours en un but, et, ayant exclu le hasard, elle se soucie davantage de l'intentionnalité que les arts, car les arts ne sont rien d'autre, nous l'avons vu[10], que des imitations de la nature.

Or puisque l'homme est composé, par nature, d'une âme et d'un corps[11], que l'âme est meilleure que le corps, et que toujours ce qui est inférieur est au service de ce qui est supérieur, le corps quant à

9. Le chapitre V, comme les autres, est ponctué d'approches successives : sur cette notion, voir l'Introduction.

10. Première occurrence de l'imparfait *ἦσαν*, qui revêt souvent, chez Aristote, le sens idiomatique « nous l'avons dit » : voir Düring (*a*), p. 193-194, renvoyant à Dirlmeier, *Aristoteles Nikomachische Ethik*, *op. cit.*, p. 413. Est-ce, comme le pensent Düring et d'autres éditeurs, une référence aux doctrines du corpus ? Une autre hypothèse pourrait être que Jamblique résume ici ce qu'il développera au chap. IX, où l'on retrouve exactement la même expression (les arts sont des imitations de la nature). Tout le premier paragraphe reflète en effet la ligne argumentative du chap. IX : l'intentionnalité de la nature, et la subordination des arts à celle-ci, d'une part, la différence entre les différents types de causalité : nature, art, hasard, de l'autre.

11. Ce nouveau développement rappelle de très près l'anthropologie du chap. VII.

lui existe en vue de l'âme. Dans l'âme il y a, nous l'avons dit[12], une partie qui comporte la raison, et une partie qui en est dépourvue, et donc inférieure, de sorte que la partie irrationnelle existe en vue de la partie rationnelle. Or l'intellect se situe dans la partie comportant la raison ; il est donc démontré nécessairement que toutes les parties <de l'âme> existent en vue de l'intellect[13].

Maintenant, l'intellect a pour activités les intellections, qui sont comme des visions des objets intelligibles, de même que la faculté visuelle consiste à voir les objets visibles[14]. C'est donc <en fonction>[15] de l'intellection et de l'intellect que les hommes doivent choisir toute chose[16], puisque le reste doit être choisi en vue de l'âme, que l'intellect est la partie la meilleure de celles qui sont en l'âme[17], et que les autres ont été constituées pour la meilleure[18].

En outre, parmi les opérations de la pensée, toutes celles que l'on choisit pour elles-mêmes sont libres, on l'a dit[19], et semblables

12. Deuxième occurrence de l'imparfait ἦν, qui appelle les mêmes réflexions que *supra*, p. 240, note 10. Plus que d'un renvoi aux doctrines aristotéliciennes en général, il pourrait s'agir d'une référence à toute la première partie du chap. VII, en particulier p. 41, 20-22 P: « dans l'âme, à son tour, il y a d'un côté la raison, qui commande, conformément à la nature, et préside à nos décisions, de l'autre ce qui suit et qui est fait naturellement pour être commandé ». Mais les divisions du chap. V qui précèdent (fondées sur divers dialogues platoniciens, en particulier l'*Euthydème* et le *Premier Alcibiade*) ont aussi développé une anthropologie dans laquelle le rapport de l'âme et du corps, et celui des parties de l'âme entre elles, sont fortement hiérarchisés.

13. Ce qui correspond aux démonstrations de la troisième partie du chap. VII.

14. L'analogie entre la pensée et la vue est présente, en particulier, à la fin du chap. VII (mais, aussi, au chap. VIII et à la fin du chap. X).

15. Ἕνεκα est une adjonction de Vulcanius.

16. De la même façon qu'au chap. VII, l'auteur passe ici de la hiérarchie des parties qui composent l'être humain, à la hiérarchie des activités de la pensée, au sommet de laquelle se trouvent l'intellection et la contemplation. Toute la suite du texte va approfondir la différence fondamentale entre deux groupes d'activités de la pensée : celles que l'on choisit pour elles-mêmes, et qui correspondent à la contemplation, ou encore à la σοφία, et celles qui sont choisies en vue d'autre chose, et qui s'insèrent dans l'ordre de la pratique. Un autre point commun avec le chap. VII est le vocabulaire du choix, présent ici sous la forme de l'adjectif αἱρετά, et, un peu plus loin, αἱρεταί.

17. Nous avons supprimé μόνον (τῶν κατὰ ψυχὴν μόνον) qui se trouve dans les manuscrits mais que Pistelli considère *suspectum*.

18. On ne saurait éviter le rapprochement avec la démonstration du chap. IX (p. 51, 16-52, 8 P), qui fonde sur la γένεσις (le « développement naturel des êtres ») la primauté téléologique de la vie intellective.

19. Troisième imparfait en incise de ce texte : ἦσαν. L'identification de la pensée pure et de la liberté, d'un côté, celle de la servitude et du comportement utilitariste,

à des esclaves celles qui fondent[20] la connaissance sur des motifs extérieurs. Or dans tous les domaines, ce qui vaut pour soi-même a plus de valeur que ce qui vaut pour autre chose, parce que ce qui est libre vaut mieux, lui aussi, que ce qui ne l'est pas[21]. Dès lors, quand, dans les actions, on se sert de la pensée, même si[22] l'agent[23] s'inspire de ce qui convient <à la raison>[24] et suit cette direction[25],

de l'autre, n'ont rien de très original; simplement, l'idée se retrouve à plusieurs reprises dans les chapitres de Jamblique traditionnellement attribués à Aristote: chap. VI (p. 40, 6-7 P), « assurément, c'est être esclave que de s'attacher à la vie plutôt qu'à la vie bonne »; chap. IX (p. 53, 5-7 P) : « là-bas, on n'a besoin de rien, tout le reste perdrait son utilité, seules restent la pensée et la contemplation, que dès à présent nous appelons la vie libre »; à moindre titre le chap. VIII (p. 46, 24-28 P) : « de même dans le cas de la sagesse: nous n'avons pas besoin de la même, je crois, pour vivre tout court et pour mener une belle vie. La foule est bien excusable de se comporter ainsi (...) ».

20. Il nous a semblé plausible de conserver le participe ἀπερείδουσαι qui se trouve dans les manuscrits, le même verbe étant employé au parfait au chap. XII (p. 60, 20 P) : τὴν ζωὴν τὴν ἑαυτῶν ἀπερείσωμεν: « nous avons fixé notre existence », au lieu de faire comme Düring (*a*), qui suggère, à la place, ἀποδιδοῦσαι ou ἀποφαίνουσαι.

21. L'ensemble de ce paragraphe condense des idées développées en particulier dans la dernière partie du chapitre IX: la distinction entre le moyen et la fin, et entre l'utile et le désirable en soi, ainsi que la perspective axiologique, très présente aussi au chap. VII. Sur l'application du concept de liberté à la vie contemplative, voir note 19.

22. À partir de κἂν αὐτὸς ὑποβάλλῃ jusqu'à καὶ διὰ σώματος αἱ πολλαί, la phrase nous a paru, comme aux autres chercheurs, pratiquement incompréhensible. On considérera alors notre traduction comme une hypothèse parmi d'autres. Nous renvoyons aussi à Allan, « A Passage from Jamblichus », p. 255-257, qui donne une série de propositions interprétatives. Le seul aspect que l'on parvienne à saisir est que l'auteur traite de *l'opposition*, dont il vient de parler, et qu'il reprendra peu après (« il est impie de souiller la vision du divin en se rendant esclave de la nécessité des besoins humains, et il ne faut nullement désirer l'intellect en vue des besoins »), entre pensées pures, uniquement guidées par l'intellect, et pensées orientées vers une fin extérieure à elles-mêmes, c'est-à-dire vers l'action. On distingue ainsi des tournures concessives, comme κἄν, ἀλλ' ἕπεται, et peut-être καί (dans καὶ διὰ σώματος), mais la façon dont l'auteur articule les termes de l'opposition n'est nullement claire.

23. Le premier problème regarde le référent d'αὐτός : nous avons suivi d'autres chercheurs en traduisant par « l'agent » (mais la scholie à F glose αὐτὸς ὁ νοῦς). Le sens de ὑποβάλλῃ n'est pas clair non plus: nous avons supposé qu'il s'agissait de donner à l'action tel ou tel fondement, à la manière de ce qu'exprimait le participe ἀπερείδουσαι plus haut.

24. « À la raison » est un ajout de notre part, en nous inspirant de la traduction de F. Romano, alors que le texte dit simplement « s'inspire de l'avantage »; en interprétant le texte ainsi, nous avons cherché à restituer une opposition (qui semble suggérée par l'ensemble du passage) entre l'autonomie de l'intellect et de la raison, d'une part, et l'asservissement de la raison à l'action, de l'autre, qui serait exprimée dans la deuxième partie de la phrase (à partir de ἀλλ' ἕπεταί γε, « toutefois il suit »).

25. Ταύτῃ est sans doute un adverbe reprenant τὸ συμφέρον.

toutefois il suit les actions[26] et il a besoin aussi du corps comme d'un serviteur et se laisse également contaminer par le hasard[27], dans les circonstances où[28] il réalise les actions sur lesquelles règne la raison, et[29] la plupart des actions se font grâce au corps.

Par conséquent, parmi les opérations de la pensée, celles que l'on choisit pour la pure contemplation[30] sont plus estimables[31] et meilleures que celles qui sont utiles à autre chose. Or celles qui sont estimées pour elles-mêmes sont les pensées contemplatives, et parmi elles doit être choisie[32] la sagesse de l'intellect[33], tandis

26. Notre traduction tient compte du ταυταῖς des manuscrits, que nous avons rapporté aux actions, afin d'introduire l'opposition, qui serait marquée par ἀλλά, entre autonomie de l'intellect et subordination de celui-ci à l'action. Parce qu'il suppose, à l'inverse, que la première partie de la phrase exprime déjà une sorte de déchéance dans l'action (« *even though the acting individual takes into account his own advantage* »), Düring, pour maintenir l'opposition, corrige en ταύτῃ, comprenant : « et se dirige sur l'intellect ». On voit bien pourquoi il est intervenu sur le texte en ce sens : le passage affirmerait alors que, même dans le cas d'une conduite orientée dans une perspective pratique et utilitariste, c'est la pensée, la διάνοια, qui reste maîtresse de la situation.

27. *Cf. Phédon*, 67 a : « et nous ne nous laissons pas contaminer par sa nature (μηδὲ ἀναπιμπλώμεθα τῆς τούτου – sc. τοῦ σώματος – φύσεως) », et, surtout, Jamblique, *De mysteriis*, V, 15 : « (un mode de culte) infecté par les corps (ἀναπιμπλάμενος τῶν σωμάτων) ». C'est peut-être dans le même sens qu'il faut comprendre, un peu plus loin, « souiller (χραίνειν) la vision du divin en se rendant esclave de la nécessité des besoins humains ».

28. Ce n'est qu'une proposition de traduction, parmi d'autres, de la locution ὑπὲρ ὧν, que des Places, par exemple, comprend tout autrement : « en faveur de ceux pour qui il met en œuvre ».

29. Le texte dit simplement καὶ (διὰ σώματος), interprété par Düring (*even if*) et Berti (*anche se*) comme une concessive, mais par Romano, au contraire, comme une causale (*anche perché*). Cette divergence est emblématique des problèmes que pose l'interprétation globale de tout le passage : tout dépend en effet de la façon dont on a précédemment articulé les termes de l'opposition (entre pensée pure et pensée guidée sur les besoins du corps) ; *cf.* note 26.

30. Ψιλὸν τὸ θεωρεῖν : expression à mettre en rapport avec αἱ καθαραὶ ἐνεργείαι un peu plus loin (les pures activités), et avec l'adverbe εἰλικρινῶς au début du chap. VII (p. 41, 14 P) : « ces biens nous sont procurés essentiellement et *dans toute leur pureté* par l'activité philosophique ».

31. L'adjectif τίμιος, employé à quatre reprises dans les lignes qui suivent, de même que le verbe τιμάω, est un élément important du discours axiologique qui parcourt le *Protreptique*, au chap. VII (p. 44, 23 et 28 P) et au chap. IX (p. 51, 4 P, par ex.).

32. Αἱρετὴ : c'est la leçon de l'édition d'Arcerius, adoptée par Pistelli et des Places, tandis que F comporte ἀρετὴ. L'adjectif αἱρετός, « qui est à choisir », nous ramène à la perspective axiologique de ces chapitres aristotéliciens du *Protreptique*.

33. Nous faisons de τοῦ νοῦ le complément de ἡ σοφία, tandis que F. Romano le rapporte à ἐν ταύταις (« *e tra questi che riguardano l'intelletto* »), tandis que des

que celles qui se règlent sur la sagesse pratique sont estimées en vue des actions[34]. Dès lors, ce qui est bon et estimable réside dans les contemplations conformes à la sagesse <intellective>, mais il ne s'agit pas, encore une fois, de n'importe quelle contemplation. Car toute saisie intellective ne saurait être estimable, indistinctement, mais c'est uniquement la saisie[35] de celui qui gouverne en sage et du gouvernement du tout[36], qui est la compagne de la sagesse, et représenterait même celle-ci au sens propre[37].

Privé de la sensation et de l'intellect, l'homme devient semblable à une plante, privé du seul intellect, il est réduit à l'état d'une bête[38],

Places, qui a adopté pourtant le texte de Pistelli, semble traduire comme s'il suivait la leçon du manuscrit F ἀρετὴ (« et l'excellence de l'intellect qui s'y manifeste est la sagesse »).

34. Par « sagesse pratique » nous traduisons φρόνησις, terme clairement distingué ici de la σοφία, alors qu'une telle distinction (qui intervient chez Aristote dans les traités d'éthique notamment) n'apparaît absolument pas dans les autres chapitres de Jamblique. Nous avons fait de διὰ δὲ πράξεις une expression exactement symétrique de δι' αὑτάς, en sous-entendant τίμιοι dans ce second membre.

35. Comme l'ont fait remarquer les commentateurs avant nous, κατάληψις est un terme stoïcien, jamais utilisé par Aristote.

36. On peut se demander si τοῦ ἄρχοντος σοφοῦ ὄντος et τῆς ἐν τῷ παντὶ ἀρχῆς sont des génitifs subjectifs ou objectifs. Nous pencherions pour la deuxième solution, qui semble avoir été adoptée par des Places, tandis que Berti fait sans ambiguïté du premier un génitif subjectif et du second un génitif objectif, et que Düring comme F. Romano traduisent comme si les deux groupes au génitif étaient les sujets contemplants. En faveur de notre interprétation, nous renvoyons à l'expression θεώμενοι τὴν τῶν θεῶν ἀρχήν (contemplant le principe – ou le gouvernement – des dieux), à la fin du chap. XII (p. 60, 23 P).

37. Ὑποκέοιτο : Düring, Berti et des Places donnent à ce verbe un sens très proche de celui-ci du verbe être, et distinguent donc deux manières dont la θεωρία ou la κατάληψις en question se rapporte à la σοφία : elle est la compagne de la σοφία, ou celle-ci même, au sens propre (οἰκέως). Düring renvoie à *Timée*, 90 c, à propos de celui qui cultive la philosophie : « il rend un culte à la divinité ; car il entretient toujours en bon état le Dieu qui habite en lui (σύνοικον ἐν αὑτῷ) ». Allan, « A Passage from Jamblichus », p. 258, comprend autrement : « *the awareness, however, of a wise ruler and his government of the world, both "dwells under the same roof" as sophia and would be a suitable basis for it : the verb ὑποκεῖσθαι serves as passive to ὑποβάλλω, wich was used above 35. 1* ». Quoi qu'il en soit, l'auteur définit ici clairement la σοφία par l'activité de la contemplation suprême, désignée comme « contemplation du tout » (θεωρία τοῦ παντός) au chap. IX (p. 53, 25 P), et contemplation « de la nature et du divin » (πρὸς τὴν φύσιν καὶ πρὸς τὸ θεῖον) au chap. X (p. 55, 26-27 P) ; elle est, comme l'auteur l'a dit un peu plus haut, autre chose que la φρόνησις, que nous avons traduit par « sagesse pratique ».

38. Ἐκθηριοῦται : « se rend semblable à une bête ». De même au chap. III (p. 14, 1 P), Jamblique avait rappelé, dans les termes de *Rép.*, IX, 588 c 8, qu'un animal étranger, polycéphale – πολυκέφαλον θηρίον – s'est attaché à nous, dès

privé de la partie irrationnelle et demeurant dans son intellect, il est semblable à Dieu[39]. Il faut donc réprimer autant que possible les passions de l'irrationalité[40], utiliser les pures activités de l'intellect, qui ont le regard porté sur elles-mêmes et le divin, et s'efforcer de vivre selon les circuits[41] de l'intellect, en reliant à celui-ci l'œil de notre attention et notre amour. Car assurément, il ne faut pas considérer Dieu et les êtres divins en vue de l'action. Il est impie, dit-on en effet, de souiller la vision du divin en se rendant esclave de la nécessité des besoins humains[42], et il ne faut nullement désirer l'intellect en vue des besoins ***[43] (lui qui, de toutes les facultés que nous possédons, est précisément le seul à pouvoir les obtenir) ; mais il faut au contraire ordonner nos actions et tout le reste à l'intellect et au divin, et c'est sur eux qu'il faut mesurer aussi la rationalité des devoirs singuliers[44] : c'est là un jugement juste et valable, le seul de tous capable de procurer aux hommes le bonheur véritable[45].

notre naissance. Surtout, la description de l'homme, qui tend, d'un côté, vers une nature bestiale, et, de l'autre, vers l'élément divin, fait écho aux p. 30-32 Pistelli du chap. V, fortement inspirées de ce livre de la *République*, 588 e 6-589 e 5.

39. Le thème de l'assimilation à Dieu apparaît au chap. VIII (p. 48, 11-18 P) ; de même au chap. X (p. 55, 26-27) : le philosophe vit les yeux fixés sur le divin.

40. Le passage allant de καταργητέον (« il faut réprimer », p. 35, 18 P) à εὐδαιμονίαν παρασκευάζειν (« procurer le bonheur », p. 36, 6) n'est pas retenu par les éditeurs du *Protreptique* aristotélicien ; des Places compare la partie qui va jusqu'à συνάψαντα (p. 35, 22) au traité porphyrien *De l'abstinence*, I, 33, 3-4.

41. Voir περιφοραί et περιόδοι au chap. V (p. 31, 12, 14, 15 P ; ce passage se situe avant la partie du chap. V citée ici), et des expressions similaires en *Timée*, 90 b.

42. Sur ce thème, voir *supra*, p. 241-242, note 19.

43. À la suite de Vitelli, Pistelli a supposé à cet endroit une lacune. Vitelli avait proposé, *exempli gratia* : <οὐδὲ συντακτέον> εἰκῇ (« <ni l'ordonner> au hasard ») ; quant à Kiessling, il a corrigé le texte de la manière suivante : τὸν νοῦν κατασπάσασθαι τὰς χρείας εἰκὸς (« et il ne convient nullement que l'intellect accueille les besoins humains »).

44. Plusieurs commentateurs ont fait remarquer que καθήκοντα est un terme stoïcien : pour Allan, c'est un signe de plus que le texte n'est pas d'Aristote, mais d'un « *constructive thinker in the Stoic tradition, who turned the ideas of Aristotle and Plato to his own purposes* » (« A Passage from Jamblichus », p. 268) : en l'occurrence il s'agirait de Posidonius.

45. Jamblique poursuit les mêmes réflexions que plus haut, opposant la liberté de la vie contemplative à l'asservissement aux besoins, mais il introduit le thème du bonheur, développé surtout dans les chap. XI et XII. La dernière phrase (le « jugement valable ») représente peut-être une remarque métadiscursive de Jamblique qui soulignerait, comme en d'autres endroits, l'efficacité exhortative de son discours.

Ce qui nous distingue des autres êtres vivants ne resplendit que dans ce genre de vie[46] où il n'y a, avons-nous dit, rien de fortuit, rien qui n'ait une grande valeur. En effet, ils ont eux aussi (les animaux) de petites étincelles de raison et de sagesse[47], mais ils sont totalement dépourvus de sagesse théorétique – qui n'appartient qu'aux dieux – tout comme, dans le domaine des sensations et des instincts, l'homme est devancé par beaucoup d'animaux en précision et en force[48]. Et

46. La vie intellective, qui est le propre de l'homme, et dont Hirzel note (« Über den *Protreptikos* des Aristoteles », p. 92-93) qu'elle est décrite au chap. VII (« car on peut admettre, je pense, que nous sommes quant à nous, uniquement ou principalement cette partie-là », p. 42, 3-4 P) et au chap. VIII (« les hommes n'ont donc rien de divin ou de bienheureux, à part ce seul élément digne de nos efforts, c'est-à-dire ce qu'il y a en nous d'intellect et de sagesse », p. 48, 9-11 P).

47. F. Romano renvoie à certains textes dans lesquels Aristote affirme la présence de l'intelligence chez les animaux : *Hist. anim.*, IX, 1, 608 b 4 ; *De gen. an.*, III, 2, 753 a 13. Mais la singularité de l'expression μικρά τινα… αἰθύγματα a attiré davantage notre attention : on la retrouve en effet ailleurs chez Jamblique, *De comm. math. sc.*, chap. 22, p. 68, mais aussi, toujours en milieu néoplatonicien, chez Alcinoos, *Enseignements des doctrines de Platon*, 178 H ; et il n'est pas sans intérêt de remarquer le rapprochement avec l'emploi de ζώπυρον et de ἔναυσμα (dans un sens figuré identique) chez Clément d'Alexandrie, dans le *Protreptique* précisément : VII, 74, 7 ; et dans *Pédagogue*, II, 1, 18, 1, etc., de même que chez Galien, dans sa propre *Exhortation*. Celle-ci s'ouvre sur le thème de la participation au λόγος (I, 1) repris en IX, 5 et XI, 1, dans le contexte de l'opposition des biens du corps et des biens de l'âme. Bignone, *L'Aristotele perduto*, p. 321, pense que le ζώπυρον ἀφανές de Maxime de Tyr (XXXI 4 : ἐνέφυσεν δέ τι αὐτῷ ζώπυρον ἀφανὲς πρὸς σωτηρίαν βίου, ὃ καλοῦσιν οἱ ἄνθρωποι νοῦν) provient directement de l'ouvrage d'Aristote. Voir aussi Grégoire de Nazianze, discours 25, *Sur le philosophe Héron*, 1 (texte cité *supra*, « La nécessité de philosopher », p. XI, note 1), qui affirme que notre nature rationnelle (λογικοὶ γεγονότες) est la justification immédiate de la « nécessité de philosopher » (φιλοσοφήτεον). Du côté latin, Cicéron emploie des expressions très proches, notamment en *Tusc.*, III, 1, 2 (*Nunc parvulos nobis dedit* (sc. *natura*) *igniculos*). Pour d'autres références bibliographiques, nous renvoyons à l'excellente mise au point de J. Whittaker, *Alcinoos, Enseignements des doctrines de Platon*, C.U.F., Paris, 1990, note 399, p. 130 ; il y aurait encore bien d'autres parallèles à proposer, et la question de la filiation de ces différents textes avec le protreptique aristotélicien mériterait certainement d'être plus approfondie, sans, toutefois, tomber dans l'optimisme sans doute illusoire de Bignone (régulièrement, mais excessivement critiqué, car il est bien le seul, malgré tout, qui, avec tant de finesse et d'érudition, ait su montrer l'étendue et les enjeux philosophiques de la réception du *Protreptique*), qui nous conduirait à reconnaître, sur la base d'indices textuels parfois très minces, une influence diffuse et systématique de cet ouvrage sur de très nombreux textes de l'Antiquité.

48. À propos du thème de la supériorité physique des animaux sur l'homme, F. Romano propose à nouveau des parallèles aristotéliciens : *Hist. anim.*, I, 15, 494 b 18 ; *De gen. an.*, V, 2, 781 b 17. C'est un thème ancien, que l'on trouve déjà chez Anaxagore (Anaxagore 59 B 21b, Diels-Kranz), devenu aussi un *topos* protreptique,

c'est là[49] le seul bien vraiment indéfectible, celui qu'embrasse, selon l'avis général, la notion de bien, car l'homme vertueux qui suit ce mode de vie ne se soumet jamais aux aléas de la fortune et s'est libéré au plus haut degré de l'assujettissement à celle-ci. C'est pourquoi nous pouvons, munis d'une résolution sans faille, prendre courage tant que nous sommes dans cette vie-ci[50].

par ex. chez Isocrate, sous une forme très semblable à celle du chap. V de Jamblique, dans l'*Antidosis*, 253, qui reproduit *Nicoclès*, 5-9 : οὐδὲν τῶν ζῴων διαφέρομεν, ἀλλὰ πολλῶν καὶ τῷ τάχει καὶ τῇ ῥώμῃ καὶ ταῖς ἄλλαις εὐπορίαις καταδεέστεροι τυγχάνομεν ὄντες. Il est aussi amplement exploité par Galien dans *l'Exhortation à la médecine*, en corollaire de la supériorité de l'homme sur les animaux sous l'aspect de la raison (voir note précédente) ; pour des occurrences chez d'autres auteurs, nous renvoyons à Galien, *Exhortation à la médecine ; Art médical, op. cit.* : Véronique Boudon fait remarquer avec raison (p. 30) que le thème « appartient en propre au genre protreptique ». Dans le cas de Galien, le rapport logique entre ce thème et la dynamique de l'exhortation est évident : c'est parce que l'homme a des qualités propres, d'ordre intellectuel, qu'il doit s'adonner à un art, et celui-ci lui permettra, à la fois, d'imiter et de surpasser les animaux, et de se réconcilier avec la partie divine en lui qui ne se manifeste que dans l'exercice de la science. M. Rashed, dans « Textes inédits transmis par l'*Ambr.* Q 74 sup. Alexandre d'Aphrodise et Olympiodore d'Alexandrie », art. cit. dans l'Introduction (*supra*, p. 6, note 25), propose de nouveaux rapprochements, d'autant plus importants qu'ils mettent en jeu l'authenticité aristotélicienne de ce passage du chap. V. Il s'agit, en premier lieu, du Commentaire *In An. Pr.* (ed. M. Wallies, CAG II-1, Berlin, 1883), 5, 13-20, d'Alexandre d'Aphrodise, dans lequel celui-ci rappelle la supériorité des hommes sur les animaux, qui, bien qu'ils possèdent des « traces des vertus et des actions » (τῶν ἀρετῶν καὶ τῶν πράξεων ἴχνη τινά), et soient dotés de certaines qualités (et ici Alexandre se réfère à *l'Histoire des animaux* d'Aristote), « n'ont cependant pas le moindre goût pour la vérité et l'intelligence théorétique. » (ἀληθείας δὲ καὶ τοῦ θεωρητικοῦ νοῦ παντάπασιν ἄγευστα τυγχάνει). L'ensemble du passage d'Alexandre rappelle de près celui du chap. V de Jamblique dont il est question ici : c'est un premier parallèle, entre Alexandre et Jamblique. Mais la deuxième partie de la phrase est reprise, aussi, dans le commentaire *Sur les idées*, sorte de centon aristotélicien : τῆς δὲ περὶ τὴν ἀλήθειαν ἐπιθυμίας καὶ τῆς ἀπὸ τοῦ φρονεῖν ἡδονῆς ἄγευστα τὰ ἄλλα πέφυκεν πλὴν ἀνθρώπου. Or, selon M. Rashed, l'auteur de ce centon ne serait autre qu'Alexandre lui-même : nous aurions donc un deuxième parallèle, entre deux textes provenant tous deux, cette fois, d'Alexandre. Et il faut, en outre, rapprocher la deuxième partie de la phrase d'un passage du chap. XI (p. 59, 9-11 P) du *Protreptique* de Jamblique : δῆλον τοίνυν ὅτι καὶ τὴν γιγνομένην ἀπὸ τοῦ φρονεῖν καὶ θεωρεῖν ἡδονὴν ἢ μόνην ἢ μάλιστα ἀναγκαῖον ἀπὸ τοῦ ζῆν εἶναι. Ce « double parallèle » Alexandre-Jamblique et Alexandre-Alexandre, pour employer l'expression de M. Rashed (p. 228), pourrait constituer une preuve de ce que le commentaire *Sur les idées* cite le *Protreptique* aristotélicien (en supposant, bien entendu, que Jamblique, aux chap. V et XI, cite, lui aussi, cet ouvrage).

49. C'est-à-dire la vie intellective.

50. En suivant la plupart des éditeurs, nous avons donné à ἐξ ὅλης τῆς γνώμης le sens de « de toute notre résolution » (des Places : « de toute son âme » ; Düring (*a*) :

« *whole-heartedly* »), bien que cette expression ne semble pas courante. F. Romano comprend γνώμη au sens d'une « sentence », et il traduit : « *perciò è possibile trarre, da questa intera sentenza, anche <l'esortazione> ad « avere coraggio », finché ci si trova a vivere questa vita* » ; il précise en note (note 58, p. 476) que ladite γνώμη fait référence à la *sentence* tirée des Vers d'or, 61-63, dont Jamblique avait commencé à discuter au chap. III (14, 21-23 P) : « Ah ! Zeus, notre père, tu délivrerais de bien des maux tous les hommes si tu leur montrais à tous quel est le démon qui les guide. Mais toi, prends courage (σὺ θάρσει), car divine est la race des mortels ». D'autre part, nous avons laissé les dernières lignes du texte (p. 36, 20-26 P), dont nous proposons la traduction suivante : « En effet, de quoi privera-t-on celui qui s'est depuis longtemps rendu étranger à ce qui peut être enlevé, qui se possède réellement lui-même, qui vit dans ce qui lui appartient, se nourrit de ses biens propres et de la vie heureuse et incommensurable du dieu à laquelle il est uni ? Voilà donc ce que seront pour nous les exhortations pythagoriciennes à la sagesse accomplie ».

JAMBLIQUE ET PROCLUS SUR L'UTILITÉ DE LA PHILOSOPHIE

Ces deux textes, ou, du moins, des extraits de ceux-ci, sont souvent intégrés dans les éditions du *Protreptique* d'Aristote, soit en qualité de véritables « fragments », soit en qualité de textes parallèles. La raison pour laquelle nous les avons placés à part, c'est uniquement pour ne pas rompre la continuité et la cohérence des chapitres du *Protreptique* de Jamblique. Cela ne veut pas dire pour autant que, dans l'optique d'une reconstruction du texte aristotélicien, ils devraient y figurer à moindre titre que les chapitres jamblichéens ; bien plus, certains éléments du texte de Proclus apportent selon nous des éléments originaux, et peut-être décisifs, à la question de la reconstruction à partir du *Protreptique* jamblichéen.

Pour faire mieux apparaître les nombreux points communs entre le chapitre VI et ces deux textes, nous avons mis en italique les passages identiques. Le lecteur ne trouvera pas ici de commentaire détaillé ; nous attirons toutefois son attention sur quelques points.

Quel est le rapport entre les deux textes de Jamblique ?

Dans le cas de Jamblique, on peut se demander lequel des deux textes – celui du *Protreptique* et celui du *De communi mathematica scientia* – a influencé l'autre. Sans que nous ne puissions rien affirmer avec certitude, il nous semble pourtant que le second a emprunté au premier le modèle de l'exhortation à la philosophie, en l'adaptant, tant bien que mal parfois, à une autre réalité, celle des mathématiques. L'éloge de la philosophie et de la sagesse contenu dans le *Protreptique* paraît en effet par moments appliqué artificiellement aux *mathématiques*, ce que montreraient certaines incises dans lesquelles Jamblique rappelle qu'il est question des *mathématiques*, et qui raccordent un peu maladroitement au sujet spécifique du traité le passage emprunté.

D'autre part, nous avons cité un texte un peu plus long que nos prédécesseurs, en incluant un passage sur la naissance de la philosophie : certains y voient plutôt un fragment du *De philosophia* aristotélicien, alors qu'il complète assez bien cet ensemble de réflexions sur la philosophie développées au cours des *Exhortations aristotéliciennes*.

Quelle est la relation entre les textes de Jamblique et celui de Proclus ?

Il est généralement admis que Proclus s'est inspiré étroitement de Jamblique. Dans ses réponses aux détracteurs des mathématiques, il ajoute toutefois un argument différent, comme nous l'avons fait remarquer dans l'Introduction, lorsqu'il célèbre la finalité absolument désintéressée des mathématiques, sorte de réponse paradoxale à la question de l'utilité.

Mais il y a plus. En effet, contrairement à Jamblique qui ne cite pas ses sources, Proclus, dans le passage que nous donnons (et qui est aussi plus long que celui rapporté dans les éditions précédentes), se réfère par deux fois à Aristote. Certains y ont vu un simple rappel de la *Métaphysique*, d'autres sont tentés de le considérer comme une allusion au *Protreptique* précisément.

Proclus, témoin du *Protreptique* de Jamblique ?

Ces deux références sont en effet troublantes.

La première ouvre l'éloge de la beauté des mathématiques, que Proclus déclare mener « grâce aux arguments par lesquels Aristote a entrepris de nous *persuader* », faisant allusion, peut-être, à un discours dont la finalité était effectivement rhétorique et protreptique[1].

La seconde, « comme Aristote le dit quelque part », se situe à la fin de l'extrait, et précède l'argument prouvant la facilité de la philosophie commun aux deux textes de Jamblique.

Mais la phrase qui conclut cet extrait a aussi son importance : « si bien que ceux qui méprisent la connaissance mathématique se trouvent n'avoir pas goûté aux plaisirs qu'elle procure (ἄγευστοι τυγχάνουσιν ὄντες τῶν ἐν αὐτοῖς ἡδονῶν) ». M. Rashed, au terme d'une série de parallèles déjà évoquée[2], aboutit à la conclusion qu'Alexandre d'Aphrodise cite le *Protreptique* d'Aristote dans le *Commentaire aux Premiers Analytiques*, et qu'il est aussi l'auteur du texte *Sur les idées* transmis par l'*Ambr.* Q 74 Sup., dans lequel il citerait, également, le *Protreptique*. Or l'un des parallèles sur lesquels se fonde la démonstration est la présence d'une expression tout à fait similaire, dans ces deux textes, à ce que nous avons ici. Dans le *Commentaire aux Premiers Analytiques*, Alexandre déclare, en effet, que « ceux-ci (*i. e.* les animaux) n'ont cependant pas le moindre goût (ἄγευστα τυγχάνει) pour la vérité ou l'intelligence théorétique » ; plus significatif est le deuxième texte (*Sur les idées*), où l'on trouve : « le désir entourant la vérité, le plaisir tiré de l'exercice de la réflexion, rien dans la nature n'en a le goût hormis l'homme (τῆς ἀπὸ τοῦ φρονεῖν ἡδονῆς ἄγευστα τὰ ἄλλα πέφυκεν πλὴν ἀνθρώπου) »[3]. La retrouver ici chez Proclus ne donne alors que plus de poids aux hypothèses de M. Rashed, et pose à nouveaux frais la question de la dérivation de Proclus à l'égard de l'ouvrage perdu. Sans nous étendre davantage, nous conclurons simplement que les textes de Jamblique

1. F. Romano considère que Proclus se réfère certainement au *Protreptique*, comme le suggérerait le verbe πείθειν ; du même avis était déjà G. R. Morrow, *A Commentary on the First Book of Euclid's Elements*, Translated with Introduction and Notes by G. R. Morrow, Princeton, 1970, note 49 p. 22. Romano ajoute toutefois un rapprochement avec la *Métaphysique*, I, 981 b 13 sq à propos de la pureté et du désintérêt des mathématiques (mais voir également *Meta.*, XIII, 3, 1078 a 33). O'Meara (par exemple, *Pythagoras Revived*, p. 156-176, et en part. p. 175) soutient au contraire que Proclus utilise Jamblique comme source essentielle.

2. « Textes inédits transmis par l'*Ambr.* Q 74 sup. Alexandre d'Aphrodise et Olympiodore d'Alexandrie » : *cf. supra*, p. 246-247, note 48.

3. On remarquera aussi une expression assez proche, *Eth. Nic.*, X, 6, 1176 b, 19-20, dans un ensemble de chapitres où Aristote définit le bonheur comme une activité conforme à la vertu et qui est une fin en soi.

et Proclus présentés ici valent certainement bien plus que des « parallèles », et que tout le prologue de Proclus à l'*In Euclidem*, en particulier, mériterait certainement qu'on s'y attarde en détail[4].

Jamblique, *De communi mathematica scientia*[5], Chapitre 26, p. 79, 1 - 83, 22 F[6]

Γεγόνασι δέ τινες, οἱ μὲν παλαιοὶ οἱ δὲ νέοι, οἵτινες τὴν ἐναντίαν δόξαν περὶ τῶν μαθημάτων ἐξενηνόχασι, ψέγοντες αὐτὰ ὡς παντελῶς ἄχρηστα καὶ πρὸς τὸν ἀνθρώπινον βίον οὐδὲν συμβαλλόμενα. Ἔνιοι δὲ οὕτως ἐπιχειροῦσιν· εἰ ἀχρεῖον αὐτῶν τὸ τέλος, δι' ὅπερ αὐτὰ μανθάνειν φασὶ δεῖν οἱ φιλόσοφοι, πολὺ πρότερον ἀνάγκη μάταιον εἶναι τὴν περὶ ταῦτα σπουδήν. Περὶ δὲ τοῦ τέλους σχεδὸν ὁμολογοῦσι πάντες οἱ δοκοῦντες περὶ αὐτὴν μάλιστα ἠκριβωκέναι. Φασὶ γὰρ οἱ μὲν εἶναι τὴν τῶν ἀδίκων καὶ δικαίων καὶ κακῶν καὶ ἀγαθῶν ἐπιστήμην, ὁμοίαν οὖσαν γεωμετρίᾳ καὶ ταῖς ἄλλαις ταῖς τοιαύταις, οἱ δὲ τὴν περὶ φύσεώς τε καὶ τῆς τοιαύτης ἀληθείας φρόνησιν, οἵαν οἵ τε περὶ Ἀναξαγόραν καὶ Παρμενίδην εἰσηγήσαντο. Δεῖ δὴ μὴ λεληθέναι τὸν μέλλοντα περὶ τούτων ἐξετάζειν, ὅτι πάντα τὰ ἀγαθὰ καὶ τὰ πρὸς τὸν βίον ὠφέλιμα τοῖς ἀνθρώποις ἐν τῷ χρῆσθαι καὶ πράττειν ἐστίν, ἀλλ' οὐκ ἐν τῷ γινώσκειν μόνον· οὔτε γὰρ ὑγιαίνομεν τῷ γνωρίζειν τὰ ποιητικὰ τῆς ὑγιείας, ἀλλὰ τῷ προσφέρεσθαι τοῖς σώμασιν· οὔτε πλουτοῦμεν τῷ γιγνώσκειν πλοῦτον, ἀλλὰ τῷ κεκτῆσθαι πολλὴν οὐσίαν· οὐδὲ τὸ πάντων μέγιστον εὖ ζῶμεν τῷ γιγνώσκειν ἄττα τῶν ὄντων, ἀλλὰ τῷ πράττειν εὖ· τὸ γὰρ εὐδαιμονεῖν ἀληθῶς τοῦτ' ἐστίν. Ὥστε προσήκει καὶ τὴν φιλοσοφίαν, εἴπερ ἐστὶν ὠφέλιμος, ἤτοι πρᾶξιν εἶναι τῶν ἀγαθῶν ἢ χρήσιμον εἰς τὰς τοιαύτας πράξεις. Ὅτι μὲν οὖν οὐκ ἔστιν οὔθ' αὕτη πραγμάτων ἐργασία τις οὔτ' ἄλλη τῶν προειρημένων ἐπιστημῶν οὐδεμία, φανερόν ἐστι πᾶσιν· ὅτι δ' οὐδ' ἐστὶ χρήσιμος εἰς τὰς πράξεις, ἐκεῖθεν ἄν τις

4. Si ce n'est pas le lieu de le faire ici, nous espérons le faire ailleurs, ultérieurement.

5. Il s'agit du troisième livre de la *Somme pythagoricienne*. Nous donnons le texte de l'édition N. Festa (édition Teubner).

6. Il s'agit du début du chapitre ; Düring ne retient qu'une partie de ce texte, qu'il classe comme fragment B52 du *Protreptique* d'Aristote ; en revanche Ross, Giannantoni, Casaglia et Zanatta considèrent qu'il peut être attribué dans son entier au *Protreptique*.

καταμάθοι. Μέγιστον γὰρ ἔχομεν παράδειγμα τὰς ὁμοίας ἐπιστήμας αὐτῇ καὶ τὰς ὑποκειμένας δόξας· ὧν γάρ εἰσιν οἱ γεωμέτραι δι' ἀποδείξεως θεωρητικοί, τούτων οὐδενὸς ὁρῶμεν αὐτοὺς ὄντας πρακτικούς, ἀλλὰ καὶ διελεῖν χωρίον καὶ τὰ ἄλλα πάντα πάθη τῶν τε μεγεθῶν καὶ τῶν τόπων οἱ μὲν γεωδαῖται δύνανται δι' ἐμπειρίαν, οἱ δὲ περὶ τὰ μαθήματα καὶ τοὺς τούτων λόγους ἴσασι μὲν ὡς δεῖ πράττειν, οὐ δύνανται δὲ πράττειν. Ὁμοίως δ' ἔχει καὶ περὶ μουσικὴν καὶ τὰς ἄλλας ἐπιστήμας, ὅσαις διῄρηται τότε τῆς γνώσεως καὶ τὸ τῆς ἐμπειρίας χωρίς. Οἱ μὲν γὰρ τὰς ἀποδείξεις καὶ τοὺς συλλογισμοὺς διωρισμένοι περὶ συμφωνίας καὶ τῶν ἄλλων τῶν τοιούτων, ὥσπερ οἱ κατὰ φιλοσοφίαν, σκοπεῖν εἰώθασιν, οὐδενὸς δὲ κοινωνοῦσι τῶν ἔργων, ἀλλὰ κἂν τυγχάνωσιν αὐτῶν δυνάμενοί τι χειρουργεῖν, ὅταν μάθωσι τὰς ἀποδείξεις, ὥσπερ ἐπίτηδες, εὐθὺς αὐτὰ χεῖρον ποιοῦσιν· οἱ δὲ τοὺς μὲν λόγους ἀγνοοῦντες, γεγυμνασμένοι δὲ καὶ δοξάζοντες ὀρθῶς ὅλῳ καὶ παντὶ διαφέρουσι πρὸς τὰς χρείας. Ὡσαύτως δὲ καὶ περὶ τῶν κατὰ τὴν ἀστρολογίαν, οἷον ἡλίου καὶ σελήνης πέρι καὶ τῶν ἄλλων ἄστρων, οἱ μὲν τὰς αἰτίας καὶ τοὺς λόγους μεμελετηκότες οὐδὲν τῶν χρησίμων τοῖς ἀνθρώποις ἴσασιν, οἱ δὲ τὰς ὑπὸ τούτων ναυτικὰς καλουμένας ἐπιστήμας ἔχοντες χειμῶνας καὶ πνεύματα καὶ πολλὰ τῶν γινομένων δύνανται προλέγειν ἡμῖν. Ὥστε πρὸς τὰς πράξεις ἀχρεῖοι παντελῶς ἔσονται αἱ τοιαῦται ἐπιστῆμαι· εἰ δὲ τῶν πράξεων τῶν ὀρθῶν ἀπολείπονται, τῶν μεγίστων ἀγαθῶν ἀπολείπεται ἡ φιλομάθεια. Πρὸς δὴ ταῦτα ἀντιλέγοντες, εἶναί τέ φαμεν ἐπιστήμας τῶν μαθημάτων καὶ ταύτας δυνατὰς εἰς τὸ μεταλαβεῖν. Ἀεὶ γὰρ γνωριμώτερα ἀμφότερα, τὰ πρότερα τῶν ὑστέρων καὶ τὰ βελτίω τὴν φύσιν τῶν χειρόνων. Τῶν γὰρ ὡρισμένων καὶ τεταγμένων ἐπιστήμη μᾶλλόν ἐστιν ἢ τῶν ἐναντίων, ἔτι δὲ τῶν αἰτίων ἢ τῶν ἀποβαινόντων. Ἔστι δὲ ὡρισμένα καὶ τεταγμένα τὰ ἐν τοῖς ἀκινήτοις μαθηματικοῖς εἴδεσιν. Αἴτιά τε μᾶλλον τὰ πρότερα τῶν ὑστέρων· ἐκείνων γὰρ ἀναιρουμένων ἀναιρεῖται τὰ τὴν οὐσίαν ἐξ ἐκείνων ἔχοντα, μήκη μὲν ἀριθμῶν, ἐπίπεδα δὲ μηκῶν, στερεὰ δὲ ἐπιπέδων. Ὥστε εἴπερ πάντων ἐστὶν ἁπλούστερα τὰ ἐν τοῖς μαθήμασιν, ἔσται καὶ ἀρχικώτερα πάντων. Ὥστε περὶ τὰ ἀμείνονα καὶ ἀρχηγικώτερα ἔσονται πολὺ μᾶλλον ἐπιστῆμαι, καὶ δυναταὶ κτήσασθαι ὑπάρχουσι· πολὺ γὰρ πρότερον ἀναγκαῖον τῶν αἰτίων καὶ τῶν στοιχείων εἶναι φρόνησιν ἢ τῶν ὑστέρων. Οὐ γὰρ ταῦτα τῶν ἄκρων οὐδ' ἐκ τούτων τὰ πρῶτα πέφυκεν, ἀλλ' ἐξ ἐκείνων καὶ δι' ἐκείνων τἆλλα γίγνεται καὶ συνίσταται φανερῶς. Ὅτι δὲ καὶ μέγιστόν ἐστι τῶν ἀγαθῶν καὶ πάντων ὠφελιμώτατον τῶν ἄλλων, ἐπίστασθαι τὰ μαθήματα, ἐκ τῶνδε δῆλον. Λόγος γὰρ καὶ φρόνησις ἡγεῖται τῶν ἀγαθῶν· κανών τε καὶ ὅρος ἀκριβέστατος τῶν ἀγαθῶν οὐδεὶς ἄλλος ἐστὶ πλὴν ὁ φρόνιμος· ὅσα γὰρ ἂν οὗτος ἕλοιτο, ταῦτ᾽ ἐστὶν ἀγαθά, κακὰ δὲ τἀναντία τούτοις. Ἐπεὶ δὲ πάντες αἱροῦνται μάλιστα <τὰ> κατὰ τὰς οἰκείας ἕξεις (τὸ μὲν γὰρ δικαίως ζῆν ὁ δίκαιος, τὸ δὲ κατὰ τὴν ἀνδρείαν ὁ τὴν ἀνδρείαν ἔχων, ὁ δὲ σώφρων τὸ σωφρονεῖν), ὁμοίως δῆλον ὅτι καὶ τὸ φρονεῖν ὁ φρόνιμος αἱρήσεται πάντων μάλιστα· τοῦτο γὰρ ἔργον ταύτης τῆς δυνάμεως. Ὥστε φανερὸν ὅτι κατὰ τὴν κυριωτάτην κρίσιν κράτιστόν ἐστι τῶν ἀγαθῶν ἡ φρόνησις. Καὶ οὐ δεῖ πάντας χρείας ἕνεκα αὐτὴν μεταδιώκειν· καὶ γὰρ αὕτη δι᾽ αὑτήν ἐστιν αἱρετή. Καὶ περὶ μὲν ὠφελείας καὶ μεγέθους τοῦ πράγματος ἱκανῶς ἀποδεδεῖχθαι νομίζω, διότι δὲ πολλῷ ῥᾴστη τῶν ἄλλων ἀγαθῶν ἡ κτῆσις αὐτῆς, ἐκ τῶνδε πέπεισμαι. Τὸ γὰρ μήτε μισθοῦ παρὰ τῶν ἀνθρώπων γινομένου τοῖς φιλοσόφοις, δι᾽ ὃν συντόνως οὕτως ἂν διαπονήσειαν, πολύ τε προεμένους <εἰς> τὰς ἄλλας τέχνας ὅμως ἐξ ὀλίγου χρόνου θέοντας παρεληλυθέναι ταῖς ἀκριβείαις, σημεῖόν μοι δοκεῖ τῆς περὶ τὴν φιλοσοφίαν εἶναι ῥᾳστώνης. Ἔτι δὲ τὸ πάντας φιλοχωρεῖν ἐπ᾽ αὐτῇ καὶ βούλεσθαι σχολάζειν ἀφεμένους τῶν ἄλλων ἁπάντων, οὐ μικρὸν τεκμήριον ὅτι μεθ᾽ ἡδονῆς ἡ προσεδρεία γίγνεται· πονεῖν γὰρ οὐδεὶς ἐθέλει πολὺν χρόνον. Πρὸς δὲ τούτοις ἡ χρῆσις πλεῖστον διαφέρει πάντων· οὐδὲν γὰρ δέονται πρὸς τὴν ἐργασίαν ὀργάνων οὐδὲ τόπων, ἀλλ᾽ ὅπῃ τις ἂν θῇ τῆς οἰκουμένης τὴν διάνοιαν, ὁμοίως πανταχόθεν ὥσπερ παρούσης ἅπτεται τῆς ἀληθείας. Ἀλλὰ ταῦτα μὲν ἴσως ἀποχρώντως εἴρηται πρὸς τὸν ἐνεστῶτα καιρόν· καὶ γὰρ ὅτι δυνατὸν καὶ διότι μέγιστον τῶν ἀγαθῶν καὶ κτήσασθαι ῥᾴδιον ἡ φρόνησις, ἀποδέδεικται. Νεώτατον οὖν ὁμολογουμένως ἐστὶ τῶν ἐπιτηδευμάτων ἡ περὶ τὴν ἀλήθειαν ἀκριβολογία. Μετὰ γὰρ τὴν φθορὰν καὶ τὸν κατακλυσμὸν τὰ περὶ τὴν τροφὴν καὶ τὸ ζῆν πρῶτον ἠναγκάζοντο φιλοσοφεῖν, εὐπορώτεροι δὲ γενόμενοι τὰς πρὸς ἡδονὴν ἐξειργάσαντο τέχνας, οἷον μουσικὴν καὶ τὰς τοιαύτας, πλεονάσαντες δὲ τῶν ἀναγκαίων οὕτως ἐπεχείρησαν φιλοσοφεῖν. Τοσοῦτον δὲ νῦν προεληλύθασιν ἐκ μικρῶν ἀφορμῶν ἐν ἐλαχίστῳ χρόνῳ ζητοῦντες οἵ τε περὶ τὴν γεωμετρίαν καὶ τοὺς λόγους καὶ τὰς ἄλλας παιδείας, ὅσον οὐδὲν ἕτερον γένος ἐν οὐδεμιᾷ τῶν τεχνῶν. Καίτοι τὰς μὲν ἄλλας πάντες συνεξορμῶσι τιμῶντες κοινῇ καὶ τοὺς μισθοὺς τοῖς ἔχουσι διδόντες, τοὺς δὲ ταῦτα πραγματευομένους οὐ μόνον οὐ προτρέπομεν ἀλλὰ καὶ διακωλύομεν πολλάκις, ἀλλ᾽ ὅμως ἐπιδίδωσι πλεῖστον, διότι τῇ φύσει ἐστὶ πρεσβύτατα· τὸ γὰρ τῇ γενέσει ὕστερον, οὐσίᾳ καὶ τελειότητι προηγεῖται.

Les arguments des détracteurs des mathématiques[7]

Certaines personnes, tant chez les anciens que chez les modernes, ont proclamé une opinion contraire sur les mathématiques, en reprochant à celles-ci d'être absolument inutiles et de ne contribuer en rien à l'existence humaine.

Pour que l'étude des mathématiques soit utile, il faudrait que leur finalité soit utile

Les uns entreprennent de le démontrer ainsi : si la fin, pour laquelle les philosophes disent qu'on doit apprendre ces matières, est inutile, alors, nécessairement, sera d'autant plus vaine l'étude qu'on appliquera à celles-ci. Or en ce qui concerne la finalité, ceux qui croient avoir obtenu la plus grande précision dans l'étude des mathématiques sont presque tous d'accord. Les uns disent en effet que c'est la science du juste et de l'injuste, des maux et des biens, science qui est semblable à la géométrie et aux autres sciences du même genre, d'autres que c'est la sagesse portant sur la nature et sur le type de vérité qu'ont introduite les sectateurs d'Anaxagore et Parménide.

L'utilité consiste en une utilisation ou une action

Sans aucun doute, celui qui entreprend d'examiner cette question[8] ne doit pas ignorer que tous les biens et toutes les choses avantageuses pour l'existence humaine résident dans l'utilisation et l'action, et non dans la seule connaissance. Car nous ne sommes pas en bonne santé parce que nous connaissons les remèdes qui procurent la santé, mais parce que nous les appliquons au corps ; et nous ne sommes pas riches parce que nous savons ce qu'est la

7. Comme pour les *Exhortations aristotéliciennes* du *Protreptique*, les titres et intertitres sont les nôtres.

8. C'est le sens que nous donnons à τὸν μέλλοντα περὶ τούτων ἐξετάζειν, tandis que Romano traduit : « *chi si accinge a compiere ricerche matematiche.* »

richesse, mais pour avoir gagné beaucoup d'argent ; et – c'est le plus important – nous ne sommes pas heureux parce que nous connaissons certaines des réalités, mais bien plutôt parce que nous agissons comme il faut : car c'est cela, véritablement, être heureux[9]. Il en résulte que la philosophie aussi, si elle est utile, doit être une action productrice de biens ou être utile à des actions de ce type.

Or la philosophie et les sciences apparentées ne sont productrices de rien

Eh bien, que ni la philosophie elle-même, ni aucune des autres sciences dont il a été question ne consiste en la réalisation de quoi que ce soit, c'est évident pour tout le monde. Et que la philosophie ne soit même pas utile pour les actions, on pourrait s'en apercevoir ainsi : nous en trouvons le meilleur exemple dans les sciences qui lui ressemblent et les opinions qui lui sont subordonnées. Ce dont en effet les géomètres possèdent la théorie au moyen de la démonstration, nous constatons qu'ils sont incapables de l'accomplir ; mais diviser l'aire et toutes les propriétés des grandeurs et des lieux, ce sont les arpenteurs qui, grâce à l'expérience, en sont capables, alors que ceux qui s'occupent des connaissances théoriques et des raisonnements qui s'y rapportent savent assurément comment il faut agir, mais sont incapables d'agir. Le même discours vaut aussi pour la musique et les autres sciences, dans lesquelles il y a distinction entre le champ de la connaissance et celui de l'expérience. Ceux en effet qui définissent, dans les accords musicaux et les autres choses du même genre, des démonstrations et des rapports ont, tout comme ceux qui philosophent, l'habitude d'examiner, mais n'ont aucune part à l'exécution des œuvres, et s'il leur arrive de pouvoir accomplir manuellement l'une de celles-ci, à peine ont-ils bien appris les démonstrations, qu'ils réalisent moins bien l'exécution. D'autres, en revanche, qui ignorent les raisonnements, mais qui se sont exercés et ont conçu des opinions correctes, se distinguent en tous points en ce qui concerne la pratique. C'est la même chose pour l'astronomie : par exemple à propos du soleil, de la lune et des autres étoiles, ceux qui ont réfléchi sur les causes et les raisonnements ne savent rien des avantages que les astres apportent

9. Ce passage présente un parallèle étroit avec Proclus, mais ne figure pas dans le *Protreptique*.

aux hommes ; tandis que ceux qui possèdent ce que l'on appelle les « sciences nautiques », lesquelles dépendent <directement> des astres, sont capables d'annoncer les tempêtes, les vents et bien des phénomènes. Il en résulte que de telles connaissances scientifiques seront absolument inutiles pour les actions. Par conséquent, si les mathématiques sont éloignées des actions droitement menées, alors l'amour du savoir est lui aussi éloigné des biens les plus grands.

Réponse de Jamblique

Pour rétorquer à ce raisonnement, nous affirmons que les sciences relatives aux mathématiques existent et que nous pouvons y prendre part[10].

Possibilité, utilité, facilité de la philosophie : parallèle avec le chapitre VI du **Protreptique**

Toujours, en effet, les réalités antérieures sont plus connaissables que celles qui sont postérieures et celles qui sont meilleures par nature plus connaissables que les moins bonnes. Car il y a davantage science des réalités déterminées et ordonnées que de leurs contraires, ou encore des causes que des effets. Or les réalités finies et ordonnées sont celles qui se trouvent dans les formes immobiles des mathématiques[11].

D'autre part, les réalités antérieures sont davantage causes que les postérieures (si l'on supprime les premières, on supprime celles qui tiennent d'elles leur existence : avec les nombres, par exemple, sont supprimées les longueurs, avec les longueurs les surfaces, avec les surfaces les volumes). Par suite, s'il est vrai que les réalités mathématiques sont plus simples que toutes les autres, elles seront

10. Il est possible d'y avoir part, c'est-à-dire de les acquérir : on pensera à des expressions parallèles du chap. VI du *Protreptique*, comme « pour l'âme et les vertus de l'âme il existe un certain soin et un certain art, et nous sommes capables de l'acquérir », et « sur l'existence d'une science de la vérité et de la vertu de l'âme, et sur notre capacité à les comprendre, voilà ce qu'il fallait dire ». F. Romano comprend autrement : « *tali scienze sono disponibili alla partecipazione* », ce qu'il explique ainsi : « *sono aperte alla comunicazione con le altre scienze* », renvoyant au chap. 28, p. 88 du *De comm. math. sc.*

11. Cette phrase, comme d'autres par la suite, nous semble être un « raccord » de Jamblique qui chercherait à rapporter aux mathématiques un développement portant en réalité sur la philosophie ou la sagesse.

aussi plus aptes que toutes les autres à commander. En conclusion, il y aura a fortiori des sciences relatives aux réalités meilleures et plus originaires, et on peut les acquérir.

Car il est nécessaire qu'il y ait une sagesse portant sur les causes et les éléments bien avant que sur les dérivés. Ces derniers, en effet, ne font pas partie des réalités suprêmes, et ce n'est pas d'eux que naissent les premiers principes, mais c'est à partir des réalités suprêmes et par leur moyen, manifestement, que tout le reste est engendré et constitué.

Mais que la connaissance des mathématiques soit le plus grand des biens, et de tous, le plus utile, voici ce qui le rend évident.

La raison et la sagesse sont en effet à la tête des biens : *quelle règle ou quel critère des biens possédons-nous, qui soient plus exacts que le sage ? Car tout ce qu'il choisira, parce qu'il le fait conformément à la science, voilà ce qui est bon, et mauvais ce qui lui est contraire. Mais puisque tous choisissent par-dessus tout ce qui est conforme à leurs dispositions propres (le juste choisit de vivre justement, celui qui a du courage de vivre avec courage, et le tempérant de se comporter avec tempérance), il est évident que, pareillement, le sage choisira par-dessus tout d'exercer la sagesse : c'est en effet la tâche propre de cette faculté. Il est donc manifeste que, en vertu de son jugement souverain, la sagesse est le plus grand bien.* Et il ne faut nullement la rechercher pour une quelconque utilité, mais parce qu'elle est digne d'être choisie pour elle-même.

Sur l'utilité et l'importance de cette entreprise, je pense que la démonstration est suffisante ; mais que la sagesse soit aussi, de tous les biens, le plus facile à acquérir, je m'en suis persuadé *par les considérations suivantes*[12].

En effet, bien que ceux qui pratiquent la philosophie ne reçoivent des hommes aucun salaire, qui justifierait des efforts d'une telle intensité, et bien qu'ils aient laissé une longueur d'avance aux autres disciplines, et se soient mis tard dans la course, ils les ont cependant dépassées en exactitude : cela me paraît le signe que la philosophie est facile. Et encore le fait que tous y installent volontiers leur séjour

12. Divergence de personne par rapport au *Protreptique*, qui dit « on peut s'en persuader ».

et veulent y consacrer leur temps toutes affaires cessantes n'est pas une preuve négligeable que la pratique assidue de la philosophie se fait avec plaisir: personne en effet ne veut peiner longtemps. Par ailleurs, son usage diffère au plus haut point de tout le reste, car nul n'est besoin, pour l'exercer, d'outils ou de locaux, mais à quelque endroit de la terre que l'on fixe sa pensée, on entre en contact avec la vérité partout de la même manière, comme si elle était près de nous. Mais ces arguments suffisent peut-être pour le moment. *Il est démontré, en effet, à la fois que la philosophie est possible, qu'elle est le plus grand bien et qu'elle est facile à acquérir.*

Les progrès rapides de la philosophie, preuve de sa facilité[13]

Or tout le monde reconnaît que l'étude exacte de la vérité est la plus récente des occupations. Après la destruction et le déluge, en effet, les hommes furent obligés de se mettre en quête des aliments et des moyens pour vivre, et lorsqu'ils eurent atteint une condition plus aisée, ils exercèrent les arts qui procuraient le plaisir, comme la musique et autres arts du même genre, et ainsi, une fois qu'ils eurent satisfait pleinement les nécessités vitales, ils se mirent à philosopher[14]. Ceux qui poursuivent la géométrie, les raisonnements, et les autres disciplines, ont accompli, en partant de bases tellement minces et en si peu de temps, autant de progrès qu'aucune autre catégorie de praticiens dans aucun des arts. Cependant, alors que tout le monde encourage les autres arts en conférant des honneurs publics et des salaires à ceux qui les pratiquent[15], ceux qui s'occupent de nos matières, non seulement on ne les exhorte pas, mais on leur fait même souvent obstacle, et pourtant ces matières font beaucoup de progrès, parce que ce sont les plus anciennes par nature. Ce qui est postérieur par la naissance est antérieur en effet selon l'essence et la perfection.

13. Ce passage nous semble éclairer la question du « progrès » de la philosophie abordée dans le chapitre VI du *Protreptique* de Jamblique (et ce qui précède dans le *De comm. math. sc.*), dans le sens d'une Histoire des arts et des sciences: voir chap. VI, *supra*, p. 119, note 48.

14. *Cf. Meta.*, I, 1, 981 b 13 sq.

15. Ce passage permet aussi (*cf.* note 13) de mieux comprendre la fin du chapitre VI du *Protreptique* de Jamblique, lorsque celui-ci dit que « ceux qui pratiquement la philosophie ne reçoivent des hommes aucun salaire » (*cf.* chap. VI, *supra*, p. 118-119, note 47).

Proclus, *Commentaire au premier livre des Éléments d'Euclide*[16] p. 25, 12 - 28, 22 F

Τὸ μὲν τοίνυν ὄφελος τῆς μαθηματικῆς ὅλης ἐπιστήμης πρός τε φιλοσοφίαν αὐτὴν καὶ τὰς ἄλλας ἐπιστήμας καὶ τέχνας ἔσται διὰ τούτων γνώριμον τοῖς ἀκούουσιν, ἤδη δέ τινες τῶν ἀντιλογικῶν ἐπιχειροῦσι καθαιρεῖν τὴν ἀξίαν τῆς ἐπιστήμης ταύτης, οἱ μὲν τὸ καλὸν αὐτῆς καὶ τὸ ἀγαθὸν ἀφαιροῦντες ὡς οὐ περὶ τούτων ποιουμένης τοὺς λόγους, οἱ δὲ χρησιμωτέρας τὰς τῶν αἰσθητῶν ἐμπειρίας ἀποφαίνονται τῶν ἐν αὐτῇ καθόλου θεωρουμένων, οἷον γεωδεσίαν γεωμετρίας, καὶ τὴν τῶν πολλῶν ἀριθμητικὴν τῆς ἐν θεωρήμασιν ὑφεστώσης, καὶ τὴν ναυτικὴν ἀστρολογίαν τῆς καθόλου δεικνυούσης. Οὔτε γὰρ πλουτοῦμεν τῷ γινώσκειν τὸν πλοῦτον, ἀλλὰ τῷ χρῆσθαι, οὔτε εὐδαιμονοῦμεν τῷ τὴν εὐδαιμονίαν γινώσκειν, ἀλλὰ τῷ ζῆν εὐδαιμονικῶς, ὥστε καὶ πρὸς τὸν βίον τὸν ἀνθρώπινον καὶ τὰς πράξεις οὐ τὰς γνωστικὰς τῶν μαθηματικῶν, ἀλλὰ τὰς ἐμπειρικὰς συντελεῖν ὁμολογήσομεν. Οἱ γὰρ ἀγνοοῦντες μὲν τοὺς λόγους, γεγυμνασμένοι δὲ περὶ τὴν ἐν τοῖς καθ' ἕκαστα πεῖραν ὅλῳ καὶ παντὶ διαφέρουσι πρὸς τὰς ἀνθρωπικὰς χρείας τῶν περὶ τὴν θεωρίαν μόνην ἐσχολακότων.

Πρὸς δὴ τοὺς ταῦτα λέγοντας ἀπαντησόμεθα τὸ μὲν κάλλος ἐπιδείκνυντες τῶν μαθημάτων ἀπὸ τούτων, ἀφ' ὧν καὶ ὁ Ἀριστοτέλης ἐπεχείρησεν ἡμᾶς πείθειν. Τρία γὰρ ταῦτα διαφερόντως καὶ ἐν τοῖς σώμασι καὶ ἐν ταῖς ψυχαῖς τὸ κάλλος ἀποτελεῖν, τὴν τάξιν, τὴν συμμετρίαν, τὸ ὡρισμένον, ἐπεὶ καὶ τὸ αἶσχος τὸ μὲν σωματικὸν ἀπὸ τῆς ὑλικῆς ἀταξίας καὶ ἀμορφίας καὶ ἀσυμμετρίας καὶ ἀοριστίας ἐν τῷ συνθέτῳ κρατησάσης παρυφίσταται, τὸ δὲ [ψυχικὸν] ἀπὸ τῆς ἀλογίας πλημμελῶς καὶ ἀτάκτως κινουμένης καὶ ἀναρμόστου πρὸς τὸν λόγον οὔσης καὶ τὸν ἐκεῖθεν ὅρον οὐ καταδεχομένης, ὥστε καὶ τὸ κάλλος ἐν τοῖς ἐναντίοις ἂν ἔχοι τὴν ὕπαρξιν, τάξει δηλαδὴ καὶ συμμετρίᾳ καὶ τῷ ὡρισμένῳ. Ταῦτα δὲ ἐν τῇ μαθηματικῇ μάλιστα θεωροῦμεν ἐπιστήμῃ, τὴν μὲν τάξιν ἐν τῇ τῶν δευτέρων ἀεὶ καὶ ποικιλωτέρων ἀπὸ τῶν πρώτων καὶ ἁπλουστέρων ἐκφάνσει – συνήρτηται γὰρ ἀεὶ τὰ ἑπόμενα τοῖς ἔμπροσθεν, καὶ τὰ μὲν ἀρχῆς ἔχει λόγον, τὰ δὲ τῶν ἑπομένων ταῖς πρώταις ὑποθέσεσιν – τὴν δὲ συμμετρίαν ἐν τῇ συμφωνίᾳ

16. Édition G. Friedlein (Teubner).

τῶν δεικνυμένων πρὸς ἄλληλα καὶ τῇ πρὸς τὸν νοῦν πάντων ἀναφορᾷ – μέτρον γάρ ἐστι κοινὸν τῆς ὅλης ἐπιστήμης ὁ νοῦς, παρ' οὗ καὶ τὰς ἀρχὰς λαμβάνει καὶ πρὸς ὃν ἐπιστρέφει τοὺς μανθάνοντας – τὸ δὲ ὡρισμένον ἐν τοῖς ἑστῶσιν ἀεὶ καὶ ἀκινήτοις λόγοις· οὐ γὰρ ἄλλοτε ἄλλως ἔχει τὰ γνωστὰ αὐτῆς ὥσπερ τὰ δοξαστὰ καὶ τὰ αἰσθητὰ αὐτῆς, ἀλλ' ἀεὶ τὰ αὐτὰ προτείνεται καὶ ὥρισται τοῖς νοεροῖς εἴδεσιν. Εἰ τοίνυν τὰ μὲν ἀποτελεστικὰ τοῦ κάλλους ἐστὶ ταῦτα διαφερόντως, τὰ δὲ μαθήματα κατὰ ταῦτα χαρακτηρίζεται, πρόδηλον ὅτι καὶ ἐν τούτοις ἐστὶ τὸ καλόν. Καὶ πῶς γὰρ οὐ μέλλει, νοῦ μὲν καταλάμποντος ἄνωθεν τὴν ἐπιστήμην, ταύτης δὲ εἰς νοῦν ἐπειγομένης καὶ ἡμᾶς ἀπὸ αἰσθήσεως εἰς ἐκεῖνον μετάγειν σπευδούσης; Τὸ δ' αὖ ὄφελος αὐτῆς οὐκ εἰς τὰς ἀνθρωπίνας χρείας ἀφορῶντας κρίνειν ἀξιώσομεν οὐδὲ τῆς ἀνάγκης στοχαζομένους· οὕτω γὰρ καὶ τὴν θεωρητικὴν ἀρετὴν αὐτὴν ἄχρηστον ὁμολογήσομεν εἶναι ἑαυτὴν τῶν ἀνθρωπίνων χωρίζουσαν καὶ, οὗ ταῦτα συντείνει, μήδ' ὅλως γινώσκειν αἱρουμένην. Ὃ καὶ ὁ ἐν Θεαιτήτῳ Σωκράτης περὶ τῶν κορυφαίων χρησμῳδῶν ὄντως [?] πάσης μὲν αὐτοὺς ἀφίστησι σχέσεως τῆς πρὸς τὸν ἀνθρώπινον βίον, πάσης δὲ ἀνάγκης καὶ χρείας εὔλυτον αὐτῶν τὴν διάνοιαν εἰς τὴν τῶν ὄντων ἀνατείνει περιωπήν. Καὶ τοίνυν καὶ τὴν μαθηματικὴν ἐπιστήμην αὐτὴν δι' αὐτὴν αἱρετὴν καὶ τὴν ἐξ αὐτῆς θεωρίαν εἶναι θετέον, ἀλλ' οὐ διὰ τὰς ἀνθρωπίνας χρείας. Εἰ δὲ χρὴ πρὸς ἄλλο τι τὸ ἐξ αὐτῆς ὄφελος ἀναφέρειν, πρὸς τὴν νοερὰν γνῶσιν τὴν ὠφέλειαν τὴν ἀπ' αὐτῆς ἀνενεκτέον· εἰς γὰρ ἐκείνην ἡμᾶς ποδηγεῖ καὶ προευτρεπίζει, τὸ ὄμμα τῆς ψυχῆς ἀποκαθαίρουσα καὶ ἀφαιροῦσα τὰ ἀπὸ τῶν αἰσθήσεων ἐμπόδια πρὸς τὴν γνῶσιν τῶν ὅλων. Ὥσπερ οὖν τὴν καθαρτικὴν ὅλην ἀρετὴν οὐ πρὸς τὰς βιωτικὰς χρείας ἀποβλέποντες χρησίμην ἢ ἄχρηστόν φαμεν, ἀλλὰ πρὸς τὸν ἐν θεωρίᾳ βίον, οὑτωσὶ καὶ τῆς μαθηματικῆς τὸ τέλος εἰς νοῦν ἀναπέμπειν προσήκει καὶ τὴν σύμπασαν σοφίαν. Διὸ καὶ ἡ περὶ αὐτὴν ἐνέργεια καθ' αὑτήν τέ ἐστιν ἀξία σπουδῆς καὶ διὰ τὴν νοερὰν ζωήν. Δηλοῖ δὲ τὸ δι' ἑαυτὴν εἶναι τοῖς μετιοῦσιν αἱρετήν, ὃ καὶ 'Αριστοτέλης πού φησιν, τὸ μηδενὸς μισθοῦ προκειμένου τοῖς ζητοῦσιν ὅμως ἐν ὀλίγῳ χρόνῳ τοσαύτην ἐπίδοσιν τὴν τῶν μαθημάτων θεωρίαν λαβεῖν, ἔτι δὲ τὸ πάντας ἐν αὐτῇ φιλοχωρεῖν καὶ βούλεσθαι σχολάζειν τῶν ἄλλων ἀφεμένους, ὅσοι καὶ κατὰ μικρὸν ἐφήψαντο τῆς ἀπ' αὐτῆς ὠφελείας, ὥστε οἵ γε καταφρονητικῶς ἔχουσι τῆς τῶν μαθημάτων γνώσεως, ἄγευστοι τυγχάνουσιν ὄντες τῶν ἐν αὐτοῖς ἡδονῶν.

Les arguments des détracteurs des mathématiques[17]

De ces considérations, l'utilité de toute la science mathématique pour la philosophe elle-même et pour les autres arts et sciences apparaîtra évidente pour ceux qui nous écoutent; et pourtant certains de ses détracteurs cherchent à renverser la valeur de cette science, les uns en lui refusant la beauté et la bonté, sous prétexte que ce ne sont pas là les matières sur lesquelles elle porte, les autres déclarant que les techniques expérimentales qui portent sur le sensible sont plus utiles que ce dont elle (s. e. la mathématique) élabore une théorie générale; ainsi la géodésie est plus utile que la géométrie, l'arithmétique vulgaire plus que celle qui est constituée de théorèmes, l'astrologie nautique plus que l'astrologie qui fait des démonstrations générales[18].

Car <disent-ils> nous ne sommes pas riches parce que nous savons ce qu'est la richesse, mais parce que nous en faisons usage, nous ne sommes pas heureux parce que nous savons ce qu'est le bonheur, mais parce que nous vivons heureux; ainsi, pour ce qui regarde la vie humaine et les actions, on sera d'accord pour dire que ce ne sont pas les sciences théoriques qui y contribuent, mais les empiriques. Car ceux qui ignorent les raisonnements mais qui ont acquis en s'exerçant l'expérience des problèmes particuliers l'emportent en tous points, dans le domaine des besoins humains, sur ceux qui ont étudié seulement la théorie.

Réponse de Proclus, qu'il dit empruntée à Aristote (dans le *Protreptique*?)[19]

Beauté des mathématiques

À ceux qui parlent ainsi, nous répliquerons en montrant la beauté des mathématiques, grâce aux arguments par lesquels Aristote a entrepris de nous persuader[20]. Trois choses en effet produisent la beauté

17. P. 25, 12-26, 9

18. Ce passage est très proche d'une partie de l'extrait du *De comm. math. sc.*, mais ne présente pas de parallèles avec le *Protreptique* de Jamblique, *cf. supra*, p. 256, note 9.

19. P. 26, 10-28, 22.

20. Certains éditeurs voient dans cette expression, nous l'avons dit, le signe que le passage serait emprunté au *Protreptique* (œuvre de persuasion, par définition).

dans les corps et les âmes, chacune à sa façon : l'ordre, la symétrie et la délimitation ; et puisque la laideur corporelle provient du désordre, de la difformité, de l'asymétrie et de l'indétermination propres à la matière, qui prédominent dans le composé, et que la laideur de l'âme provient de l'irrationalité qui se meut sans mesure ni ordre, qui est en discorde avec la raison et qui ne reçoit aucune limite de la part de celle-ci, il en résulte que la beauté tire son origine des contraires, c'est-à-dire, de toute évidence, de l'ordre, de la symétrie et de la délimitation. Or nous observons ces caractéristiques surtout dans la science mathématique : l'ordre dans le fait qu'on explique toujours les théorèmes dérivés et plus complexes à partir des théorèmes premiers et plus simples – *en effet, toujours les réalités dérivées dépendent des précédentes*, car les unes ont valeur de principe, les autres, valeur de déductions à partir des premières hypothèses – ; la symétrie dans l'accord des démonstrations entre elles et dans leur entière convergence vers l'intellect – l'intellect est en effet la mesure commune à l'ensemble de la science, qui tire de lui les principes et convertit à lui ceux qui étudient – ; et la délimitation dans les raisons qui demeurent toujours et qui sont immuables. Car ses connaissances ne se comportent pas tantôt d'une certaine manière, tantôt d'une autre, comme ce qui est objet des opinions et de la perception, mais elles se présentent toujours les mêmes et sont définies par des formes intelligibles. Si donc les facteurs de la beauté sont ceux-ci avec ces effets particuliers[21], et si les mathématiques sont caractérisées en fonction d'eux, il est aussi évident que c'est en elles que réside la beauté. Et comment n'en irait-il pas ainsi, quand l'intellect illumine d'en haut la science, et celle-ci aspire à l'intellect et s'efforce de nous conduire à lui en nous éloignant de la sensation ?

Les mathématiques sont une fin en soi : un écho du Protreptique *d'Aristote ?*

D'autre part, il ne conviendra pas, selon nous, de juger de son utilité en prenant en considération les besoins humains ou en ayant en vue la nécessité. Parce qu'ainsi, il faudrait admettre que la vertu théorétique elle-même est inutile puisqu'elle est séparée des réalités humaines,

21. Ce διαφερόντως a sans doute le même sens qu'à la p. 26, l. 13 (Friedlein), c'est-à-dire que les mathématiques emploient trois moyens différents pour produire trois effets différents, qui tous les trois concourent à la beauté. Mais on pourrait aussi comprendre « de façon éminente ».

et qu'elle préfère ignorer complètement ce à quoi tendent celles-ci. C'est ainsi que Socrate, dans le *Théétète*[22], vraiment plein d'inspiration lorsqu'il parle des coryphées, les représente éloignés de tout rapport avec la vie humaine, et élève leur intelligence, détachée de toute nécessité et de tout besoin, à la pensée contemplative des êtres. *Il faut donc poser que la science mathématique doit être choisie pour elle-même et pour la contemplation qui en dérive, et non en raison de ses avantages pour les nécessités humaines*. Et s'il faut rapporter son avantage à quelque chose d'autre, l'utilité qu'on en retire est à rapporter à la connaissance intellectuelle. Car c'est à celle-ci qu'elle nous conduit et nous dispose, en purifiant le regard de l'âme et en ôtant ce qui, dans les choses sensibles, fait obstacle à la connaissance du tout. De même donc que nous déclarons utile ou inutile la vertu purificatrice dans son ensemble en considération non des nécessités de la vie, mais de la vie contemplative, de même, il convient de faire remonter la finalité des mathématiques à l'intellect et à la sagesse parfaite.

Argument commun à Jamblique, **Protreptique***, chapitre VI et* **De communi mathematica scientia**

C'est pourquoi, il vaut la peine d'appliquer son zèle à la science mathématique aussi bien pour elle-même que pour la vie intellectuelle. Ce qui montre que, pour ceux qui la pratiquent, elle est à choisir pour elle-même, c'est, comme Aristote le dit quelque part[23], que, bien que ceux qui la poursuivent *ne disposent d'aucun salaire, cependant* la connaissance des notions mathématiques a atteint en peu de temps un si grand développement. Et aussi que tous ceux qui ont touché tant soit peu à l'utilité qu'ils en pouvaient tirer, *y installent volontiers leur séjour et veulent y consacrer leur temps, toutes affaires cessantes,* si bien que ceux qui méprisent la connaissance mathématique se trouvent n'avoir pas goûté aux plaisirs qu'elle procure[24].

22. Il s'agit du portrait des philosophes, en 173 c-177 a, texte dont nous avons rappelé dans les pages sur « La nécessité de philosopher » qu'il représentait une sorte de manifeste ou de revendication de l'absence totale d'utilité de la philosophie pour les besoins matériels et dans les situations quotidiennes : c'est le cas chez Jamblique, qui en fait la matrice du chap. XIV du *Protreptique*.

23. Certains commentateurs voient là aussi une référence au *Protreptique*.

24. La philosophie apparaît comme un plaisir naturel : il suffit d'y goûter pour l'aimer. De façon tout à fait intéressante, Proclus introduit ici un autre thème des *Exhortations aristotéliciennes* : le plaisir.

BIBLIOGRAPHIE

Éditions et/ou traductions du *Protreptique* de Jamblique

DES PLACES = JAMBLIQUE, *Protreptique*, texte établi et traduit par É. des Places, C.U.F., Les Belles Lettres, Paris, 1989.

PISTELLI = IAMBLICHI *Protrepticus*, ad finem codicis Florentini ed. H. Pistelli, Leipzig, 1888 (réimpr. Stuttgart-Leipzig, 1996).

ROMANO = *Summa Pitagorica*. Introduzione, traduzione, note e apparati di F. Romano, Milan, 2006.

SCHÖNBERGER = IAMBLICHOS, *Aufruf zur Philosophie*. Erste deutsche Gesamtübersetzung, mit zweisprachiger Ausgabe von Ciceros «Hortensius », hrsg. von O. Schönberger, Würzburg, 1984.

Éditions et/ou traductions du *Protreptique* d'Aristote, ou des fragments des œuvres perdues d'Aristote comprenant ceux qui sont attribués au *Protreptique*

BERTI = ARISTOTELE, *Protreptico. Esortazione alla filosofia*, a cura di E. Berti, Padoue, 1967 ; Padoue, 1969^2 ; Naples, 1994^3; nuova edizione condotta sul testo stabilito da Düring, 1961, Turin, 2000^4.

CASAGLIA = ARISTOTELE, *Protreptico. Esortazione alla filosofia*, a cura di M. Casaglia, Florence, 2001.

CHROUST = ARISTOTLE, *Protrepticus - A Reconstruction*, ed. by A. H. Chroust, Notre-Dame (Indiana), 1964.

DÜRING (*a*) = ARISTOTLE'S *Protrepticus. An Attempt at Reconstruction*, by I. Düring, Studia Graeca et Latina Gothoburgensia 12, Göteborg, 1961.

DÜRING (*b*) = ARISTOTELES, *Der Protreptikos*. Einleitung, Text, Übersetzung und Kommentar von I. Düring, Frankfurt, 1969.

FOLLON = ARISTOTE, *Invitation à la philosophie (Protreptique)*, traduit du grec par J. Follon, Paris, 2000.

GIANNANTONI = ARISTOTELE, *Frammenti*, a cura di G. Giannantoni, vol. 11 de ARISTOTELE, *Opere*, a cura di G. Giannantoni, Rome-Bari, 1973[3].

GIGON = ARISTOTELIS *Opera*, volumen tertium: *Librorum deperditorum fragmenta*, collegit et adnotationibus instruxit O. Gigon, Berlin-New York, 1987.

GOHLKE = ARISTOTELES, *Die Lehrschriften*, vol. I: *Fragmente*, Übersetzung und Kommentar von P. Gohlke, Paderborn, 1960.

RODRÍGUEZ = ARISTÓTELES, *Protréptico. Una exhortación a la filosofía*, edición bilingüe, Introducción, traducción y notas de C. M. Rodriguez, Madrid, 2006.

ROSE = ARISTOTELIS *qui ferebantur librorum fragmenta*, collegit V. Rose, Leipzig, 1886.

ROSS (*a*) = ARISTOTLE, *Select Fragments*, vol. 12 de *The Works of Aristotle*, translated into English under the editorship of Sir D. Ross, Oxford, 1952.

ROSS (*b*) = ARISTOTELIS *fragmenta selecta*, recognovit brevique adnotatione critica instruxit W. D. Ross, Oxford, 1955.

SCHNEEWEIß (*a*) = *Der Protreptikos des Aristoteles*, diss., Munich, 1966.

SCHNEEWEIß (*b*) = ARISTOTELES, *Protreptikos. Hinführung zur Philosophie*, Rekonstruiert, übersetzt und kommentiert von G. Schneeweiß, Darmstadt, 2005.

WALZER = ARISTOTELIS *dialogorum fragmenta*, in usum scholarum selegit R. Walzer, Florence, 1934.

ZANATTA = ARISTOTELE, *I dialoghi*, Introduzione, traduzione e commento di M. Zanatta, con testo greco a fronte, Milan, 2008.

Bibliographie secondaire

ALLAN, D. J., « A Passage from Iamblichus in Praise of the Contemplative Life », *Archiv für Geschichte der Philosophie*, 57, 1975, p. 246-268.

—, « Critical and Explanatory Notes on some passages assigned to Aristotle's *Protrepticus* », *Phronesis*, 21, 1976, p. 219-240.

BERTI, E., *La filosofia del « primo » Aristotele*, Padoue, 1962 ; édition revue et corrigée, avec une nouvelle introduction, Milan, 1997².

—, *Aristotele : dalla dialettica alla filosofia prima*, Padoue, 1977.

BIGNONE, E., *L'Aristotele perduto e la formazione filosofica di Epicuro*, (publié pour la première fois en deux volumes en 1936), Milan, 2007.

BYWATER, I., « On a lost dialogue of Aristotle », *Journal of Philology*, 2, 1869, p. 55-69.

CARLINI, A., « Due finali di rigo dimenticate nel papiro del *Protrettico* di Aristotele (*P. Oxy. 666, 52-53*) », *Studi classici e orientali*, 33, 1983, p. 335.

CHROUST, A. H., « A Brief Account of the Reconstruction of the *Protrepticus* », *Aristotle, New light on his life and on some of his lost works*, 2 vol., Londres, 1973, vol. 2, p. 86-104.

—, « An Emendation to Fragment 13 (Walzer, Ross) of Aristotle's *Protrepticus* », *Aristotle, New light on his life and on some of his lost works*, Londres, vol. 2, p. 105-118.

DIELS, H., « Zu Aristoteles' *Protreptikos* und Cicero's *Hortensius* », *Archiv für Geschichte der Philosophie*, 1, 1888, p. 447-497.

DUMOULIN, B., *Recherches sur le premier Aristote (*Eudème, De la philosophie, Protreptique*)*, Paris, 1981.

DÜRING, I., « Aristotle on ultimate principles from "nature and reality" : *Protrepticus* fr. 13 », dans *Aristotle and Plato in the midfourth Century, Papers of the Symposium Aristotelicum held at Oxford in August 1957*, ed. by I. Düring and G. E. L. Owen, Studia Graeca et Latina Gothoburgensia XI, Göteborg, 1960, p. 38-49.

—, « Did Aristotle ever accept Plato's theory of transcendent ideas ? », *Archiv für Geschichte der Philosophie*, 48, 1966, p. 312-316.

FLASHAR, H., « Platon und Aristoteles im *Protreptikos* des Jamblichos », *Archiv für Geschichte der Philosophie*, 47, 1965, p. 53-69.

GERHAÜßER, W., *Der* Protreptikos *des Poseidonios*, Munich, 1912.

LARSEN, B. D., *Jamblique de Chalcis*, *Exégète et philosophe*, 2 vol., Aarhus, 1972.

HARTLICH, P., *De exhortationum a Graecis Romanisque scriptarum historia et indole*, *Leipziger Studien zur Klassischen Philologie*, 11, 1889, p. 207-336.

HIRZEL, R., « Über den *Protreptikos* des Aristoteles », *Hermes*, 10, 1876, p. 61-100.

HUTCHINSON, D. S. et JOHNSON, M. R., « Authenticating Aristotle's *Protrepticus* », *Oxford Studies in Ancient Philosophy*, 29, 2005, p. 193-294.

ISNARDI PARENTE, M., *Techne. Momenti del pensiero greco da Platone a Epicuro*, Florence, 1966.

JAEGER, W., *Aristote. Fondements pour une histoire de son évolution*, L'éclat, Paris, 1997 (trad. de *Aristoteles. Grundlegung einer Geschichte seiner Entwicklung*, 1re édition Berlin, 1923 ; 2e édition modifiée, en anglais, Oxford, 1948).

JOOS, A., *ΤΥΧΗ, ΦΥΣΙΣ, ΤΕΧΝΗ, Studien zur Thematik frühgriechischer Lebensbetrachtung*, Zürich, 1955.

JORI, A., *Medicina e medici nell'antica Grecia, Saggio sul* Perì Téchnes *ippocratico*, Bologne, 1996.

MANSION S., « Contemplation and Action in Aristotle's *Protepticus* », dans I. Düring and G. E. L. Owen (ed.), *Aristotle and Plato in the mid-fourth century*, 1960, p. 56-75 (réimprimé dans Mansion, S., *Études aristotéliciennes*, Louvain-La-Neuve, 1984).

—, « Les critères du meilleur dans le *Protreptique* d'Aristote », dans *Zetesis. Bijdragen aangeboden aan Prof. Dr. Émile de Strycker*, Anvers-Utrecht, 1973, p. 164-173 (réimprimé dans Mansion, S., *Études aristotéliciennes*, Louvain-La-Neuve, 1984).

—, « Deux définitions différentes de la vie chez Aristote ? », *Revue Philosophique de Louvain*, 71, 1973, p. 425-449.

MONAN, J. D., « La connaissance morale dans le *Protreptique* d'Aristote », *Revue Philosophique de Louvain*, 58, 1960, p. 185-219.

MORRISON, D., « The Evidence for Degrees of Being in Aristotle », *Classical Quarterly*, 37, 1987, p. 382-401.

O'MEARA, D. J., *Pythagoras Revived. Mathematics and Philosophy in Late Antiquity*, Oxford 1989, p. 30-105.

OWEN, G. E. L., « Logic and Metaphysics in Some Earlier Works of Aristotle », dans I. Düring and G. E. L. Owen (ed.), *Aristotle and Plato in the mid-fourth century*, 1960, p. 162-190 (réimprimé dans Owen, G. E. L., *Logic, Science and Dialectic*, M. Nussbaum (ed.), Ithaca, 1986, p. 180-199).

PLEZIA, M., « De quodam Protreptici Aristotelis loco supplendo », *Classica et Mediaevalia*, 28, 1967, p. 214-215.

RABINOWITZ, W. G., *Aristotle's* Protrepticus *and the Sources of its Reconstruction,* 1, Berkeley-Los Angelès, 1957.

STRYCKER, E. de, « Prédicats univoques et prédicats analogiques dans le *Protreptique* d'Aristote », *Revue Philosophique de Louvain*, 66, 1968, p. 597-618.

—, Compte rendu de Düring (*a*), *Gnomon*, 41, 1969, p. 233-255.

VENDRUSCOLO, F., « Riesame critico-testuale del papiro del *Protrettico* di Aristotele (*P. Oxy. 666*) », dans F. Adorno, F. Decleva Caizzi, F. Lasserre, F. Vendruscolo, *Protagora, Antifonte, Posidonio, Aristotele. Saggi su frammenti inediti e nuove testimonianze da papiri*, Florence, 1986.

—, « Due frammenti aristotelici (*Protrepticus* 6 e 15 Walzer-Ross). Note testuali e spunti per una ricostruzione », *Studi classici e orientali*, 38, 1988, p. 293-330.

—, « Osservazioni al testo di Aristotele, *Protrettico* fr. 11 WR », *Studi classici e orientali*, 39, 1989, p. 101-126.

—, « *Protrepticus, POxy* 666 », édité par F. Vendruscolo, dans *Corpus dei papiri filosofici greci e latini*, Parte I, Vol. 1*, 6, Florence,1989, p. 269-279.

VOGEL, C. J. de, « Did Aristotle ever accept Plato's theory of transcendent ideas ? Problems around a new edition of the *Protrepticus* », *Archiv für Geschichte der Philosophie*, 47, 1965, p. 261-298 (réimprimé dans Vogel, C. J. de, *Philosophia*, Assen, 1970, vol. 1, p. 295-330).

WENDLAND, P., *Anaximenes von Lampsakos. Studien zur ältesten Geschichte der Rhetorik*, Berlin, 1905.

ZUNTZ, G., « In Aristotelis *Protrepticum* Coniecturae », *Mnemosyne*, s. IV, 11, 1958, p. 158-159.

INDEX DES NOTIONS

Sont exclus de cet Index les mots Nature/Naturel, Philosophie/Philosophe, Sagesse/Sage et Science/Scientifique, qui reviennent très fréquemment et concernent presque chaque page du commentaire.

TABLE DES MATIÈRES

Ce volume,
le onzième
de la collection « Fragments »
publié aux Éditions Les Belles Lettres,
a été achevé d'imprimer
en décembre 2010
par l'imprimerie SEPEC
01960 Peronnas – France

N° d'éditeur : 7173
N° d'imprimeur : 101203512
Dépôt légal : janvier 2011